U0674805

社会学概论

（第五版）

徐祥运　刘杰　编著

东北财经大学出版社
Dongbei University of Finance & Economics Press
大连

图书在版编目（CIP）数据

社会学概论 / 徐祥运，刘杰编著. —5版. —大连：东北财经大学出版社，2018.8（2020.9重印）
（高等院校财经专业精品教材）
ISBN 978-7-5654-3261-3

Ⅰ．社… Ⅱ．①徐… ②刘… Ⅲ．社会学-高等学校-教材 Ⅳ．C91

中国版本图书馆CIP数据核字（2018）第168235号

东北财经大学出版社出版
（大连市黑石礁尖山街217号 邮政编码 116025）
网 址：http://www.dufep.cn
读者信箱：dufep@dufe.edu.cn
大连东泰彩印技术开发有限公司印刷 东北财经大学出版社发行
幅面尺寸：170mm×240mm 字数：465千字 印张：22.5 插页：1
2018年8月第5版 2020年9月第16次印刷
责任编辑：时 博 责任校对：文 贺
封面设计：潘 凯 版式设计：钟福建
定价：45.00元

第五版前言

　　"社会学是对人类生活、群体和社会的研究，是一门令人着迷而欲罢不能的学科。"（吉登斯，1976）人类生活中的许多东西对于我们来说显而易见，可是我们往往视而不见。我们所谓的"观察"只不过是透过一个孤立的、个人角度的窥视孔来"看"。我们很难看到社会画卷的其他部分，也很难看到整个社会的模型。甚至当我们去行动的时候，问题依然存在，也就是说，事情不总是看上去的样子。那么，怎样才能获得对整个社会系统的真正的认识呢？这就需要"社会学想象力"。米尔斯认为，社会学想象力能够使我们看到在杂乱无章的日常经历中，个体常常是怎样错误地认识自己的社会地位；能够使我们理解个体只有通过置身于所处的时代之中，才能理解他自己的经历并把握自身的命运，他只有通晓他所处的环境中所有个人的生活际遇，才能明了他自己的生活际遇。社会学想象力可以让我们理解历史与个人的生活历程，以及在社会中二者间的联系。运用社会学想象力可以使我们区分"环境中的个人困扰"和"社会结构中的公众论题"。我们需要这种想象力，而这种想象力的培养就需要我们学习社会学。

　　社会学作为一门综合性的社会科学，已经成为不少高校的必修课和大多数高校的选修课。这本《社会学概论》能够较为全面地向初学者介绍这门课的基本知识体系，介绍社会学的基本概念、基本理论和基本方法，引导初次步入社会学殿堂的大学生和研究生们，在社会学知识的海洋里遨游，领略社会学知识的魅力，提高自己的社会学素养，为自己将来在社会这个大舞台上扮演好自己的社会角色提供一些理性而实在的指导。

　　本书共分为五编：第一编社会学的视野与方法，主要介绍什么是社会学以及社会学研究方法；第二编社会形成论，主要从社会、文化、人的社会化、社会角色、社会互动等基本概念出发，介绍社会是如何形成的；第三编社会要素与社会结构论，主要从静态社会学的视角，介绍社会群体、家庭与婚姻、社会组织、社会制度、社区等基本的社会要素与社会结构；第四编社会运行与社会偏差论，主要从动态社会学的视角，介绍社会分层、社会流动、社会失范与社会控制、社会问题及其调适等社会运行的机制和社会偏差的矫正；第五编社会趋势论，主要介绍社会变迁与社会现代化问题，旨在体现社会学理论的预测功能。经过这样的处理之后，本书以对社会形成的探讨为逻辑起点，经由静态和动态两种逻辑展开，以对社会趋势的探讨为逻辑终点，较好地反映了社会学知识的内在逻辑体系，使社会学知识既便于教师讲授，又便于学生学习。

　　本书在各章末还以"应用社会学之窗"或"拓展社会学的视野"的方式附有不同类型的阅读材料，这些材料包括经典的社会学研究和近期学术界的一些研究成果。学生通过这些材料可以提高学习社会学的兴趣，拓展社会学的视野，进一步理解社会学理论在现实社会中的应用。本书还在各章最后推荐了相关的阅读书目，目的是为学有余力的学生进一步延伸阅读提供引导，以加深对本章所学理论的理解和掌握。另外，本书在最后还以附录的形式，将社会学的基本概念作了简明而系统的归纳整理，便于教师和学生在教学和学习中使用。

　　在本书编写过程中，我们参阅了大量国内外文献资料。在此，我们深深地感谢社会学大师们给我们后人提供的丰富的理论思想，感谢多年来从事社会学教学与研究工作的许许多多专家学者给我们提供的优秀成果。本书第五版的编写工作由徐祥运和刘杰共同完成，徐祥运修订第一、第二、第三、第四、第十三、第十四、第十五、第十六、第十七章；刘杰修订第五、第六、第七、第八、第九、第十、第十一、第十二章。

　　在本次修订的过程中，我们收集了兄弟院校师生在教材使用中提出的宝贵意见，并一一作了修订，感谢兄弟院校同行们长期以来对我们的支持和鼓励！东北财经大学公共管理学院的领导和部分老师给了我们极大的支持；公共管理学院社会学专业的部分研究生认真地试读了本书，从不同的角度提出了修改建议，其中朱子键和李金秀同学协助完成了附录的归纳整理和材料更新等工作，在此一并表示感谢！我们还要特别感谢东北财经大学出版社的编辑们，没有他们的督促和厚爱，本书第五版或许今天还不会与大家见面。我们将再接再厉，将本书打造得越来越好，为提高本科生和研究生的社会学素养和综合素质及其社会适应能力做出自己的贡献！

编著者

2018 年 7 月

目录

第一编　社会学的视野与方法

第二编　社会形成论

第三编　社会要素与社会结构论

第四编　社会运行与社会偏差论

第五编　社会趋势论

第一编　社会学的视野与方法

第一章　什么是社会学

社会学是一门令人着迷而欲罢不能的学科。

——吉登斯

"社会"一词大概是我们日常生活和大众语境中使用频率最高而且永远都不会过时的一个词汇了。但一旦有人问起什么是社会？什么是社会学？我们就会感觉陷入了一种困境。我们每天都生活在现实的社会之中，耳闻目睹了形形色色的社会现象，对社会再也熟悉不过了，为什么我们还会感觉陷入了困境？其实，越是我们熟悉的身边事物，我们越是说不清楚，因为我们觉得这些司空见惯的社会现象并不需要讲道理或根本没道理可讲，但是社会学家却能把一般人认为没有道理可讲的事情讲出一个道理。我们在社会这个大舞台上要想生活得明明白白，要想理性地把握这个社会以适应和改造这个社会，就要学会像社会学家那样去思考，以培养我们的社会学想象力，拓展我们的社会学视野，提高我们的社会学素养，那么让我们一起来学习社会学吧！

第一节　社会学概述

一、社会学想象力

我们常常感叹社会太复杂了，那么这个社会是怎样形成的？社会由哪些要素构成？它的结构如何？社会的运行和发展有没有自身的规律？为什么我们的生活条件与我们的父辈和祖辈竟是如此迥异？今天我们置身于既令人困惑又对未来充满强烈期望的21世纪，我们能够掌握自己的命运吗？未来社会的发展趋势又将如何？

对于这些问题的思考就需要社会学想象力。什么是社会学的想象力呢？美国社会学家米尔斯在他的名著《社会学的想象力》中指出，社会学的想象力是一种心智的品质，这种品质可以帮助人们增进理性，从而使他们看清世事。因此，具有社会学想象力的人能够看清更广阔的社会历史舞台，发现现代社会的构架，通过这种想象力，个体性的焦虑不安就体现为明确的社会性困扰，公众不再漠然，而是参与到这样的公共论题中。对公共论题的关注与兴趣正是社会学的特性，正像英国社会学家吉登斯所言，社会学是对人类生活、群体和社会的研究，是一门令人着迷而欲罢不能的学科。

许多年前，美国社会学家伯格就撰文，向人们介绍社会学学科的魅力和视野，邀请大家探究社会学领域的问题。他说，社会学的第一个智慧之处就在于：世界并不是它看起来的样子。社会学的诱惑力在于这样一个事实：它教我们用一种新的视野来看待我们终其一生生活在其中的这个世界。在这样一个世界里，尊贵与卑微、愚笨与聪明、富有与贫困，不管这些东西对个人价值和旨趣的差异如何悬殊，同样地让社会学者感兴趣。在伯格看来，社会学更多地像一种激情，它驱使我们对人类自身的各种问题不断地探究下去。①

中国老一辈社会学家费孝通教授在谈起社会学这门学科时，用通俗易懂的例子，展示了社会学的这种魅力和视野。他谈道："生死由命，富贵在天。"这句消极悲观的话引发我们对人之生死富贵的思考。比如，生死真的由命运安排吗？我们现在的生活状况跟我们是怎样生下来的有无关系？我们要学着对人有礼貌，见面要鞠躬、拉手或者握手，外国人还要拥抱亲吻，中国人却不兴那样。另外，人与人之间有各种不同的称谓，伦敦经济学院的雷蒙德·费思（Raymond Firth）爵士的儿子可以对父亲直呼其名，叫他"雷蒙德"，很自然、很亲密。费孝通的孩子如果叫他"孝通"，他肯定不舒服，而实际上他的孩子也绝不会这样叫他。为什么不同社会里的人们存在着这么大的差异？解放初期，人们互称同志或先生，后来就不知不觉地变了，变得不叫"某某长"就不好办事了。现在搞市场经济，搞改革开放，"先生""小姐"这些称谓又开始在社会上广为流传。为什么我们的社会会发生这些变化呢？

又如，在当代中国的某些大都市里，如果一位年轻的女性几乎每周末总是坐在一个咖啡馆中喝咖啡，会让人们想起什么？是像西方人那样象征某种习惯性的仪式？还是无聊、消遣？或是等待某种机会？抑或是周而复始的人生作秀？在当代中国，当你通过新闻媒体不断看到众多的高官落马，你想到的除了他们的贪婪、道德素质低劣、党性不强、意志不坚定，还有什么？当你通过新闻媒体，不断听到工厂、矿山发生事故、矿难，看到那些失去生命的个体，除了对之抱以同情、感伤，还有什么？

要想深入分析这些现象，就要学习从社会学的角度思考问题，也就是用更加开阔的视野去观察，这就需要对想象力的培养。研究社会学不能只是采用获取知识的常规途径。一位社会学家就是既能够自如地跳出个人情境的即时性，又能够将事情放在一个更广泛的背景上来加以思考的人。社会学的研究，就是要发挥所谓的社会学想象力。

社会学想象力能够使我们关注有限的个人经验和更为广阔的社会历史事件之间的关系。它思考人们实际上所需要的是什么以及人们感到自己所需要的是什么，它

---

① HENSLIN. Down to Earth Sociology ［M］. New York：The Free Press，1991：3-5. BERGER.Invitation to Sociology：A Humanistic Pespective ［M］. New York：Anchor，1963.

能帮助人们运用所了解的情况发展理性，以清醒地面对世界上正在进行和将要发生的事情。人只有把自己放进他所处的历史时期里去看待，才能理解他本人的经历，才能评价他自己的命运。当社会走向工业化时，农民就会自然转变为城市工人，不管他们愿意与否；当民族遭受战争蹂躏时，人们就会妻离子散、家破人亡；经济萧条时期，大批工人就会失业，不管他们的工作效率曾经多么高。对此，任何个人的力量都是无能为力的。社会学想象力能使我们摆脱狭隘的个人观点，在思想上更清楚地认识个人活动同社会实践之间的联系。正如米尔斯所说："社会学想象力可以让我们理解历史与个人的生活历程，以及在社会中二者间的联系。这就是社会学的使命和前景。"①

二、社会学及其研究对象

"社会学"一词，在法语中是 soeiologie，在英语中是 sociology。它由两部分组成，前半部分源于拉丁语的 soietas（意为社会）或 socius（意为社会中的人），后半部分源于希腊文的 logos（意为学院、学问），两部分合起来，就是关于社会的学说。而要回答"什么是社会学"，我们马上就会陷入一种困境。

人们常说"有多少位社会学家就有多少种社会学"。这种说法从某个侧面说明了"什么是社会学"这一问题的复杂性，回答"什么是社会学"是容易的，但要获得人们的普遍认同或认可，却是一件困难的事情。因此，"什么是社会学"就成为170多年以来社会学的创始人以及后辈社会学家力图明确回答而又不容易回答清楚的问题，致使社会学具有了"暧昧性"的色彩。

社会学定义的复杂性在于其研究对象的复杂性上。我们通过对社会学研究对象的探讨，可以获得关于"什么是社会学"这一问题的理解。

对于社会学的研究对象，社会学家们有各种不同的说法。我国社会学家孙本文在《社会学原理》一书中曾系统介绍过从19世纪中叶起到20世纪30年代初为止国外几种关于社会学的定义，即社会学的研究对象包括：①社会现象；②社会形式；③社会组织；④人类文化；⑤社会进步；⑥社会关系；⑦社会过程；⑧社会现象间的关系；⑨社会行为。美国有的社会学家还统计了1951—1971年20年间由美国出版的16种社会学教科书关于社会学研究对象的8种提法：①社会互动；②社会关系；③群体结构；④社会行为；⑤社会生活；⑥社会过程；⑦社会现象；⑧社会中的人。

归纳起来，关于社会学的研究对象主要分属于两大类：第一类侧重以社会及社会现象为研究对象。这种观点在西方社会学传统中的主要代表为孔德、斯宾塞、迪尔凯姆等人，形成了社会学中的实证主义路线。第二类侧重以个人及其社会行动为研究对象。这种观点在西方社会学传统中的主要代表为韦伯等人，形成了社会学中的反实证主义路线。这两类观点影响至深，后世的许多关于社会学的定义多为这两类观点的变形或混合。

---

① 米尔斯. 社会学的想象力 [M]. 陈强，张永强，译. 北京：生活·读书·新知三联书店，2001：4.

　　我国自 1979 年重建社会学以来，对这一问题进行了广泛的讨论和深入的探索。比较有代表性的有以下几种观点①：

　　（1）社会学是从变动着的社会系统的整体出发，通过人们的社会关系和社会行为来研究社会的结构、功能、发生和发展规律的一门综合性的社会科学。

　　（2）社会学研究社会良性运行和协调发展的条件和机制。社会运行和发展呈现出 3 种类型：①良性运行，协调发展；②中性运行，模糊发展；③恶性运行，畸形发展。良性运行，协调发展，是指一个社会的经济、政治、文化以及社会各个方面相互促进，社会障碍、失调等因素被控制在最小范围和最低限度之内。中性运行，模糊发展，是指社会运行有障碍，发展不甚平衡，包括较多较明显的不协调因素，但它们还未危害、破坏社会的常态运行。恶性运行，畸形发展，是指社会运行发生严重障碍，甚至出现离轨、失控。无论从理论方面还是从实践方面来看，社会学都要研究社会良性运行和协调发展的条件和机制。

　　（3）社会学研究的是制度。因为制度体现了社会系统的本质，规定了社会结构模式和社会各部门之间的功能联系，制度是社会系统运行机制、社会变迁的直接原因，并决定社会系统的运行状态。所以，以制度为社会学的学科对象，才能从整体上把握社会系统（包括人、社会关系和制度），回答关于社会系统的本质、结构、运行机制这 3 个基本问题。

　　（4）社会学是把社会作为一个整体来研究社会各组成部分及其相互联系的科学。社会学与其他社会科学的区别，不在于研究客体的不同，而在于对同一客体的研究角度不同。故社会学的研究对象并不是存在于社会生活的某一特殊领域之中，而是存在于社会各部分、各领域的相互联系中。

　　（5）社会学是一门具体研究社会的应用科学。社会学是一门通过社会关系研究社会生活、社会矛盾、社会问题、社会管理、社会发展及其规律的科学。

　　（6）普通社会学研究社会整体的基本构成及各部分的相互关系，揭示社会整体发展规律；分支社会学研究社会综合体的基本构成及各组成要素的相互关系，揭示社会综合体的整体发展规律。

　　（7）社会学的研究主要包括 3 个部分：①"社会生理学"，就是对社会结构及其功能的研究；②"社会病理学"，就是对社会结构及功能所发生的种种病态的研究，也就是对一般所称的社会问题或社会失调的研究；③"社会医学"，是关于社会病症的治疗和预防的研究。

　　（8）社会学没有固定的研究对象和范围，它的研究对象是其他社会科学不研究的"剩余领域"，因此，社会学是一门"剩余社会科学"。

　　从对社会学研究对象的各种表述，既可以看到认识上的一致性，又可以看到认识上的差异。

　　认识上的一致性主要表现在：①都围绕"社会"探索社会学的研究对象，不存

①　中国社会科学院社会学所. 中国社会学年鉴（1979—1989）［M］. 北京：中国大百科全书出版社，1989：79-80.

在离开"社会"而研究社会学对象的观点。这就成为社会学者具有共同语言的基础。②都围绕着社会的现实关系研究社会学的对象，不存在把思想关系作为社会学主要研究对象的观点。这就把社会学同社会心理学、伦理道德学科等相关学科区别开来，也克服了唯心主义对社会学的影响。③一般都既注重社会的静态研究，又注重社会的动态研究，并将两方面的结合作为社会学的研究对象，不存在排斥静态研究或动态研究的观点。这就使社会学研究摆脱了形而上学思想的束缚。

认识上的差异主要表现在：①研究社会的视角不同。有的侧重社会结构，有的侧重社会关系；有的侧重社会静态（制度、构成等），有的侧重社会动态（运行、发展等）；有的侧重社会常态，有的侧重社会失调（社会问题），等等。②确定研究对象的范围不同。有的侧重社会整体，有的侧重社会局部；有的侧重宏观，有的侧重微观；有的侧重研究范围的确定性，有的侧重研究范围的不确定性（但不等于没有范围），等等。③思考研究对象的方法不同。有的从现象上升到本质（透过对象认识关系、规律），有的从一般延伸到具体（通过社会关系研究生活、矛盾、管理），有的则直线式确认研究对象，等等。

虽然关于社会学研究对象尚未完全取得共识，但其探索却是有重大意义的。首先，为逐步取得共识开辟了道路。共识往往是通过分歧而获得的。关于研究对象的各种各样的表述，反映了认识的多样性和丰富性。这为提炼出共识创造了必要的条件。其次，促进了认识的深化。各种不同认识的交流、切磋、争论，把人们的认识一步步引向深入。这就推动人们更快、更准确地把握社会学的研究对象。再次，开拓了社会学的视野。关于社会学研究对象的探索，实际上已超越了对象问题本身，涉及这门学科的地位、任务、功能等多方面的问题。这对于人们全面、正确认识社会学这门学科具有重要作用。

综合以上各种观点，我们认为，社会学是从变动的社会系统的整体出发，研究人与人之间的相互关系及其发展规律，是通过人们的社会关系和社会行为来研究社会的结构和功能、发生和发展规律的一门综合性的具体社会科学。[①]

这一定义主要体现为以下几个特点：

（1）体现了社会学的整体性。这是指社会学在研究社会的过程中，始终把社会看作一个有机整体，从整体的有机性出发去研究社会的结构、功能，研究社会的运行与变革。社会学也对社会的各种具体问题开展研究，但它始终注意从整体出发，联系整体研究部分，着眼于整体综合而立足于局部分析。整体性是社会学的一个基本特点。

（2）体现了社会学的综合性。社会学的整体性决定了社会学的综合性。这就要求我们在研究社会时必须纵观全局，放开视野，对任何社会现象、社会问题都不孤立地看待，而注意从这些现象和问题与其他现象和问题的相互联系中去把握、去认识。它要求运用不同的方法，注意从不同的角度对同一个问题进行深入的探讨，既

---

① 章人英. 社会学词典［M］. 上海：上海辞书出版社，1992；费孝通. 社会学概论（试讲本）［M］.
天津：天津人民出版社，1983.

注意影响事物发展的决定性因素，也不放过那些影响事物发展的非决定性因素。它是社会学的整体性特点在研究方法上的具体体现。

（3）体现了社会学的现实性。这一特点是直接面对社会现实。一方面，变动的社会本身就是具体的现实的人所构成的社会。这里的人与人的相互关系就是具体的、现实的而非抽象的社会关系。社会行为也是指无数的具体的个体身上所体现的具有共性的社会行为。另一方面，就理论上讲，古今中外的人类社会都可以进行社会学研究。但是，社会学研究的重点首先是当下的现实社会。对我国来说，社会学研究的重点当然是处于改革开放和现代化建设过程中的转型社会。

（4）体现了社会学的具体性。由于社会学研究的是具体的现实社会，使这一学科区别于哲学学科，所以，社会学研究具有区域性和本土化倾向。因为每个社会文化传统不同、国情不同，其社会结构及运行规律也不尽相同，所以，社会学必须以具体的国家、具体的社会区域为对象进行研究。

（5）体现了社会学的动态性。社会学研究的现实性还决定了它的研究领域的开放性和不断变化的动态性特点。因为社会是不断发展、变化的，所以社会学的研究也随着社会的发展而发展。在社会发展过程中，一些现象消失了，一些现象产生了，一些现象的地位发生了变化，所有这些都要社会学及时地调整自己的研究课题，不断增加对新问题、新现象的研究。

第二节　社会学的学科地位及社会功能

一、社会学是一门基础性的社会科学

社会学的学科地位问题，是一个与社会学研究对象密切相关的问题，因而也是一个社会学史上争论不休的问题。人们对此的认识随着对社会学研究对象认识的深入而不断深化。在社会学刚刚创立阶段，由于社会学还没有完全从哲学的襁褓中分化出来，还在一定程度上保留着历史哲学和社会哲学的胎记，因而人们把社会学当作一门总体社会科学，具有凌驾于各门社会科学之上的性质和地位。在孔德的科学知识分类中，他把科学分为数学、天文学、物理学、化学、生物学和社会学，认为社会学是各种社会科学知识的综合。斯宾塞在《社会学原理》中也持同样的观点。他们都认为社会学与其他社会科学的关系是整体与部分的关系。随着社会学研究对象的不断明确，人们对社会学的地位的看法也发生了根本性的变化。到19世纪末，人们普遍认识到社会学是一门独立的、与其他社会科学并列的社会科学。

但是，在庞大的社会科学群中，社会学不仅仅是一门独立的社会科学，而且是一门基础性的社会科学。我国著名社会学家孙本文曾列举了国际上12位著名学者对社会科学门类的看法，这12位学者提出的学科有32种，其中能得到5位以上学者认同的只有8种，即社会学、经济学、政治学、历史学、人类学、法理学、伦理学、心理学。而12位学者所一致公认的社会科学只有3种，即社会学、经济学和政

治学。①

正是因为社会学是一门基础性的社会科学，所以社会学如其他基础性社会科学一样，具有一个庞大的学科体系。在社会学的属下，形成了一支为数众多的分支学科群（见表1-1）。

表1-1 社会学的分支学科

	划分依据	分支学科
社会学	功能领域	经济社会学 教育社会学 政治社会学 宗教社会学 法律社会学 道德社会学……
	对象领域	家庭社会学 组织社会学 传播社会学 城市社会学 农村社会学 福利社会学 知识社会学 职业社会学 艺术社会学 阶层社会学 社会病理学 语言社会学……

资料来源 青井和夫. 社会学原理［M］. 刘振英，译. 北京：华夏出版社，2002：8.

二、社会学与其他社会科学的关系

1.社会学与历史唯物主义的关系

社会学与哲学的关系，特别是与历史哲学和社会哲学的关系十分复杂。社会学是从哲学中分化出来的，孔德创立社会学从某种意义上说就是为了否定思辨的哲学传统。社会学170多年的历史就是不断摆脱那种思辨的历史哲学和社会哲学的影响，用现代科学方法武装自己，使其成为一门经验科学的历史。但是，社会学与其他社会科学一样，还必须接受哲学的指导。

在我国，社会学与社会哲学的关系具体表现为社会学与历史唯物主义的关系。由于社会主义国家过去很长一段时间内都取消了社会学，并以历史唯物主义代行了一部分社会学的职能，使社会学与历史唯物主义的关系变得十分复杂，这成了社会主义国家特有的理论难题。

要弄清社会学与历史唯物主义的关系，必须重新认识什么是历史唯物主义。历史唯物主义是科学的社会观，作为一种关于社会历史领域的世界观和方法论，它的影响必然要渗透到各门社会科学中去。但历史唯物主义本身属于哲学的范围，是马克思主义哲学的重要组成部分。而社会学是社会科学的一个门类，是一门具体社会科学。因此，历史唯物主义与社会学的关系是哲学与具体社会科学的关系。它们存在着3个方面的基本区别：①从研究对象来看，历史唯物主义研究的是人类历史的全过程，是不同社会形态演变发展的一般规律；而社会学研究的则是具体社会形态的构成与运行过程及其发展规律，因而研究的是具体规律和特殊规律。②从研究方法来看，历史唯物主义作为一种社会哲学，其研究方法主要是对各门具体社会科学知识进行概括和总结，使之上升为抽象的一般哲学知识；而社会学则是一门具体的经验科学，它的研究方法主要是各种经验研究方法，通过对现实社会的实证研究和对经验知识的直接概括，来丰富社会学的知识宝库。③从社会作用来看，历史唯物主义是整个社会科学的世界观和方法论；而社会学则具体地帮助人们直接认识社会

① 孙本文. 社会学原理［M］. 上海：商务印书馆，1947：31-32.

及其发展规律，为促进社会发展、解决社会问题等方面提供具体的科学帮助。

历史唯物主义与社会学除了上述区别以外，还有密切的联系。历史唯物主义对社会学具有理论指导作用，它的概念、范畴、术语，在社会学里如同在其他社会科学领域里一样可以适用。反过来，社会学也与其他社会科学一样，以自己的具体知识丰富和推动着历史唯物主义的发展。

2. 社会学与单一性社会科学的关系

所谓单一性社会科学，是指那些研究社会的某个单一的或专门的领域的社会科学，如政治学、经济学、法学、伦理学、教育学、心理学等等。这些学科的特点是研究对象比较单纯，通常都是对社会某个专门领域进行研究。而社会学则是一门综合性社会科学，它研究的是社会的各个部分之间的关系，它涉及的是整个社会。因此，社会学与这些学科之间在研究对象上就已经区别开来了。但社会学与这些学科也有密切的联系。人类社会本来就是一个不可分割的整体，任何单纯的经济规律、政治规律或心理规律都是不存在的，它总是在受到各种各样外部因素干扰的情况下发生作用。这就决定了这些单一性社会科学必然要与社会学发生联系，从而出现"社会学化"现象。因此，社会学在社会科学中具有"牵头学科"的性质。由于社会学不是研究某个具体的特定社会领域，而是研究社会的整体结构和运行，这样就使其他各门社会科学在研究社会某个特定对象过程中，必须借助社会学的知识。

以经济学为例，社会学与经济学无疑具有密切的联系。经济生活是社会生活的最基本方面，社会学在研究社会的过程中，必须坚持历史唯物主义的世界观，重视经济在社会发展中的地位与作用。经济学的知识已成为社会学者必备的知识基础。同样，经济学也要借助社会学的知识，因为经济活动本身总要受到社会整体机制的制约，总要受到社会体制、社会组织、人口、生态环境、劳动力素质、教育水平、文化价值观念等诸多因素的影响与制约。在经济学说史上，从亚当·斯密到马克思的经典经济学，都充满着社会学思想和社会学分析。《资本论》就是一部高度社会学化了的经济学著作。我国著名经济学家厉以宁教授曾提出，经济学在20世纪发生了两次大的转折，一次是20世纪初的"数学化"，一次就是20世纪70年代的"社会学化"。"社会学化"是当代各门社会科学发展的共同趋势。这种趋势反映了社会学与单一性社会科学之间的基本关系。

3. 社会学与综合性社会科学的关系

所谓综合性社会科学，就是以社会整体为研究对象的学科，社会学就是一门综合性社会科学，但除了社会学外，历史学、人类学等等也是综合性社会科学。社会学与它们的差别主要是研究的角度、取向、重点、方法以及目的不同。

社会学与历史学的研究范围几乎相同。凡是社会学研究的问题，历史学也应该进行研究。过去，历史学重点研究的是政治史、军事史，研究的是"大事"，主角都是帝王将相、社会精英。现代历史学则开始重视普通社会生活，重视对生活方式、婚姻家庭、伦理风俗等社会史的研究，在时间上也开始向当前的现实靠拢，可以说，历史学正在"社会学化"。但是，历史学与社会学还是区别明显的，社会学研究的是现实社会，目的是要发现规律，预测未来；而历史学则是研究过去的社会，目的是为了总结历史经验，供今人借鉴。历史学是纵向研究，以叙述为主；而社会学是横向研究，以分析为主。

社会学与人类学的关系一度难以分清，许多人类学家同时就是社会学家，但是，作为两个学科，它们仍有明显的区别。人类学是主要研究人类的起源与演变、人种的形成与发展、人类体质结构的变异的一门科学，它的研究对象主要是当今世界上还存在的各种原始部落。当代人类学虽已开始研究现实社会，但目的仍是探讨人类的过去、现在和未来，从而了解人类的本质与命运。社会学则是研究具体的现实社会，研究具体的社会如何运行、如何发展、如何变迁。因此社会学与人类学具有本质区别。

三、社会学的社会功能

科学的最基本任务就在于帮助人们认识世界，即帮助人们发现事实和解释事实，并在此基础上预测事物未来的发展趋势，并在所认识的规律的基础上规划和设计人类的未来。社会学的社会功能，也就是社会学的社会作用。其功能主要体现为以下几个方面：

1.描述功能——社会是怎样的

所谓描述，就是客观地、完整地搜集、整理和记录事物发展的具体过程与现状资料，真实地再现社会生活图景。任何实证科学都要求首先能够客观地描述事物的本来面貌。这是认识的第一步，也是最基本的一步。只有大量占有真实的感性材料，才能进一步加工整理，上升到理性认识。描述功能是社会学的最基本功能，是社会学研究社会的起点。

2.解释功能——社会为何这样

所谓解释，就是弄清社会事实发生发展的主客观原因，从因果联系上对事物的现象和过程做出明确的理论说明，但因果联系不等于简单的决定论。由于社会是一个复杂的有机整体，社会中各种现象和过程都是相互联系、相互依存、相互作用的，每一种社会现象的发生都要受到各种具体条件的制约，因此，要把因果分析从传统的决定论转移到系统论和概率论上来，从原来简单的因果分析转移到多变量相关分析上来。同时，社会学的解释还要能够理解人们社会行动的"意义"，把握人们社会行动所表达的精神内容。如果解释不了，则必须创立新的概念乃至新的理论，以帮助人们认识和解释社会。

3.预测功能——社会将会怎样

所谓预测，就是在调查研究的基础上，根据已知因素，运用现有知识、经验和科学方法去预计和推测事物今后可能的发展趋势。预测的关键是要把纷繁复杂的社会中本质的、相对稳定的、重复性的联系或关系揭示出来，从而把握未来事物变化中的必然性因素。社会学的预测功能就是要通过社会学的实际调查和理论研究，及时地、科学地预测社会生活中将要发生的新现象、新问题。

4.规范功能——社会应该怎样

所谓规范，就是确定预定社会目标、达到预定目标而采取的行动与手段，以及对社会目标、行动与手段的合理性和可行性评价的过程。在社会学的研究过程中，描述、解释、预测的阶段，应该保持"价值中立"，但社会学研究的成果在应用时，应承担起社会的责任，以最广大社会成员的利益为准绳。所以，社会学者不仅要科学地解释社会现实和社会问题，而且要不断地探索改造社会和解决社会问题的对策。描述社会、解释社会、预测社会的目的，是为了改造社会，规范性研究实际上就是按照一定标准对社会进行设计和改造。管理者希望社会按照人们的一定的意愿运行，一方面要进行价值定向，确定社会问题解决的基本途径或社会改革的基本方向；另一方面要进行政策设计，理论研究与实际资料分析都可能导致政策设计，即把有关理论知识、方法技巧与专门资料应用于决定政策、评价当前政策或提出可供选择的政策方案，使社会学理论与方法真正起到规范社会的作用。

第三节　社会学的发展历程

与其他社会科学不同，社会学是一门较年轻的学科，它孕育、创立于19世纪上半叶的欧洲，大体经历了初创时期、形成时期和发展时期。19世纪末西方社会学传入我国，从此，我国社会学在一个曲折的过程中逐步发展起来。

一、社会学创立的历史背景和思想渊源

1.社会学创立的历史背景

18世纪末19世纪初的欧洲社会经历了一次有史以来最为广泛和深刻的社会变革。工业革命和资产阶级革命的胜利不仅表明了封建制度和封建神学的彻底崩溃，而且改变了整个欧洲的经济生活和社会生活。新兴的资本主义生产方式结束了先前那种地方的和民族的闭塞状态及自给自足的经济，形成了世界市场，引起了商业、航海业、交通业、服务业等行业的巨大发展，科学技术和生产力的发展达到了空前的高度。

但是，随着资本主义的发展，社会的矛盾与冲突也在不断地扩大和趋于激化。一方面，资本主义生产方式确立后，社会变迁的速度加快。早期的工业化、城市化和一些大的社会组织的出现，改变了欧洲的社会结构、人与人之间的关系以及传统社区的风俗习惯和价值标准。另一方面，宗教在城市经济生活中逐渐失去了它的道德权威和神秘性，传统的价值体系和道德规范被打破。人们在心理上和实际生活中都难以适应这样迅速而巨大的社会变迁。于是，大量社会问题铺天盖地而来，农民破产、工人失业、城市贫民的居住和工作条件恶劣、环境污染、犯罪、自杀、卖淫以及当时人们无所适从的"失落感"等等，从各个方面困扰着社会生活。特别是由于资本家疯狂掠夺高额利润，大多数劳动者终日劳作却食不果腹，工人的生活水平每况愈下，生活贫困而悲惨，社会冲突加剧，阶级矛盾激化，社会在急剧的变革中动荡不安。

为了克服当时面临的种种危机，资产阶级知识分子开始关注这些社会问题，积极寻找解决问题的途径和方法，试图运用新的方法和理论体系重新组织和安排社会生活秩序，以适应社会发展和社会改良的需要，于是社会学应运而生。

2.社会学创立的思想渊源

社会学的产生除了为适应资本主义制度发展的社会需要外，还有它特定的思想背景，包括法国启蒙时代的社会学说和历史哲学，实证科学浪潮的冲击和社会调查、统计科学的发展等等。

首先，资产阶级启蒙运动的思想家们为适应新兴资产阶级的要求，提出了各种反封建、反神学的社会学说，出现了研究人类社会发展及文化演变的历史哲学。孟德斯鸠的《罗马兴衰原因论》《法意》等阐述了一切社会历史现象都是有规律发展的思想，并从总体上拟订了社会改革计划。卢梭的著作《论人类不平等的起源和基础》《民约论》等试图说明社会不平等的产生和根源。空想社会主义者圣西门、傅立叶和欧文尖锐地揭露了资本主义的种种罪恶，制订了一套改革的计划，设计了理想社会的模式。圣西门试图论证关于历史的有规律发展的学说，认为每一种社会制度的产生都是历史发展的一个进步，它们都曾促进了生产、科学和艺术的进一步发展，因而历史是前进的。他提出了衡量社会制度的4个标准：①它尽可能使社会上的大多数人过着幸福的生活，拥有最多的资料和可能满足他们最切身的需要；②在这个社会制度中，内心修养高尚的最有德行的人，拥有最多的机会获得较高的地位，而不管他们出身于什么样的家庭；③这种社会制度把数量最多的人团结在一个社会里，使他们拥有最多的手段来抵御外敌；④这种社会制度鼓励劳动，因而可以出现重大的发明，导致文明和科学的最大进步。圣西门的学说，直接影响了后来的社会学说，对社会学的诞生起到了重大作用。

其次，自然科学的新发展，尤其是地质学、考古学、物理学和生物学的发展，启发了人们用自然科学的理论和方法去考察和认识社会。16—17世纪，经过这些实证科学浪潮的冲击，人们对于用纯粹思辨的方法去探讨社会，对社会进行种种臆测和猜想的传统越来越失去兴趣。人们开始认识到，社会是自然界的一部分，既然自然界有其自身的规律，社会体系也应有和其他自然体系相同的规律可以寻找。基于这些认识，人们开始用一些自然科学的经验研究方法去研究社会问题。圣西门就曾经研究过当时在自然科学中领先的物理学，企图把物理学那种经验科学的研究方法应用到社会研究上，并设想称之为"社会物理学"。

最后，社会调查统计的发展，为社会学的经验研究提供了更广阔的前景。到18世纪下半叶至19世纪初期，社会调查已初步发展起来，出现了各种专题的调查研究，其统计的理论和方法也不断有所创新。这些社会调查，有政府主持的，有社团举办的，也有个人进行的，都是为了了解社会实际状况，研究解决社会问题，其范围涉及人口、资源、消费水平、住房、贫困、死亡、自杀、犯罪等等。这些调查研究为社会学的创立提供了充足的资料和研究方法。

总之，迫切的社会需要、丰富多彩的科学与理论的成果，使社会学的创立成为历史发展的必然。

二、西方古典社会学的代表人物

在西方社会学创立与形成时期，出现许多社会学思想家。

1.奥古斯特·孔德（A.Comte，1798—1855）

奥古斯特·孔德，法国实证主义哲学的创始人，早年深受孟德斯鸠、孔多塞等法国哲学家的影响。1817年他结识了亨利·圣西门，并成为圣西门的秘书和合作者。他的主要著作是写于1830—1842年间的《实证哲学教程》（共6卷）和写于1851—1854年间的《实证政治体系》（共4卷）。

孔德被西方社会学界公认为社会学的创始人。在1838年出版《实证哲学教程》第4卷时，孔德第一次使用了"社会学"这一概念。孔德的社会学主张包括以下几个方面：

（1）孔德第一个把社会学作为一门关于人类社会的科学。他认为，宇宙现象分为5类，即天体现象、物理现象、化学现象、生理现象、社会现象。这5类现象在整个宇宙中是统一的、相互关联的。前4类宇宙现象已形成了专门的学科，即天文学、物理学、化学和生物学，只有社会现象还是个空白，需要一种科学来补充，这种科学，就是圣西门所倡导的"社会物理学"，也就是后来孔德所提出的"社会学"。

（2）孔德提出了社会学研究的实证方法。孔德认为："社会学就是关于社会现象根本法则的实证研究。"所谓实证研究，孔德认为有4种方法：一是观察的方法，包括直接的观察和间接的观察，通过观察才可以得到确切的材料。二是实验的方法，包括直接实验和间接实验。直接实验是在专门为研究目的而创造的条件下对社会现象进行观察。间接实验是研究由于社会动荡而产生的病态性偏差。三是比较的方法，即通过对动物社会与人类社会、同一社会中不同阶级的社会地位、世界各地各民族人民生活的比较，寻找社会存在与发展的一般规律和特殊规律。四是历史的方法，即把人类不同的连贯状态作历史的比较。

（3）孔德试图把社会学理论系统化。他认为社会学理论体系可分为两个部分，即社会静力学和社会动力学。社会静力学研究的是社会的结构和制度，其目的是研究社会的"和谐"和"秩序"。孔德指出，社会是一个有机的整体，它的一切部分都是相互联系的，只有在统一的社会结构中，这些部分才能被认识并发挥其作用。"在社会体系的全体和部分之间，必定有一种自然的调和，它的各种元素必定迟早联合而成与它性质相符的形式。"社会动力学研究的是达到"完全社会"的各种推动力，即研究社会的发展与进步。孔德认为，社会动力学的真谛在于把连续的社会状态中的每一种状态视为以前状态的必然结果，而又是以后状态必不可少的推动者。他把人类智慧的发展分为3个阶段，即神学阶段、形而上学阶段和实证阶段。与此相对应，人类社会也经历了3个阶段，即军事阶段、过渡阶段和工业阶段。他认为，当时资本主义社会的混乱是由神学和形而上学造成的，到了科学的实证阶段，社会动荡就会停止。所以，孔德认为，社会历史的发展是一个分阶段逐步演进的过程，无须社会和政治的革命。革命会破坏历史的合乎规律的进程，使社会陷入病态。

孔德的社会学理论带有明显的保守倾向，他的理论体系也带有机械论的色彩，随着历史的发展，他的许多学说现今已很少为人们所采用。但是，西方社会学界认为，孔德毕竟把实证主义引入了对社会学的研究，并对社会学体系化作了初步的尝试，他的将社会作为一个有机整体来进行研究的观点成为后来的结构功能主义社会学的理论渊源。从这些方面来看，孔德对社会学的贡献是巨大的。

2.赫伯特·斯宾塞（H.Spencer，1820—1903）

赫伯特·斯宾塞，英国实证主义哲学家、社会学家，社会学创立时期重要的代表人物。他的代表作有《社会静力学》《进化的假设》《社会学研究》《社会学原理》等。斯宾塞的社会学理论主要有两个：一是社会有机论；二是社会进化论。

斯宾塞认为，社会就像生物有机体一样，有3个系统。营养（生产）系统，负责必需产品的生产；循环（分配）系统，负责社会各个部分在分工基础上的联系；神经（调节）系统，保证各个部分服从社会整体。其中，营养的功能由劳动阶级担负，分配的功能由商人担负，调节的功能则由工业资本家担负，这三者相互配合，缺一不可。斯宾塞把社会和个人的关系比拟为生物有机体和细胞的关系，但同时他又指出，社会与生物有机体也存在本质的区别。社会有机体是分散的整体，而生物有机体是具体的整体。在生物有机体中，分子是为了整体而生存的，而在社会中则相反。社会是个人的集合体，是为个人成长与幸福而存在的。个人只要不破坏他人的平等和自由，可以自由地做他想做的一切。他还认为，与生物有机体相比，社会有机体是一种"超级有机体"，生物有机体是依靠物理和化学的作用维持其生长，而社会有机体则是依靠语言、文字、科学、艺术、思想系统来维持其正常生活和活动的。

斯宾塞学说的另一个重要内容是社会进化论。斯宾塞认为，社会进化是不可抗拒的。社会进化虽然是充满矛盾的，但基本上是平稳的、进步的，在很大程度上是自发的过程。均衡是进化的必然特性，也是进化的起点和终点，有意识的"加速"或"外来的干预"都会给进化造成障碍。因此，他既反对国家对社会生活的干预，也反对社会革命，认为革命会破坏进化自身的规律。他认为社会上人与人之间、民族与民族之间、国家与国家之间必然要进行"生存竞争"，竞争的结果就是"适者生存"。斯宾塞的理论实质上提倡资本主义的自由竞争和维护资本主义的现存秩序。

斯宾塞的理论对早期的社会学影响较大。他的社会有机论思想对后来的结构功能主义学派有一定影响。他在社会学史上的贡献，在于他把孔德所创立的社会学体系更加具体化了。

继孔德和斯宾塞之后，19世纪末20世纪初，西方社会学进入到作为一个独立学科的形成时期，其主要代表人物是马克思、迪尔凯姆和韦伯。

3.卡尔·马克思（Karl Marx，1818—1883）

卡尔·马克思，德国伟大的思想家，是马克思主义社会学的奠基人。他作为一位经典社会学家，开创了一种与孔德的实证主义传统相对立的马克思主义社会学传统。马克思主义社会学思想是西方社会思想史发展的重要成果，它以探求人类社会的本质及其发展规律为使命，包括一般社会学理论和方法论，是我们认识和改造社会的有力工具。他的著作涵盖了哲学、经济学、政治学、社会学等许多领域，由于他总是把经济问题与社会制度联系在一起来加以思考，所以他的著作总是富有社会学的洞察力。即使他的最严厉的批评者也认为他的著作对社会学的发展起了重要的作用。他的代表作有《关于费尔巴哈的提纲》（1845）、《德意志意识形态》（1846）、《共产党宣言》（1848）、《政治经济学批判》（1859）、《哥达纲领批判》（1875）、《资本论》（共3卷，1867、1885、1894）。马克思的主要社会学思想有以下几个方面：

（1）社会批判理论。马克思和恩格斯合写的名著《德意志意识形态》奠定了其批判理论思想，他们认为社会理论必须批判压迫性的社会体制，以及提出一种解放全人类的替代性选择；人类是独一无二的，同时人类又具有反思性，因此人类能够判断出他们在社会中的位置；人们生活于各种社会结构之中并创造了他们的世界观念和概念。他们还认为，人们的生活实质上是一个生产过程，不断的劳动分工使人们为那些控制产品的人创造了占有社会财富的条件；现实世界已经被符号、象征、情景及其他文化商品控制了。人类具有理解和对他们生活状况做出反应的能力，社会理论的目的就是要利用这种人类的独特能力去揭示那些带有压迫性的社会关系，改变社会体制。

（2）社会有机体理论。马克思在《哲学的贫困》中首次提出了"社会有机体"的概念，而且将这一思想贯穿在研究社会形态、社会经济形态、社会意识形态的整个过程中。在《资本论》第一版序言中，马克思更明确指出："现在的社会不是坚实的结晶体，而是一个能够变化并且经常处于变化过程中的有机体。"马克思认为，社会有机体是指由社会体系的各个环节、要素构成并同时存在而又互相依存的连续发展过程的有机整体，因而它是一个反映人类社会生活诸要素之间的全面性联系与有机性互动的整体性范畴。因此，从横向来看，任何一个社会有机体都包括两个前提性构成部分，一个是基础性构成部分，即物质资料生产方式或社会经济形态，它由物质生产力和物质生产关系组成；另一个是上层性构成部分，包括最上层的由人的精神生产的实践创造的社会意识，还包括由人变革社会的实践创造的具有中介性质的社会制度体系或政治法律及设施。马克思从多层次角度阐释了社会有机体发展的理论。一是关于社会生产特别是物质资料生产方式更替的社会发展层次；二是关于社会形态更替的社会发展层次；三是关于人的生存状态和人类解放的社会发展层次。

（3）社会冲突理论。马克思认为，生产力的增长不仅是社会发展的动因，而且是导致社会紧张的原因。"在这个阶段上产生出来的生产力和交往手段在现存关系下只能造成灾难，这种生产力已经不是生产的力量，而是破坏的力量。"这种破坏性是指新生产力的出现，提出了革新旧有生产关系的要求，进而使与这些关系相适应的观念和范畴也发生变化，社会紧张的局面由此产生。一切社会冲突都根源于生产力和社会关系之间的矛盾。因为社会的物质生产力发展到一定阶段，便同它们一直在其中运动的现存生产关系发生矛盾，于是这些关系便由适合生产力的发展形式变成生产力发展的桎梏。可见，"生产方式、生产力在其中发展的那些关系，并不是永恒的规律，而是同人们及其生产力发展的一定水平相适应的东西，人们生产的一切变化必然引起他们的生产关系的变化"。阶级斗争是阶级对立的社会里冲突的主要表现形式。在阶级对立的社会里，由于生产力的增长，在现存的生产关系下会产生一种革新力量、一个强烈要求革新的阶级。由于这个阶级"必须承担社会的一切重负，而不能享受社会的福利，它被排斥于社会之外，因而不得不同其他一切阶级发生最激烈的对立"，从而导致社会革命。

（4）唯物主义社会历史观。马克思与恩格斯所共同创立的唯物主义社会历史观，为马克思主义社会学奠定了一般理论和方法的基础，也使马克思主义的经济社会学、政治社会学和知识社会学等初具雏形。辩证唯物主义和历史唯物主义思想认为，生产力与生产关系是社会形态的基础，生产力的发展变化是社会一切关系和形态变化的基础；阶级利益和斗争是社会历史进步的主要决定因素，目前为止一切社会的历史都是阶级斗争的历史。人类历史既是人控制自然的能力不断提高的历史，也是人类日益异化的历史，资本主义社会中的商品拜物教是经济异化的典型形式和高级阶段；法律、政治、宗教等上层建筑不仅是经济基础的反映，还反作用于经济基础，思想的根源在于倡导者的生活条件和历史环境。历史进化论观点认为，人类社会历史上出现过4种生产方式，即亚细亚的、古代的、封建的和现代资本主义的，每一种方式都是它先前社会中存在的矛盾和对抗的产物，人类社会的最后阶段是无产阶级推翻资产阶级生产关系后建立的共产主义。

4.迪尔凯姆（E.Durkheim）（1858—1917）

迪尔凯姆，法国著名社会学家和社会活动家，有的译为杜尔凯姆或涂尔干。他于1896年在法国创办《社会学年刊》，并在法国大学里第一个开设了社会学课程，是历史上第一个获得社会学教授职称的人，被西方誉为"第一个对日常生活的特定现象进行社会学研究并系统形成一套富有生命力的方法的学者"[1]。

他的主要著作有《社会分工论》（1893）、《社会学方法论》（1895）、《自杀论》（1897）等。迪尔凯姆的社会学理论主要有4个方面：

（1）社会事实论。迪尔凯姆理论的核心是关于"社会事实"的概念。他认为"社会事实"是社会学研究的对象，它是一种个人外部的存在，是决定个人行为而不以个人的主观意志为转移的客观事物。他把社会事实分为两种基本类型：一是物质的社会事实，如劳动分工、法律等；二是非物质的社会事实，如集体意识、集体表象、社会潮流等。他特别重视集体意识等非物质的社会事实对个人行为的影响。迪尔凯姆认为应从感性材料出发，用社会存在来说明社会事实，反对用个人心理动机去解释社会事实。他说，必须从社会本身的性质中寻找社会生活的说明，必须从

---

① 中美联合编审委员会. 简明不列颠百科全书：第8卷［M］. 北京：中国大百科全书出版社，1985：24.

社会内部结构中寻找重要的社会进程的最初起因。迪尔凯姆不仅提倡这种研究方法，而且在他的研究中真正成功地运用了这种研究方法。在他的《自杀论》一书中，他不从个人心理动机方面去解释自杀的行为，而是把社会环境作为主要原因来研究。他说自杀主要不是取决于个人内在的本性，而是取决于支配着人们的外在原因，自杀的百分比是地区、民族、家庭、政治生活、职业集团、宗教信仰等社会变数综合作用的结果。

（2）社会团结论。迪尔凯姆把社会团结分为两种不同性质的类型：一种是机械团结；另一种是有机团结。他认为产生这两种团结类型的主要原因在于不同的劳动分工形式。机械团结是不发达的和古代社会中的团结，它是由缺乏社会分工而形成的个人之间的同质性造成的。在这种社会中，全体成员所具有的共同意识和行为形成了一种约束力，约束每一个社会成员，使之没有多少自由。有机团结则是发达的现代社会的团结，它是由社会分工的发达而形成的个人之间的异质性造成的。由于个人之间的异质性增强，人们彼此之间的依赖性也就日益增强。在这种社会中，共同意识的约束力趋于减少，人们有较多的思想和信仰自由，个性可获得较大发展。

（3）宗教论。宗教论也是迪尔凯姆社会学理论的重要内容，他认为宗教是使个人产生恪守社会要求的道德责任感的力量之一。宗教实质上是社会的产物。人们共同崇拜的神灵，都不过是社会力量的投影。当人们颂扬神灵时，实际上是在无意识地颂扬社会力量，这种力量远远超过他们自身的存在，所以不得不赋予其神圣的意义。

（4）给予社会学以具体的研究范围和特定的研究方法。这是迪尔凯姆对社会学的主要贡献。他认为社会学是不同于哲学的一门独立的学科。他第一个把日常生活中的现象放在社会学的框架中进行分析。他在《社会学年刊》的纲目中，把社会学知识体系分成普通社会学、宗教社会学、法律和道德社会学、犯罪社会学、经济社会学、美学社会学、人口统计等主要类别。这种分类法至今仍有较大影响。在社会学的研究方法方面，他主张用经验的观察和对事实材料的分析来代替理论的思辨和主观的玄想，根据事实材料来寻找社会现象的规律。他所创立的这一套行之有效的研究方法对社会学的发展产生了深远的影响。

由于迪尔凯姆的努力，社会学第一次获得了自己的具体研究范围和特定的研究方法，也第一次在社会中获得了独立的地位，社会学研究向前跨越了一大步。由于迪尔凯姆在理论研究上是进化论、结构主义、功能主义的集大成者，因而对后来的结构功能主义学派影响甚深。

5. 马克斯·韦伯（M.Weber，1864—1920）

马克斯·韦伯，是德国早期杰出的社会学家，与迪尔凯姆一道被公认为西方现代社会学的奠基人。韦伯的研究兴趣十分广泛，早年主要从事历史和法学的研究，后来才涉足社会学。其主要著作有《新教伦理与资本主义精神》《经济与社会》《社会与经济组织理论》等。

韦伯的社会学理论主要有以下两个方面：

（1）理解社会学。他把社会学定义为理解社会行动的科学，即要通过理解社会行动的过程与结果，对社会行动做出因果解释，因此他把社会学称为"理解社会学"。由于社会学所要理解和解释的对象是社会行动，因此，社会行动在韦伯那里是一个十分重要的范畴。按照韦伯的理解，所谓社会行动，是指行动者以他主观认定的意义而与他人的行为发生联系的行为。它必须具备两个条件：一是行动者个人赋予其行动以意义，即行动者个人采取行动的动机；二是行动者所采取的行动须和他人的行动发生联系。只有具备这两个条件时，个人的行动才可以被称为社会行动。他的所谓"理解"社会行动，就是强调社会学家要掌握行动者赋予其自身行为和决定的主观意义。根据这一思想，他把社会行动区分为4种类型：第一种是与目标相连的合理的行动；第二种是与价值观相连的合理的行动；第三种是由现实的感情冲动而引起的情感行动；第四种是与习俗相连的传统行动。在他看来，只有前两种行动才包含行动者明确的主观意义，因而才是真正意义的社会行动。他还认为，我们生活于其中的世界的首要特征就是合理化，这种合理化是通过扩展第一种合理行动的范围而表现出来的，从而使整个社会都趋向于与目标相连的合理的组织。

（2）韦伯社会学理论的另一个重点是他的"政治社会学"思想。韦伯对统治的合法形式进行了深刻的研究。他把它们称为"权威"，并认为权威可分为3种类型：一是传统权威，即靠被领导者对传统和世袭的崇拜而维系的统治。这种权威在上下级关系中并没有合理的次序，不是根据自由契约的任命和升迁的正常机制产生的。二是魅力权威，即靠领导人的人格魅力而维系的统治。这种权威通常比较脆弱，不能持久。三是法理权威，即根据所制定的规则的合法性而维系的统治。韦伯认为，法理权威是最符合世界的合理化趋势的，因而它成了现代西方社会最普遍的一种统治形式。这种权威有特定的组织结构，韦伯称之为"科层制"（或官僚制），即一种协调许多个体的工作去完成大规模任务的组织。科层制的主要特点是专门化、职阶体系、照章办事、公私分明、按能力实绩晋升等。韦伯认为，科层组织的管理职权可以同财产所有权相分离，科层组织可以产生比以往的非科层组织更高的工作效率，因而，现代社会的组织形式都不可避免地会向科层制方向发展。

韦伯对社会学和社会行动理论的理解，对现代西方社会学产生了很大的影响。他的科层制理论成为现代西方组织管理学的重要理论基础，对资本主义社会的组织管理起到了很大的促进作用，因而他被认为是"古典管理理论"的主要代表之一。韦伯坚持从历史主义立场来研究社会行为，从而使历史观深入到社会研究方法之中。但是也应当指出，韦伯的理论过分地强调了人的社会行动的主观意义以及精神因素在社会历史发展中的作用，因而他的社会历史观具有唯心主义的倾向。

这一时期，除了马克思、迪尔凯姆、韦伯以外，还有德国的滕尼斯（1859—1936）和齐美尔（1858—1918）、英国的麦肯齐（1860—1935）及长期侨居英国的波兰社会人类学家马林诺夫斯基（1884—1942）等等，他们对社会学的形成都做出了很大的贡献。

三、社会学的发展

19世纪与20世纪之交，西欧各国出现了一批著名的社会学家。从社会学创立到20世纪20年代，社会学的中心在欧洲。30年代德国纳粹主义横行，社会学家遭受迫害大批流亡，社会学的研究工作进展迟缓。而社会学传入美国后，得到了迅速的发展。直到第二次世界大战以后，欧洲社会学研究才进入复兴和进一步发展的阶段。世界其他地区，包括许多发展中国家的社会学研究，也普遍受到重视，发展比较迅速。

1.美国社会学研究的兴旺

美国社会学虽源于欧洲，却迅速发展成为具有美国特色的学科。19世纪末20世纪初，社会学在美国取得巨大发展。沃德（L.F.Ward，1841—1913）、斯莫尔（A.W.Summer，1854—1926）是美国早期社会学研究和社会学教育的著名组织者。1905年建立美国社会学会，沃德任第一任会长。1892年斯莫尔在芝加哥大学建立美国高等学校第一个社会学系，1895年又创办了美国第一个社会学刊物《美国社会学杂志》。这些都为社会学在美国的发展创造了有利的条件。早期的另一位社会学者萨姆纳（W.G.Summner，1840—1910），把斯宾塞的社会达尔文主义介绍到美国，并从事人类学研究，其著名论著《民俗论》提出：人类社会的和谐安定一要依靠制度，二要依靠民俗。民俗是人们在调整社会与自然之间的关系时逐渐形成的，人们通过传统、模仿、权威等自然而然地接受。萨姆纳最早以社会学方法研究民俗，而民俗对于认识社会又是很重要的。社会学家们将社会学理论作为指导社会实践、解决资本主义实际政策的手段，因而得到美国官方和财团的重视和支持。

为美国早期社会学在理论上做出贡献的是吉登斯和库利。吉登斯（F.H. Giddings，1855—1931）曾任政治学、社会学教授。他受到亚当·斯密"同感"说的影响，提出"类群意识"的学说，以促成一个同质的社会。类群意识是由个人之间的相互作用和个人对共同刺激的反应而产生的，这是人们在共同的社会生活中所获得的一种共同归属感。有了这种"类群意识"（"同类意识"），社会成员才会保持团结，若缺乏"类群意识"，社会就会产生冲突、分化。库利（C.H.Cooley，1864—1929）曾教授社会学。他采用社会心理学的方法研究社会问题，分析了解社会。库利根据观察有组织的人们行为的实质这种心理过程，提出自己的学说。他认为，"自我"这种意识是以个人实际经验和想象他们对于"自我"的概念而形成的。"自我"除身体外，还包括价值观、声望等本质特征，而这些本质特征是在与他人相互作用中形成的。这就是所谓的"镜中我"。由此，库利提出了他的基本学说：社会是个人的观念之间的联系，存在于个人心智之中。这是一种主观唯心主义观点。库利在他的《社会组织》一书中，提出了"首属组织""次级组织"的概念，前者指家庭、邻里等，后者指职业团体和政治、社会组织等。他的学说为社会心理学和群体理论研究打下了基础。

美国芝加哥学派的建立和形成是美国社会学的重大成就，在整个西方社会学史上具有重要地位。芝加哥学派人才荟萃，开创了从经验出发、从社会实际问题出发，以研究城市为中心的独特风格。在这方面起了重大作用的社会学家是托马斯、帕克和伯吉斯。托马斯（W.I.Thomas，1863—1947），曾在美国芝加哥大学、哈佛大学讲授社会学，着重研究文化变迁和个性发展，对方法论也有重要贡献。其主要著作《欧洲和美国的波兰移民》（与兹纳涅斯基合著）用比较方法研究各个民族和社会。帕克（R.E.Park，1864—1944），曾在各大城市担任新闻记者11年，对城市生活十分熟悉，城市社会问题引起他浓厚的兴趣。他致力于美国黑人等少数民族和人类生态学的研究，把城市视为一种文化形态和生活方式及与之相应的价值观。在帕克的倡导下，形成了一个城市研究中心。伯吉斯（E.W.Burgess，1886—1966）提出了城市区位学说，把城市按行政区、商业区、居民区等功能区域划分为不同的部分，再把贫富区域划分开来，以便分别深入加以研究。芝加哥学派的社会学家们，思路广阔，具有开拓精神，对城市社会的方方面面和各种问题进行了大规模的研究，创建了社会学的一门重要学科——城市社会学。

2.第二次世界大战后社会学研究的世界性拓展

第二次世界大战结束以后，社会学进入一个振兴阶段，研究工作取得了世界性进展。

国际社会学协会在联合国教科文组织鼓励下于1949年9月11日在挪威奥斯陆成立，简称ISA（International Sociological Association）。其宗旨是，在全世界范围内提高社会学研究水平，加强各国社会学家的接触，鼓励相互传播和交换有关社会学研究进展的情报，为社会学的国际性研究工作提供条件。该协会出版了《国际社会学协会会刊》《当代社会学》《世界社会学大会会议录》等刊物。国际社会学协会的积极活动和出版的刊物，在世界范围内促进了社会学研究工作的发展。

西欧各国社会学研究在复兴中不断取得进展。在法国，社会学研究由教育部组织，社会学研究所成为运用国家资金有组织地培养社会学家的基地，又是开展社会学研究的场所。在大学将社会学教学同哲学教学分离开来，社会学教授日益增多，社会学的各种刊物也大量增加，同时，也注重多方面地开展社会调查研究。在英国，社会学急速发展，以大学为基础广泛开展了社会学教育和社会调查，还出版了《英国社会学杂志》《社会学评论》《社会学》等著名杂志。在德国，由于纳粹直接统治，社会学研究工作几乎被完全禁止。第二次世界大战后，一些流亡国外的社会学家返回联邦德国，恢复了社会学研究。根据战后联邦德国社会的实际情况，开展了对战后多种迫切社会问题、社会流动的大量调查，同时也注重理论的研究，即重视德国社会学的传统，在社会学界开展了"理论和经验研究"的论战。战后西欧其他各国如荷兰、比利时、奥地利等国的社会学研究也取得重大进展。正因为有这样的条件，迄今为止的12次世界社会学大会有6次在欧洲国家召开。

第二次世界大战后的亚洲、非洲、拉丁美洲各国的社会学研究都获得不同程度的发展。这些国家的社会学研究受到美国的影响较大，许多从事教学和研究的社会学者多在美国接受社会学教育，理论和方法也多借鉴美国社会学。同时，各国也开始重视结合本国的社会实际，探索社会学本土化问题。因此，经验研究、社会调查被普遍采用，土地问题、农民问题、民族问题、种族问题、宗教问题、社会平等问题、民主问题、工业化和现代化道路问题、南北关系问题等成为重大的研究课题。社会学教育也有一定进展，出版了一些社会学刊物和研究本土社会的书籍，有的国家还在高等学校开设了社会学课程。

四、当代社会学主要理论流派

随着当代社会学在世界范围内的恢复与发展，各种理论流派也逐渐兴起与成熟起来。从自然主义到主观主义、从宏观到微观，理论丰富多彩，流派纷呈。这时期陆续出现的主要理论流派有结构功能理论、冲突理论、交换理论、符号互动理论等。

1.结构功能理论

结构功能理论初步形成于20世纪三四十年代，鼎盛于60年代，至今仍是西方社会学中的主要流派之一。到七八十年代，结构功能的分析方法已被广泛地应用于西方社会学研究，并不断地被西方社会学者改进与发展。它的代表人物是美国社会学家帕森斯和默顿。他们都提出了各自的功能分析的概念框架，为这个学派的形成做出了突出的贡献。

塔尔科特·帕森斯（Talcott Parsons，1902—1979），出生于美国的科罗拉多州，曾留学德国。1931年到哈佛大学社会学系任教，1942年升任教授，并担任该系系主任。帕森斯一生深受迪尔凯姆、韦伯等人的影响。1937年他出版了《社会行动的结构》，标志着以帕森斯为代表的结构功能理论的崛起。之后他又发表了一系列的著作，如《社会体系》（1951）、《关于行动的一般理论》（1951）、《经济与社会》（1956）、《现代社会的结构与过程》（1960）等，进一步发展和完善了他的理论。

帕森斯的社会学理论包括以下几个主要内容：

（1）社会行动理论。帕森斯认为，人们的社会行动包括以下4个结构要素，即行动者、目的、情境、规范。社会行动不仅由4个要素构成，而且在它们的基础上构成了更高一级的社会行动系统。社会行动体系包括有机行为系统、人格系统、社会系统、文化系统4个亚系统。有机行为系统是指人类的生理体系，它是行动系统最基本的单位。人作为有机体有各种需求，如何来满足这些需求，则是由人格、社会、文化3个系统来决定的，因此人的社会行动要受到有机体、人格、社会、文化环境等因素的影响。其中，社会价值体系对社会行动的影响具有特别重要的意义。

（2）一般系统理论。帕森斯认为，社会系统不过是更一般意义上的行动系统的一个亚系统。任何行动系统都面临着一些大致相同的基本功能要求，满足这些要求是系统生存的先决条件。他认为，一般行动系统具有4个基本的功能要求：①适应功能，即系统保持与外部环境的交换，并将获得的生存资源分配给整个行动系统。它由有机行为系统来承担。②目标获得功能，即确立目标的优先顺序，并调动系统的资源来实现这些目标。它由人格系统来承担。③整合功能，即系统必须协调各部分之间的关系，使之成为一个功能总体。它由社会系统来承担。④潜在模式维持功能，即系统根据某种规范维持某种社会行动的延续性。它由文化系统来承担。帕森斯认为，不仅整个社会系统必须满足这4个功能必要条件，而且任何社会的亚系统、任何人类的行动系统都必须满足4个基本的功能要求。这4个功能必要条件的满足与否，决定了社会系统或其他一切行动系统的生存能力。

（3）均衡理论。帕森斯系统功能理论的核心是强调社会系统的整合与均衡。他认为，任何社会都具有某种程度的自给自足，这主要依赖于社会内部的整合以及各部分之间的和谐关系。在一般情况下，系统总是趋于稳定与均衡状态，一旦发生反常现象，原有的均衡被破坏，社会系统就会通过反馈机制进行自我调节，自发地返回均衡。

帕森斯把"整合"与"均衡"作为其社会学理论的基础与归宿。他试图从高度抽象的社会系统分析中找到统一的、完整的社会行动理论。他的宏观的、高度抽象的、严密的理论体系对西方社会学研究产生了深远的影响。但是，他的理论没有充分地看到社会冲突与社会变革的作用，具有明显的保守倾向。到20世纪60年代，美国社会内部动荡不安，越南战争使美国陷入泥沼，反战运动高涨，学生运动、妇女运动和种族问题等严重困扰着社会生活。帕森斯的结构功能学说无法解释这些社会问题，终于遭到各方面的质疑和责难，其理论影响逐渐下降。这时，默顿秉承和修正了帕森斯的理论，在此基础上发展和完善了结构功能主义学说。

罗伯特·金·默顿（Robert King Merton，1910—2003），美国著名的社会学家，科学社会学的奠基人和结构功能主义流派的代表性人物之一。曾师从著名社会学家索罗金、帕森斯和科学史家萨顿。曾任美国社会学协会主席（1956—1957）、美国东部社会学协会主席（1968—1969）、美国科学社会学研究会主席（1975—1976）等职。1979年在哥伦比亚大学退休并荣膺特殊服务教授和荣誉退休教授。2003年2月23日在纽约逝世，享年92岁。作为世界杰出的社会学家，默顿一生获得过许多荣誉。他不仅是美国社会学界荣获"国家科学奖章"的第一人，而且也是美国社会学界少有的几位科学院院士之一。其代表性的著作有《17世纪英格兰的科学、技术与社会》（1938）、《社会理论和社会结构》（1949）、《论理论社会学》（1967）、《科学社会学》（1973）、《社会学的矛盾选择及其他文集》（1976）、《科学社会学：片断回忆》（1979）、《社会研究与从事专门职业》（1982）等。默顿的社会学理论主要有以下几个方面：

（1）中层理论。默顿认为，帕森斯试图建立一种无所不包的社会学理论体系的努力是徒劳无益的，建立这种宏观理论框架的时机还未成熟。他也不同意社会学只进行低层次的经验命题的零碎研究。他主张建立一个介于宏观理论与纯粹经验研究两者之间的"中层理论"。这种理论既不高度抽象也不包容广泛，例如参照群体理论、越轨理论、角色冲突理论等。这种中层理论能将理论与经验研究紧密结合起来，最终推动社会学理论的发展。

（2）均衡功能论。默顿的功能理论被认为是一种分析的方法论，其目的是建立中层理论。他认为以往的功能理论包括3个可疑命题：①社会系统的功能协调性；

②社会单位的功能普遍性；③社会单位对社会体系的不可或缺性。默顿认为，并不是所有的社会单位都对体系的整合有正功能和贡献，某些单位可能对系统内的一部分有正功能，但同时却对其他部分有反功能（负面功能）；同样，某些功能是明显的和有意安排出来的，但某些功能则可能是潜在的或在无意中产生的，前者称为"显功能"，后者称为"潜功能"。因此，他认为，社会单位与整个体系和谐与否，应由验证法来一一加以研究，不可一概而论。默顿的功能论是一种均衡的功能论。他不仅想知道为什么个人会顺从他人和群体的意志去行事，而且也想知道为什么某些人会走向偏差而导致社会的非整合。他对偏离行为的研究是其功能理论应用的最著名的代表。默顿开创了结构功能理论的一个新阶段，他所倡导的中层理论成为后来大多数社会学理论研究的指导原则。但是他在总体上仍然没有摆脱结构功能主义的体系倾向，注意最多的仍然是均衡。

（3）科学社会学理论。科学社会学是把科学作为一种独立的社会系统或制度来加以考察的新兴学科。1935年默顿在其博士论文《17世纪英格兰的科学、技术和社会》中首次提出了科学作为一个社会系统，有其独特的价值观的观点，并对科学系统进行了全面的社会学分析。哈佛大学科学史教授科恩在回顾科学、技术和社会（STS）的研究历程时说，默顿的这篇论文虽然不能算作是科学社会学的第一篇文章，但他却是第一个把这三个词组连接在一起用的人。默顿科学社会学研究的主要内容是科学界的社会关系结构，即科学共同体（scientific community），而不是科学家个人。默顿所确立的科学社会学理论体系主要包括两部分内容：一部分是科学制度的规范方面；另一部分是科学制度的运行方面（科学界的奖励系统、沟通系统、评价系统等）。默顿认为，作为一种社会建制，科学在对社会发展和社会生活造成了巨大影响的同时，也不断受到政治、经济、社会和文化因素的制约和影响。科学社会学就是在科学与社会的互动中发展起来的。默顿集中探讨了作为社会一个子系统的科学内部的社会现象，尤其探讨了科学精神气质和科学共同体之间的关系问题，认为科学内部的社会系统既不能脱离整个社会环境，又应该有相对的自主性，这是科学认知结构所提出的基本要求。

2.冲突理论

从20世纪50年代开始，西方社会开始出现多种解释社会冲突的理论，反对帕森斯关于社会的价值一致、均衡与整合的观点。这一理论认为：冲突是每一个社会都无法避免的，是社会生活的普遍现象；权力分配和社会报酬分配的不均是冲突产生的根源；冲突对社会的作用不仅具有破坏性的一面，而且还具有建设性的一面。这一理论的代表人物有美国的功能冲突论者科塞和德国的辩证冲突论者达伦多夫。

科塞（Lewis Coser，1913—2004）是默顿的学生，20世纪70年代曾任美国社会学学会主席。科塞的冲突理论在方法论上没有完全摆脱功能分析的传统，他主张探讨冲突对整个社会所发挥的作用。他认为社会冲突是"由于争夺社会地位、权力和资源及价值观不同而引起的斗争"。这种斗争可以促进社会权力关系的改善、新社会规范的创立以及社会系统适应能力的提高，防止整个社会出现严重的分裂和瓦解。他还提出了社会安全阀理论，认为敌对情绪的发泄具有安全阀的功能，它让人们的不满情绪随着安全阀的排气孔排放出去，而不致让它们积累起来，危害到整个社会结构的稳定。他还认为，僵硬的社会系统往往压制冲突及其表现，因而不能及时获得危险信号；灵活的社会系统，可经过调整结构和关系而使冲突得到解决和缓和。

达伦多夫是一位比较通晓马克思主义理论的当代德国著名社会学家，曾先后执教于德国、英国和美国的多个学院。他在1958年就抨击帕森斯的理论，认为今日的社会学应远离帕森斯的结构功能理论。他在《工业社会中的阶级和阶级斗争》一书中指出，社会基本上是一种不均衡权力分配的组合团体。在每一个社会团体内，统治集团的利益在于维持现状，为其作辩护的意识形态就是其价值观；被统治集团的利益在于改变现状，因而不断威胁着这种意识形态及其掩盖下的社会权力关系。这种针锋相对的利益团体一直处在不断的纷争之中，从而导致权力关系的重新分配，进而改变社会关系的基本结构。他认为，社会学的任务就在于寻求冲突的社会原因。

冲突理论率先打破了结构功能主义一统天下的局面，揭示了社会冲突的社会作用，其中的一些理论观点，如社会安全阀理论、冲突调节理论等在应用层次上有较高的价值。但这一理论对冲突产生的根源的分析与马克思的观点有区别，特别是关于权力分配不均引起冲突的观点，没有真正涉及问题的实质。另外，冲突理论的理论架构不够健全，学者之间的观点也无法一致，这就大大影响了这一理论的发展。

3.交换理论

交换理论是20世纪60年代开始兴起的。它是一种依据心理学的行为主义和经济学的功利主义理论而将人与人之间的交往视为计算得失的理性行为的理论。美国社会学家乔治·霍曼斯1961年出版的《社会行为：它的基本形式》和彼得·布劳1964年出版的《社会生活中的交换与权力》成为社会交换理论在西方兴起的标志。

霍曼斯（George C.Homans，1910—1989），担任过哈佛大学社会学系系主任和美国社会学学会主席。他把经济学和心理学的概念与观点结合在一起，阐述了他的理论目标："把社会行为视为一种至少在两人之间发生的，或多或少要获得报酬或付出成本的，有形的或无形的交换行为。"他提出了5个命题：①成功命题。一个人特定的行为越是经常受到奖励，则该人越是可能采取这种行动。②刺激命题。如果过去一个特定刺激的出现总是伴随着某种奖励，则现在的刺激越是与过去的刺激相似，他越可能采取该项行动。③价值命题。一个人的某种行动的结果对其越有价值，则这个人越有可能采取这种行动。④剥夺—满足命题。一个人在近期越是经常得到某一特定的报酬，该报酬的追加对这个人来说就越是没有价值。⑤攻击—赞同命题。当一个人的行动没有得到他期望的报酬，或得到他没有预料的惩罚时，他可能采取攻击行动；当一个人的行动得到了他期望的报酬，特别是得到的比他期望的还多，或者没有得到他意料的惩罚时，他会感到高兴并可能采取赞同行为。个体的交换行动是人类社会行为的一种基本形式，霍曼斯开创了这种系统地研究社会交换理论的先河，有着一定的积极意义，但他显然把人类的交换行为简单化了，他忽视了社会行动独立于个体心理之外的整体性质。

彼得·布劳（Peter M.Blau，1918—2002），奥裔美国社会学家。他的交换理论与霍曼斯有很大差别。首先，霍曼斯用对等性原则解释所有的社会交换，而布劳用对等性原则解释部分交换行为，用不对等性原则解释另外部分交换行为。布劳认为不对等交换产生了社会的权力差异和分层现象。他在此基础上又提出了获得权力的必要条件以及权力的合法化与反抗。其次，布劳不像霍曼斯那样单纯从个人的心理角度来解释社会交换的过程。虽然他也以经济上的交换概念为依据，但是他的理论更接近"社会结构"学派，因为他考虑到了处于不同组织和结构位置上的人与人之间的交换，从而淡化了交换的心理还原论色彩，增加了整体效应的社会学传统倾向，为交换理论从微观到宏观的过渡作了一个很好的铺垫。

4.符号互动理论

符号互动理论是一种反实证主义的主观社会学，这一理论的核心观点是：社会现象与社会行为只有通过人际间的互动和相互影响才能得到解释，而人际互动是以运用符号以解释和确定相互间行动的意义为媒介的，因此，社会是个人借助符号互动的产物。符号互动理论的分析框架是由库利、米德、布鲁默等人建构的，而米德是这一理论核心体系的创立者。

乔治·赫伯特·米德（Mead George Herbert，1863—1931），美国著名社会心理学家。他的理论集中在他的《心灵、自我与社会》一书中，强调了人的心灵、自我和社会的产生与社会互动过程的紧密相关性。其基本观点是：①人的活动并不是对外部刺激因素的简单反应，人会根据环境中的客体来调整自己的行为。②人们对自己行为的调整主要依赖其自我观念，而自我观念是在社会互动中产生的，它必须从他人的评价中获得，因此，自我与社会是不能分开的。③社会的制度和结构是个体之间有组织的模式化的互动的产物。社会秩序不是已完成了的事实，而是处在不断变化、修正和调整的过程之中。④人们的互动与自我观念的形成依赖于心灵的存在。因为有了心灵，人们才具有理解和运用象征符号的能力，有了心灵的支持，人们才能对外界的反应有所选择。

符号互动理论对于个人社会化、自我意识的形成、越轨行为等微观社会过程提出了一些有启发性的见解。但这一理论过分强调了主观意识的作用，忽略了社会结构对互动过程的影响，带有很大的局限性。

五、社会学与中国社会

1842年鸦片战争失败后，中国逐步沦为半殖民地半封建社会。洪秀全、康有为、严复、孙中山，代表了在中国共产党诞生之前向西方寻找真理的一派人物。他们撰写或翻译了一批包含新思想的书，这些书不仅包括自然科学，也包括社会科学，其中就有后起的社会学。在救国维新、向西方学习的背景下，西方社会学传入中国。社会学在中国的传播和发展大致可以划分为传入时期、本土化的最初努力时期、中断时期和恢复重建时期等4个时期。

1.传入时期（1891—1930年）

1891年，康有为在广州"万木草堂"以"群学"之名开讲社会学；1896年，谭嗣同在《仁学》一书中，最先明确采用"社会学"一词；系统地介绍、翻译社会学的工作则始于严复。

（1）传入社会学的先驱——严复。在这一时期，严复是介绍、翻译西方社会学著作的第一人。严复（1854—1921）翻译了斯宾塞的社会学专著《社会学研究》，定名为《群学肄言》。所谓群学，是用科学的法则来研究人类社会的历史发展，以预测将来。所谓肄言，即是探究社会的功能、提出治理社会问题的方法。一般认为，这是社会学传入中国的开始。

严复的译著还涉及政治、经济、哲学等方面。1898年严复翻译了赫胥黎的《天演论》，在社会上产生了很大影响，并于1904年翻译亚当·斯密的《国富论》，1905年翻译约翰·穆勒的《名学》等。

（2）社会学从日本传入中国。从1840年鸦片战争到中日甲午战争，帝国主义加紧了对中国的侵略，激起了先进的中国人的爱国心。他们认为，只有西方资本主义国家是进步的，他们成功地建设了资产阶级的现代国家。日本人向西方学习有了成效，中国人也想向日本人学。在这种情况下，我国向日本、英国、美国、法国、德国派遣了很多留学生。尤其派往日本的留学生最多，1896年向日本派出第一批留学生13人，而1905年以后，每年留日学生竟达10 000~15 000人。那时，日本的社会学课在一般学校已普遍开设，尤其在法政学校和师范学校更为普遍，因此在那里留学的中国学生中不少学习过社会学。这些留学生回国后就成为在中国传播社会学的先导。康有为就是其中一位学习法政、回国教授社会学的留日学生。

社会学还通过翻译日文教科书和专著传入我国，如1902年章太炎翻译岸本能武太的《社会学》一书。

（3）美国教会学校对社会学的移植。1844年中美《望厦条约》，除了强迫中国接受五口通商之外，还迫使中国接受美国人来华传教。此后，宗教活动推广到慈善事业和文化事业。教会主办的教育事业发展很快，一方面对信从者进行基督教教育，另一方面在各地兴办大、中、小学校。最早开设社会学课程的教会学校是圣约翰大学（1908）。1925年，上海沪江大学、清华学校、金陵大学、山东齐鲁大学、燕京大学、广东岭南大学、长沙雅礼大学等10所基督教学院都有社会学教学的记录。

从总体来看，1910—1930年，中国的社会学教学研究显现了截然分明的外国特点和宗教特征，因此可以称为美国教会学校社会学。这门学科几乎毫无例外地均由美国传教团体建立的基督教学院加以扶植，学院里所有的社会学教师都是美国人，许多人受过宗教教育。无疑，教会学校是早期移植社会学于中国的重要场所。

相比之下，当时的国立大学设立社会学课及开设社会学系都比教会学校晚。到1910年的京师大学堂，课程表里才有社会学课。1912年京师大学堂改为国立北京大学，在文科的中国哲学门和西洋哲学门中，设有社会学课。但这些仅仅是记载在这些学堂章程里的要求而已。

2. 本土化的最初努力时期（1931—1951年）

社会学本土化，对中国而言，就是社会学中国化，也就是建立以马克思主义、毛泽东思想为指导的，为社会主义事业服务的，具有中国特色的社会学。

20世纪30年代，社会学在中国的发展有两条并行不悖的线：一是继续介绍社会学学说；二是注重研究中国问题。后者即是社会学本土化努力的最初尝试。正是在这段时期，社会学本土化开始生根、开花、结果，社会学者把重心转向了社会调查研究，写出了相当多的研究中国社会的著作。例如，陈达的《人口问题》、许仕廉的《人口论纲要》、柯象峰的《中国贫穷问题》、李景汉的《中国农村问题》、孙本文的《现代中国社会问题》，都以中国社会为对象，或多引用本国统计资料，从各方面论述当时中国的社会问题。吴泽霖等的《民族学论文集》，费孝通的《江村经济》《禄村农田》，张子毅的《易村手工业》，言心哲的《社会调查大纲》，都是关于中国社会调查方面的论著。中国社会学会、社会调查所、南京中央研究院社会科学研究所社会学组的大多数调查研究，是以中国人口问题、劳工问题、贫困问题、农村城市问题为主题的，调研的深度和广度都是前所未有的。

马克思主义社会学传统在中国的兴起和发展也是社会学本土化努力的一部分。马克思主义社会学传统，就是在马克思主义社会理论的基础上，有分析地借鉴西方社会学合理的范畴、概念、观点和方法，紧密结合中国的历史和现状开展社会研究，为中国革命事业造就人才，为制定中国革命的路线、方针和政策提供科学的依据。李大钊、陈独秀、毛泽东、李达、瞿秋白、陈翰笙等一批共产党人和革命知识分子，在发展这一传统中做出了积极的贡献。例如，毛泽东对中国农村社会的经济、政治、文化等方面的历史与现状进行了广泛的调查研究，写出了《中国社会各阶级的分析》《湖南农民运动考察报告》《兴国调查》《长冈调查》等调查报告，为制定党的路线、方针和政策提供了科学依据。毛泽东还总结了调查研究的经验，创造性地提出了调查研究的系统理论和方法，比较重要的有：①"没有调查就没有发言权，不做正确的调查同样没有发言权"；②既要注重中国社会研究，又要了解外国的情况；③具体问题具体分析是马克思主义活的灵魂。这些思想主要反映在《反对本本主义》《"农村调查"的序言和跋》《关于农村调查》《改造我们的学习》等著作中。

3. 中断时期（1952—1978年）

新中国成立后，社会科学和文化教育事业处于改造的复杂环境中。1951年11月—1953年，政府对高等教育及其体制进行改革，在院系调整中，20个社会学系先后被取消，社会学教授改行。从此，高等院校社会学教学和研究完全中止。当时这样做的原因有3个：其一，学习当时苏联的办学模式和学科设置，苏联没有社会学系，中国也不要；其二，有了历史唯物主义，就不要社会学这一资产阶级的伪科学了；其三，中国的社会主义不存在社会问题，不需要进行社会学研究。1957年，一批社会学教授建议恢复社会学，可他们差不多都被打成右派分子。此后很长一段时间再没有人提重建社会学学科问题。尽管社会学领域的一些问题仍然在其他学科名义下继续研究，但整个学科不存在了。大批社会学家从事学术研究的权利被剥夺了，这给中国社会学造成了无可挽回的巨大损失。

4.恢复重建时期（1979年至今）

1978年12月，党的十一届三中全会的召开，把中国社会推向了一个新时代，社会科学繁荣的春天来到了。中国社会学的恢复和重建有了良好的外部环境。社会学家费孝通教授受中国社会科学院的委托，采取上门拜访、座谈会和通信等形式向过去从事社会学教学与研究的学者和其他学者征求恢复和重建社会学的意见。1979年3月15日，全国哲学社会科学规划会议筹备处在北京召开"社会学座谈会"，共同探讨社会学的恢复和重建问题。在座谈会上，当时的中国社会科学院院长胡乔木代表党中央为社会学正名，从科学、政治上恢复了社会学的名誉。会上宣布中国社会学研究会成立，费孝通当选为会长，雷洁琼当选为副会长。随后，邓小平在《坚持四项基本原则》的重要讲话中指出："……政治学、法学、社会学以及世界政治的研究，我们过去多年忽视了，现在也需要赶快补课。"有党中央的关怀，有实际部门的得力措施，有老一辈社会学家和学术界的共同努力，中国社会学恢复重建工作开始走上了健康发展的道路，取得了可喜的成果。

学会、研究所、社会学系、图书资料中心以及刊物、出版社和教材等，初步具备。国际性的研讨班、研讨会逐渐增多，加强了中国与世界各国社会学的交流与合作。同时，与经济学、法学、政治学等学科的合作和交流也日益广泛和深入。它的影响遍及中国社会的各个领域和其他社会科学，对我国的改革开放进程产生了积极的影响，提高了党和政府决策部门对社会发展和社会问题治理的重视程度。政府机构中，社会管理和社会研究部门相继成立。从中央部门到地方，在制定经济社会发展战略时，都主动邀请社会学专家参加。

同时，社会学本土化也取得新进展。在西方社会学引进过程中，许多学者认识到引进西方社会学出现的"食洋不化"的弊病。费孝通一开始就提出要建立中国自己的社会学（1979），接着又提出要建立具有中国特色的社会学（1980）。在1982年中国社会学学会年会的讲话中，他则明确提出了建立"一门以马列主义、毛泽东思想为指导，密切结合中国的实际，为社会主义建设事业服务的社会学"。部分学者也大声疾呼要"摆脱西方学术垄断或优势"，"在学术上求独立"等，并为此召开了社会学中国化理论讨论会，出版了《社会学中国化》（1985）论文集。中国社会学在众多社会学学者、工作者的努力下，取得了重大成果。

尽管如此，社会学界已经充分地认识到目前自身学科水平尚低。社会学在取得可喜成绩的背后的确也隐藏着某些令人忧心的危机。"事实上，社会学从获准恢复研究之日起，就带有它定位上的某种残缺。这种显而易见的残缺在日后的发展中一直没能得到根本的弥补，结果就造成应用研究大多未脱离社会调查统计的层次，理论研究却亦步亦趋地甘当这种应用研究的尾巴和附庸。究其根本，最为致命的问题是在社会理论上抱残守缺。社会学如果缺乏了社会理论的想象和反思，必然沦为对既定现实的无批判的肯定，不仅像一个先天不足后天缺乏营养的孩子，难以在现代知识分工体系中立定自己的脚跟，而且势必会失去从马克思、迪尔凯姆、韦伯和托克维尔到哈贝马斯、卢曼直至布迪厄和福柯等一代代社会思想大师们所烹调出来的社会学味道。一门学科如果丧失了自己在认识事物和解释事物方面的学科意识，那么无异于自己取消自己存在的理据。"①社会学在中国的发展道路还任重而道远。

应用社会学之窗

社会学想象力——喝咖啡

为了从全新的角度看待问题，社会学想象力要求我们想象自己离开了日常生活中那些熟悉的惯例。设想一下喝咖啡这个简单的行为。站在社会学的视角能从这样一个简单的行为片段中看出很多问题。

第一，我们能够指出咖啡并不只是一种提神的东西。它作为我们日常生活的一部分还具有象征意义。与喝咖啡相联系的仪式其含义远不仅是"喝"这个行为那么简单。早上喝咖啡在许多西方人的日常生活中处于重要位置，标志着一天的开始。接下来在白天常常与其他人一起喝咖啡——这是一种基本的社会仪式。约在一起喝咖啡的两个人心里可能更希望是聚在一起闲聊而不是对喝什么感兴趣。实际上，所有社会的饮食行为都是为社会交往以及仪式展现提供场合，而这些都成为社会学丰富的研究对象。

第二，咖啡是一种含有咖啡因的饮品，对大脑有刺激性作用。许多人喝咖啡是为了提神。通过喝咖啡来休息，可以熬过办公室的漫漫长日和深夜的苦读。在西方文化中，大多数人并不把嗜好喝咖啡的人看成是吸毒的人。就像酒精一样，咖啡是一种社会能够接受的毒品，而像大麻便不属于此类。然而，也有社会允许消费大麻甚至可卡因，却反对消费咖啡和酒精。社会学家对为什么会存在这种差异怀有兴趣。

第三，某个人一旦喝了一杯咖啡就等于卷入了遍及世界的一种复杂的社会与经济关系。咖啡是一种把地球上一些最富裕和最贫穷地区的人们联系在一起的产品。咖啡主要由贫穷国家生产，但却在富裕国家被大量消费。在国际贸易中，咖啡是仅次于石油的最有价值的商品，成为许多国家最大的外汇来源。咖啡的生产、运输和销售离不开距离咖啡饮用者数千英里之外的人们之间的持续不断的交易。而社会学的任务就是研究这种全球性的贸易。现在，我们生活中的许多方面都受到世界范围的社会交流的影响。

第四，饮用一杯咖啡的行为足以推定过去社会和经济发展的全过程。与茶、

---

①　卡泽纳弗. 社会学十大概念［M］. 苏国勋，译. 上海：上海人民出版社，2003.

香蕉、土豆和白糖等在当今西方饮食中为人们所共知的商品一样，咖啡成为普通消费品仅仅是18世纪晚期以后的事。咖啡原产于中东，大约在150年以前，西方国家的殖民扩张使咖啡成为西方人的大众消费品。实际上，我们今天在西方国家喝的所有咖啡都源自西方人的前殖民地（南美洲和非洲），因而根本就不是西方饮食中一个"自然"的部分。殖民时代留下的遗产对全球咖啡贸易的发展有着巨大的影响。

第五，咖啡是当代许多关于全球化、国际贸易、人权和环境破坏的争论的焦点。随着咖啡的日益普及，咖啡的消费已变得"品牌化"和政治化了。消费者做出的喝哪种咖啡、到何处购买的决定已经成为代表生活风格的选择。人们可以选择只喝纯天然的咖啡、天然不含咖啡因的咖啡或按照"公平贸易"方案（即按照足额的市场价格，支付给发展中国家的小咖啡生产者）采购的咖啡。他们可以选择光顾"独立的"咖啡厅，而不是像星巴克（Starbucks）那样"一体化"的咖啡连锁店。咖啡饮用者们可能会决定联合抵制来自某些人权和环境记录差的国家的咖啡。社会学家有兴趣去了解全球化是如何提高人们对发生在地球遥远角落里的问题的关注程度，以及如何推动人们在自己的生活中依据所获得的新知识来采取行动。

资料来源　吉登斯. 社会学［M］. 李康，译. 5版. 北京：北京大学出版社，2009：3-4.

思考题

1.联系实际谈谈社会学的想象力。

2.什么是社会学？如何正确把握？

3.社会学研究有什么实际意义和功能？

4.西方社会学产生与发展的历史大致是怎样的？

5.社会学在中国发展经历了哪些阶段？

推荐阅读书目

［1］吉登斯. 社会学［M］. 李康，译. 7版. 北京：北京大学出版社，2015.

［2］波普诺. 社会学［M］. 李强，等，译. 11版. 北京：中国人民大学出版社，2007.

［3］麦休尼斯. 社会学［M］. 风笑天，等，译. 11版. 北京：中国人民大学出版社，2009.

［4］米尔斯. 社会学的想象力［M］. 陈强，张永强，译. 3版. 北京：生活·读书·新知三联书店，2012.

［5］邱泽奇. 社会学是什么［M］. 北京：北京大学出版社，2002.

［6］谢弗. 社会学与生活［M］. 赵旭东，译. 11版. 北京：世界图书出版公司北京公司，2014.

［7］汉斯林. 社会学入门——一种现实分析方法［M］. 林聚仁，等，译. 7版. 北京：北京大学出版社，2007.

［8］查农. 社会学与十个大问题［M］. 汪丽华，译. 6版. 北京：北京大学出版社，2009.

［9］伯格. 与社会学同游：人文主义的视角［M］. 何道宽，译. 北京：北京大学出版社，2014.

［10］李培林，李强，马戎. 社会学与中国社会［M］. 北京：社会科学文献出版社，2008.

第二章　社会学研究方法

社会调查是社会学研究的基本方法。

——费孝通

作为一门包含众多分支学科、具有独立知识结构系统的社会科学，社会学有着自己独特的研究方法。社会研究方法是社会学研究的指导原则、逻辑基础、研究模式、操作程序、调查技术和手段等的总称。它由方法论、研究方法和技术手段 3 个层次构成。

本章旨在对社会学的研究方法进行一个概括性的介绍。社会学研究方法是社会学学科的重要组成部分，它和社会学理论、社会学分支学科一起成为社会学学科得以独立存在的支柱。

第一节　社会学研究方法概述

一、什么是社会学研究

1.社会学研究的概念

通俗地说，社会学是以研究社会得名的，那么社会的研究与其他的社会研究究竟有什么区别呢？通常我们所说的社会研究（social research）并无严格的定义，它是一个十分宽泛的概念，既包括社会科学各学科的研究，也包括各实际社会工作部门的研究。而"社会学研究"则与之不同，它有着严格的界定。所谓社会学研究（sociological research），就是依据社会学的理论，运用社会学所特有的研究方法对现实存在的社会行动和社会关系进行研究，以达到对一定的社会现象进行了解、说明、解释或预测的目的的科学的认知活动。

2.社会学研究的特点

社会学研究不同于其他社会科学的研究，如经济学、政治学等学科的研究主要以宏观的、思辨的方法对社会的一个方面进行研究。一般来看，社会学研究的主要特点包括如下方面：

（1）社会学研究具有综合性。这是因为社会学研究的对象——各种社会现象之间不是孤立的，一种社会现象常常与多种现象具有联系，社会学研究注重的是对影响某种社会现象的各种因素进行综合分析和考察。

（2）社会学研究具有实证性。"实证"这一概念最早由社会学创始人孔德提出，其本意为"确实的"，意指知识来源于具体的经验研究。社会学从社会哲学和历史哲学中脱离出来，成为独立的学科，是和社会学注重"实证"分不开的，从孔德到斯宾塞、迪尔凯姆都在努力使社会学成为具有实证性的社会科学。

（3）社会学研究具有复杂性。社会学研究的对象本身具有包罗万象、错综复杂的特点，使得对它的研究也显得十分复杂。

二、什么是社会学研究方法

1.社会学研究方法

社会学研究是一个科学的认知过程，这个认知过程需要遵循科学的方法、程序和步骤。因此，为了获取对社会的正确认识，提出对社会发展有价值的建议，进一步发展社会学理论，常常要求社会学者深入社会生活，进行一些调查和研究。这种社会学研究所必须遵循的原则、模式和程序，以及在这个过程中所采用的一定的方法和技术，就是社会学研究方法。社会学研究方法，又叫社会学方法，它是一个包括社会学研究的方法论、研究方式和具体方法与技术在内的、由这些不同层次的方法组成的完整的方法体系。有了这套完整的方法体系，社会学的研究就得以成为一种有规律的探求知识的科学认知活动。

2.社会学研究方法体系

（1）社会学方法论。社会学方法论是对研究方式方法的一般原理和规律的系统探讨和评价。在社会学的方法体系中，它处于最高层次，从属于一般科学的方法，规定着社会学研究所应当遵循的最基本原则，是社会学研究方式和具体研究方法的理论与逻辑基础。社会学自诞生以来，所形成的主要方法论流派有实证主义方法论、非实证主义方法论和历史唯物主义方法论。

一般来说，社会学方法论包括社会学研究的基本立场、观点和视角，以及进行研究应遵循的基本原则和逻辑。具体来说，社会学方法论所探讨的主要问题有：有关社会与人类行为的知识问题，如是否有真实客观的社会知识？社会学研究能否获得客观真理？社会现象的性质问题，如社会现象与自然现象是否有本质的区别？社会现象是否存在客观的规律？社会研究的性质问题，如社会研究的目的是什么？价值在社会研究中的作用如何？研究方法的问题，如发现与检验真理的方法有哪些？社会研究方法的特征是什么？

（2）社会学研究方式。在整个社会学方法体系中，社会学研究方式居于中间的层次，它比社会学方法论所规定的内容更为具体，是指贯穿于社会学研究全过程的程序、策略和方法，它说明了研究者是通过何种具体途径得出研究结论的。尽管研究方式是与一定的资料收集方法和分析方法相联系的，但在一项具体的社会学研究中，为了达到研究的目的，可以灵活地运用多种方式和方法。

确定一项研究课题的研究方式，通常包括：①课题的研究类型。按照不同的角度可对研究类型进行不同的划分，如根据研究目的可分为探索性研究、描述性研究和解释性研究；按照研究资料的性质可分为定量研究和定性研究；按照课题性质可分为理论研究和应用研究等。②研究程序。不同类型的研究具有不同的研究程序，一般来说，研究程序可分为课题选择、研究设计、资料收集、资料分析和撰写研究报告等几个阶段。③研究设计。这是指对各种研究策略、程序、方法进行选择，制订出详细的研究方案。研究设计的最主要任务是确定研究的方法。④具体研究方法。它包括社会调查（包括普查、抽样调查、个案调查、典型调查等）、实验研究、个案研究以及文献研究等。

（3）具体方法与技术。在社会学方法体系中，具体方法与技术处于较低的层次。它是在社会学研究的各阶段中为达到一定的目的而使用的技术手段，与社会学方法论以及社会研究方式相比，它具有很强的操作性特点。具体来说，社会学研究的具体方法与技术包括收集资料的方法、分析资料的方法和在研究各阶段中采用的其他技术、手段和工具等方面。一般说来，社会学收集资料的方法主要有观察法、访谈法、问卷法以及文献法；分析资料的方法主要有定量分析法和定性分析法，其中定量分析法又包括统计分析、模型分析等，定性分析法又包括比较法、类型法等。在实际的社会学研究中，各种具体方法的选择还必须与研究者的要求以及一定的研究方式相适应。

3.定量研究和定性研究

定量研究和定性研究是社会研究方法的基本划分，这种划分既是实证主义和人文主义两种方法论取向的集中体现，也是不同类型的研究方式的基本技术要求，从而也是具体研究技术的基本特征的概括性表达。它本身既不是某种研究方式，也非具体的研究技术。定量研究和定性研究是对社会现象的量的方面和质的方面的探讨，不同的研究方式和研究技术在某种程度上都承担着这两个方面的研究功能。因此，从某种意义上讲，定量研究和定性研究代表着不同方法体系的基本技术特征。

实证主义者受到自然科学量化研究范式的影响，主张对社会现象的研究也采用自然科学的研究方式，像探讨自然规律那样去探讨社会规律。统计学学科和概率论数学的发展为用量的方式探讨社会现象提供了条件。较早运用统计学知识来研究和分析社会现象的是英国的统计学家布思，他对伦敦地区的社会经济状况调查开辟了社会学实证研究的先河。深受孔德实证主义影响的法国社会学家迪尔凯姆，在《自杀论》一书中的研究就大量运用了犯罪统计学提供的资料，并由此来展示自杀行为具有类似于自然科学那样的规律性。自此以后，这种注重于对社会现象的量的方面的探讨一直是社会研究方法的主流范式，它在美国的发展尤为迅速。直到20世纪70年代，伴随着对结构功能主义社会学的霸主地位的冲击，人们逐渐意识到客观主义研究方式在人类社会生活的主观现实方面的缺陷性，并对此提出严厉的批评。许多社会学家开始重新发现韦伯解释主义的定性研究对社会学研究的意义。这种努力同时受到了哲学思潮尤其是现象学、诠释学、批判理论的影响，而人类学研究、民俗学研究的发展也起到了很大的促进作用。定性研究强调人类行为是一种有意义的行动，人们对社会现实的建构是在主体以及参与互动的他人对社会客体赋予意义的基础上共同完成的，日常生活中具有共识的规则或知识也由此产生。对这些规则或知识及其产生过程，很难用定量的方式进行研究。

定量研究和定性研究的差异在社会研究方法中是一种系统性的差异。

从方法论上讲，定量研究主要是实证主义方法论取向的集中体现，更多地采用科学主义的研究范式，而定性研究则是人文主义取向在研究方法中的表达，力图对社会生活的自然情景加以整体的理解和解释。

从研究的思路来讲，定量研究常常是对已有理论的检验，研究一开始便具有明确的理论指导特征。以理论为基础决定了定量研究的逻辑的演绎性特征，研究过程往往按从理论到命题、到概念、到操作变量直至具体测量的顺序进行。而定性研究与理论的建构相关联，并不强调在研究开始便具有某种明确的理论，而是在研究过程中逐渐发现和形成理论，因此定性研究中运用的逻辑方式常常是归纳性的，即从实地研究中所获得的经验材料中归纳出具有理论特性的命题和阐释框架。

从具体的研究特征来讲，定量研究侧重于对社会事物的精确测量和计算，强调从统计数据来分析变量之间的因果关联。因此，在研究过程中常常采用标准化、系统化和操作化的手段，资料收集多采用结构式访谈、问卷调查表、量表测量以及准确的试验等，由此获得量化的数据，便于用统计学方法进行分析。而定性研究则注重于对行为主体的意义以及行为过程的描述和阐释，强调行为背景因素对社会生活的影响，尤其是个人经验与生活经历、社会制度背景、历史条件和环境等因素。其研究手段多具有灵活性，针对不同的情景采用不同的研究手段。资料收集方式大多靠实地研究、深入访谈来获得文字性的描述。

定性研究和定量研究的这些系统性的差异，也正是其各自在社会学研究中的优势。定性研究可以获得深入理解社会生活的丰富而细致的资料，但是难以推及整体的社会运行状况，而定量研究在结果上具有概括性和精确性特征，但是对社会生活的理解缺乏深度。结合这两种研究方式的优点和长处，相互补充和相互借鉴，是研究具体的社会运行过程所亟待解决的重要课题。

三、社会调查研究

1.社会调查研究的概念

社会调查研究是按照一定的程序、步骤和方法系统地、直接地收集有关社会现象的经验材料，并在这些经验材料的基础上进行分析和综合，以科学地描述、解释社会现象和探求社会发展规律的认识活动。可见，社会调查研究包括两个研究阶段：一是社会调查；二是研究。社会调查是指运用观察、访谈、问卷等系统的社会学方法直接从社会生活中了解情况，收集事实、数据和资料的科学活动，它是一种感性认识的活动；研究则是指通过对收集上来的事实、数据、资料的思维加工，由感性认识上升到理性认识的科学活动。社会调查的主要目的在于为研究而收集素材和资料；而研究的目的在于说明社会现象的本质特征，以便科学地解释社会现象的产生、发展和变化，并由此得出规律性的认识。

2.社会调查研究的类型

社会调查研究可以从各种角度、按不同的标准划分为不同的类型。根据调查研究的任务性质，可分为理论性调查研究和应用性调查研究；根据调查研究对象的范围，可分为普查、抽样调查、典型调查和个案调查；根据调查研究的作用和目的，可分为探索性调查研究、描述性调查研究和解释性调查研究；根据调查的时间性，可分为横剖式调查研究和纵贯式调查研究；根据调查的基本方式、方法，可分为统计调查与实地研究；根据资料分析方法，又可将之分为定量研究和定性研究。这些不同的社会调查研究类型具有各自的特点，它们在调查方式、方法、步骤、程序、适用范围等方面都有所不同。

3.社会调查研究的特点

社会调查研究具有以下几个特点：①直接在现实的社会生活中系统地收集资料。与文献研究不同，社会调查研究是针对现实社会现象和社会过程进行的收集资料的活动。②社会调查研究是利用第一手资料进行分析和研究。由于社会调查研究的第一个特点，使社会调查研究的研究过程主要依赖第一手的数据和资料，因而其理性认知活动是基于对社会现象的直接感性认识。③社会调查研究的目的是分析和研究社会现象，探究社会规律。尽管社会调查研究的对象和领域十分广泛和复杂，但通过对一定的社会现象、社会过程进行分析和研究而认识社会、探究社会规律却是社会学研究的共同目的。④社会调查研究的方法具有科学性。在社会学学科发展的过程中，逐渐发展出科学的社会调查方法，这些方法有利于对社会现象和社会过程进行科学、客观、深入的认识。⑤社会调查研究可以在实践中形成理论并检验理论。通过社会调查研究，一方面可以达到科学认识社会的目的，另一方面也可以促进社会学学科的发展。许多社会学的理论都是在社会调查研究的实践中获得并得到检验和进一步发展的。

4.社会调查研究的一般程序

社会调查研究作为一种科学的认知活动，具有很强的规律性和程序性。因而利用社会调查研究方法对社会现象和社会过程中的实际问题进行研究时，都要有目的、有步骤地进行，也就是说，都需要遵守一定的程序和步骤。社会调查研究的一般程序通常是指调查研究工作实际展开的基本顺序和步骤，它包括对实际问题进行调查、研究和解答的全过程。社会调查研究程序的确定是基于人们对客观事物的认识规律而做出的逻辑安排。一般说来，社会调查研究包括以下几个相互关联的步骤：

第一步，确定研究课题。确定研究课题在社会调查研究中具有重要的意义，一般说来，选题要明确、具体、可行并具有理论或实际意义。

第二步，提出研究设想。研究课题确定之后，还要提出研究设想，即做出研究假设。研究假设是在对调查研究对象有了一定了解的基础上，对调查对象的特征及有关现象之间的相互关系所做出的推测性判断，它明确了调查研究所要解决的问题，使研究课题更为具体。为了进一步把研究课题具体化，通常还要对研究假设操作化，即把研究假设中的抽象概念和大问题转化为具体概念和具体问题甚至是指标或题目，经过操作化，就可以通过调查用经验材料去检验。

第三步，设计调查研究方案。调查研究方案一般包括以下内容：调查研究的内容、目的和意义；调查的地点选择、确定调查对象和研究单位；确定研究类型和研究的方式、方法；调查的抽样方案；调查的时间、人员、经费、物质手段的安排等方面。

　　第四步，收集资料。所谓收集资料，就是利用前面介绍的具体社会调查方法和技术，如访谈法、问卷法、观察法以及文献法，收集对课题研究有用的、准确的资料。

　　第五步，整理与分析资料。整理资料就是根据研究目的对收集到的资料进行的条理化和系统化，整理资料的最终目的还是便于对资料进行分析。所谓分析资料，就是利用相关分析、内容分析等方法，对所获得的文字或数字材料进行思维加工，通过分析，可以对研究对象得出一些基本结论，并对所做出的假设进行检验。

　　第六步，即社会调查的最后一个步骤，就是根据收集的资料和分析的结果撰写调查研究报告。

第二节　社会学方法论比较

　　社会学方法论是社会学方法体系的重要内容，对方法论探讨的阐述，是建立和发展社会学的必要条件之一。从社会学学科发展历史来看，社会学有3种基本的方法论：实证主义方法论；反实证主义方法论（或非实证主义方法论、人文主义方法论）；马克思主义方法论（亦即历史唯物主义方法论）。

一、实证主义方法论

　　实证主义方法论最早由法国古典社会学家孔德提出，在近代经验论哲学、理性实验科学和社会思想成就的影响下，他在四卷本的《实证哲学教程》中，系统地提出了他的实证主义方法论。这种方法论把理性限制在感觉经验范围之内，以区别于过去神学的、形而上学的方法论。他认为只有在经验的范围内，理性才是实证的，提出用自然科学的观点和方法来研究社会，建立一门社会物理学，即社会学。他把观察法作为社会学的主要研究方法，其次是实验法和比较法。尽管孔德提出的所谓实证主义还带有很浓的思辨色彩，但他确实为社会学的创立提供了科学的原则，使社会学有了自己独立的方法论和研究方法。在孔德之后，英国的社会学家斯宾塞进一步论证和补充了实证主义方法论，他引进了生物进化论的观点来研究社会。但是他和孔德的实证主义方法论是直接比照自然科学的观点和方法来研究社会的，有很强的机械和思辨色彩。

　　真正建立起属于社会学的实证主义方法论的则是法国的社会学大师迪尔凯姆。在其著的《社会学方法的准则》（1895）一书中，迪尔凯姆提出了社会学方法的原则。他认为"第一条也是最基本的规则是：要把社会事实作为物来考察"[①]。

　　在他看来，社会现象和自然现象一样，都是受客观必然性支配的，可以用研究自然现象的实证方法来对社会加以分析和解释。与孔德、斯宾塞不同，他又指出不能直接用物理学、生物学或个体心理学的观点来解释社会，必须用社会学的观点来

　　①　迪尔凯姆.社会学方法的准则［M］. 狄玉明，译. 北京：商务印书馆，1995：35.

解释社会。所谓社会学的观点，就是把社会事实作为物，它独立于个人之外并支配着个人的行为。社会学的研究对象和单位就是这种独立存在的社会事实。迪尔凯姆认为，不能从个人方面，必须从社会结构方面来解释社会现象，社会结构是一个客观实体。这被称为方法论的整体主义。在他看来，对社会结构这个实体本质的认识只能用实证主义的经验方法来获得。迪尔凯姆还专门探索了社会学的方法，提倡用社会调查的方法获得经验资料。他运用统计方法对自杀现象的研究（《自杀论》）和利用人种学资料对澳大利亚土著居民宗教信仰的研究（《宗教生活的基本形式》）都是社会学理论研究和实证研究相结合的范例。迪尔凯姆对实证主义的发展，使他的方法论原则成为20世纪主流的社会学研究的指导思想。

从上面的介绍来看，早期实证主义方法论的基本观点可以概括如下：①社会学的研究对象和自然科学的研究对象一样，都是纯客观的；社会现象背后存在着必然的因果规律。②社会现象是可以被感知的，经验是科学知识的唯一来源，只有被经验证明了的知识才是科学的，否则就是形而上学。③作为一门科学的社会学，它的任务在于说明社会现象是什么，而不是应该是什么。科学只回答真与假的问题，不能回答善与恶、美与丑的问题，因此事实和价值的区分是社会学研究者必须遵循的基本原则。

19世纪末20世纪初，实证主义方法论从欧洲传到美国。现代西方社会学的实证主义方法论开始在美国立足并且得到广泛的应用和发展。这一过程也是伴随着社会学重心从欧洲到美国的转移过程发生的。现代西方社会学实证主义的主要流派大都以美国社会学为主。美国是实用主义哲学的故乡，这一思潮建立在经验主义的基础上，强调实验和工具的作用，并把"效用"视为判断真理的标准。所以，尽管早期实证主义者坚持社会学研究是与价值无关的纯客观研究，但实证主义还是和美国本土的实用主义思潮紧密结合在一起。这主要因为这两种方法论都强调经验是证明真理的标准。经过近半个世纪的发展，实证主义在美国得到了广泛的传播与发展，并且逐渐具体化，演变出一套完整的可以操作的研究方法。实证主义方法论在美国的具体化一方面主要表现为研究理论的模式化，另一方面表现为研究过程的程序化以及测量分析工具的精确化。在美国社会学诸流派中，坚持实证主义方法论的流派主要有G.A.伦德伯格、S.A.斯托佛和拉扎斯菲尔德代表的定量主义社会学，H.M.布莱洛克、J.S.科尔曼代表的数理社会学派，帕克所创立的芝加哥学派，帕森斯等人的结构功能主义，以及霍曼斯、布劳代表的社会交换学派等。

实证主义方法论是西方现代社会学的主要方法论流派，它对社会学学科的形成和发展起到重要的作用。但由于社会现象的复杂性导致的社会学方法的多样性，也由于这种理论本身存在着缺陷和不足，它不断地遇到非实证主义方法论的挑战。由于社会现象是有人的意识参与其中的，它不能完全等同于自然现象，因而实证主义必然会遇到许多无法解释的问题，这引起了各种非实证主义观点的诘难，从而形成了反实证主义的方法论，即人文主义的方法论。

二、反实证主义方法论

在用科学的精神认识社会的问题上，西方学术界自文艺复兴运动以来一直存在着两种对立的思潮，即占主导地位的自然主义、客观主义等实证主义思潮，强调历史科学、人文科学的特殊性，强调主观意义的反实证主义思潮。19世纪中后期德国哲学家 W.狄尔泰首先对在社会学中占统治地位的实证主义发起了理论挑战，他强调人文科学的特殊性及其与自然科学的区别性，反对实证主义把自然科学方法绝对化。他认为人是有自由意志的，因而人的行为是无法预测和无规律的；社会事件同样都是独特的、偶然的，也无规律可循，对于人和社会的研究不能像实证主义者那样用自然的方法进行研究，而只能以人文学科的主观方法对具体的个人和事件进行解释和说明。狄尔泰的主张是人文主义方法论的代表。

马克斯·韦伯是反实证主义方法论者中最重要的代表。他的方法论思想在社会学发展中占有十分重要的地位。实际上，他既反对实证主义，也反对主观主义。一方面，受德国唯心主义哲学传统和文德尔班、李凯尔特等历史学派的影响，韦伯一反过去实证主义的传统，认为社会现象不同于自然现象，社会现象包含社会成员对自己和他人行动的主观理解。与实证主义者不同，他不是从社会整体结构方面，而是从个人及其行动方面来研究社会，这被称为方法论的个体主义。韦伯认为社会学的基本研究单位是个体的社会行动，社会学就是对行动者行动的意义和动机进行理解并加以因果性解释。在他看来，只有深入行动的主观方面理解其意义和动机，才能说明行动的原因、过程和结果；只有把知觉的经验结合到由理解而产生的因果说明的理论结构中去，经验知识才能变成有效的知识。另一方面，韦伯也受到实证主义社会学的影响。与人文学派不同，韦伯并不反对用实证的方法研究社会现象，他指出，由于人的社会行动是有意义、有目的的，因而具有一定的规律性，对社会现象的这种规律性可以采用自然科学的方法进行研究。他把"价值中立"作为科学研究的规范原则。但这并不是主张从全部的研究活动中排除价值判断，相反，他的"价值中立"是以"价值关联"为前提的。也就是说，他认为研究对象的选择、理论结构的建立，以及对经验事实的解释，都是与研究者的价值相关联的。社会学上把韦伯所开创的社会学研究传统称为"理解社会学"。

从上面的介绍来看，反实证主义方法论的主要特征包括：①强调在自然现象和社会现象之间做出区分，突出社会现象的特殊性、不可重复性，要求社会学使用与自己研究对象的特点相适应的方法，反对把自然科学的方法绝对化。②突出社会行动者的主体性、意识性和创造性，反对把人当作非人格的客观结构的物化现象。③主张借助价值关联，理解人的主观意义在社会认识上的重要作用，在社会认识上要求对社会事实和价值判断、理论和实践做出分别处理，因而具有相对主义的倾向。尽管在社会学发展历史中，反实证主义的方法论始终未能占据主导地位，但它却一直有很强的影响，并与实证主义方法论传统共同构成现代西方社会学方法论的两大重要基石。在韦伯之后主要的反实证主义理论流派包括米德、库利、布卢默代表的符号互动论，舒茨等人代表的现象学社会学，加芬克尔等人代表的民俗学方法论，以及米尔斯所代表的历史社会学派等。

三、马克思主义方法论

作为马克思主义的创始人，马克思与迪尔凯姆、韦伯一起被并称为社会学的三大奠基人。尽管马克思自己从未称自己的学说为社会学学说，但是由于他在宏观社会理论方面所做的贡献，他仍然被许多社会学家视为社会学的创始人之一。马克思所开创的辩证唯物主义的方法论对社会学的发展产生了重要的影响。它不但在一些社会主义国家的社会学研究中居于指导地位，而且为各种西方社会学理论学派提供了思想源泉。例如，西方社会学中的历史社会学、批判理论、冲突学派、现代化理论等都从马克思的思想中汲取了养分。马克思主义方法论不仅仅包括马克思一个人的思想，还包括恩格斯、列宁等其他马克思主义者的观点，但在此处我们仅以介绍马克思本人的方法论思想为主。

从方法论的角度来看，马克思的辩证唯物主义和历史唯物主义具有哲学方法论和具体研究方法论这两层含义。在哲学层次上，马克思的唯物史观是考察整个社会的具有普遍意义的世界观和方法论，其基本观点包括：①从经济因素出发解释社会。马克思的唯物史观认为社会存在决定社会意识，而不是社会意识决定社会存在。社会存在主要是指生产方式，它包括生产力和生产关系，其中生产力决定生产关系，生产关系反作用于生产力。生产关系的总和构成社会的经济基础，在经济基础之上建立起来的政治法律制度以及社会意识形态是上层建筑，社会形态是经济基础和上层建筑的统一。②承认社会发展存在着客观的规律。马克思把社会运动看作受客观规律支配的自然历史过程，这个过程不以人的意志为转移，并决定人的意志和意识。③以历史的动态的观点分析社会，认为社会是处在经常发展中的动态的有机体。④对基本社会矛盾的分析是研究社会的根本方法。唯物史观认为生产力和生产关系、经济基础和上层建筑构成社会的基本矛盾，其中生产力对生产关系、经济基础对上层建筑起着决定性作用。马克思从经济基础和上层建筑、生产力和生产关系之间的辩证运动出发解释人类社会的一般结构和历史发展规律。

在研究方法的层次上，马克思的辩证法具有两大特点：①强调研究过程的经验性和实践性。马克思强调知识来源于实践，重视以客观的历史事实与社会事实来说明普遍的社会规律。②把社会作为一个整体来加以研究，侧重分析社会结构及各个分系统之间的相互关系，以便对社会发展变化的原因做出解释。在具体研究方法上，马克思一生最常采用的方法是文献分析法，他大量收集反映当时各国社会经济情况的调查材料和文献资料，作为分析的素材，《资本论》就是在大量收集社会调查材料的基础上写成的。马克思也很重视社会调查，并亲自设计过一些问卷调查表。

第三节　两种主要的社会学研究方法

本节为大家介绍两种主要的社会学研究方法：一是统计调查中常用的问卷调查

法；二是实地研究中常用的田野工作法。

一、问卷调查

在现代社会研究中，问卷调查作为一种社会调查的方式得到越来越广泛的应用。它不但在社会学研究中占据重要的地位，成为现代社会学研究中最常用的调查研究方式，也是其他社会科学，如政治学、经济学、心理学、管理学、广告学等学科经常采用的收集资料的方式，而且成为民意测验、市场调查等社会性、商业性调查的灵魂。

1.什么是问卷

问卷是社会研究中收集资料的一种工具，它的形式是一份精心设计的问题表格，它的目的是用于测量人们的特征、行为和态度等。它常常和抽样调查相结合，成为社会学研究的主要方式之一。美国社会学方法的专家艾尔·巴比称"问卷是社会调查的支柱"。根据不同的使用目的和填答方式，社会学研究中的问卷可以分为两种主要类型：一是自填问卷；二是访问问卷。所谓自填问卷，即由被调查者本人填答的问卷；而访问问卷则是由访问员根据被调查者的回答来填写的问卷。事实上，这两种类型的问卷在结构、设计、问题形式与内容等方面都是相同的，只是在使用方式和具体设计技巧上稍有差别。

2.什么是问卷调查

顾名思义，所谓问卷调查，就是指利用设计好的问卷对大量样本进行调查，以收集数据资料，并对所收集的资料进行统计分析的一种社会调查研究方式。它是社会学统计调查的一种。在社会学中，统计调查是指利用结构化的调查方法，调查大量样本，收集数据资料，并对资料进行统计分析的调查研究方式。目前在西方国家，它是最主要的社会调查方式，也有人将它称为"问卷调查"或"社会调查"。在我国的社会学界，"统计调查"作为一种研究方式，它并不仅限于问卷调查，它还可以采取结构性的观察和访问等方法。因此，"问卷调查"就属于统计调查中的一种，但通常所说的统计调查一般是指"问卷调查"。一般来说，一个问卷调查通常包括3个部分的工作：一是选择问卷调查的对象，即根据研究需要抽取样本；二是利用问卷收集资料；三是对收集的资料进行整理和统计分析。也就是说，问卷调查是抽样、问卷和定量分析的结合，这是现代统计调查的基本特征。

3.问卷调查的特点、作用

根据上面对问卷和问卷调查的介绍，可以看出，问卷调查具有以下基本特点：①问卷调查是一种利用结构化、标准化的工具收集资料的方式。问卷调查是利用统一提问、回答的形式与内容对所有被调查对象进行询问，得到的结果也可以统一进行处理，体现了结构化的特点。②问卷调查的调查资料可以精确地分类或转化为数据形式。由于问卷调查是利用统一的工具收集资料，因而可以方便地对这些资料进行分类，并能够转化为便于处理的数据形式。③问卷调查的结果可以进行定量分析。这一特点是由上面两个特点决定的，研究者可以对这些量化的数据资料进行有效的统计分析。

一般来说，问卷调查的主要优点是可以对较大的群体进行有效的研究，能够节省时间、经费和人力，而且具有很好的匿名性。此外，利用问卷调查还可以避免主观偏见，减少人为的误差。但是，问卷调查也具有一些缺点，它最大的缺点就是所得资料的质量和问卷的回收率有时难以保证，而且它还要求被调查者要具有一定的文化水平。

二、田野工作

1.田野工作的概念

田野工作（field work）也称"田野调查工作"，它本是人类学最具特色也是最重要的研究方法，是人类学家的看家本领，但现在已被广泛运用于社会学的研究中，成为社会学者重要的研究方法。田野工作是对一个社区、群体及其生活方式亲身从事长期性的调查工作，也就是调查者亲自进入要研究的这个社区或群体里，学习做一个当地人，从日常生活往来的经验里逐渐收集资料，积累对该社区或群体的文化的了解。田野工作通常要求研究者花费较多的时间住在当地，一般是数月或半年。典型的人类学调查经常要花费一年左右的时间，也有花费数年时间的，如著名人类学家马林诺夫斯基（B.K.Malinowski）在南太平洋的特洛布里安德（Trobriand）岛所做的调查。

2.田野工作的方法和作用

进行田野工作时最主要的收集资料的技术是所谓的"参与观察"（participant observation）与"深度访谈"（depth interview）。所谓参与观察，是指研究者在一个社区中作研究时不仅作为旁观者观察所要研究对象的一切，同时也相当程度地参加到他们的活动之中，以求得更密切地、更接近地观察。所谓深度访谈，则是指研究者与研究的对象作无拘束、较深入的访问谈话，也就是在事先并未规定访谈的问题，更未限定回答的方式，而是就某一范围的问题作广泛的交谈，或对某一特定问题作详细的说明。参与观察与深度访谈最大的优点，在于研究者可以凭借实地的观察和深入的访谈，使研究者自身摆脱自己文化先入为主的偏见，从"当地人"的观点来看待事物。因为在人类学家看来，只有进入当地人的世界，以当地人的眼光看待事物，才能对当地社会和文化有深刻的理解。社会学者常常借助这种有效的人类学方法收集资料，对社会现象进行研究。目前，田野工作已经成为社会学实地研究的一个重要方法。

应用社会学之窗

基本分析

社会研究最让人感到兴奋的时刻，就是当资料收集到可以用于分析，或看到了描述性模式和变量之间的因果关系时。最后的结果就是得到一个或多个变量的属性分布模式。

最简单的分析形式就是单变量分析，研究一个变量的属性分布情形。例如，1996年的美国社会调查，调查问到抽样的美国成人的政治立场是自由派、保守派或是中间派。以下是他们的回答：

2%	极端自由派
11%	自由派
13%	偏自由派
38%	中间派
16%	偏保守派
16%	保守派
3%	极端保守派

我们可以进一步简化这个单变量分析，指出26%的人认为自己是自由派（前3类加总），34%的人认为自己是保守派（注意：这类资料，由于四舍五入，不一定每次都能正好累计为100%）。由此，你可以发觉这类资料相当有趣。但是，更有趣的是去挖掘人们用多少种方式来认定自己。性别就是一例。

政治观点	男性	女性
自由派	24%	29%
中间派	35%	40%
保守派	40%	31%

由以上资料可知，主要差异在样本中的性别：比较多的女性认为自己是中间派，而比较多的男性认为自己是保守派。认为自己是自由派的男性、女性比例则差不多。

还有哪些变量和政治立场有关？可以想到的是政党。最近几十年有一个倾向，就是共和党比民主党偏于保守。我们来看看这个模式是否出现在美国社会调查的样本中，同时我们也要观察那些没有参加政党的样本。

政治观点	民主党	中立人士	共和党
自由派	41%	26%	10%
中间派	36%	44%	31%
保守派	23%	29%	59%

尽管各党派之间的差异幅度没有想象中的那么大，但是，民主党、中立人士和共和党的政治观点，还是大致反映了人们的感觉。特别值得注意的是，民主党的立场分布相对均匀，而共和党则偏向保守。

后面的两个表格是双变量分析的例子，也就是同时分析两个变量，以了解其间的关联。

资料来源　巴比.社会研究方法［M］.邱泽奇，译. 11版.北京：华夏出版社，2009：17-19.

思考题

1.试述社会研究方法体系包括哪些部分。

2.试分析实证主义方法论与反实证主义方法论的基本思想。

3.什么是社会调查？如何展开一项社会调查？

推荐阅读书目

[1] 风笑天.社会研究方法 [M]. 5 版.北京：中国人民大学出版社，2018.

[2] 迪尔凯姆.社会学方法的准则 [M]. 狄玉明，译. 北京：商务印书馆，2013.

[3] 巴比.社会研究方法 [M]. 邱泽奇，译. 11 版.北京：华夏出版社，2009.

[4] 纽曼.社会研究方法 [M]. 郝大海，译. 北京：中国人民大学出版社，2007.

[5] 吉登斯.社会学方法的新规则 [M]. 田佑中，刘江涛，译. 北京：社会科学文献出版社，2003.

[6] 陈向明.质的研究方法与社会科学研究 [M]. 北京：教育科学出版社，2017.

第二编   社会形成论

第三章   社   会

社会者，有法之群也。

————严复

如果说社会学是以社会以及相关要素为研究对象的一门学科，那么何谓社会就是这一学科必须首要回答而不能回避的一个问题。而关于什么是社会，各学派则各执己见。

第一节   什么是社会

一、社会的概念

在中国古代典籍中，"社"原指祭神的地方，"会"为聚集之意。后来，"社"被引申为志同道合者进行某种集体活动的共同场所，如"文社""诗社"等等；有时也指中国古代的地区单位，如"二十五家为社"。"会"即聚会、集会。"社会"一词始于《旧唐书·玄宗上》（本纪第八），书中记载："礼部奏请千秋节休假三日，及村间社会。"宋代程伊川在《二程全书》中也有"乡民为社会"的记载。这里的"社会"，是一个动名词，是村民集会的意思，指的是一定数量、规模的人群在一定空间范围内的结合。这时，它已经包含了许多现代社会概念的内涵和规定的萌芽。

在西方，英语和法语中的社会一词源于拉丁语 socius，意为伙伴。英语中的 society 一词是指 16 世纪以来被广泛使用的市民社会概念的母体。而德语中的 gesellschaft 在中世纪后期表示为人与人的结合，形成了社会的概念。日语中的社会一词是英语 society 的译词。日本学者在明治年间最先将英文中的"society"一词译为汉字"社会"。近代中国学者在翻译日本社会学著作时，沿用了这个概念。加上后来严复等人对英语文献社会学著作的翻译和介绍，中文的"社会"一词才有了现代通用的含义。在严复看来，"社会者，有法之群也。"[①]所谓"偶合之众虽多，不为社会"。也就是说，社会并不是一群人的简单聚合，而是其中有一定的联系纽

---

① 斯宾塞. 群学肄言[M]. 严复，译. 北京：商务印书馆，1982：1.

带，这个联系纽带就是"法"，即一定的社会规则。

西方社会学者对社会的解释多种多样，但概括起来，主要有两大派别：社会唯名论和社会唯实论。

社会唯名论来源于中世纪欧洲经验哲学的非正统流派唯名论。唯名论否认一般的客观实在性，否认概念的客观内容，认为只有个别事物（特殊、殊相）才是真实存在的，而一般（概念、共相）不过是人们用来表示个别的东西的名称；个别才是科学的对象，一般则是逻辑的对象。以唯名论的哲学思想看待社会，就形成了社会唯名论。这一派的代表人物主要有法国的卢梭、达尔德，英国的洛克，美国的吉丁斯以及德国的韦伯等人。社会唯名论者认为，社会是代表具有同样特征的许多人的名称，是空名，而非实体，真实存在的只是个人。正因为如此，唯名论派的社会学家们确认个人行为及其细节是社会学的研究对象。这种思路影响到当代的某些社会学理论流派，如微观社会学理论中的社会交换论、符号互动论和民俗方法论等。

社会唯实论来源于中世纪欧洲经验派哲学的正统派唯实论。与唯名论相反，早期唯实论依据柏拉图的理念论，主张一般脱离个别、先于个别而存在。后期的温和唯实论则以亚里士多德的"形式"学说为依据，认为一般存在于人的思维之中，主张一般是对事物共性（普遍性、相似性）的抽象。社会唯实论是唯实论观点在社会理论中的贯彻或表现。它认为，社会是一个由各种制度和规范构成的有机整体，社会外在于个人，并对个人具有强制性。社会唯实论的主要代表人物是英国的斯宾塞、法国的迪尔凯姆、德国的齐美尔和美国的斯莫尔等人。比如，在迪尔凯姆的理论中，人的行动是由人的社会性即"集体意识"决定的，个人因为具有这种意识而服从于社会，而社会实际上是一个信仰体系，一个精神的或道德的实体。齐美尔把社会定义为一个由体现着社会交往原则的个人之间的交往和关系形成的错综复杂的网络。他的形式社会学，就主张把社会作为一个具体事物来描述。早在当代社会学理论中，帕森斯的结构功能主义在很大程度上也是一种社会唯实论。

我们认为，这两大派别各执一词，他们的观点虽然包含了某些合理因素，但未免失之偏颇。社会的本质既不是在整体，也不是在个人之中，而只能在人与人的关系、个人与整体的关系中去寻找。马克思主义认为，社会在本质上是生产关系的总和，只有具体的社会，没有抽象的社会。具体的社会是指处于特定区域和时期、享有共同文化并以物质生产活动为基础的人类生活的共同体。

由此，我们可以表述为，社会由人群组成，它是人们相互交往、相互作用的产物，它是以共同的物质生产活动为基础而相互联系的人们的有机总体。

二、社会的特点

1.社会是由人群组成的

人是社会系统最基本的要素，没有人也就无社会可言。人是社会生活的开拓者，人是社会活动的发起者，人是社会关系的承担者，人是社会过程的推动者。当然，这里所说的人，是人群而不是单个的人，单个的人是不能称其为社会的。

2.社会是以人与人的交往为纽带的

人与人的多方面的联系，形成了整个社会系统。这些联系概括起来是横向与纵向两个方面。所谓横向联系，即同一时代人们之间的联系。社会分工越发达，这种联系就越发展。所谓纵向联系，即历史联系，它表现为人类文明前后相继的无止境的发展过程。

3.社会是有文化有组织的系统

人类社会与动物结群不同，社会创造出了原来自然界中所没有的文化与文化体系。文化形成后，又成为社会的最主要构成要素，这样，社会便按照一定的文化模式而组织起来。

4.社会是以人们的物质生产活动为基础的

马克思主义指出，人类社会的联系尽管复杂，但却是有规律可循的。由于物质资料的生产活动是社会系统的基本活动，所以人们在这一活动中所结成的生产关系是社会系统的基础和本质。

5.社会是一个具有能动性和创造性的有机体

社会的主体——人，能够主动地发现社会自身以及社会与自然之间的不平衡，并主动地进行调整使之实现平衡。不仅如此，社会还不断创造着维持自身生存和发展的物质条件。在这种创造性活动中，社会自身也得到了发展，因而可以说，社会具有自我再创造的能力。除社会以外，其他系统都只能适应自然，而社会却具有改造自然与社会的能力。

三、社会的功能

人类社会一经形成就要发挥作用，这种作用就称为社会功能。社会的基本功能有以下几个方面：

1.整合的功能

整合（integration）或社会整合（social integration）是社会学术语，指社会将无数单个的人组织起来，形成一股合力，调整种种矛盾、冲突与对立，并将其控制在一定范围内，维护统一的局面。就我国社会而言，当前，我国正处于剧烈的变迁时期，社会群体、社会关系、社会观念等方面的矛盾、冲突均较为突出，因而发挥社会整合的功能就显得尤为重要。在文化方面，要注意解决原来的传统的文化模式与外来的或新兴的文化模式的整合问题。在社会规范方面，要注意解决多种规范相互冲突的问题。在观念方面，要注意解决多元价值观的社会整合问题。在功能方面，要注意解决改革过程中社会诸种功能不相配合的问题。

2.交流的功能

社会创造了语言、文字、符号等人类交往的工具，使个人之间、家庭之间、群体之间、国家之间的交往成为可能。社会也为人类的交往提供了多种多样的场所，为人类互动提供良好条件。社会还为人类交往提供了规范，使人类互动能合理地、得体地进行。

3.导向的功能

社会有一整套行为规范，用以维持正常的社会秩序，调整人们之间的关系，规定和指导人们的思想、行为的方向。导向可以是有形的，如通过法律等强制手段或舆论等非强制手段进行；也可以是无形的，如通过习惯等潜移默化地进行。

1978年改革开放以前的时期，我国主导价值观念强调政治行为、政治秩序的重要。在这样的社会导向下，全社会都注意政治行为，入团、入党、参军等成为多数人追求的目标。1978年改革开放后，国家倡导经济目标，提出允许一部分人先富起来的口号，在这样的导向下，多数社会成员越来越热衷于追求经济目标。由此可见社会的导向功能之重要性。

4.继承和发展的功能

人的生命短暂，人类一代代更替频繁，而社会则是长存的。人类创造的物质和精神文化通过社会而得以积累和发展。

第二节　社会结构

一个社会要形成，必须包含以下基本要素：自然环境，如地理位置、气候、地貌和各种自然资源，是指人类存在和发展所依赖的各种自然条件的总和；文化，是指人类所创造的物质财富和精神财富的总和；人口，是社会的主体。那么这些基本要素是怎样结合起来的呢？这就涉及社会结构。

一、社会结构

了解"社会结构"之前我们需要了解"结构"一词。结构是一种秩序，而且是一种相对稳定的内在秩序。结构与"功能"相对，组成一对范畴。结构指物质系统内各组成要素之间的相互联系、相互作用的方式。客观事物都以一定的结构形式存在、运动、变化。物质结构多种多样，可分为空间结构和时间结构。任何具体事物的系统结构都是空间结构与时间结构的统一。功能指物质系统所具有的作用、能力和功效等。功能分为内部功能和外部功能。结构与功能是相互作用的。物质系统的稳定结构规定、制约物质系统功能的性质、水平、范围、大小。功能又不断调整和改变不相适应的结构。结构是内在的相对稳定和保守的因素，功能是外在的相对活跃和多变的因素。事物的规律就是事物的结构与功能的关系，认识了事物的结构与功能，就认识了事物的规律。[①]与结构和功能相关的概念是"机制"，亦称原理，原意是指机器的构造和工作原理，在自然科学中引申为事物或自然现象的作用原理、作用过程及功能。机制的含义我们确定为3个方面：一是指事物各组成要素的相互联系，即结构；二是指事物在有规律性的运动中发挥的作用、效应，即功能；三是指发挥功能的作用过程和作用原理。这三者综合起来，更概括地说，机制就是"带规律性的模式"。而社会运行机制是指人类社会在有规律的运动过程中，影响这种

---

① 夏征农，陈至立. 辞海 [M]. 上海：上海辞书出版社，1989：1317.

运动的各组成因素的结构、功能及相互联系，以及这些因素产生影响、发挥功能的作用过程和作用原理。简要地说，也就是社会运行"带规律性的模式"。所谓社会结构（social structure），就是指社会关系的各组成部分之间或社会体系中诸要素之间相对稳定的有序的体系或关系模式。它反映了社会系统的本质特征及各系统之间的相互关系。在这个意义上，社会结构就是一种超于个人之上的关系，它作为一种宏观的模式制约着每一个人的行为。

二、关于社会结构的几种理论

社会学家历来对社会结构有着不同的解释，表现为不同的社会学理论体系。

1.马克思主义关于社会结构的观点

马克思主义关于社会结构的观点有广义和狭义两种理解。广义的社会结构，是指社会各个基本活动领域，包括政治领域、经济领域、文化领域和社会生活领域之间相互联系的一般状态，是对整体的社会体系的基本特征和本质属性的静态概括，是相对于社会变迁和社会过程而言的。在社会各种基本活动领域中，社会经济结构对于社会政治结构、文化结构等具有决定性的影响和制约作用。它是社会的经济基础，具有将其他社会领域结合为一个有机整体的作用。其余的部分是在经济基础上建立起来的上层建筑，包括政治法律制度以及各种意识形态。上层建筑领域的各部分，具有相对的独立性和稳定性，并对社会经济具有能动的反作用，直接或间接地影响社会经济结构。

狭义的社会结构是指由社会分化产生的各主要的社会地位群体之间相互联系的基本状态。这类地位群体主要有阶级、阶层、种族、职业群体、宗教团体等。在阶级社会中，阶级结构是理解其他群体的地位和作用的基础，阶级关系决定着整体社会和各个社会群体的发展方向。

马克思使用了"经济基础""上层建筑"这样的概念来说明他的社会结构思想。其主要体现为以下几个方面：

（1）从最概括的角度来看，社会结构是由基础（infrastructure）和上层建筑（superstructure）两部分构成的。所谓基础指的是经济基础，也就是社会物质存在的决定层次，包括生产力、生产关系和生产方式；所谓上层建筑，主要是指政治、法律制度以及与之相适应的思想、道德、哲学、宗教、艺术等社会意识形式。

（2）社会结构是一种"关系总和"，经济结构是生产关系的总和，社会整体结构则是人们的物质生活关系和精神生活关系的总和，一切对"物与物"的关系的分析都是旨在理解"人与人"的关系。

（3）社会结构是矛盾关系体，社会结构是经济基础和上层建筑构成的矛盾关系体，经济结构则是生产力和生产关系构成的矛盾关系体。

（4）社会结构变化的动力来源于社会内部的矛盾运动，在社会结构中起决定作用的是经济基础，而在经济结构中起决定作用的是生产力。生产力成为社会结构最终变革的决定性力量。

2.结构功能主义的观点

从斯宾塞、迪尔凯姆到帕森斯，社会结构是结构功能主义的中心概念之一。结构功能主义把社会看作各个行动者相互作用的体系，主张对这一体系从静态和过程两个角度进行研究。静态的角度，即分析社会体系的结构；过程的角度，即分析社会体系的功能。"帕森斯把地位—角色看作比同社会系统有关的行动更高一级的单位，这个单位从结构上看是地位，从功能上看是角色。"[①]

结构功能主义认为，社会结构的最基本的分析单位，是行动者所处的地位和承担的角色。他们把社会结构看作各个地位、角色之间稳定的关系，是"分化了的诸角色相互整合的结构"[②]。承担角色、参与互动的行动者认同于共同的价值规范体系，是社会结构得以建立和维持的前提。社会结构实质上是制约着特定类型角色互动的抽象规范模式。

结构功能主义把社会体系维持生存必须满足的功能要求，作为确定结构要素的依据。那些满足某项功能要求的特定部分，被看作该社会体系的功能系统。社会体系正是靠着若干功能系统相互依存、互为条件的关系维持其存在的。在此基础上，结构功能主义发展了关于社会结构层次性的观点，当功能系统发展到一定规模时，其内部又会依同样的功能要求分化为相互区别和相互独立的更低层次的功能系统。结构功能分析的基本任务是识别社会体系的基本功能要求，以及解释由功能系统之间关系构成的社会结构是如何满足社会体系所提出的这些功能要求的。

作为结构功能主义的代表人物，帕森斯的思想引人注目。帕森斯认为，个性体系、文化体系、社会体系这些不同层次之间有一种最低限度的一致性，否则社会系统就不能持续。帕森斯在说明个性体系的一致性时使用的关键词是"内化"。内化是文化价值取向与角色期待实际被个性体系吸收的过程。在这个过程中，个人需求意向受文化价值取向与角色期待的引导与塑造。帕森斯说明社会体系的一致性时，使用的关键词是"制度化"。被内化的价值等因素使行动者发生符合角色期待的行动，这样的价值等因素及其引导下的行动就制度化了。制度化使角色期待的种种内容明确起来，并把不同的角色期待区分清楚。行动者彼此之间都存在角色期待，而且每个人都意识到这种期待的存在。行动者对客体的行动取向不仅取决于客体的属性，而且也取决于客体对它本身与对行动者的期待。角色期待使参与行动的个体具有共同的价值与目的。保持某个时期已经建立起来的角色期待，社会就是一体化，即形成社会体系。帕森斯说明文化体系与社会体系的一致性时，使用的关键词是"互动"。他认为，文化要素是互动可以发生的必要资源。语言等文化要素通过向所有行动者提供共同的符号资源，而使互动成为可能，同时，价值等文化要素通过向行动者提供共同的立场，而使互动发生与发展。[③]

---

① 富永健一. 社会学原理 [M]. 严立贤，陈婴婴，杨栋梁，等，译. 北京：社会科学文献出版社，1992：89.
② 富永健一. 社会学原理 [M]. 严立贤，陈婴婴，杨栋梁，等，译. 北京：社会科学文献出版社，1992：158.
③ 宋林飞. 西方社会学理论 [M]. 南京：南京大学出版社，1997：87-92.

在帕森斯这里，在一切集合体中，可以分出不同的角色类型。角色就是扮演角色的个体的相应表现。它具有促进集体目标实现的功能。

社会结构进化的标志是：社会结构的层次分化日益清晰；更加明确感受到一种需要和压力，要求对社会制约和不平等，或者从功能上论证其合理性，或者减轻或消除之；更加重视经济、科学和教育的发展以及许多其他结构性变化。从这种"进步的"意义上说，社会结构进化远不是平稳的和自动的，社会结构进化本身始终伴随着进步也伴随着大量的社会冲突。

3.微观结构主义的观点

微观结构主义关于对社会结构的理解，综合了符号互动论、现象学及民俗学方法论的一些观点，对社会结构的形成基础，即微观互动过程给予极大的关注。符号互动理论中的角色概念，是在个人层次上加以把握的，所以认为角色是在相互行动过程中逐渐形成的。符号互动理论提出了对角色的发生论的解释。微观结构主义从微观的角度来分析角色，把角色作为一种职能来理解，认为角色是个人行动，如角色扮演、角色实践等。①

依照微观结构主义的看法，社会结构对社会过程不起决定性的影响。相反，社会结构是流动易变的，是受参与互动的行动者以及特定的互动情景影响的，是在行动者互动过程中慢慢确立的。从这一立场出发，微观结构主义致力于揭示行动者对互动情景的主观理解，以及这种理解对进一步互动所产生的影响。这一学派在阐述社会结构的形成及其变化过程时经常使用的概念有个人资源（经验、知识、个性、情感）及其差异、情境定义、选择、互动仪式、交往密度、沟通网络、符号、意义等等。

4.宏观结构主义的观点

宏观结构主义继承了早期社会学的有关理论传统，主要是马克思、斯宾塞、迪尔凯姆、齐美尔等人的有关理论观点。在概念的理解上，它反对结构功能主义用社会文化定义社会结构的做法，认为社会结构具有客观性质，独立于文化范畴；同时，它不主张像微观结构主义那样，在人际互动的微观层次上阐释社会结构概念。

宏观结构主义理论致力于说明决定社会宏观结构的基本因素，确定社会的宏观结构状态，解释社会宏观结构对基本社会过程，如群体之间的交往、社会整合及社会冲突的影响。宏观结构主义用社会成员在宏观社会地位空间的分布状态来定义社会结构，在刻画这种分布状态时经常使用的概念有人口规模、社会地位及其分化、社会地位之间的异质性及不平等性、各地位群体之间的关联程度、群体内与群体间的交往率、社会流动、社会整合等等。

5.结构主义的观点

人类学中的结构主义代表着不同于上述社会学结构分析的另一种倾向。结构主义认为，社会关系结构是思想深层结构的表层显现或复制。因此，结构分析的任务

---

① 富永健一. 社会学原理 [M]. 严立贤，陈婴婴，杨栋梁，等，译. 北京：社会科学文献出版社，1992：88-91.

不是确立社会的各个结构要素和阐述它们之间的相互关系，而是透过表层结构从各种复杂的行为、感情、信仰中发现和"破译"起支配作用的"一般原则"或"内在编码"，这些原则和编码是对各种复杂的社会生活现象的逻辑性解释模式。

三、社会结构的构成

社会结构最重要的组成部分是社会地位、社会角色、社会群体和社会制度。

1.社会地位

每个人在社会上都占有一个或多个具有社会意义的位置，如女儿、公司经理、木匠等。这种位置就称为社会地位。社会地位是指任何具有从社会角度规定了的权利和义务的社会位置，通常是根据财富、声望、权力和受教育程度的高低和多寡做出的社会排列。一个人的地位决定了他在社会上"适合生存"的地点及与他人发生联系的方式。例如，"女儿"这一地位决定了她与家庭其他成员之间的联系；"公司经理"的地位决定了这一地位的占据者与雇员、股东、董事长、其他公司、税务人员之间的联系。自然，一个人可能同时占有数个地位，但是其中只有一个（通常是职业地位）最为重要，被社会学家称为这个人的"主要地位"（master status）。

有时，"地位"这一术语还用来专指高的社会地位，如处于最高法院法官这一地位的人就比地位是门房的人享有更高的权力、财富和威望。不平等社会里地位大致相同的人们就组成同一个阶级或阶层。我们常说某人有地位，也正是从这个意义上而言的。

有些地位，我们自己不能控制或改变，是先天赋予我们的，不管我们的先天差异或个人能力如何，这种地位叫作先赋地位或既得地位（assigned or ascribed status），包括性别、年龄、种族等社会强加给我们的地位。另外，对于有些地位，如教育和职业等，我们可以进行一定的控制，通过个人努力可以获得或个人行为可以起作用，这种地位叫作后致地位或获得地位（achieved or acquired status），如使自己成为大学生、艺术家、律师、罪犯或宗教信徒等。

2.社会角色

社会角色（social role）即社会上每一种地位都伴有为社会所期望和要求的、与人的社会地位和身份相一致的一套权利、义务和行为模式。它是对于处在特定地位上人们行为的期待，也是社会群体和组织的基础。人们在生活中所担任的角色取决于他们在一定时期的社会地位。人们占据地位，扮演角色。地位与角色是一个问题的两个方面。这一内容我们将在"社会角色"一章中专门介绍。

3.社会群体

社会生活是以群体形式进行的，人们总是生活在不同规模与类型的群体之中。社会群体既是人们生存与生活的基本单位，又是社会的结构要素之一，它在个人与社会之间发挥重要的桥梁作用。这一内容我们将在"社会群体"一章专门介绍。

4.社会制度

同社会学的许多核心概念一样，社会学家对于社会制度（social institution）一直没有形成一个统一的见解。我们认为，社会制度不仅是一种社会规范，而且也是社会结构的重要组成部分。它是建立在一定的经济基础之上的有组织的社会力量，是各种社会力量交互作用的产物，反映了社会生活各个领域的基本需要，是相对持久的社会关系的定型化。因此，我们把社会制度界定为在一定生产方式之上的社会结构的重要组成部分，它是一定的社会关系及模式和规则，是社会行为的规范体系，它规定了在社会关系网络中每个特定角色的权利、义务及行为方式。这一内容我们将在"社会制度"一章专门介绍。

第三节　社会类型

关于社会类型的认识，也是多种多样的。马克思以物质生产方式为依据提出："亚细亚的、古代的、封建的和现代资产阶级的生产方式可以看作社会经济形态演进的几个时代"①，并预测共产主义社会的出现。后来的历史唯物主义教科书往往把社会的基本形态概括为渐次发展、越来越高级的5种类型，即原始社会、奴隶社会、封建社会、资本主义社会和共产主义社会（社会主义为其初级阶段）。

有的社会学家从社会组织形式上区分社会类型，最有影响的是德国社会学家F.滕尼斯（F.Tnnies）提出的"礼俗社会"和"法理社会"。礼俗社会亦称"共同体"，指传统的社会。其特征是：规模小，分工与角色分化较少，家庭为社会核心单元，占统治地位的是个人的或具有感情色彩的初级关系，人的行为主要受习俗、传统的约束，社会具有很强的同质性。法理社会亦称"交往社会"，指现代工业社会。其特征是：规模较大，有复杂的分工与角色分化，经济的、政治的、职业的等社会组织取代了家庭的核心地位，非个人的、不具感情色彩的次级关系居统治地位。人们的行为主要受正式的规章、法律等约束，社会具有很强的异质性。

著名社会学家伊恩·罗伯逊等人按照基本生存方式将社会分为5种类型：狩猎采集的社会、畜牧社会、园艺社会、农业社会和工业社会。这一观点具有代表性，具体如下②：

（1）狩猎采集的社会。这是最早和最简单的社会，其特征为：靠狩猎和采集果实生存，社会群体较小，生活区域变动不居，几乎没有专门的劳动分工，建立在血缘和亲属联系的基础之上。

（2）畜牧的社会。它通常出现于不适于耕作而适于放牧、饲养牲畜的地区。其特征是：开始出现剩余产品、私有财产，以及等级、阶级、群体间的冲突和战争，社会的政治、经济、宗教、文化制度开始形成。

（3）园艺社会。它是在适于耕作的地区，随着人们初步掌握耕作方法而出现的。其特征是：种植农作物上升为主要生存方式，狩猎与采集果实降为次要方式，

①　马克思，恩格斯. 马克思恩格斯选集：第1卷［M］. 中共中央马克思恩格斯列宁斯大林著作编译局，译. 2版. 北京：人民出版社，1995：83.
②　罗伯逊. 社会学［M］. 黄育馥，译. 北京：商务印书馆，1990：126-133.

出现了较大规模定居的社会群体，与畜牧社会一样，社会不平等和阶级分化开始出现。

（4）农业社会，亦称"前工业社会"。它是随着"犁"的发明而发展起来的。犁的发明，铁具的使用，畜力、风力、水力的应用，为较发达的农业生产和小作坊手工业生产奠定了基础。随着社会剩余产品的大量出现，社会阶级体系和分层体系更加巩固，官僚制度、官僚阶层有了很大发展。

（5）工业社会，亦称现代社会。它是自17—18世纪的工业革命以来产生和发展起来的。随着蒸汽机、电力等机械动力逐渐代替人力、自然力，大规模的工业体系开始形成，出现了人口向城市集中的城市化和有复杂的劳动分工体系的专业化，形成了现代的官僚制度，以及教育、医疗、保险、服务等现代社会机构与制度。其特征是：规模大，有复杂的分工与角色分化，经济的、政治的、职业等的社会组织取代了家庭的核心地位，非个人的、不具感情色彩的次级关系居统治地位，对个人主义的崇拜取代了对群体的忠诚，传统关系和价值观念淡化，人们的行为主要受正式的规章、法律的约束，社会具有很强的异质性。

（6）后工业社会。20世纪80年代以来，一些社会学家提出"后工业社会"的概念，认为在这种社会中，自动化、信息技术将得到普及和发展。其特征是：从生产产品性经济转变为服务性经济；专业与技术人员居于主导地位；理论知识处在中心地位，它是社会革新与制定政策的源泉；控制技术迅速发展，对技术进行鉴定以及创造新的"智能技术"。

有的社会学家从社会分化的特点进行分类。法国社会学家迪尔凯姆分别对以机械团结为基础的社会和以有机团结为基础的社会做出了不同的解释：前者依靠社会成员担任相同的角色和遵循共同的价值观念来维持社会团结；而后者则依靠社会成员担任高度专业化的角色，因而互为依存来维持社会团结。美国人类学家罗伯特·雷德费尔德对小规模乡村社会和大规模城市社会做出解释：前者注重传统，人际关系密切；后者人际关系疏远，价值观念庞杂。而中国的费孝通在《乡土中国》中则提出了中国"差序格局"和英美"团体格局"的分类思想。他说："我们的社会结构本身和西洋的团体格局是不相同的，我们的格局不是一捆一捆扎清楚的柴，而是好像把一块石头丢在水里所产生的一圈圈波纹。每个人都是他社会影响所推出的圈子的中心。被圈子的波纹所推及的就发生联系。每个人在某一时间某一地点所动用的圈子是不一定相同的。"[1]"以'己'为中心形成的社会关系，一圈圈推出去，愈推愈远，也愈推愈薄。"[2]以差序方式建构的社会关系，离圆心越近，道德性和工具性责任越重。这就是中国社会结构的基本特性。现代西方社会的团体格局是基于制度的权利义务模式，差序格局则是以首属群体（如家庭、亲属、种族）为基础的权利义务关系。换言之，在人际关系模式上，团体格局遵循普遍主义原则，差序格局因袭特殊主义原则。

---

[1]　费孝通. 乡土中国［M］. 北京：生活·读书·新知三联书店，1985：23.
[2]　费孝通. 乡土中国［M］. 北京：生活·读书·新知三联书店，1985：25。

　　实际上，上述几位社会学家或人类学家都在试图描述同一现象，即"传统社会"与"现代社会"，或者说"前工业社会"与"工业社会"之间的差异。这些差异可以用表3-1表示。它展示了从前工业社会向现代工业社会的转化，是社会文化发展史上最急剧的变革，而研究这些变化的本质及其深远意义是社会学家的一个重要任务。

表3-1　　　　　　　　　　**前工业社会与现代工业社会的区别**

	前工业社会	现代工业社会
社会结构	相对简单：地位和角色极少；除家庭外，发展完善的组织和制度极少	复杂：各种地位和角色；多种发达的组织机构和制度，如政治、经济、教育、科学等
地位	大多数属既定或先赋性质	部分为先赋性，但许多可自致
社会群体	多为关系密切的首属群体	多为关系疏远的次属群体
结构规模	小（如村落）	大（如城市）
劳动分工	除按年龄、性别分工外，相对较少	大量，职业高度专业化
社会控制	多为非正式控制，依靠公众的自发性反应	多为正规控制，依赖法律、警察、法庭等
价值观念	注重传统，宗教观念强	注重未来，怀疑宗教教义
文化	齐次；多数人具有共同的准则和价值观念；亚文化不多	非齐次；具有多种持有不同准则和价值观念的亚文化
技术	简单粗糙，主要依靠人和动物的肌肉力量	先进，主要依靠机器和电能等
社会变迁	缓慢	迅速

　　资料来源　张敦福. 现代社会学教程［M］. 北京：高等教育出版社，2001：77.

第四节　社会学考察社会的几种角度[①]

一、宏观社会与微观社会的角度

　　宏观社会指社会的整体结构，是较大范围的社会关系，如人口结构、民族结构、阶级结构、职业结构等等。研究社会的宏观结构，可以使人们站在较高的位置上看到社会的整个面貌，考察大规模的社会总体现象，而不被繁杂的个别现象所蒙蔽。

　　微观社会指社会的个体结构，即表现日常生活中人际互动的模式，如民族的或阶级的个别成员之间的互动、职业群体的人员（每个人的）构成等等。

　　社会学对微观社会的考察着重于社会中个人之间的差异与特性，即每个个别人的态度、行为等都受到个人的心理支配，因而有着区别于他人的个别原因。例如，

　　①　郑杭生. 社会学概论新修［M］. 4版. 北京：中国人民大学出版社，2013：58-64.

现阶段在探讨城市"农民工"犯罪的原因时，微观社会研究所注意的是每一个犯罪主体的特殊情况、特殊经历、走上犯罪的特殊道路。只有了解了这些才可能针对每个人的具体情况做工作。对于微观社会的研究有助于我们深入细致地了解社会的具体情况，了解千百万人民的实际生活状况和心理、愿望。

二、个人关系、群体关系和社会制度的角度

从社会关系的水平和层次上看，社会系统可以区分为个人关系、群体关系和社会制度3个层次。

个人关系，是指日常发生的人与人之间的直接联系或互动，它是一种较低层次的社会关系，这种关系常常是非正式的，没有什么固定的要求，更没有通过法律、法规、规则、规章等形式固定下来，因而它常常是不稳定的、变动不居的。

对个人关系的研究是值得重视的。这是因为：个人关系是全部社会关系的起点，其他社会联系都是由此展开的；个人交往是社会中最频繁发生的社会关系与社会互动；它是人们对于社会关系、社会互动的最直接的体验，通过个人关系，人们可以获得更丰富的感性资料。人们常常是通过直接的人与人之间的互动来观察一个社会的。正因为如此，我们现实生活中的同事关系、上下级关系、朋友关系、顾客与服务员关系、夫妻关系、父母与子女关系、婆媳关系等，都是值得重视的个人关系。

群体关系，是指在社会的群体或组织的层次上所发生的社会关系。它是社会关系的中间层次。与个人关系相比，群体关系具有一定的稳定性、持久性，它受到社会群体的规则、规范的约束。群体关系在社会关系中占有重要地位，它比个人关系更明确、更集中地表现了社会关系的基本倾向，它是社会制度的基础。

在社会关系中，社会制度占据最重要的地位，因为社会制度是社会体系，也是社会关系的最高层次。社会制度是一种固定化的较为持久的社会关系。只有研究社会制度，我们才能从总体上把握住一个社会的基本关系。

三、血缘、地缘、业缘、趣缘的角度

社会学通常根据联系人际关系的纽带，将社会关系分为4个方面，即血缘关系、地缘关系、业缘关系、趣缘关系。

1.血缘关系

血缘关系，是指以血统的或生理的联系为基础而形成的社会关系。血缘关系是人的先天联系，它在人类社会产生之初就已存在，是人类最早形成的社会联系。综观社会发展的不同历史时期，比较重要的血缘关系有种族、氏族、宗族、家族、家庭。种族是根据人体的生理特点而做的区分，是指具有某种相同遗传身体特质的人种分支。种族不同于民族或语言团体。种族仅仅强调人的体质特征的一致。一般认为有两种区分种族的方法：一种是从人的外在特征上区分，如根据肤色、眼形、头发、嘴唇等来区分；另一种是根据遗传基因或血液来区分。习惯上将种族区分为高加索种、蒙古种和尼格罗种。氏族又称氏族公社，它是原始社会中由血缘关系联系起来的社会集体或社会基本单位。氏族内部实行禁婚、集体劳动、集体占有生产资料、平均分配，没有剥削也没有阶级。所谓宗族，即同宗、同族，是指有着共同的祖宗或同一父系，因而使用同一姓氏的人们。其成员的联系可以延续数代、数十代，甚至近百代。其成员有些可能同时还有着较密切的地缘联系，有些也可能实际上已无社会联系，仅仅在追溯家谱时方可发现其血统上的联系。所谓家族，是指同一血统的几代人所形成的社会群体，也有人称之为"大家庭"。它包括两种血缘联系，即直系的和旁系的。直系联系指具有父母、子女关系的亲属。旁系联系则指除直系以外的其他亲属，如我国的叔、姑、姨、舅、甥等。由于时代、传统等文化背景不同，有些人将家族称为家庭。但是，我们通常只是把具有直系血缘关系的群体称为家庭。

在不同的时代、不同的社会制度下，血缘关系所联系的紧密程度及地位、作用是不相同的。由于传统和文化的差异，血缘关系在不同国家的地位、作用并不一致。在我国，传统上一向重视血缘关系，直到目前，血缘关系主要是家庭，在社会上仍发挥重要的功能。因此，重视对血缘关系的研究在我国具有重要意义。

2. 地缘关系

地缘关系，是指人类社会的区位结构关系或空间与地理位置关系。人类要生存就必须占有一定的空间或位置，由此形成了人们之间的地缘关系。早在人类社会形成之初，人们就已经有了一定的地缘联系，但是，比较稳定的、牢固的地缘关系的形成是自人类社会采取了定居形式以后才发生的。在地缘关系的发展中，城市的产生与发展具有重要意义。因为，城市的出现不仅使同一居住地的人口急剧增长，大大扩展了居住地的范围，明确了地缘界限，而且，也真正突破了血缘系统的束缚。不仅如此，城市的产生与发展还使人们之间的地缘关系有了政治色彩。

在不同的国家和地区，对地缘关系的划分有所不同。一般来说，可大致分为3级、4级、5级以至更多级。我国的地缘系统按7级划分就是：国家–省–市–县（或大区与小城镇）–乡（或街道）–村（或居民区）–邻里。

地缘关系可以分为封闭型与开放型。封闭型地缘关系指的是工业革命以前的社会。其特点是小生产占统治地位，分工不发达，人们局限于较小的地缘范围内，流动性很低，很多人一生一世都只在一个村、镇里生活。开放型的地缘关系是指工业革命以来的社会。其特点是机器大生产的发展使人们摆脱了小生产的束缚，现代大城市的发展使大量人口摆脱了土地的束缚进入流动的工业城市，现代交通工具的发展使人们远距离的、较快的流动成为可能。在开放型的地缘关系中，人们的居住与工作仅仅具有相对稳定性，人们在居住与职业上的流动不断形成新的地缘关系。

地缘关系的功能也是双向的。其正功能是维系社会的稳定，反功能则是束缚人类的发展。在我国，人们传统的较强的地区观念、乡土观念、老乡观念使得地缘关系的封闭性很强。如果人们以这些观念待人处事，那就会在社会上造成反功能。但是，地缘关系的正功能也较为明显。例如，在我国社会转型时期，随着农业劳动生产率的提高，农村出现大量剩余劳动力，而城市又一时无能力容纳剩余的农业人口，这时，相对稳定和封闭的地缘关系就发挥着维护社会安定的正功能。

3.业缘关系

业缘关系，是指以人们广泛的社会分工为基础而形成的复杂的社会关系。与血缘关系和地缘关系不同，业缘关系不是人类社会与生俱来的，而是在血缘关系和地缘关系的基础上发展起来的。在人类社会之初的原始社会，最初的分工只是由于生理差别即性别和年龄的差别而自然产生的自然分工。[①]在这种自然分工的基础上所形成的社会关系，与其说是业缘关系，不如说是一种血缘关系。马克思认为："分工只是从物质劳动和精神劳动分离的时候起才真正成为分工。"[②]

与血缘关系和地缘关系相比较，业缘关系的发展具有最重要的意义。这是因为：①业缘关系是人类社会发展的一个重要基础。在人类历史上，几次大的分工与业缘关系的发展曾大大推动了社会发展的进程。工业革命以来，社会上逐渐发展出一整套极其复杂的分工体系与业缘关系，它们促进了现代经济的发展，并成为现代社会存在与发展的基础。②业缘关系反映着社会前进的步伐和整个社会的面貌：仅从社会分工主要领域的演变来看，由畜牧业、农业、手工业，发展到纺织、机械等轻、重工业，再发展到电气、电子工业，进而发展到原子能、电子计算机、基因、遗传工程等新兴工业及教育、卫生、金融、信息等第三产业飞速发展，这些都标志着人类社会发展节奏越来越快。

虽然业缘关系对社会发展具有重大的促进作用，但是，它也具有两面性。一方面业缘关系的基础是把人局限在某一种职业上的社会分工，而这种社会分工就一定的历史阶段而言，是有利于各个社会部门、各种专门行业以至全社会发展的。但是，从另一方面来看，它也限制了人们的发展，具有使人发展成为"单面人"的倾向。

4.趣缘关系

趣缘关系，是指人们因兴趣、志趣相同而结成的一种人际关系。它是为了满足人们的精神需要而结成的社会关系，是社会发展的产物。随着社会生产力的发展和社会物质财富的增多，人们在基本满足物质生活需求的基础上产生了越来越多的精神需求，为此，人们结成了各种各样的人际关系，如儿童的游戏伙伴关系、青年人结成的关系等等。这种关系的特点是结构松散，同时交往活动时间也较分散，一般在节假日、星期天或其他闲暇时间进行。因趣缘关系而进行的各种娱乐性的社会活动对于人们的身心健康、维系人们的友情关系、愉快地度过闲暇时间、科学地安排人们的生活具有重要意义。

应用社会学之窗

爪哇社会的一个缩影——爪哇岛上的集体宴会

爪哇的宗教传统，特别是爪哇农民的宗教传统，是由印度教、伊斯兰教及本土

---

①　马克思，恩格斯. 马克思恩格斯全集：第47卷［M］. 中共中央马克思恩格斯列宁斯大林著作编译局，译. 北京：人民出版社，1979：334.
②　马克思，恩格斯. 马克思恩格斯选集：第1卷［M］. 中共中央马克思恩格斯列宁斯大林著作编译局，译. 2版. 北京：人民出版社，1995：82.

的东南亚宗教的各种成分混合而成的。公元初期几个世纪里，随着强大军事王国在内地产稻区兴起，印度教及佛教文化模式也在岛上传播；14世纪与15世纪北部港口城市海上国际贸易的扩展，导致伊斯兰教文化模式的传播。世界这两大宗教在深入农民群众的同时，也与在整个马来西亚文化区占主导地位的泛灵论融合在一起。结果，不同宗教的神话与仪式得到均衡的调和，印度教的男神女神、伊斯兰教的先知与圣人，以及当地的神灵与魔鬼都找到了恰当的位置。

这种调和的中心仪式，是一个叫作斯拉麦坦（Slametan）的集体宴会。斯拉麦坦几乎在所有有宗教意义的场合——在生命周期的转折时刻、在定期的节假日中、在谷物生长的特定阶段、在迁居时等等都要举行，从形式到内容大致相同。这个宴会既要供奉神灵，又要使活着的人以共同聚餐的形式整合社会。饭是特别准备的，每一种都有着特殊的宗教概念的象征意义；这要由一个核心家庭的女性成员来烹制，并放置在起居室中央的一个垫子上。这个家庭的男性家长邀请8~10个邻近家庭的男性家长来赴宴；邻居不分远近，同样看待。在由主人阐述这一宴会的精神目的及诵完阿拉伯赞美诗后，每个人几乎是偷偷摸摸地、狼吞虎咽地吃少量食物，剩下的食物用一个香蕉叶做成的篮子装起来带回家与家人共享。这就是说，神灵从食物的气味中、从焚烧的香中、从穆斯林的唱诗中获取了供养；而参与的人从食物的物质材料及他们的社会互动中获得了养分。这个安静的、非戏剧性的小仪式有两重结果：神灵得到抚慰；邻里团结得到加强。

功能理论的普遍规则，对分析这类模式是非常恰当的。它能够相当容易地显示，斯拉麦坦能有效地达到两个效果："谐调最终的价值观"，有效整合以地域为基础的社会结构，也能满足农民大众特有的协调理智、稳定情感的心理需要。爪哇农村（一年举行一次或两次全村斯拉麦坦）是由一些地理上相互邻接但在自我意识上相当自治的核心家庭组成的，这些核心家庭在经济与政治上的互相依存大致相同，其性质在斯拉麦坦中有明确规定。对劳动密集型的水稻与旱地粮食农艺方式的需求，要求特别类型的技术合作，加强了本来很自足的家庭的社群观念——斯拉麦坦显然加强了这样一种社群观念。而且当我们考虑到来自印度教、佛教、伊斯兰教与泛灵论的不同的概念与行为的因素，如何被再解释和平衡，形成一种鲜明的、几乎同质的宗教风格，那么在社群节宴模式与爪哇农村生活状况之间的严密的功能调整就更为显而易见。

资料来源　格尔茨. 文化的解释［M］. 韩莉，译. 北京：译林出版社，1999：179-180.

思考题

1. 简析"社会"的概念。
2. 怎样理解社会的功能？
3. 如何解析社会结构这一概念？
4. 社会结构的构成要素有哪些？
5. 试比较传统的前工业社会与现代工业社会的区别。

6.试析血缘、地缘、业缘与趣缘的关系。

推荐阅读书目

［1］滕尼斯．共同体与社会［M］．北京：北京大学出版社，2010．

［2］费孝通．费孝通文集［M］．北京：群言出版社，2002．

［3］熊培云．重新发现社会［M］．北京：新星出版社，2010．

［4］施瓦布．生活的暗面——日常生活的社会学透视［M］．汪丽华，译．北京：北京大学出版社，2008．

［5］约翰逊．见树又见林——社会学与生活［M］．喻东，金梓，译．北京：中国人民大学出版社，2008．

第四章 文 化

文化是一个复杂的整体。

——泰勒

提及"社会"，首先不可避免地就涉及文化。"文化"和"社会"互相依存，密不可分。考古学家克里福德·杰茨（1968）认为，没有文化的人类事实上根本不存在，历史上也从未存在，而且最重要的是绝对不可能存在。英国人类学家 R. 费思认为，文化就是社会，社会是什么，文化就是什么。他在1951年出版的《社会组织要素》一书中指出，如果认为社会是由一群具有特定生活方式的人组成的，那么文化就是生活方式。由此可知，无论个人还是社会，一旦离开了文化，就不可能生存，文化与人类社会总是共生共存的。但是"文化"与"社会"又是不同的，至少在观念上还是能够区分的。文化由社会所共享的产品构成，而社会则由共享某种文化的相互发生作用的人构成。社会学认为，人类社会生活的一切方面，包括社会化、社会互动、社会群体、社会制度、社会变迁等，都可以归结为各种文化现象。

第一节 文化概述

一、文化的含义

在日常语言中，文化概念在不同的场合下会有不同的含义。在学术研究中，学者们对"文化"一词的界定也有多种。人类学家克罗伯（A.L.Kroeber）和克拉克洪（C.Kluchohn）曾专门撰写了《关于文化的概念与定义之述评》一文，文中述及关于文化的160种定义。定义如此之多，一方面表明人类文化现象的纷繁复杂，另一方面也说明人文社会科学领域对"文化"概念的认识和看法存在很大差异。

在中国，"文化"是"文治教化"之意，"文"指文字、文章、文采，又指道德、礼乐、典章制度，"化"指感化、教化。两个字合起来构成的"文化"，就是指用一定的道德、礼乐去教化人民。这是在中国古典文献中的含义，到了近现代，"文化"的概念变得像在西方一样丰富起来。

在西方，"文化"的英文是culture，这个词源于拉丁语，原意为耕耘、耕作。从其最初的含义上看，有人们对自然界的开拓之意。到了文艺复兴时代，人们将农业、手工业、商业、教育等活动都归入了文化范畴，认为凡是与自然状态、天然状态相对立的都属于文化现象。这样，把对人的品德和能力的培养也包含进去的"文化"概念就与中国古代的"文化"含义相近了。

无论是在西方还是在中国，归纳起来，关于文化的定义有广义和狭义之分。广义的定义认为，人类所创造的一切产品，包括物质产品与精神产品都属于文化。如德国学者普芬多夫（1632—1694）曾这样定义文化的概念：文化是社会人的活动所创造的东西和有赖于人和社会生活而存在的东西的总和。按此定义，文化既包括物质因素，也包括非物质因素。伊恩·罗伯逊认为：社会学所说的文化要囊括人类社会生活的各个方面，文化包括人类社会共享的全部产品，这些产品包括人类创造并赋予意义的全部制品，或者说有形物品，如车轮、衣服、学校、工厂、城市、书籍、宇宙飞船、图腾柱等。非物质文化包括更为抽象的创造物，如语言、思想、信仰、规范、习俗、神话、技术、家庭模式、政治制度等。狭义的定义认为，文化只是一种精神现象，它有多种多样的表现形式。著名的英国人类学家爱德华·B.泰勒（Edward B.Tylor）在1871年的《原始文化》一书中曾给文化下了个定义，并为后人广为引用。他认为文化是一个复杂的总体，它包括知识、信仰、艺术、伦理道德、法律、风俗以及作为一个社会成员的个人通过学习获得的任何技能和习惯。[①]泰勒认为，文化是人类后天习得的，它为人类所共同享有。马林诺夫斯基对文化的界定比泰勒的界定更为全面。他说："文化是对那一群传统的器物、货品、技术、思想、习惯及价值而言的。这一概念包含并调节着一切社会科学。我们亦将见，社会组织除非视作文化的一部分，实是无法理解的。"[②]这一界定表明：文化不仅包括人的观念形态，还包括由人造出来的器物；在观念形态中，他又特别指出价值观是文化的重要组成部分。另外，更为重要的是，马林诺夫斯基还把社会组织也看作文化必不可少的重要内容。

文化的定义虽多，但所定义的内容却大致相近。这些内容有：认为文化是社会成员所享有的一切知识、思想、价值观和物质财富；认为文化是在社会互动中产生的，是社会成员在社会化过程中习得的；认为文化是社会成员获得的、经社会认可的、满足生理和精神需要的方式、方法等等。

总之，文化是与自然现象不同的人类社会活动的全部成果，它包括人类所创造的一切物质的与非物质的东西。也可以说，自然界本无文化，自从有了人类，凡经人类"耕耘"的一切均为文化。

二、文化的要素

文化的要素是指文化的基本表现形式。由于广义的文化涵盖整个社会生活，所以社会生活中每一件事物与现象都是文化要素的具体表现形式，这是不可计数的。因此，我们只能用合并同类项的方法，将文化要素归纳为以下几种：

（1）价值观念。价值观念是一个社会的成员评价行为和事物以及从各种可能的目标中选择合意目标的标准，是社会成员关于善良、正确、称心合意等的共同看法。这个标准存在于人的内心，具有内隐性，并通过态度和行为表现出来。它决定人们赞赏什么，追求什么，选择什么样的生活目标和生活方式。同时，价值观念还

---

① 《中国大百科全书》总编委会. 中国大百科全书：社会学卷［M］. 北京：中国大百科全书出版社，1991：409.

② 马林诺夫斯基. 文化论［M］. 费孝通，等，译. 北京：中国民间文艺出版社，1987：2.

体现在人类创造的一切物质和非物质产品之中。产品的种类、用途和式样，无不反映着创造者的价值观念。

（2）语言和符号。在人类的交往中，具有表意性质的语言和符号起着沟通的作用；语言和符号还是人类文化积淀和贮存的手段。所以，人类学家克利福德·格尔茨认为，文化实质上是一种符号，是"一些由人自己编织的意义之网"[①]。人类只有借助语言和符号才能沟通，只有沟通才能创造文化；而文化的各个方面，只有通过语言和符号才能反映和传授。能够使用语言和符号从事生产和社会活动，创造出丰富多彩的文化，是人类特有的属性。

（3）社会规范（包含制度）。社会规范是人们行为的准则，它包括约定俗成的风俗习惯，也包括明文规定的法律条文和规章制度等，它限定人们在特定的社会情境下"应该"怎样待人接物、该做什么和不该做什么。各种规范之间互相联系、相互渗透、互为补充，共同调整着人们的各种社会关系。社会规范是人类为了满足需要而设立或自然形成的，它规定了人们活动的方向、方法和式样。

社会价值观念直接影响社会规范的内容。如果社会高度重视教育，社会规范就会采取措施普及教育。如果社会认为人口众多是好事，社会规范就会鼓励人民生育。如果社会提倡一夫一妻制，社会规范就不允许人们同时与两个或两个以上的配偶结婚。至少从理论上讲，任何规范都可以追溯到某条基本的价值观念。例如，决定日常办公室工作和装配线生产的规范反映了人们高度重视效率的价值观念；要求学生对老师尊重这一规范体现了社会尊师重教的价值观念。所有规范都表达一定的价值观念。其中有些观念在其产生的背景消失之后仍然长期存在。从前，人们见面伸出右手表示手中没有携带武器。这一习俗发展到今天成了人们见面互相握手并表示友好。婚礼结束后向新郎新娘投掷谷粒和五彩纸屑的习俗看上去没有多大意义，其实这一习俗也可以追溯到古代。那时候人们向新婚夫妇撒硬壳果、水果和五谷种子以祝福他们多子多孙。一般而言，人们很容易循规蹈矩，几乎意识不到规范的存在。规范和价值观相比，前者是具体情况下指导人们行为的准则，后者是一般概念；前者是后者的具体体现，价值观具有内隐性，而规范具有外显性。

了解一个社会或群体的文化，往往是先从认识规范开始的。比如在日本，遗产的分割实行长子继承制，在中国则实行均分制。这样的遗产分割制度，有助于我们认识为什么日本能够在近代积聚起相当的社会财富、发展出资本主义，而中国的分散的小额家庭财产则阻碍了资本主义经济制度在中国的发育。在西欧和北美，家庭里的卫生间，在没有人使用的情况下是开着的；而在中国不少城市家庭中，在同样的情况下则是关着的。因为，在西方人的观念中，卫生间是干净、清洁、卫生的，而在绝大多数中国人眼里，卫生间是脏的、不洁的。

（4）社会关系和社会组织。社会关系是上述各种文化要素产生的基础，而生产关系又是社会关系的基础。在生产关系的基础上，发生着各种各样的社会关系。这

---

① 格尔茨. 文化的解释 [M]. 韩莉，译. 北京：译林出版社，1999：5.

些社会关系既是文化的一部分，又是创造文化的基础。社会关系的确定要有组织保障。社会组织是保证各种社会关系运行的实体。家庭、工厂、学校、军队、教会和政府等都是这类实体。

（5）物质产品。人类创造出来的一切物质产品，包括生产工具、生活用具，以及为满足人的物质、精神生活需要而创造或加工改造过的产品，都属于物质文化。物质产品凝聚了人们改造自然的能力和价值观点，往往用以标志人类社会的历史时期，如石器时期、青铜器时期等。

三、文化的特性

（1）文化是在人类进化过程中衍生或创造出来的。自然存在物不是文化，只有经过人类有意识地加工制作出来的东西才是文化。例如，吐痰本身不是文化，对吐痰时间和地点的规范（如吐痰入痰盂）才是文化；水本身不是文化，人们所称的水库、水污染、水流域治理等才是文化；野生的苹果本身不是文化，但当人们把苹果落地与牛顿发现万有引力定律联系起来时，这个苹果就具有了人类文化的意蕴。

（2）文化是后天习得的知识和经验，文化的内容不能通过生殖系统遗传。没有任何一种基因告诉人们怎样唱流行歌曲、怎样跳波尔卡舞、怎样参加国际学术研讨会、信仰哪种宗教以及怎样结婚成家过日子等等。基因和染色体组合的情况可以决定生男生女，"男女授受不亲"或男女恋爱才是文化；性别上的差异本身是纯粹生理差别，谈论乡土社会的"男女有别"和现代社会的"男女平等""女权运动"等才是文化。文化的点点滴滴都是后天学得的，从语言、习惯、风俗、道德一直到科学技术等，都是经过后天学习得到的。因此，文化作为一种手段可以代替"本能"对环境做出反应，其作用远远大于"本能"。靠后天习知的文化而生存的物种的出现，是生物进化历史上具有划时代意义的一项重大突破。

（3）文化具有复合性。社会文化系统的复合性主要体现在以下几方面：①围绕着某一社会活动或社会关系，会产生一系列相关的文化现象。而这些相关的文化现象，总是相互依存并组合在一起，又相互作用、相互影响的。例如，围绕着人类的宗教活动和宗教关系，要产生诸如宗教教义、宗教仪式、宗教建筑、宗教音乐等宗教文化现象。只有宗教仪式，没有宗教教义是不可能的。宗教教义的变化可能会影响宗教建筑的变化，宗教仪式的变化又会对宗教音乐提出要求等。②任何一种文化现象都不可能孤立地存在，它总是要和别的一些文化现象组合在一起，构成一个复杂的系统。例如，电影文化与语言、表演艺术及相应的科学技术等就是共生在一起的。离开了表演艺术及相应的科学技术等，电影文化就不会存在，或者说根本就不可能出现电影文化。

（4）文化具有象征性。文化的意义要远远超出文化现象所直接表现的那个狭小的范围。例如，白与黑本来是自然现象中的两种颜色，当人们将其作为文化因素后，它们便具有了广泛的象征性。在汉语中，白有"一无所有"之意，如"一穷二白"；白旗又意味着投降；白衣是我国古代的孝服；"白衣天使"又是护士的称谓。黑色，在汉语中常有贬义，如黑帮、黑社会、黑市，黑人又有没有登记户口的人之意。又如"这个人真黑"，既可能是指他的当前肤色情况，也可能指其贪婪的品质。而在其他国家、其他语言中，黑色又有其他的象征。又如"小姐"，在欧美文化中指未婚女性，在中国传统文化中常指有钱或有地位家族里的未婚女性，而在现阶段的中国民间社会则可能有一种特殊的意味——"三陪女"。

由于文化具有广泛的象征性，人们无时无刻不生活于象征性的社会之中。文化的象征性充斥于全部社会活动、社会秩序之中。人的一生，在很大程度上就是学习文化象征性的过程，人类社会的发展也体现为文化象征性的发展。

（5）文化具有多样性。人类的社会文化多种多样、丰富多彩。不但科学、艺术、交际方式、体育运动、伦理道德、法律规范、宗教信仰等能代表一定文化，而且连社会的生产方式，人们的衣食住行及一切有意义的活动、社会关系也都象征一定的社会文化。除此之外，文化的多样性还体现为不同的民族、阶级、阶层、社区、社会组织以及其他一切不同的社会群体，都有自己独特的文化。例如，不同的民族有不同的服式、禁忌、美术、音乐，不同阶级有不同的法律意志，不同的阶层有不同的生活方式，不同的社区有不同的风土人情，不同的企业有不同的企业精神，不同的学校有不同的校园文化，不同的小群体有不同的交往习惯，等等。然而，有人并不把文化的多样性局限在其类别多样和群体性或集团性上，还提出了"个人文化"。那些提出或赞成个人文化的人认为，个人文化是指特殊个人的独特看法，在某些方面与任何其他人的看法都不同。这种个体的文化观虽然与社会的价值观有着密切的联系，但总保持着其独特的个性，使个人在价值取向、审美意识、社会行为、创造活动上都有自我特征。同时，还应特别指出，个人文化往往是文化多样发展的重要前提。在一定的社会中，有成千上万的个人。每一个人都有自己独特的文化，社会文化的多样性也够充分了。

（6）文化具有共享性。文化具有群体性或集团性，说明文化可以由同一群体或集团的成员所共有或共享。但是，这绝不是说文化的共享性只限于同一群体或集团内部，不同的群体或集团也能共享许多文化。比如，同一国家内不同阶级的人可以共享该国的语言、习俗，全人类可以共享一些科学技术、文学艺术、体育运动等。如此复杂纷纭、风姿多彩的社会文化，为什么能让许多人共享呢？这一方面在于文化能够通过学习而得到。在人的社会化过程中，能够获得前人和别人的文化并享有它。另一方面在于文化具有传递性，这是指文化一经产生就要被他人模仿、效法、利用。任何社会文化时时刻刻都要向外传递、扩散，使后人、别人、别的群体或集团，别的社区或国家有可能、有机会学习它、得到它。如不同民族文化之间的交流极大地促进了各民族社会的发展。仅以饮食文化为例，现在世界上为人们所享用的食品并不是由一个民族提供的：番茄、土豆、玉米、可可出自美洲，咖啡来自非洲，啤酒源自古埃及，蔗糖则引自印度，我国为这张食谱提供的是大米、茶叶等。人类社会发展到今天，每一种文化向世界范围内传递、扩散的可能性增大了，每一个群体、社区、国家以至每一个人获得外来文化的机会也更多了，因此，越来越多的社会文化将为全人类所共享，已成为大趋势。

四、文化的功能

对于社会学家而言，文化是人类生存的一种机制。文化的功能可以从不同层面观察。从个体的层面来看，文化起着塑造个人人格，实现社会化的功能；从群体的层面来看，文化起着目标、规范、意见和行动整合的功能；从社会的层面来看，文化起着社会整合、社会导向的作用。以上3个层面的功能又是互相联系的。

1.文化的社会整合功能

文化的整合（culture integration）功能，是指社会通过文化的作用使社会凝聚成为统一的整体。仅有了社会要素还不等于是一个社会，社会要素之所以能形成社会是依靠文化发挥联系作用。文化的社会整合功能包括价值整合、规范整合和结构整合。

（1）价值整合。这是整合功能中最基本、最重要的一种功能，只有价值相一致，才有结构与行为的协调。一个社会中人们的价值观会有差异，但经由统一文化的熏陶，必然在社会生活的基本方面形成大体一致的观念。例如，被一个社会文化肯定的事物与行为，必定是社会绝大多数成员所追求的；而被社会文化否定的事物与行为，也会被人们鄙弃。由于价值观和行为规范的一致性，才会发生人们之间的交互与共同行为，也才有社会生活。

（2）规范整合。规范因价值需要而产生，由文化的整合使之系统化和协调一致，并使规范内化为个人行为，以维持一定的社会秩序。

（3）结构整合。社会是一个多元结构，社会的异质性越强，分化程度越高，多元结构越复杂，功能整合的作用就愈加重要。一个复杂的多元社会，是由众多相互分离又互相联结的部分和单位组成的。每一个部分和单位都具有自己的功能，但这种功能的发挥必须和其他部分的功能联结起来才能实现，也才能对整个社会的运作发挥作用，此即所谓的功能互补。

文化的整合功能是民族团结和社会秩序的基础。社会学中现代的和早期的结构——功能学派都强调文化整合的功能。一个社会如果缺乏整合，必将四分五裂。一个民族，由于享受一份共有的文化，不论他们是否居住在一起，也不论他们能否居住在一起，也不论是否生活在共同的制度下，都会有民族的认同感，都会在心理上和行为上联结在一起，不可分离。

2.文化的社会导向功能

（1）提供知识。社会导向要以新的知识为动力，新的知识包括新的理论、科学、技术和依赖于文化的发明和发现。

（2）协调社会管理工程。有计划地推动社会进步，是一项巨大的社会系统工程。它包括决策、规划、组织实施等阶段。在总体系统工程中，又包括许多子系统。各阶段和各子系统的协调配合有赖于文化的调适，尤其是目标调适和机构、制度的调适。

（3）巩固社会导向的成果。文化是一份逐步积累的社会遗产。每一次社会变革和社会进步所取得的成果，都有赖于新的制度的巩固。在新制度建设过程中，文化起着协调整合作用，以维持新制度的秩序和稳定。

3.文化的社会区分功能

文化是社会或民族之间相区别的标志，在不同的国家、民族或群体之间，文化所表现的区别要比人类的皮肤颜色或任何其他生理现象所表现的区别深刻得多。地域、疆界只能划出两个国家、民族形式上的区别，只有文化才能表现出其内在本质上的区别。我们以中国和美国的几个方面为例，说明一下文化所表现出的差异（见表4-1）。

表4-1　　　　　　　　　　**中国和美国的文化差异**

文化内容	中国	美国
产业特点	农业人口占很大比重，重工业和制造业在工业中占据主导地位	农业人口比例甚微，第三产业、信息、高技术产业在工业中占据主导地位
社会关系	注重家庭、家族等血缘关系	注重事缘、业缘等非血缘关系
价值观	强调集体主义、集体成就	强调个体主义、个人成就
妇女形象	以贤妻良母为模范，妻子要协助丈夫	强调妇女的独立
对子女的要求	要求子女、年轻人要服从家长、尊敬老人	要求子女独立，自己决定事情，给子女以较多自由
谈话方式	在进入主题前有较多的寒暄、客套	喜欢开门见山，直接进入主题
感情表达	含蓄，不外露	直接表达，外露
异性交往	男女之间在公开场合不宜过多接触、不宜过于亲密；同性之间可以有身体接触	男女之间在公开场合可以互相亲吻、挽手；同性之间不宜有身体接触
对生日、逝世的态度	重视纪念死者	重视庆贺生日

资料来源　郑杭生.社会学概论新修［M］.4版.北京：中国人民大学出版社，2013：78.

第二节　文化的结构

文化是一个大概念，是一个复杂的整体。要了解文化是如何产生和传播的，是怎样发挥功能的，就必须将这个整体进行解剖，看看文化内部分为哪些部分，以及各部分之间是怎样组织在一起并发挥作用的。

一、文化特质、文化集丛、文化模式

1.文化特质

文化特质是组成文化的最小单位或基本元素。无论多么复杂的文化体系都是由一些最小单位组成的，分析文化必须把它分解。例如，中国传统中的礼仪文化：儒家四书五经，作揖、下跪、磕头等；传统的书法文化：笔、墨、纸、砚等；又如饮茶是中国的一种文化，它包括茶叶、茶壶、沏茶的方法、饮茶的规矩和动作等。这些都是文化元素。其他如一件物品、一个动作、一种姿势、一个符号等也都是文化元素。所谓最小单位，不是从物理意义上划分的，物理上的划分是无穷无尽的。文化的最小单位是指能独立地发挥一定文化功能的单位，如围绕马有马匹、驯马、骑乘、马具等文化元素，但马车轮子就不是文化元素，因为它不能独立地发挥功能。一个文化复合体的繁简是由包含多少文化元素决定的，因此对文化进行量的分析时，用其包含多少文化元素来衡量是适当的分析方法。同时文化元素的界限是相对的，常根据研究者的目标而设定界限。

2.文化集丛

由一组在功能上互相整合的文化元素组成一个更大的功能单元就是文化集丛，如茶集丛、酒集丛、马集丛等。一个文化集丛包括许多元素，通常以一个最主要的文化元素为中心，结合在功能上有连带关系的若干元素组成一个文化集丛。如酒文化集丛，核心元素是酒，围绕酒有酒具、饮酒习惯、酒会、敬酒方式等，都是酒文化集丛中的元素。又如，我国春节的民间庆祝活动可以视为一个文化集丛。在庆祝活动中，各种文化元素以一定方式结合起来：放爆竹、点灯笼、贴窗花、吃饺子、串亲戚等。文化集丛是一个相对独立的功能单位，它能满足人们某一方面的需要。文化集丛有繁简之分，包括的文化元素越多，文化集丛越复杂，就越能满足人们更复杂的需要。

3.文化模式

在文化模式的研究中，有特殊的文化模式与普遍的文化模式之分。社会学家和社会人类学家使用文化模式这个概念有两种含义。

一种含义是按照文化特征的不同，把各民族的文化看作不同的文化模式。这时文化模式就是一个社会中所有文化内容（包括文化元素与文化集丛）组合在一起的特殊形式和结构。这种形式往往表现了一种社会文化的特殊性。世界文化就是由许多不同的文化模式构成的。一种特殊的文化模式内部，必须具有自身的一致性，如共同的文化价值、共同的行为方式、共同的语言等，否则便不可能形成一个独具特色的文化模式。只有研究文化模式，我们才能认识到一个社会或民族文化的优点与缺点，才能进行文化比较。例如，中华民族文化是一种文化模式，日本文化又是一种文化模式，美国文化则是另一种文化模式。在这个意义上使用文化模式是把不同的文化互相区别开，这是文化模式的特殊意义。

另一种含义的文化模式是指各种文化元素和文化集丛在功能上相互关联和依存而构成的文化整体，任何文化都是如此，所以是普遍的文化模式。也就是说，各种文化模式虽各具特点，但是就其基本结构来看却有着共同的东西。中国社会学家孙本文认为，文化不是散漫而无归宿的，而是互相结合的有系统的整体。每一部分的文化特质与其他部分的文化特质发生一种相当的关系，此种有系统的文化联结，通常称为文化模式。孙本文在这里讲的就是普遍的文化模式。美国社会学家C.威斯勒（C.Wissler）曾在《人与文化》一书中提出了普遍的文化模式的9个方面：①语言，包括语言、文字、符号等。②物质特质，如饮食习惯、住所、运输用具与旅行用具、衣着、器皿、工具、武器等。③艺术，如雕刻、绘画、音乐等。④科学，如自然科学知识：数学、物理、化学；又如社会科学知识：经济学、政治学、社会学等。⑤习俗，如各种各样的礼仪、礼节等。⑥家庭与社会制度，如婚姻制度、继承制度、社会控制、教育制度等。⑦财产的占有方式与交易方式。⑧政府，如政体、司法、法律程序等。⑨战争。①

二、文化区与文化圈②

文化的空间结构是指文化的空间分布，即文化的各部分在空间上是怎样结合在一起而形成一个文化区域的，以及不同的文化区域之间的关系。文化的空间结构主要包括文化区与文化圈。

1.文化区

文化区是文化空间分布的最小单位，是指"一个在同一社会经济体系和文化中生活方式较为一致的地区"③。一种文化分布在一定地域范围之内，在整个地域当中，又分为更小的文化基本单位，如中国的华北是一个文化区域，而其中的冀北、冀中、渤海沿海等地区的文化又有差异，这些地区即为文化区。文化区域的划分是相对的，如相对于燕山工业区、海淀科技教育区来说，北京市就是一个文化区域。但是，社会人类学家通常把共享一种文化模式的一个广大的地区称为文化区域。如美国文化人类学家就把北美洲划分为9个文化区域，即平原区、高原区、加利福尼亚区、北太平洋海岸区、爱斯基摩区、麦肯齐区、东部森林区、东南区和西南区。这9个区的居民来源及形成发展的历史背景各不相同，文化也各有特色，所以成为不同的文化区域。以此考察，文化区域是把影响文化的3个重要因素——地理环境、生物环境和历史沿革——综合起来作为划分标准的。照此标准，中国大陆可分为华北区、东北区、内蒙古草原区、西北黄土高原区、云贵高原区、四川区、东部沿海区、南部沿海区、华中区等。文化区域的划分是否合理，要看是否恰当地把一个国家的文化在地理上的分布状况描述出来。划分文化区域，对于研究和指导一个地区的经济与社会发展具有重要意义。

2.文化圈

文化圈是指在地域上比文化区域更为广大，并在文化上（主要包括生活、艺术、道德、经济、政治和宗教等）有着联系的一个空间范围。奥地利学者施密特和德国学者格雷布纳首先使用"文化圈"这个概念来研究民族学，认为通过查找文化集丛的地理分布，可以追寻文化集丛传播的路径。虽然在一个大的地域范围内，分布着不同的文化模式，但它们之间不是彼此隔绝的，而是互相联系的。在不同的文化模式之间，存在着或多或少的相同的、相通的地方，就构成一个文化圈，如东亚文化圈、西亚阿拉伯文化圈、北美洲文化圈、欧洲文化圈。有的学者认为，一个文化圈不一定在地理上连在一起；只要具有某些共同的文化特征，哪怕在空间上间隔

① 龙冠海. 社会学［M］. 8版.台北：三民书局，1983：153-154.
② 彭华民，杨心恒. 社会学概论［M］. 北京：高等教育出版社，2006：71.
③ 吴泽霖. 人类学词典［M］. 上海：上海辞书出版社，1991：47.

的文化也属于同一个文化圈。著名文化人类学家克鲁伯尔认为，使用文化圈这个概念，对于研究民族的形成和发展，研究文化的传播很有价值。人们可以从具有相同文化特质的民族中，发现它的形成和发展的历史渊源。

三、主文化、亚文化与反文化

主文化是在社会上占主导地位的，为社会上多数人所接受的文化。主文化对社会上大多数成员的价值观、行为方式、思维方式影响极大。亚文化是仅为社会上一部分成员所接受的或为某一社会群体特有的文化。亚文化一般并不与主文化相抵触或对抗。

亚文化又可分为不同的类别：

（1）民族亚文化。它是社会中少数民族群体所特有的文化。例如，我国50多个民族在参加社会整体生活的同时，也都保留着本民族的语言、文字、生活方式等。当然，民族亚文化与主文化并不是泾渭分明，而是彼此交融的。中华民族文化就是汉、满、蒙、回、维、藏等多种民族亚文化交融的结果。

（2）职业亚文化。它是各种职业群体所特有的文化。各种专业性较强的职业都有一些专门的训练，有专门的职业术语、职业道德、职业习惯等等，这样，不同职业就形成了不同的职业亚文化。在中国，传统上不同的职业集团有着不同的祖师爷和祭祀对象。木匠的祖师爷是鲁班，商人拜的是赵公元帅，郎中的护法神是药王。

（3）越轨亚文化。它是一些反社会集团所特有的文化。反社会集团的行为规范往往偏离主流文化所规定的行为规范，相对于主流文化来说，反社会集团的群体规范是越轨行为。比如，一些犯罪集团制定一些团体规范，确定每个人的角色和权利义务，要求成员对群体首领效忠。又如，在群体内创造一套联络暗语或黑话等。

越轨亚文化反过来又成为犯罪行为产生的重要根源，犯罪团伙成员的犯罪行为虽被主流文化视为违法，但在犯罪团伙内的亚文化中却是被肯定的，受到同伙的赞扬。因此，越轨亚文化为犯罪行为提供了滋生的环境。

从发展的角度来看，主文化与亚文化的区分不是绝对的，两者都在发生变化，也可能互相转化。主文化可以转变为不占主导地位的亚文化，亚文化也可以转变为占主导地位的主文化。例如，现代科学技术在20世纪初从西方传入中国时，它是当时中国社会的亚文化，然而在目前的中国社会已上升为主文化。

我们根据文化在社会中的地位、作用，从对立、冲突的角度来看，文化还可分为主文化与反文化。有的学者认为，反文化是一种亚文化。如果说主文化是指在社会上占主导地位，对现存社会秩序起着维护、支持作用的文化，那么反文化就是对现存秩序的背离和否定，是对现存主文化的抵制和对抗。例如，20世纪60—70年代，西方社会中青年人兴起的一种"嬉皮士"运动，就是否定当时西方主导价值观的一种反文化。当然，反文化不一定都是坏的东西，反文化的性质取决于它所反对的是什么样的文化。否定有发展前途的优秀文化的反文化，当然是有害于社会的。反之，如果反文化所反对的是阻碍社会发展的文化，那么它就是有益于社会的文化。例如，我国1915年兴起的新文化运动，它所反对的是封建专制、旧礼教，它所提倡的是科学、民主，这种反文化是有进步意义的。

四、文化中心主义与文化相对主义

在文化模式的评价上，存在着"文化中心主义"与"文化相对主义"两种倾向。

文化中心主义，英文是 culture ethnocentrism，亦称民族中心主义，指各个国家、各个民族都常有一种倾向，常易于将自己的生活方式、信仰、价值观、行为规范看成是最好的，是优于其他人的。文化中心主义将本民族、本群体的文化模式当作中心和标准，以此衡量和评价其他文化，常常敌视和怀疑为自己所不熟悉的文化模式。正如人类学家格尔兹对文化的著名界定：文化就是一张地图。每个国家和民族都站在某一张以自己为中心的文化地图上去观照其他地区的异文化，并产生出许多对其他国家和民族的形象文本，以此来认识和对待其文化。人们想当然地认为自己社会的道德观念、婚姻形式、衣服式样和审美标准等都是最合适、最正确、最好不过的。

民族中心主义在那些与外界很少发生联系的社会里表现得非常突出。中国在相当长的历史时期是被陆上的壁障包围起来的，而那些壁障直到晚清为止，一直在很大程度上隔绝了中国同世界上其他大多数主要文明、知识和文化的交流。加上长久的闭关锁国政策，封建帝王向来以"天朝大国"自居，不仅在道德伦理和政治制度上鄙视周边和远方的国家和民族，而且在民间话语和官方文献中称呼那些远道而来的欧洲人为"夷""狄""蛮""戎""红毛番""洋鬼子"等，把他们看成是尚未进化完全的劣等人和野蛮人。当一种外来文化元素传入时，人们自然地利用本民族文化的价值标准去审视它，看它合不合用。大部分人更容易把外来文化看成是一种异端的、无价值的甚至是有害的文化。这就不难理解为什么当初慈禧太后拒绝照相，袁世凯拒绝让西医看病。

但是，即便是在具有良好的正规教育、大众传播媒介十分发达的现代工业社会里，民族中心主义的观念仍然十分普遍。欧洲中心主义、大国沙文主义、极端民族主义等，都是当今社会民族中心主义的具体表现。

文化相对主义，英文是 culture relativism，它认为各种不同的文化模式是不能评价和比较的，因为，如果从各种不同的文化模式所赖以生存的环境来看，每一种文化模式都有其存在的合理性，它们之间没有优劣之分。它的口号是：好的民德就是适合当时环境的民德。从文化相对论的视野来看，人类文化是一个复杂的系统，一种文化只有在它特定的意义、态度、价值和自然社会背景下才能被理解和解释。能否全面理解其他文化，关键在于是否愿意坚持从文化相对论出发去观察问题。也许人们永远摆脱不了对自己文化的偏爱，不管怎样竭力保持客观，潜伏在心底的感情总会固执地表现出来，认为"我们的标准最好"。但是我们必须承认，对善与恶、道德与不道德的评判的关键在于谁主持这种评判。而在这个问题上，是没有统一的标准可循的。文化相对论告诉我们，如果想要更加实际地了解人类行为，研究人员在观察其他文化时就必须尽量摆脱自己文化带来的偏见和障碍。虽然文化相对主义表现出了一种对外来文化的容忍，但是，由于它否认了事物的绝对的一面，因而也发生了明显错误。

我们认为，文化中心主义和文化相对主义分别从两种极端的立场看待文化模式，它们都未免失之偏颇，两者都具有明显的形而上学倾向，而缺少辩证法。仅从对待我们中华民族的文化模式的态度来看，我们应该继承和发扬我们中华民族五千年文化的优良传统，同时也要剔除有害的文化糟粕，吸收外来文化的精华，同时防止外来糟粕的入侵。

第三节　文化交流与文化变迁

文化交流是文化固有的特性，是指由文化传播而发生的文化接触、文化冲突、文化采借与文化整合等过程。而在文化交流过程中，文化也发生了变迁。

一、文化传播

文化也和其他物质一样，具有向四周扩散的特性。一种文化元素被创造出来以后，不可能只为创造者独有，必然向周围扩散，变成一群人共享的东西，这才是文化。一种文化元素可能会从一个群体传播到其邻近的群体中去，被他们采纳或接受，这就是文化传播。文化传播是文化的固有属性，如同任何自然物体都具有与周围环境进行物理的和化学的物质交换活动一样，凡文化就一定要向周围传播，不能传播的东西便不是文化。被传播的是一个或几个文化元素，甚至一个文化集丛，而不一定是整个文化模式，如中国古代的四大发明向世界传播。不过，一个文化元素的传播，必然引起在功能上与之相关的元素随之传播。例如，电从欧洲传入中国，随后电灯、电话、电车、电报也传播过来；啤酒传入中国，随后造酒原料、技术和饮酒器具、习惯也传播进来。文化传播必须有载体，即传播媒介。人的流动是最初的重要媒介，如传教士、旅游者、移民、占领者都是传播媒介。他们把本民族、本地文化带到各地。交通和通信工具，如火车、飞机、电话、电报、传真等也是现代文化传播的重要媒介。报刊、广播、电视、电影等，更是当代文化广泛、高效传播的载体。传播也是人类社会制度、经济制度、政治制度等得以向其他群体扩散的手段。

二、文化融合和文化同化

由于传播使两种或两种以上的文化元素和文化集丛互相接触，其中一种文化吸收或采纳了另一种文化元素和集丛，并且使之与主体文化协调起来，最终成为主体文化中的一部分。我们把这个文化变迁过程称为文化融合（亦称文化涵化）。文化融合是一个极其复杂的变迁过程，是指不同文化的群体由于长期密切接触而使各自的文化发生变迁的过程。这个过程包括了文化接触、撞击、冲突、采借与整合调适等阶段。与传播类似，文化融合往往因民族或族群之间的互动而起，没有群体之间的互动，就不会有文化融合现象。在两个或两个以上的文化系统接触的过程中，纯粹单方面的一个文化系统接受另一个文化系统特质之现象，几乎是没有的。文化融合都是相互的、双边或多边的。文化的这种双边或多边的融合，就是文化互化。文化互化是文化变迁中常见的现象，需要正确对待。如果人们强调单方面的融合而无视互化，就会在以下两个方面不利于文化的发展进步：其一，拒绝接纳外来的新文化特质，搞闭关自守；其二，只着重接受外来文化，看不见自己文化的优良传统，出现民族虚无主义。

两个或两个以上的文化系统经过接触之后，各自被迫或自觉，或不知不觉地改变自己的部分文化，在此基础上混合形成一个新文化系统的文化变迁形式，就是文化融合。不同文化融合而形成的新文化系统，虽然有时保留了其中一个文化系统的名称，但是，这个新的文化系统，在文化内容和构成方式上，均不全等于原有的任何一个文化系统。然而，有些社会学家至今仍对文化融合现象不以为然，坚持使用"文化同化"这样的概念，并主要将文化的同化视为少数人完全放弃自己原有的文化而采用多数人文化的过程。现在，已有大量的研究成果表明，即使被认为最落后、最弱小的民族，哪怕这些民族看来被"同化"掉了，他们对于那些保持了文化名称的民族文化，或对于那些所谓"同化"掉了别人文化的文化，也是有贡献的。纯粹的文化同化，在人类历史上并不存在。文化同化这个概念是民族歧视和民族沙文主义的产物，至于那些企图"同化"别人文化的人，或者希望自己的文化被"同化"掉的人，如主张"全盘西化"者，都违背了文化发展的客观规律，其结果都只能阻碍和破坏文化的发展与进步。

三、文化变迁

文化变迁是指文化的内容和构成方式所发生的一切变化。没有一种文化是固定不变的，所有社会的文化都处于变动不居之中，人类产生和发展变化的历史，也就是一部文化变迁史。文化的内容和构成方式的变迁，是紧密联系在一起又相互影响的。文化内容的变迁，往往会引起文化构成方式的变迁。而文化构成方式的变化，或者要求文化的内容必须发生相应的变化，或者意味着文化的内容已经发生变化。例如，一个没有汽车的国家有了汽车，其文化构成方式必然会发生一定的变化，会出现公路、汽车驾驶员等。一个社会把发展科学技术放在首位，即文化的位置构成方式发生了变化，那么，就可能创造出或引进更多的新文化元素。

一个社会的文化系统发生了变迁，也意味着这个社会及其社会关系、社会活动发生了变化。只不过，文化变迁与社会其他方面的变迁相比，有一个明显的特性，即从变迁的总趋势来看，文化变迁是一种累积性的变迁。文化的累积性主要表现为一定的社会文化系统，其特质会越来越多，其文化现象会越来越丰富多彩。通常，文化变迁分为文化渐变和文化突变。

文化渐变是指文化处于演化阶段时，变化速度较慢的文化变迁形式。文化突变是指文化的内容和构成方式急速发生飞跃变化的文化变迁现象。文化的渐变和突变，都不等于文化的进步、退步或相对落后。只不过，人们如果不能正确对待文化变迁的这两种现象和形式，可能会给文化的发展和进步带来不利的影响。在文化变迁的漫长进程中，文化渐变和文化突变总是交替、交错出现并有其自身的规律。人类只有在认识了这些客观规律的基础上，才能避免文化的退步和相对落后，使文化朝着不断进步的方向发展。假如在文化处于渐变阶段时，硬要想当然地、人为地让它发生突变，其结果往往是欲速则不达，甚至会造成文化的退步。而在文化发生突变时，仍坚持按常规办事，或对某些现象动不动就横加指责，或看不惯新生事物，看不到希望，其结果必然会阻碍文化的进步。

四、文化冲突和文化整合

文化变迁的过程，从来就不是风平浪静而不发生任何矛盾、对抗和冲突的过程。不同国家、不同民族、不同阶级的文化以及不同时期产生的文化，往往存在着价值观、文化意识、社会规范及文化心理等方面的对立，如一种理论与另一种理论的对立、一种道德与另一种道德的对立、一种禁忌与另一种禁忌的对立等。这一切都会使文化在变迁时，在互化、融合过程中，随时会出现文化冲突。文化冲突是造成文化急剧变迁的主要原因。通过激烈的文化冲突，文化可能朝着进步的方向快速发展，也可能朝着退化的方向快速变化，或很快造成文化的相对落后。因此，对于文化冲突，人们应尽量采取谨慎而科学的态度。既不能见到文化冲突就惊慌失措，也不能听之任之，更不能任意人为地扩大冲突。文化冲突虽然是文化变迁过程中不可避免的现象，但却是可以引导、疏导和控制的。所以，面对文化冲突，人们必须因势利导，进行合理的控制，尽可能变冲突为动力，减少冲突带来的损失，以使文化更顺利地变迁、发展和进步。

无论是在文化渐变和突变、互化和融合的过程中，还是要解决文化冲突，都有一个使各种新文化之间，或新文化与原有文化之间相互适应、调和而趋于一体化的过程。这个过程就是文化整合。文化变迁中的文化整合，有时是自然而然地进行的，有时是人们有计划、有步骤地进行的。人类进入当代社会后，为了减少文化冲突带来的损失，使文化变迁顺利进行，从而使文化不断地发展、进步，大都十分重视有计划、有步骤地健全文化系统的整合机制，搞好文化整合。

应用社会学之窗

城市文化——上海文化中的西洋传统

上海文化内涵中包含各种各样不同的西洋传统。

从宗教传统来看，近代欧洲有两个很重要的宗教传统。其中一个是以英国、德国为代表的新教传统。这个传统产生了近代的资本主义精神。

新教传统在上海文化精神中表现十分突出。上海人在中国人中的确表现得十分拼命，特别精于算计。上海人处处体现出这种精明。

从好的方面来看，上海人在全国相对来说是最有职业感的，比较讲信用。这些都是新教传统留下的。但上海还受到欧洲传统中的另一种传统——天主教传统的影响。

天主教传统大多流行于拉丁文化的国家。天主教与新教文化的区别就在于新教文化讲究简单实用，而天主教文化更注重艺术性。在拉丁文化国家里，它表现的是一种浪漫的、超脱的传统。这就与新教中的工具理性有很大的反差。所以，在上海文化中既有紧张的一面，又有松弛的、浪漫的、超脱的一面。欧洲这两种宗教传统对上海就形成了一种张力。

从各个国家的文化来看，上海也形成了多国、多民族的文化传统，有英国的、美国的、德国的、俄国的，还有犹太的，在虹口那一片还有日本文化的影响，这就使上海的文化传统相当丰富。

上海文化传统中除了西洋文化外还有本土文化——移民文化。上海开埠以后，所谓的上海人是有特定含义的，特指能讲上海官话，还能讲几句洋泾浜英语的，特别是受到欧风美雨感染的、见过几分世面的人。那些上海人是哪里来的呢？他们显然不是本地人，虽然本地人也有可能成为上海人。这些上海人大都是各地来的移民，广东的、山东的、安徽的，但主体是江浙一带的。上海追溯其本土文化的底色就是江浙文化，或者说以江浙为代表的江南文化。

上海文化传统也有一个本土资源：明清以来形成的江南士大夫文化。明清时期形成的特殊的士大夫群体，他们的文化特别注重文采，注重书卷气，他们对生活特别细腻精致，有一种日常生活审美化趋势。这种文化传统在上海开埠后与西方两种宗教文化传统结合起来。一方面，上海江浙文化中的理性主义成分（乾嘉时期的考据学）和新教传统相结合；另一方面，江浙文化中才子佳人的浪漫温情成分又与拉丁文化产生回应，这就使上海本土文化和外来文化产生了奇妙的对应关系。上海文化传统里由于有了这些资源，而上海又是向全世界开放的城市，它的文化传统于是就相当丰富，可以产生各种各样的组合。

上海今天的发展，海派文化成为一个很重要的资源。这里不是指海派文化中某一个文化传统，而是指海派文化中的多元文化传统。这种多元文化传统就有可能成为上海未来发展的很奇妙的张力。

上海的历史文化传统里，恰恰这两种元素皆有，这是上海文化很重要的资源，但有传统并不意味着我们就认识这个传统。

资料来源　许纪霖.上海文化的反思［N］.中国青年报，2003-11-12.

思考题

1.如何理解文化的概念及文化的要素？

2.怎样理解文化的社会功能？

3.怎样理解文化传播与文化融合？

4.联系生活实际谈谈文化的象征性。

5.联系实际谈谈主文化、亚文化与反文化。

推荐阅读书目

［1］本尼迪克特.文化模式［M］.王炜，译.北京：社会科学文献出版社，2009.

［2］格尔茨.文化的解释［M］.韩莉，译.北京：译林出版社，2014.

[3] 英格利斯. 文化 [M]. 韩启群，张鲁宁，樊淑英，译. 南京：南京大学出版社，2008.

[4] 霍尔，尼兹. 文化：社会学的视野 [M]. 周晓虹，徐彬，译. 北京：商务印书馆，2004.

[5] 司马云杰. 文化社会学 [M]. 5版. 北京：华夏出版社，2011.

第五章　人的社会化

社会化是社会和文化得以延续的手段。

——弗洛姆

任何社会都是由具体的人组成的，社会的存在和发展离不开个体的参与；反过来，人都是生活在社会中并不断接受社会文化教化的人，个体的成长和发展离不开良好的社会环境。因此，社会学必须考察：人是如何从一个生物个体成长为一个社会人的？这就是社会化问题。

第一节　什么是社会化

一、社会化的含义

社会化有狭义和广义之分。

从狭义的角度来看，一般来说，"社会化"是指个体如何从一个"生物人"转变为一个"社会人"的过程，主要以少年儿童为研究对象。从广义的角度来看，社会化不仅是一个从"生物人"向"社会人"转变的过程，而且是一个内化社会价值标准、学习角色技能、适应社会生活的过程。由于成年人生活中同样存在这样一些问题，因此，社会化不仅仅是儿童、青少年时期才会面临的问题，而是贯穿人生始终的问题。

具体来讲，社会化的内涵应该从3个方面来理解：从时间方面来看，个人社会化涉及人生发展的全过程；从内容方面来看，个人社会化关注个人作为社会一员所应具有的全部文化遗产；从关系方面来看，个人社会化注重个人与社会的交互作用以及个人社会化的结果。社会化既有社会对个人的文化教化，也有个人对社会的调适。它不是一个被动地接受社会教化的过程，而是一个个人与社会之间交互作用的过程，在这一过程中，个人具有较大的能动性。①

二、人为什么要进行社会化

考察这一问题可以从个人和社会两个角度来看。

从个人的角度来看，人刚出生时，只是一个"自然人"，即一个小生命，一堆神经。初生婴儿与其他哺乳动物的后代不同，他极少继承自然的生存准则。这个小生命最终不但要成为一个有独特个性的人，而且还要成为社会中有能动性的一员。在20世纪初，不少学者相信人类行为是由本能决定的。本能是指动物（包括人类）决定行为特质的生物因素，是与生俱来不需要经过学习的。本能使动物能够在相同

---

① 刘豪兴. 社会学概论［M］. 北京：高等教育出版社，1992：188.

情况下做出同样的行为。到了50年代，大多数学者认为人的本能，只提供个人行为一个必须有的基础，最重要的是文化加在这一基础上所产生的人格才是行为的决定因素。文化影响的不同正好可以用来解释个人人格的差异，以及社会与社会之间国民性的不同。社会化的过程牵涉到自我的塑造、训练与改造，这样，一个只有自然属性的人便具有了新的社会属性，成为一个社会的成员。当一个人通过社会化的途径，接受社会文化，掌握社会生活技能，适应社会生活方式时，才能在社会的政治制度、经济制度、文化制度、家庭制度等复杂的社会环境中生存。

从社会的角度来看，社会化是人类社会的文明不断传递和发展的基本条件。"社会人"就是掌握了社会群体行为方式，并将社会文化的主要内容内在化了的人。如果一个社会要想存在下去，就必须得培育新的一代，社会老一代的成员以再现其自身的方式，把各种思想观念、科学技术、经验知识和社会行为方式等不断变更的文化遗产传给下一代。社会化的内容就是个人学习和掌握社会文化。社会文化的内化对于社会来说关系到文化继承、传递和延续。个人通过社会化过程将社会价值观、社会规范内化，学习和掌握知识技能，实际上就是继承、传递和保存了社会的文化。接受文化遗产的下一代，才能在前人创造的物质文化与精神文化的基础上，不断地推动社会的发展。文化基本上是通过与他人的互动来传递的，而且，正是在这种反复互动中，个人才得以形成他们的人格，成为社会需要的合格的社会成员。也正是有了社会化，社会才能保证不断地产生合格的社会成员，接替老一代的社会成员，将社会不断地推向前进。社会才能有目标、有秩序地发展下去，前后相继的社会发展才能保持一致性。

三、社会化的基本内容

一般来讲，社会化的内容可以概括为技能社会化、政治社会化、道德社会化、行为社会化和性别角色社会化等几个方面。

1.技能社会化

个人只有通过社会才能生存和发展，因而必须通过多种形式的社会化过程获得参与社会生活的基本技能。在现代社会中生活的个人，首先，要具备与时代发展相一致的文化科学技术基础知识；其次，要注重日常生活技能的培养；最后，在现代社会中，个人的职业能力是个人社会化中至关重要的一环。

2.政治社会化

政治社会化是个人逐渐学习和接受被现有政治制度采用和确定的政治信念、思想体系、社会制度和政治态度的过程。政治社会化的目的是将个人培养和训练成为有政治意识和为特定社会发展发挥作用的社会成员。

美国自20世纪20年代以来就十分重视政治社会化工作，特别是对公民进行政治训练。1958年，美国政治学家戴维·伊斯顿和罗伯特·海斯发表论文《政治社会化研究中的若干问题》，首次提出了"政治社会化"的概念。次年，另一位美国政治学家赫伯特·海曼发表《政治社会化：政治行为的心理研究》，从政治心理角度对"政治社会化"概念作了系统的论述。在美国政治社会化的研究中，专家们注重探讨了10个方面的问题：生命周期中的政治社会化；政治学习过程；政治社会化对不同人的影响；特殊人物尤其是精英人物的政治社会化；跨代的政治社会化；跨文化的比较；教育内容；亚群体和亚文化的多样性；政治社会化因素和政治社会化机构；社会化过程与制度的关系。^①现在，政治社会化已经成为政治学研究的一个重要领域，也是政治社会学研究的一个重要方面。

政治社会化具有重要的功能。从个体的角度来讲，它培养个体的政治参与热情和能力；从社会的角度来讲，它培养个体对某种政治制度和政治价值的认同、忠诚和责任感。个体的政治参与热情和能力是现代民主制度运转的必要条件，否则，即使设计得十分精致的政治制度也会沦为一具空壳。20世纪80年代，我国开始在农村推行村民自治制度，由农民自己来管理自己的事务。这本来是有利于民主政治建设和农村社会发展的好事，但由于一些农民缺乏政治参与意识和能力，不珍惜自己的民主权利，导致村民委员会选举过程中买卖选票等现象时有发生，让村庄事务落入宗族势力甚至黑势力的手中，不但损害了农民自身的利益，而且破坏了社会的稳定和发展。

任何一种政治制度的维持和发展，都离不开人民的信任、支持和义务承担。人们承认某种政治统治是"合法的"，愿意服从，愿意对它承担义务，这不仅可以降低政治治理的成本，而且能够有效地促进政治团结和社会整合。相反，"合法性危机"和"认同危机"，则常常导致政变、动乱和分裂。正是由于政治社会化具有如此重要的功能，各国政府对政治社会化都非常重视，采取各种各样的手段对公民进行政治教育。

3.道德社会化

道德社会化，是指社会成员通过社会互动学习道德规范，内化道德价值，培养道德情操的过程。道德是社会规范体系的一个重要组成部分，具有重要的社会动员、整合和控制功能。一些经典社会学家从不同角度对此作了论述。德国社会学家马克斯·韦伯的《新教伦理与资本主义精神》一书曾经论述了新教伦理与西方现代资本主义之间的关系。他认为："资本主义以及资本主义企业（即使是具有相当理性化的资本主义核算的），在经济文献允许我们做判断的所有文明国家中都是早已存在的。在中国、印度、巴比伦、埃及，在古代地中海地区，在中世纪以及在近代，都一直存在着。"^②然而，近代西方却发展出一种特殊形式的资本主义，即以自由劳动力的理性组织方式为特征的资本主义。这样一种现代形式的资本主义之所以首先并且只在西方出现，与新教伦理有很大关系。经过马丁·路德的宗教改革后形成的新教认为，尘世间的劳动是每个教徒的"天职"（calling），是教徒为上帝增加荣耀，从而使自己灵魂获救的唯一手段。在这样一种宗教伦理的影响下，新教徒倾向于过一种系统的、理性的、节俭的生活。正是这样一种"入世禁欲主义"的生活

---

① 黄育馥. 人与社会——社会化在美国 [M]. 沈阳：辽宁人民出版社，1986：147-148.
② 韦伯. 新教伦理与资本主义精神 [M]. 于晓，陈晓钢，译. 北京：生活·读书·新知三联书店，1987：9.

方式孕育出了以挣钱为目的、以挣钱为责任的"资本主义精神"，从而推动了近代资本主义在西方的扩张。韦伯关于新教伦理与资本主义之间关系的论述，为我们揭示了道德在社会发展过程中的重要作用。

4.行为社会化

任何社会都有一套必要的社会规范，即社会向全体成员提出的行为准则或要求人们遵从的一定规则和方式。它表现为法律、纪律、道德、风俗等不同的方面，是个人与社会相互协调的主要力量。符合规范的行为是从小灌输和培养的。一个人出生之后，总会不断接受来自各方面的各种规范的训练和影响。首先是接受典范的模仿、训练和影响，逐渐伴以说明，然后才是系统灌输。随着年龄的增长和实践经验的丰富，个人就会懂得应该做什么，不应该做什么，并形成了一些习惯、方法和手段，掌握了不同形式和内容的行为规范，以保持自己与社会的一致性。

5.性别角色社会化

根据美国心理学家米德的解释，角色是一种行为模式。具体来说是一种符合个人的社会地位及权利、义务要求的行为模式。角色代表一种社会期望。特定社会总是期望它的成员按照他的社会地位行事，社会成员也总是要求自己努力表现出符合这种期望的行为来。男女差异除表现为不同的生理特征外，还表现为不同的社会特征，如不同的服饰、发型、行为方式、职业、权利、义务以及一些与文化有关的活动和特征等。根据人类学家的研究，性别角色的特征不是天生注定的，而是在不同文化环境中经过性别角色社会化形成的。中国人很小的时候就通过家庭开始了性别角色的社会化过程。如父母给男孩子穿素颜色的衣服，给女孩子穿鲜艳颜色的衣服，并且给女孩子更多的饰品；劝男孩子用功读书求取功名的多，鼓励女孩子升学的少，甚至认为"女子无才便是德"。如今，男孩子踢足球，女孩子打羽毛球，男孩子热衷拳击，女孩子喜欢健美，所有这一切，都是经过多种途径的教化，使一个人在不知不觉中逐渐进入自己的性别角色，并一代一代地向下传递。

四、社会化的类型

一种典型的区分是将社会化分为5种类型，即初始社会化、预期社会化、发展社会化、逆向社会化和再社会化。这5种类型，有的是人生必须经历的，比如初始社会化；有的则是不一定会经历的，比如再社会化。

1.初始社会化

初始社会化（primary socialization）是发生在生命早期的社会化。其主要任务是向儿童传授语言和其他认知本领，使其内化社会文化规范和价值标准，能够正确理解社会关于各种角色的期望和要求。初始社会化主要发生在儿童时期，是整个社会化过程的基础。

2.预期社会化

预期社会化（anticipatory socialization）是这样一种社会化形式：人们在此过程中学习的不是现在要扮演的角色，而是将来要扮演的角色。比如，学生在大学里进行的大量学习都是为将来在工作中扮演角色做准备，这种学习过程就是预期社会化。预期社会化大量地发生在青年时期。

3.发展社会化

发展社会化（developmental socialization）是相对初始社会化而言的，并且是在初始社会化的基础上进行的。它指的是成年人为了适应新形势提出的角色要求而进行的学习过程。比如，改革开放之后，政府官员都要重新学习社会主义市场经济知识，这就是发展社会化。发展社会化亦称继续社会化。

4.逆向社会化

社会化长期被认为是一个单向过程，即长辈将社会规范和文化知识传授给晚辈。现在，社会学家普遍认为社会化是一个双向过程，即不但有长辈传授知识和规范给晚辈，也有晚辈传授知识和规范给长辈。晚辈传授文化规范和知识给长辈就是逆向社会化（reversal socialization）。例如在网络时代，很多的父母向子女学习计算机等网络知识，这是典型的逆向社会化。在传统社会中，逆向社会化很少见。在现代社会中，社会变迁速度快，知识更新速度也快，一些成年人往往跟不上形势，他们要想不落后，经常性地求教于晚辈或子女就是必然之事。

5.再社会化

再社会化（resocialization）是指全面放弃原已习得的价值标准和行为规范，重新确立新的价值标准和行为规范。再社会化与发展社会化有本质的不同：①发展社会化着眼于人的完善，而再社会化着眼于人的改造；②再社会化的形式一般比发展社会化要剧烈。再社会化虽然着眼于人的改造，但它并不一定是负面的和强制性的。改造罪犯，让罪犯洗心革面，重新做人，这是再社会化，是负面的、强制性的。而其他某些形式的再社会化，比如新兵入伍后要全盘放弃原来的生活方式，接受新的生活方式，这虽然是强制性的，但却不是负面的；一个人移民到了新的国家和文化环境以后，可能也要全盘放弃原来的文化，接受新的文化，这种再社会化既不是强制性的，也不是负面的，反而可能是主动的、正面的。

第二节　社会化的条件和主体

一、社会化的条件

人之所以能够实现社会化，是因为人具有特殊的生理条件。

（1）人类具有超越本能的能力。动物在进化过程中形成并遗传下来的固定行为叫作本能，它包括与生俱来的行为方式，如鸡孵蛋、鸟筑巢之类。人类则具有超越本能的高级神经活动，在适应自然的过程中能动地改造自然。

（2）人有较长的依赖生活期。人生下来的初期，生活几乎完全不能自理，要依赖父母或其他养育者的关怀和照顾，这就决定了一个人开始就要在一定的社会中生活，耳濡目染地接受现实社会规定的生活方式，从生理上和心理上逐步成熟，为将来承担社会所赋予的责任和义务奠定坚实的基础。

（3）人有较强的学习能力。一般动物也有学习和积累知识的能力，但仅限于模仿，没有人类独有的抽象思维能力和创造力。而人能够通过实践使知识内化为自己的思想、动机和行为，形成独特的见解，在认识事物本质和规律的基础上有计划、有目的地从事一定的活动。

（4）人有语言能力。语言是客观事物在人类头脑中形成的表象、概念和思想的外部表现。它是人类特有的现象，是劳动的产物，只有人类才可以通过口头和文字语言传达信息、沟通思想，学习社会知识、技能和规范，达到社会化的目的。更为重要的是，人的社会化除了学习、思维和创造能力等智商因素外，还具有情绪智商。情绪智商，简称情商（emotional intelligence quotient），1995年由美国哈佛大学教授丹尼尔·戈尔曼提出。戈尔曼认为，一个人一生成功与否，智商只占20%，情商的作用更为重要。情商是一种性格和素质，它包括抑制冲动、延迟满足的自制力，如何调适自己的情绪，如何设身处地地为别人着想，如何建立良好的人际关系，如何培养自动自发的心灵动力等。

二、社会化的主体

人的社会化过程会涉及一系列个人、群体和机构。这些个人、群体和机构中最重要和最有影响者被称为社会化的主体。这些主体主要包括家庭、学校、同龄群体、工作单位和大众传播媒介等。

1.家庭

在所有的社会化因素中，家庭是最早、最为直接同时也是最为传统和持久的社会化场所。家庭环境的教育和影响对个人早期社会化甚至一生的社会化都具有重要意义。

家庭教育和家庭环境的影响是一个人社会化的开端，它为个人一生的社会化奠定了基础，家庭社会化的结果将对个人的一生发生影响。因此，也有人称家庭为"第一社会化设置"。在家庭中，儿童建立了他们第一个亲密的感情联系纽带。在现实中我们可以发现，在各种社会环境中，对于儿童感情和爱的培养更多的是在家庭中进行的，家庭可能给予个人的感情的交流和爱的体验也是最多的。人一出生就接受母亲的哺乳，接受父母及其他亲人的搂抱、亲吻、爱抚、逗乐和安慰，这一切活动都伴随着丰富的感情交流，让儿童体验到亲人的爱和家庭的温暖。一个人的感情能否正常地发展，他能否理解爱，既懂得接受别人的爱，也能给予别人爱，这种感情方面的社会化很大程度上取决于他所处的家庭环境条件。

个体也是在家庭中开始理解和接受本民族文化的生活习惯与价值规范等。对于个体早期社会化来说，家庭环境因素对个人的观念、心理和行为习惯会发生潜移默化的深刻影响，例如家庭在种族、阶层、宗教等方面的社会特征，父母的经济收入、生活方式和文化教养等，都通过日常的家庭生活和交往活动对儿童的行为规范、心理特征、价值观念、生活习惯等产生重大影响。以社会经济地位为例，中国传统的乡土社会有所谓"士之子恒为士，农之子恒为农，工之子恒为工，商之子恒为商"的说法。在当今美国社会，下层阶级家庭的父母通常比中产阶级更看重对权威的遵从、不惹祸和清洁等品质，中产阶级的父母更倾向于强调创新意识、独立性、自律、好奇和雄心大志。正如库恩的研究结论所表明的那样："不管有意还是无意，父母倾向于把从他们自己社会阶级的生活环境中得到的经验教训传授给子女，从而为他们的子女准备一个类似的阶级地位。"

2.学校

对于进入学校的儿童和青少年来说，随着年龄的增长，在社会化方面学校的教育作用逐渐超过了家庭和家长的教育作用，而成为儿童和青少年社会化的最主要的社会环境因素。

学校是专门为社会化目的而设立的学习机构和组织结构。学校这个特定的学习环境，给学生提供了有目的的、系统化受教育的各种条件。如果说家庭里的社会化是一种耳濡目染、潜移默化的形式，是在日常生活中自然而然实现的，那么学校中的社会化则强调专门的学习，带有半强制性。学校作为社会正式管辖的，有组织、有计划的教育机构，一方面，通过系统的方式向青少年传授各种科学知识和技能，另一方面，也努力培养和树立社会倡导的思想、价值观。韩愈《师说》中的"师者，传道、授业、解惑也"，就涵盖了教师教育孩子的许多方面。授业，即传授知识和技能，只是教师职能的一面，还有另外一面即"传道"——向学生传输价值观念和行为规范。"解惑"，既包括了"业"方面的疑问，也包括了"道"方面的迷惑。由此可见，学校不仅通过正式的课程（如数学、语文、历史和化学）使学生社会化，而且还借助于那些包含在学校活动内容内的"隐蔽的课程"——融会于学习正式课程过程之中的信仰、信念、态度、价值观和规范，使学生在德、智、体、美等方面全面发展。

学校作为一个组织机构，有一系列的规章制度，学生必须学习和遵守行为规范和准则，按照规范的要求去扮演自己的社会角色，并理解和把握这种群体中的人际关系。在学校里，儿童第一次面对校长、老师等社会权威，要接受那些带有强制性的行为准则；他们首次被置于非亲人的直接管辖之下，从充满亲密关系、自由自在的家庭转换到另一个有纪律约束的陌生环境里。在学校里，他们不再被看作一个特殊的人，而是人群中的普通一员，必须服从每一个儿童都必须服从的规则和要求。儿童不再像在家庭中那样被视为宠儿，而要在群体中作为一个普通的成员去努力培养自己与他人交往的合作性和独立性，学会参照他人的评价来评价和调整自己的行为。学校生活减少了儿童对家庭的依赖，从而使他与家庭之外的更广大的社会建立起新的联系。

3.同龄群体

同龄群体也叫"伙伴群""友群""同辈群体"等，指由那些在年龄、兴趣爱好、家庭背景等方面比较接近的人们所自发结成的社会群体。同龄群体也是个人社会化的一个重要环境因素。

从人际互动的角度上说，那些在家庭背景、思想观念和兴趣爱好等方面具有较大相似性的同龄人之间，最容易彼此发生人际吸引和人际影响。同龄群体对个人有较强的吸引力和影响力，它的群体规范和价值往往被个人当作社会化过程中的重要参照系，从而成为个人社会化的一个重要环境因素。

当儿童逐渐长大，发现自己的一些兴趣和爱好在家庭和学校中不能得到满足时，便开始寻找同龄伙伴。在同龄群体中，儿童感受到一些不同于家庭和学校环境中的新的东西。首先，在同龄群体中的大多数活动不是由某种权威事先为他安排好的，他可以以一种独立的姿态，在平等的基础上和他人进行交往，建立或中断某种人际关系。这种活动可以使儿童大大提高自身的独立意识，学会灵活地扮演多种社会角色，增加人际交往和解决人际冲突的能力。其次，个体在同龄群体中接受大量亚文化的影响。由于在同龄群体中个体可以摆脱像家庭或学校环境中的那些社会权威的约束，因此他们可以自由地从事自己喜爱的活动，讨论大家共同感兴趣的话题，从而使个体某些朦胧的感受在群体成员之间的沟通中产生共鸣，而形成较为明晰的群体亚文化意识。在年轻人组成的同龄群体中，往往有着独特的亚文化，包括共同的思想观念、价值标准、兴趣爱好、服饰发型、隐语、符号等。这些都构成了对个体社会化发生重大影响的因素。

4.工作单位

当一个人结束自己的学校生活后，就要走入社会，在工作单位里开始自己的职业生涯。这个过程并不意味着个人社会化的结束，而是社会化在工作单位这一新的社会环境中又开始了一个新的阶段。

首先，工作单位是个人进行职业社会化的主要场所。个人要在工作单位的职业活动中学习职业技能，遵守职业规范，学会扮演职业角色等等。个人在工作单位中通过自己的职业活动和职业成就来确立自己的社会地位，实现个人的人生理想和价值，并在这一过程中形成个人的能力、品格、气质、性格等。因此，工作单位是成年人社会化不可缺少的社会环境条件。

其次，工作单位给人们提供了一个检验和发展家庭及学校社会化成果的场所。一个人离开学校，进入工作单位，意味着他开始真正地走入社会，他在家庭和学校中所受的社会化训练能否使他适应这个社会，需要在工作单位这一社会生活环境中加以检验。人们会在工作单位中发现许多书本上没有或与书本上不相符合的文化因素，这些新的因素甚至会冲击和威胁他们在家庭和学校中所形成的价值观念。这种新的社会环境必然促使个人开始一轮新的社会化活动，调整自己的价值标准和行为方式，达到真正适应现实社会生活的目的。

5.大众传播媒介

大众传播媒介是指社会组织为在广大社会成员之间传递信息、互通情报所采用的各种通信手段，如报纸、杂志、书籍、电视、收音机、电影、唱片、影碟和国际互联网等各种各样的形式。大众传播媒介通过新闻报道、舆论宣传、知识教育、生活娱乐等方式，为广大社会成员理解和接受社会所倡导的价值观念、奋斗目标、社会规范和行为方式等，提供了一个广泛的社会环境条件。

大众传播媒介既是我们获得信息和娱乐的主要来源，也是社会化的主要力量。在大众传播媒介出现之前，社会上只有很少的人能通过类似的工具获取和交流知识，信息情报只能通过人与人之间的直接交往缓慢地传播。而在现代社会，随着生产力水平的提高和科学技术的进步，大众传播媒介日益成为影响巨大的社会化动力因素。它们在向受众传送大量信息的同时，还在知识、技能、价值观和角色能力的学习培养方面发挥着重要的作用。如今，中国城乡居民家庭里大多数拥有一种以上的大众传播工具，通过听收音机、看报纸、看电视、上网等手段，他们不仅可以迅速了解千万里之外刚刚发生的重大事件，看到奇特的异域风光，还可以学习外语，学习从事工农业和第三产业的某种生产和生活技能。

在所有的大众传播媒介中，影响最大的是电视。电视是获得新闻的主要来源，也被认为是最可靠的传播媒介。国外的一次民意测验发现，如果电视新闻报道和报纸报道有不一致之处，那么相信电视报道的人比相信报纸报道的人多一倍以上。在越南战争期间，一项调查表明，传播媒介，尤其是电视，对高中生对这场战争看法的影响要大大超过他们的家庭、学校和朋友的影响。

电视对青少年成长的影响尤其不可忽视。电视集视觉、听觉和动觉于一体的特殊优点，充分满足了儿童和青少年的强烈好奇心和旺盛的求知欲，因而深受他们喜爱。在现代社会中，大城市的高层住宅把孩子们从充满人情味的四合院和彼此守望相助的村落邻里，圈进了彼此交往很少的单元式楼房，"过家家""捉迷藏"等集体游戏离孩子们越来越远，工作压力和生活节奏的加快减少了父母照料培养孩子的投入。这样，电视成了孩子们的亲密伙伴，成了家庭不可缺少的组成部分。然而，作为一种新兴产业的电视传播媒介，商业性和娱乐性的特点日益突出。为了吸引广大观众并增加广告收入，一些电视传播网喜欢播放暴力情节和离奇的戏剧性场面。家长们和教育家们开始担心这样的节目会给青少年造成不良的影响。1982年，由美国国家精神卫生研究院做出的报告指出，在电视上多看暴力和色情镜头会直接导致侵犯性行为和暴力事件，从而造成青少年的越轨乃至犯罪。大多数社会学家也认为，暴力色情镜头对年幼的观众一点好处也没有。在中国，家庭的电视机拥有量逐年提高，随着"村村通、通村村"工程的进行，绝大多数中国老百姓家庭都能看上电视了。但是随着市场经济的进一步发展和大众传播业的公司化，某些电视台为了赢得更多观众、提高收视率，从而增加广告收入，在节目的采、录、编过程中，采用或将要采用一些不利于青少年身心健康的暴力和色情镜头，这很容易引发不良后果，应当引起家长、教育家、节目制作者和社会各界的充分注意。

另外，信息时代的互联网的迅猛发展也以一种极度扩张的趋势影响着人们的社会生活。现代世界可以说是一个网络世界，网络已经改变了人们的一部分生活习性，各种电脑语言正被大众普遍接受。互联网已经改变了一般人的世界观，它与其他机制不同的地方，在于它的互动潜力更大，它可以让使用者以自己想要的方式做事，从而体现了更大的自主性、自由性以及开放性等等，为独立人格的培养提供了广阔的空间。当然，网络在人的社会化过程中也有其负面影响，特别是对青少年。网络空间的虚拟性往往使青少年产生不切实际的幻想，从而使正常的社会化过程遭受挫折。

第三节　人格及社会化的有关理论

一、人格的含义

1.什么是人格

在社会化研究中，有关人格的研究一直是社会学家关注的重点。因为人的社会化就是形成个性与自我。社会化的过程就是人的个性或人格形成和发展的过程，社会人就是通过社会化而形成的有个性的人。个性又称人格，它指的是特殊的思想、感觉和自我观照的模式，它们构成了特殊个体的一系列鲜明的品质特征。人格可以分为“认知（思想、知识水平、知觉和记忆）、行为（技能、天赋和能力水平）及情感（感觉与感情）”[①]几个主要部分。简单地说，“人格”就是个体心理特质和行为特征的总和。人格在一定的遗传或生理素质和一定的社会条件基础上形成和发展，通过人际互动逐步成熟。人格的核心内容及标志是自我。自我也称为自我观念和自我意识，是个体关于“我是谁”的看法和判断。具体来说，它是个体对自己存在状况的觉察，是自己对于属于自己的生理、心理状况的认识，其中包括自我评价、自我感觉、自尊心、自信心、自制力、独立性、自卑感等一系列涉及自己的内心活动。这个自我也就是一个经过社会规范训练和文化熏陶出来的社会的人。

2.人格体系的层次

所谓“人格体系”，是指个人需求意向与使之满足的能力和方法体系，也就是决定个人行为方式的独特生理、心理和精神特征，它是将气质、性格、能力、社会态度和个人的意识形态等尽含其中的概念，有时我们将其称为“人品”。

研究人格体系的学者不仅仅是社会学者。仅从具有代表性的学者来看，精神医学家库雷奇马（E.Kretschmer）从“气质”层次分析了躁郁性质、分裂性质与癫痫性质的人格，并且他还指出可以观察到躁郁性质与肥胖型体质、分裂性质与瘦长型体质、癫痫性质与斗士型体质之间有较高的相关性。与此不同，精神分析学家荣格（C.G.Jung）从“性格”层次分析了“外向性”（extroversion）和“内向性”（introversion）的人格。这种分类，常常被用于重视人际交往的心理学中。

而社会心理学、社会学和文化人类学则把分析的焦点指向了社会态度、个人意识形态、价值观念等等。譬如卡迪纳（A.Kardiner）的“基本人格结构”、弗洛姆（E.Fromm）的“社会性格”、林顿的“角色与地位的人格”等都是超越这些层次的尝试。里斯曼（D.Riesman）的“传统指向型”“内部指向型”“他人指向型”的区分，阿多尔诺（T.W.Adorno）的“权威主义人格”[②]与“民主性人格”的区分，再到马克思的“资产阶级”与“无产阶级”的人的区分，明显地迈入了社会学的层次。从整体来看，关于人格研究，各种理论有相当大的差异。精神医学把分析的焦

---

① 波普诺. 社会学［M］. 李强，等，译. 11版. 北京：中国人民大学出版社，2007：147.
② 主要特征：A.陈规旧套；B.服从权威；C.权威式的攻击性；D.反内省主义；E.迷信和偏见；F.权力和刚直；G.破坏性和讥讽主义；H.投射性；I.性变态。青井和夫. 社会学原理［M］. 刘振英，译. 北京：华夏出版社，2002：76.

点集聚于"气质、体质"的层次，心理学集中在"性格"的层次，社会心理学、社会学和文化人类学分析重点相互交叉重叠。如果进一步细分，可以说社会心理学比较倾向于"社会态度"的层次，社会学和文化人类学则倾向于"意见"的层次，分析的焦点集中在"社会态度、意见"的层次。还可以把社会态度的层次再细分为价值观念、个人的意识形态、具体的社会态度（经济的、政治的、法律的、教育的、宗教的态度等等），"意见"的层次也可以再区分为习惯性意见与特殊性意见。根据这些思想，日本社会学家青井和夫对人格层次进行了细致的分析（见图5-1）。

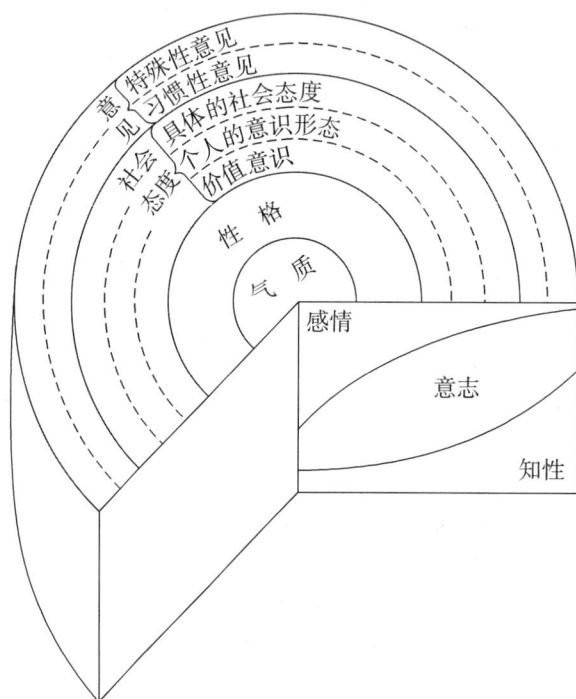

图5-1　人格模型

资料来源　青井和夫. 社会学原理［M］. 刘振英，译. 华夏出版社，2002：5.

图中的同心圆表示如下4种含义：

（1）从周边越向中心，先天性因素的比重越高，幼儿期家庭生活的影响越大；越是周边，后天因素的影响越大。

（2）越是中心，情绪性、感情性因素越强；越是周边，理性的、知性的因素越强。

（3）越是中心，越具有一般性行为倾向，越影响我们的所有活动；越到周边，越具有个别的、具体的行为倾向。

（4）越是中心越难以变化，越是周边越易于变化。

如图所示，"气质""性格""社会态度""意见"分别属于不同的层次，因而，即使意见有了变化，社会态度也不会立刻发生变化。而且，即使具体的社会态度发生变化，个人的意识形态和价值观念也会表现出强烈的抵触。至于性格，即使看起来随着年龄的增长发生了很大变化，但一旦遇到紧急事态，便会立即剥掉外皮而原形毕露。可以说气质在一生中变化甚微。

青井和夫认为由于人格的各层次之间有各自的断层，所以，仅用主要层次的尺度来分析是不够的。于是，阿依赞克（H.J.Eysenck）将社会态度（个人的意识形态）作为横轴，并在此轴上设定革新与保守两极；将人格作为纵轴，并设定詹姆斯（W.James）的"刚硬心肠"与"柔软心肠"两极，进行次级分析的尝试。由此划分出"柔软+革新""刚直+保守""刚直+革新""柔软+保守"等几种人的类型。这样，就把詹姆斯的柔软、刚直这一人格变量和保守、革新这一意识形态变量混合起来把握。不言而喻，"刚硬心肠"近似于实际的、外向的人的类型，"柔软心肠"近似于理论的、内向的人的类型。根据这样的理论框架，他证明了与其说阿多尔诺的"权威主义人格"①源于个人意识形态的差异，不如说更多的是为"刚硬、柔软"这一性格因素所左右。

但是，虽然说各层次之间存在断层，但只要是同一人物的人格之层，它们之间就应该紧密联系。倘若各层之间没有密切关联，则将真正处于分裂状态，就会成为名副其实的"分裂症"。所以说，各层之间既有断层同时又有密切关联，从而形成"人格体系"这一系统才恰当。青井和夫作了这样的界定，即若改变人格的各个层次，必须制定不同的对策。如仅就群体性方法而言，针对"性格"层次，施以群体治疗；针对"社会态度"层次，施以小组活动；针对"意见"层次，施以群体教育，采取分别对应的治疗方法。②

二、有关社会化的几种理论

1.库利的"镜中之我"理论

"镜中之我"，又译为"镜映之我"或"镜映自我"。关于这一概念所反映意象的来源，一种说法来自于莎士比亚戏剧中的一句著名台词："每个人对于另一个人而言都是一面镜子，映射出确乎有过的那种样子。"另外一种说法认为，这一概念的意象与白雪公主的童话故事密切相关。白雪公主非常美丽漂亮，这引起了那位长相平平的王后的嫉妒。这位王后站在镜子前反复吟唱："镜子啊，镜子，墙上的镜子，请告诉我这个世界上谁最美丽？"王后试图让镜子确认一下，她本人是最美丽漂亮的。

"镜中之我"的概念是由美国著名的社会心理学家库利在1927年提出的。库利（Charles Horton Cooley，1864—1929）起初曾经是美国的一位经济学家，后来转向社会心理学方面的研究，并成为社会心理学家。他认为，自我是社会的产物，我们需要通过别人来确认我们对自己的判断和认识，人格是通过社会互动而发展的。"镜中之我"不是我们实际上的样子，也不是别人对我们的真实看法和评价。相反，它是指我们对于别人如何看待和评价我们的理解和解释。换句话说，一个人的

---

① 在日本经常使用的"传统的价值体系"这一概念，是指机智灵活，惧怕孤立，惧怕变化，服从权威主义，屈服于既成事实、情面子等所谓"醇风美俗"的词语，但和"权威主义人格"是同一层次的概念。青井和夫.社会学原理［M］.刘振英，译. 北京：华夏出版社，2002：77.
② 青井和夫. 社会学原理［M］.刘振英，译. 北京：华夏出版社，2002：53.

自我形象是别人看他是什么样子的反映，或者说是这个人认为别人看他是什么样子的反映。"镜中之我"包含表现、辨认、主观解释3种过程。首先，想象自己是如何出现在别人面前；其次，辨认别人如何评价自己的出现；最后，为自我形象解释这些判断。别人对我们的态度犹如一面镜子，我们可以通过想象来觉察别人的头脑对我们外表、体态、目的、性格等等的想法，并且还多方面地受到这种想法的影响。通过大脑的印象与判断的不断交流，社会内化于自我之中。我们对自己的印象是从别人的评价里得来的，正像我们从镜子里才能看到自己的影像一样。当我们设想别人如何认识和理解自己时，我们实际上是在建构库利所谓的"镜中之我"。

"镜中之我"在每个人的生活经历中都存在，有的还起着重大的影响作用。费孝通教授晚年曾经写过一篇文章，题目叫作"我看人看我"，说的是他个人社会位置、身份和学术道路的选择，是如何在社会的期望、别人的眼光和自己的个人背景之间找到某种平衡点的。

2.米德的"角色扮演"理论

与库利有很大的不同，米德（George Herbert Mead，1863—1931）对社会化问题的论述则注重社会化的另一个方面，即我们是如何通过使用象征符号与他人进行交往并进而学会参与社会生活的。米德的演讲引人入胜，但他述而未著。他的学生和同事在他去世之后收集整理了他授课的课堂笔记和其他一些材料，出版了他的著作——《心灵、自我与社会》。米德认为人必须根据具体的情境来解释和理解他人的行为，并且在此基础上不断地调整自己的行动。社会化的一个最重要的成果，就是使人们具备了预知他人对自己的要求和期望并且据此来修正自己行为的能力。

米德认为，一个人在成长过程中，有一群人对他的评估最具影响力。这一群人被苏利文（Sullivan）称为"重要他人"（significant others），包括父母、兄弟姐妹、好友、教师、同学等，重要他人是特别重要的角色的模特儿，儿童在扮演重要他人的行为中，逐渐把双亲和老师的标准、态度和信仰融入自己的人格，这种过程称为"内化"（internalization）。这些人可以成为他的参照群体，足以影响一个人评估自己的形象或行为。米德用"概化他人"（generalized others）指称对一个社会角色做出评价的社会大众。人在行为时必须知道"概化他人"对自己有什么期望，以及自己在整个事情上所占的位置。

米德认为自我的产生大致上可以分为3个阶段。在2~3岁之间，小孩通常只有模仿的能力，他们模仿父母或其他重要他人的行为，但是却不知道为什么，也没有能力加以组织或系统化。如孩子看到大人读报，他也可能模仿读报，甚至将报纸拿反了也不知道。这一时期称为"预备阶段"。4~8岁的小孩开始去装扮他人的角色，一会儿扮父亲，一会儿扮警察或新郎。至于这些角色的意义内容是什么，这些角色有没有相互矛盾的地方，他并不知道，他对角色并没有系统地理解。这一时期称为"嬉戏阶段"（play stage）。等到8岁以后通常孩子已能注意到别人的角色问题，他开始体会到如果要把自己的角色扮演好，就必须要考虑到别人的存在，自己是团体的一分子。这一阶段称为"团体游戏阶段"（game stage）。正如在踢足球时，队员不仅要知道自己的位置，也要考虑其他队员的位置，知道游戏的规则。虽然自我根源于社会，但米德认为每个人在社会化过程中是一个独特的行动者。

米德认为，每个人都有两面，他称之为"主我"（I）和"客我"或"宾我"（me）。其中，"主我"是自我中不含任何符号的那部分直接经验，即感到饥饿、感到痛苦、感到压抑、感到快活和陶醉、感到需要满足自己的种种欲望的那部分；而"客我"则是自我的社会方面，是受到他人的行为和态度、社会道德规则和组织制度制约的那部分。"主我"是本能的、自私自利的、一时冲动的、非社会化的自我，"主我"富有创造性和独特的性格，对他人的态度做出反应；"客我"是自我的社会方面，它体现了他人的态度，是社会化的产物（内化的社会期望和要求）。"客我"是意识到了社会的规则、价值和要求的社会化的自我。而且，人们生存的环境，包括国家、地理环境、家庭、社会制度与秩序，以及语言、法规和习俗等，都将作为元素进入"客我"的世界。作为"主我"，一个人只想尽快满足自己的各种需求和欲望。作为"客我"，他则会意识到自己是一个客体，他将按照别人对他的要求和期望来调整和左右自己的态度和行为；他的自我评价也是他所设想的他人对自己做出的评价的结果。作为"客我"，这个人意识到他是别人注意的对象。"客我"会这样说："如果我这样做，别人会说我。"作为"主我"会说："人家爱怎么想就怎么想，我不在乎。"没有"客我"就不可能产生有秩序的社会互动，没有"主我"，社会互动将变得呆板和单调。

人的期望是按照他们所相信的人人遵循的游戏规则来进行游戏活动。这种"普遍化的他人"，就是对于包括制约人际互动关系的各种文化观念的社会环境自身的理解和解释。这种从社会要求中归纳出来的，经过内在化的基本概念，就成为人们进行自我评价的依据。因此，作为"主我"和"客我"统一体的自我实际上是两者之间互相冲突和协调的永不止息的过程。

3.弗洛伊德的"本我""自我""超我"理论

弗洛伊德（Sigmund Freud，1856—1939）是现代精神分析学说的创始人，也是19世纪最深刻、最有创见的思想家之一。在他看来，人类的许多（如果说不是大部分的话）行为的动机都是无意识的，也就是说，人们常常意识不到他们行动的真实动机。弗洛伊德认为，幼儿期的经历，尽管往往不能为后来有意识的记忆所唤醒，却对人今后一生中的个性发展起着决定性的作用。那些左右着人类诸多行为的无意识动机，有时可以由受过专门训练的专家，通过对梦和口误的分析，或者通过长时间的、探索性的交谈而被探测出来。弗洛伊德将这种方法命名为"精神分析法"。

弗洛伊德认为，人生来就具有某些基本的冲动，尤其是人对满足性欲的追求和人的攻击性。如果这些冲动和本能得不到有效的控制，社会秩序将无从谈起。为了保证社会秩序，社会把自己的意志强加给个人，压抑个人的各种本能冲动并将它们疏导到社会所能够接受的渠道中。但这样做的结果往往会造成一些人患神经官能症和个性障碍。因此，个人和社会之间的关系在本质上是互相冲突的，两者之间总是处于长期的紧张状态中。

就个性的层面而言，弗洛伊德认为，人格包括彼此不同的3个组成部分，即"本我"（id）、"自我"（ego）和"超我"（superego）。他相信，所有的人生而具有无意识的欲望和冲动——比如寻求性的满足，表现出攻击性并且趋利避害。所有这些贯穿终生的欲望和冲动，他称之为"本我"。婴幼儿的自我几乎全部由"本我"构成。通过与其他人的交往，婴儿知道自己的本能冲动并不总是能够获得满足，而是必须经常地被压抑。这时候，经过最初的几个月之后，"自我"就开始发展出来。按照弗洛伊德的说法，"自我"是我们自身的理性部分，他教给人们学会抑制对快乐的追求和欲望的急切满足。"超我"可以被看作人的良心的等同物，是社会道德在人的内心的体现，他通过自豪感和羞耻心发生作用，来影响自我的决定。对弗洛伊德来说，社会化就是个人的欲望与社会的要求不断冲突和调适的过程。

4.埃里克森的"八阶段"理论[①]

美国心理学家、新弗洛伊德学派的代表人物之一埃里克森（E.H.Erikson，1902—1944）对弗洛伊德的理论作了修正。他不同意弗洛伊德的泛性生物学观点，认为社会文化对于人格发展也有重要影响，并且人格的发展贯穿人的一生。他认为，在考察个性形成和发展的动力时，应把生物本能和社会环境，包括家庭、学校和社会文化对儿童的影响联系起来。在人格发展问题上，他认为人格发展要经历人的整个一生，并提出了著名的人生发展阶段和自我认同的理论。人在成长的每个阶段，都会遇到某种心理问题，都要对周围环境所提出的特定社会要求做出反应。如果个人能成功地解决这些问题，就会在心理和行为上表现出积极的反应；如果个人不能很好地解决这些问题，就会出现"认同危机"，给以后的社会化过程留下隐患。根据个体在各个时期的典型心理反应，埃里克森将社会化过程划分为8个阶段：

（1）婴儿期（信任与不信任）。婴儿如果能得到父母或他人的良好照料，各种需求得到充分满足，就能建立起对周围环境的信任感。相反，则会对他人和环境产生不信任，以致对以后各阶段的社会化产生不良影响。

（2）儿童早期（自主与羞怯、怀疑）。儿童在这一阶段开始学习对自己的肢体活动加以自主控制，用自己的感官去熟悉周围环境。他的动作会有成败之分，成功了则有自主的信心；失败了则可能有羞辱、疑忌的心理。父母应有意识地鼓励孩子的这种自主性活动，过多的指导和责怪或限制，都不利于培养独立自主的个性。

（3）学龄前（主动与内疚）。由于儿童具有了语言的能力和从事游戏活动的能力，他开始表现出与他人交谈和一起从事游戏活动的主动性。喜欢扮演新角色，尝试新东西。如果他们的尝试受到大家的尊重与称赞，他便会有主动的心理，也会有信心；如果被人讥笑和不感兴趣，儿童会怀疑自己的行动，会因失败而产生一种犯罪感或自责心理。所以父母如果对儿童主动的要求不予理睬或管束太多，取笑或惩罚儿童一些带有创造性甚至有点荒诞的做法，就可能使他产生内疚感，影响儿童的

---

①　波普诺. 社会学［M］. 李强，等，译. 11版. 北京：中国人民大学出版社，2007：151–152.

想象力和创造力。

（4）学龄期（勤奋与自卑感）。在这一时期，儿童对周围事物的用途和构造的好奇心增强，乐于使用工具去进行操作活动。这时成年人应鼓励儿童积极动脑并努力完成自己喜爱的活动，从而培养起儿童完成工作的勤奋精神，不理解或压制儿童的想象力和创造性活动，会造成儿童的自卑感。同时这时的小孩开始接受陌生人的评价，开始体会到合群的重要性。有些小孩可能觉得勤奋使别人接受他，可是有些小孩可能因种族、家庭背景、容貌遭人歧视，或无法达到别人的要求，会有自卑的感受。

（5）青春期（认同与混淆）。青少年在这一时期最重要的特征是个人开始感到自己在成长，也开始对未来有某种憧憬。因此特别注意观察和认识各种社会角色的意义，学会扮演不同角色，实现角色的自我认同。如果个人在这一时期的社会交往活动缺乏主动和自信，就不能正确地理解各种社会角色的意义，而在活动中出现角色混淆不清的现象。

（6）青年期（亲密与孤独）。这一阶段个人可能发展出一种能与人为友或能爱别人的感情，将经历求爱和建立家庭等事件。顺利地完成这些活动，需要个人学会和异性交往并建立亲密关系的能力。这方面活动的失败，会使个体陷入难以自拔的孤独感。

（7）中年期（代际关怀与自我沉浸）。由于个人的社会成就已相对达到顶峰，自己的子女已逐渐长大，个人增加了对他人特别是对下一代人的关心。那些因为各种原因没有形成对后代关注的个人，则会沉溺于对自我、对自己的事业和生活的关注之中。

（8）老年期（完善与绝望）。在这人生的最后阶段中，个人会经常回忆和总结自己一生的活动，力图给自己的一生做出一个使自己满意的解释，并给它画上一个完满的句号。如果个人不能找到这样一种满意的解释，将陷入追悔和绝望的情绪之中。

5.皮亚杰的认知发展阶段理论

瑞士心理学家皮亚杰（Jean Piaget，1896—1980）从认知发展角度来研究人的个性形成。他历时半个世纪对儿童发展的研究，表明社会化不单纯在于把规范和价值一代一代向下传递，他认为孩子也是他所在的社会的道德法则和积极加工者。也就是说，他并不完全把儿童看作按照他人要求而逐步成型的适应者，而更多地把这一过程看作他们自己如何根据对世界的认识，能动地安排和调整自己与世界的关系。

皮亚杰认为，儿童的发展过程有不同阶段，每个阶段的特点也不同。每一阶段都有应当完成的主要任务。每个阶段都具备更大的处理信息和做出判断的能力。根据皮亚杰的观点，儿童的认知发展经过以下4个阶段：

（1）感觉运动阶段（从出生到2岁）。在这个阶段，幼儿的智力只能通过他对外界的感觉和与外界的实际接触表现出来。由于缺乏语言，婴儿不能"思考"这个世界上的问题。事实上，只有到了大约 4 个月的时候，婴儿才能把他们本身与他们周围的环境区分开来。8 个月以下的婴儿不懂得物体能持久地存在。如果把一个玩具从他们的视线中移开，他们的反应好像是没有了；如果他们的爸爸妈妈离开他们一会儿，他们就会觉得爸爸妈妈不存在了。只有当感觉运动阶段结束之后，幼儿才学会把这个世界看作一个稳定的而不是转换不定的世界，并开始耐心地寻找某件丢失的东西。

（2）前运算阶段（2~7 岁）。这是皮亚杰最为关注的一个阶段。之所以称为前运算阶段，原因是该阶段在具体运算和形式运算阶段之前，儿童在这一阶段还不能进行许多即便是简单的脑力运算。在这个阶段，儿童对于速度、重量、数、质量或因果关系这类概念还不能真正地理解。特别是在这一阶段的早期，儿童毫无例外地想象两个物体中较大的一个必定是较重的。例如，他们一般都会说，一磅的羽毛要比一磅的铅重。虽然他们可能会数数，但他们并不真正理解数的概念。他们会坚持说，长串的珠子比短串的珠子数多，而事实上是短串的珠子多，只不过是排列得密集才短了些罢了。他们对因果关系的理解也是有限的，例如，他们认为实际上是在风中晃动着的树刮起了风。他们可以运用语言等符号称呼事物，但他们并不能运用概念来表达事物之间的关系。他们还给无生命的物体赋予了生命，例如，称太阳为太阳公公，称月亮为月亮姥姥。

（3）具体运算阶段（7~12 岁）。这一阶段儿童的思维活动仍然和具体的外部世界不能分开。他们所想的主要还是可以看见、可以触摸的真人和实物，而不是抽象的或假设的人和物。如果向儿童提出与死亡或者来世之类抽象概念有关的问题，如果这些概念不是针对某个特定的人物事件，如一只小狗的死亡或者某位亲人的去世，儿童就很难回答这类问题。

这一阶段的儿童已经能够逐渐地学会对事物做出分类，并理解事物之间的关系；他们能够进行许多和重量、速度、数或量有关的各种活动；他们对因果关系有了一定的认识，能够在想象中使自己处于别人的位置来理解别人的观点，还能够有效地参加比赛和其他有组织的社会交往活动。

（4）形式运算阶段（12 岁以后）。只有到了 12 岁之后，进入了青春期，孩子们才发展出运用规则解决抽象问题的能力。在这一阶段，他们能够进行形式的、抽象的思维活动，可以从理论和设想方面考虑问题。对于一些与外界环境没有直接关联的概念，如数学、道德，他们也能应付自如了。像逻辑推理、思考人生理想等，都在这一时期出现了。从前提到结论进行合乎逻辑的推理，想象乌托邦世界或来世，培养理想主义信念等活动，均在青春期阶段进行。

在皮亚杰看来，认识发展的过程在各个社会都是共同的。各个地方的人都以相同的顺序经历了相同的认知发展阶段，只不过由于文化背景的差异，这四个阶段的具体内容会有所不同。此外，并不是所有的人都能达到最后的阶段。不少成年人永远不能超越具体运算思维阶段，很难进行抽象的思维活动。对那些其社会环境缺乏形式思维训练的人来说尤其如此。正如皮亚杰评论的那样："如果个人要想意识到自己的心理，社会生活是必不可少的。"如果没有必要的社会化，心智的发展就不可能突破某个阶段。

第四节 社会化的过程与问题

一、社会化的过程

我们把从出生开始，经历婴儿期、儿童期、少年期、青年期、成人期、老年期到死亡这一人生必经的循环往复的过程称为人类生命周期。生命周期的长短，在各个阶段所遇到的挑战和机遇、所要完成的任务和工作，在很大程度上与特定的社会发展阶段有关。

（1）儿童期。前工业社会一般不承认儿童期是生命的一个单独阶段，而认为是从婴儿期直接进入成年的角色。一方面，当儿童的身体刚发育到能够干得动成年人干的活儿时，就开始从事成年人所进行的经济和社会活动。现在，那些仍然处于工业化早期阶段的国家，如印度和哥伦比亚等，对儿童期仍没有足够的认识并继续使用童工。另一方面，先进的工业社会中，儿童有了和以前完全不同的社会化内容。社会为他们提供了富有特色的儿童服装、儿童电视节目、小人书、幼儿园和小学校。儿童被免除了参与任何干活挣钱、养家糊口的活动，并且对社会负有极小的责任（《未成年人保护法》也规定了这一点）。成年人趋向于使童年期的孩子富于浪漫色彩，使之度过一个无忧无虑、天真烂漫的时期，还努力使孩子避免过早地接触一些禁忌的题目，如死亡和性。

（2）青春期。在简单的社会里，生命实际上只被划分为非成年和成年两个阶段，因而没有"青春期"这个概念。在这种社会里，人通常以一种成年仪式的方式表明从非成年身份到成年身份的转化。这些成年礼仪有的规定相当严格。比如，在有些民族的成年礼仪中，割礼是必不可少的标记。

"青春期"这个词在20世纪初才开始使用。在急剧变化的工业社会里，青春期是一个模棱两可、容易引起混乱的阶段。其特点是：没有明确规定的权利和义务。人们所经历的青春期，常常是一个情绪紊乱、个性不稳定的时期。由于有着多于儿童而少于成年人的自由，他们总是不停地对父母和教师的权威提出疑问和挑战。他们与其他年龄组的人接触很少，因而很容易形成自己的亚文化，即形成与成人社会极为不同的规范、态度、行为和价值观念，甚至导致"代沟"的出现。

（3）成年期。多数人在二三十岁左右结婚，有了自己的工作、住所和家庭。孔子所说的"三十而立"，民间流传的所谓"人不结婚永远是小孩"的说法，表明了成年期在人的生命周期中的转折意义。在这个时候，人从扮演学生角色转换到扮演职业角色，从扮演子女角色到扮演父母角色，一个具体的标志是从单纯的消费者转变为生产者，由被抚养转变为抚养他人。在以前经历的较为稳定的社会化基础上，他们开始建立一种和睦美满的家庭关系，一种自我满足的生活方式。在急剧变化的现代社会里，要完成这些任务可能比传统社会困难得多，因为社会变化得如此迅疾，以致业已完成的社会化在层出不穷的新问题、新挑战面前显得陈腐无用。在传统乡土社会里，成年人往往懂得很多；而现在，成年人发现自己很难懂得孩子们津津乐道、耳熟能详的事情。

四五十岁是人生中的巩固阶段，人的生存模式已趋于稳定，未来的生活似乎是可以预见的。这个时期人们不再幻想，无论在个人生活、社会生活还是经济生活方面，都不可能再发生根本的变化，一切似乎都已经成为定局。无论男人还是女人都会看到自己身体和心理上种种不可避免的衰老迹象，生命的一半已经一去不复返了。他们会悲叹"黄土埋半截了""老了，快不中用了"等。人们越来越意识到这一阶段蕴藏着的"中年危机"，其标志是酗酒、离婚、自杀和抑郁症比率的增加。

（4）老年期。广义的社会化是终其一生的社会化。"活到老，学到老"，在个人社会化的意义上指的就是这层意思。在传统的社会里，年长者由于足智多谋、经验丰富而受到尊敬，他们在家庭和社会上占据显赫的地位，还往往在宗教和经济活动方面起着重要的作用。现代社会中的情况就大不相同了。老年人的知识和经验已经过时，孩子的世界里有很多老年人不懂的东西，对孩子们来说老年人常常是多余无用的。这时候的老年人大多数已离开从事多年的工作岗位，不再有职业活动。而"退休"不仅仅是一个从工作到悠闲的转变，它通常还标志着一个从确定的、有意义的角色到另一个模糊的、几乎毫无意义的角色的转变。在一个宠爱青年，并将权力、财富和声望赋予中年人的社会里，老年人很容易感到晚年生活的悲哀和凄凉。

二、社会化过程中的问题

1.社会化的不一致性

理想的社会化环境中，各个社会化的执行单位应该是相互配合的，各种施教者教育的价值观、规范的内容是相似的，而社会权威榜样的形象和社会的现象与教育的内容也是一致的。这样，受化者就能准确地、顺利地接受社会化内容。但在现实社会中这种理想化的环境是不存在的。首先，一旦家庭、学校和传播媒介对儿童进行价值观念指导与规范要求出现了分歧，会引起青少年受化时的困扰。社会化的执行者是每个具体的人，成年社会权威的行为方式的偏差性，会使其社会化对象受到损害。其次，在社会变迁中，价值标准、社会规范产生多元性和模糊性，必然使理解力、判断力、选择能力较弱的儿童和青少年，在依据主文化的价值观与规范来指导自己的行为时，陷入迷惘与困惑。社会失范（社会规范不稳定、不确定甚至混乱的状态）使成长中的青少年在社会化的过程中无所适从，造成社会化的偏差。当前，我国社会在继续分化之中，来自于社会制度、利益群体的现实冲突导致观念、规范的冲突，给青少年带来新的社会化的不良条件。

2.代差问题

代差最初在西方社会学中是指两代人在思想、价值观念、生活态度和生活方式以及兴趣、爱好等方面的差别。实际上代差的存在，反映的是生活在这个时代里的两代人在社会化各阶段上的差异。由于两代人所处的社会环境不同，参与各项社会活动的条件不同，在生活中充当的社会角色不同，以及各自的社会化活动重点不同，两代人在各自社会化中形成的个性、价值观念、行为方式、生活方式等等的差异性是正常的。

对待代差的态度应该是："第一，代差在各个时代、各种社会都是客观存在的。社会文化在延续的过程中与创新是同时存在的，正因为如此，代差是一代人对另一代人的教育，一代人的文化对另一代人的文化的差异和扬弃，代差是文化发展链条上的关节点。只要社会化过程存在，代差便不可避免。第二，对代差的性质要作具体的分析。我们不能简单地肯定或否定代差的一方。在现实中并不必然地老年人就代表保守和落后，青年人就代表创新和先进，也不必然地老年人就代表成熟和智慧，青年人就代表幼稚和简单。应该对代差存在的具体问题作具体的分析，不要任意夸大，而要科学地引导。"①当社会进入信息时代，社会化的途径出现了巨大的变化。青年人与成年人同时能够获得新的信息，在获取信息的手段方面，如在外语、计算机、网络等知识方面青年人具有优势，青年人超过了成年人。

3.网络的冲击

网络在社会中的普及，使虚拟社会化成为可能。虚拟社会化作为一种与真实社会化相并列的社会化机制对青年思想观念的形成产生了作用。直接影响着青少年的价值观念与行为模式，正在消解着传统的社会化模式。虚拟社会化的特征是施教者的虚拟性与多元性，传统社会化的执行者传递的信息蕴含的是主文化的价值观念与社会规范，在传播媒介中由信息的把关人对信息进行筛选和过滤，而网络是全球性的，在网站上信息的发布者具有多元性、随意性、个人性的特征，传播的信息具有公开性、不易控制的特点。在互联网的信息中，英语信息占95%，中文信息不到1%。在英文的信息中，西方主文化的价值观占主导地位。在网络的信息传播中，已经没有"青少年不宜"的限制与"正面宣传"的原则，而有大量与我国主文化的价值观念与规范不吻合的、相异的"垃圾信息"，如暴力、色情、淫秽、迷信、政治对立等。这对于世界观、人生观、价值观尚未定型的青少年来讲具有新鲜感、刺激性，他们在面对混乱的、冲突的信息时，极易被错误观念误导，会产生选择的困惑与认同的紊乱，导致不完全社会化甚至反社会化的现象。对网络的教育与管理无疑对社会化的施教者来说是一个新的挑战。

在社会化中，还有许多社会化的问题值得研究。在社会化对象方面，有独生子女问题、青少年独立问题、青少年心理健康问题、青少年早恋问题等。在社会化的内容方面，有理想教育、挫折教育问题，传播媒介中的暴力、色情亚文化的影响问题等。此外，还有中年人、老年人的诸多社会化问题。一个社会完成其社会成员的社会化，不是哪一个执行单位的事情，而是社会的共同任务。

---

① 郑杭生. 社会学概论新修［M］. 4版. 北京：中国人民大学出版社，2013：127.

应用社会学之窗

儿童的社会交往——交流的本性

儿童身上明显出现的在伙伴之间感到的快乐，可以部分地归因于社会情绪或社会情感，而部分地归因于需要刺激性的暗示，以使他们能满足种种精神和肉体活动的本能需要。后者的影响表现在他们喜欢活动中的人，喜欢愿意和他们一起玩的成年人——只要他们配合得体——尤其喜欢别的孩子。这个特点贯穿终生，一个人独处就好像没有火柴的爆竹：他自己不能放出火花而只能成为无聊的牺牲品，成为因没有竞争者而在他头脑中形成的一系列枯燥无味的思想的囚徒。一个好的伙伴带来解放和新鲜的活动，给予原始的快乐以更丰富的存在形式。孩子也是这样：其他小伙伴来了是多么高兴啊！他需要表现自己，而一个伙伴使他得以表现自己。他展览出他的玩具和他的一切技巧。远处一个孩子的呼叫给了他用呼叫响应的快乐。

但是这种需要不止于肌肉和感官的活动。还有感情的需要，交流活动可以释放充溢的人际情感。一个孩子1岁大的时候，从起初不能把感官快乐和社会感情区分开来发展为更加专注于人。从此以后，由感情交流而满足感情需要就成了他生活的主要目标……

"M现在把她拿到的东西举起来，比如一片花瓣、一根小棍，她还用哼哼或尖声叫来吸引你的注意，当你注意她，做出反应或赞叹时，她就笑了。"

"R（4岁）一天到晚不停地说话，有伙伴听，他就对着真人讲，若没有伙伴听，他就对着想象中的人讲。今天早晨我坐在台阶上的时候，他似乎希望我分享他的全部思想和感觉。他描绘着他所干的一切，尽管我能看见。比如'我正在挖起这块小石头'等等。我应邀看着蝴蝶，抚摸三叶草茎上的绒毛，我还得对着蒲公英喊叫。这时他又回忆起以前发生的一些事，告诉我他和别人做的事和说的话。他一边想一边把他想的说出来。若我显得没有注意听，他很快就会发现，然后走近我，抓住我，弯着身子，仰视我的脸。"

"R（大约在同时期）若有人和他一起看图片，欣赏、嬉笑，他会极度地兴奋和愉快。他自己总是十分好奇，得到结果后会有夸张喜悦的感情。当B来玩时，R就拿出他的图片盒，这里面有变换图片的带孔纸板。当他准备玩的时候，他确实是处于全身心的热切状态——显然是等待着惊奇的结果。"

"我观察了E和R（4.5岁）在沙发上玩麦肯迪牌，猜哪一张牌会翻起。R处于高度兴奋状态，头和四肢不停晃动。他的情绪高昂，但不完全是纯粹的好奇或惊奇。"

我据此认为孩子具有遗传的慷慨本性和对社会感情的需要。但它过分模糊和带有可塑性，因而很难赋予它像"爱"这样的字眼。它与许多未被区分出来的特殊的本能情感不尽相同。也许，交流欲是描述它的最好的词。

这种交流欲，像其他所有本能一样，与社会经验联系在一起，并随着时间的推移，组合成一个不断发展、变化的意识整体。在这个整体里，其中的社会感情在某种程度上根据生活本身的复杂性而相应发展。这是一个有机发展的过程，其中包含着不断的变化和交织，正如我们在人类本性的其他方面所看见的那样……

当孩子独处的时候，他们通过想象和伙伴一起玩耍而继续享受交往的快乐。虽然观察过孩子的人一定都注意到了这一点。但只有仔细和持久的观察才能使人发现想象的方法究竟被采用到什么程度。这种想象不是偶尔为之的练习，而是思想的必要形式。思想是源于生活的一条河流，作为生活主要意义之所在的人际交流和社会感情是航行在这条河流上的船只，而其他感情只是这条河上的漂浮物。某些孩子似乎从差不多出生后第一个月起就生活在对他人的想象中，另一些孩子在早期婴儿阶段主要是专注于用积木、图片和其他物品进行孤独的实验，他们的头脑里无疑充满了这些物品的形象。但不论是哪一类孩子，在他们学会说话，了解到社会的丰富多彩以后，头脑就像开了窍，想象如泉喷涌，所有的思想就都变成了对话。他从来不是独处的。有时候，一个不闻其声的对话者以一个玩耍伙伴的形象出现，有时候这个对话者则是纯属虚构的。3岁的R独自玩耍时总是大声说话——因为他是长子，所以他常常独自玩耍。大多数时候，他除了"你"不用别的称呼，也许是在头脑里没有固定的人。听他说话就像是听别人在打电话时说话一般，尽管他偶尔也充当说话双方的角色。又有些时候，他会用一些真名，如爱西尔特或者多拉西或者他自己创造出的一个奇怪的人名Piggy。他的每一个念头似乎都要说出来。如果他母亲喊他，他会说："我现在得回家了。"有一次他在地板上滑倒，我们听见他说："你摔跤了吗？没有。是我摔跤了。"

这里要注意的主要一点是，这些对话不是想象偶尔的和暂时的发挥，而是意识社会化的天真的表露，这是长久的，是今后一切思考活动的基础。想象中的对话从小孩子的有声的思考发展到更完满和更通于世故的思考，但是想象中的对话是绝不会停止的。成年人和孩子是一样的，我们的意识处于永恒的对话中。这是我们很少注意的一件事情。

"习惯于在交往中快速地度过时间，甚至把沉思默想也变成对话"不是个别事例，是普遍的事实，一切思考活动大致都采取这一形式。事实上，语言通过人际交往由一个种族发展起来，又以同样的方式分授给了个人，因而语言不能在意识中与人际交往脱离。高级思维运用语言，总是一种假想的对话。语言和对话者是互相依存的。

交流的冲动不是思想的结果而是它的不可分离的一部分。它们的关系如同树根和树枝，是共同发展的两个部分，一个部分死亡，另一个部分也随着死亡。心理学家现在教授这样一个道理，一个念头都有积极的冲动作为它的本质；相对于更复杂和具有社会化发展形式的思想，这种冲动表现为说话、写作等等的需要；如果说话、写作等等形式都不能实现，这种需要就产生了纯属想象的交流。

蒙田说："没有交流对我来说就没有快乐；我独自产生的生气勃勃的，又不能告诉他人的思想无一不使我痛苦。"爱默生也说："一个人只有一半是他自己，另一半则是表达。"

　　既然交流的需要是如此原始和基本的人性特点，我们就不能把它看作与思考和生存的需要分离的或是它们的附加物。每一个人都在自然的活力驱使下努力向别人表露他愿意表露的那一部分生活。这是自我保护的手段，因为没有表达，思想就不能存在。想象中的对话，即进行没有可视可听的反应的刺激的交谈，可以在很长的时间里满足意识的需要。确实，对思想活跃但十分敏感的人来说，限制交流是有益处的。因为在这种情况下，思想比在批评和反对的持续的干扰下更能清楚地表达，更能独立地发展。正因为如此，艺术家、文学家和一切爱思考的人都喜欢独自完成他们的作品，直到作品完全成熟。当然，迟早必须要有反应才行，否则思想本身就会消失。如果没有新的经验的哺育，想象最终会失去创造出对话者的能力。如果艺术家发现他的书或图画没有欣赏者，也就不太可能创作出新的作品。

　　资料来源　库利. 人类本性与社会秩序［M］. 包凡一，王源，译. 北京：华夏出版社，1989：52-60. 题目为编者加。

思考题

　　1.解释概念：社会化　镜中之我　主我　宾我

　　2.简述皮亚杰的认知发展阶段论。

　　3.根据现实情况，讨论家庭、学校和大众传播媒介在个人社会化中的作用。

　　4.中国社会转型时期，我们如何建构个体的人格体系？

　　5.联系实际谈谈青少年在社会化过程中可能会出现哪些问题。

推荐阅读书目

　　［1］卢勤. 个人成长与社会化［M］. 成都：四川大学出版社，2010.

　　［2］米德. 心灵、自我与社会［M］. 霍桂桓，译. 北京：北京联合出版公司，2014.

　　［3］米德. 萨摩亚人的成年［M］. 周晓虹，李姚军，刘婧，等，译. 北京：商务印书馆，2010.

　　［4］西美尔. 社会学——关于社会化形式的研究［M］. 林荣远，译. 北京：华夏出版社，2002.

　　［5］童星. 现代社会学理论新编［M］. 南京：南京大学出版社，2003.

第六章　社会角色

　　社会就是一个大舞台。

——米德

　　社会化之最终目标是培养合格的社会成员，即能胜任多种社会角色的人。经过了社会化的成员是怎样认识自己，又如何看待别人的？这些看法是否具有普遍性？人们在交往中的言谈举止又是如何受上述看法影响的？人们的自我评价与别人的态度之间是否具有一致性？这需要通过角色理论来理解。

第一节　社会角色概述

一、什么是社会角色

　　"角色"一词原是戏剧、电影术语，原意是指演员在戏剧舞台上或电影中依据剧本所扮演的某一特定的人物。戏剧或电影其实就是人类社会生活的缩影。社会与戏剧舞台存在的这种内在联系，为社会学家借用角色概念提供了可能性。

　　20世纪20—30年代，"角色"这个概念被正式引入了社会心理学的研究，社会角色理论也就成为社会心理学理论中一个重要的组成部分，进而发展为社会学的基本理论之一。

　　但是，对于怎样定义社会角色，至今仍然是一个言人人殊的问题。众多的社会学家以及社会心理学家都曾对此提出自己的看法。

　　林顿指出：角色是地位的动力方面。个体在社会中占有与他人地位相联系的一定地位。当个体根据他在社会中所处的地位而实现自己的权利和义务的时候，他就扮演着相应的角色。

　　苏联社会心理学家安德列耶娃通过分析角色的要素来理解角色的含义。她把角色要素分为以下3个方面：①社会角色是社会中存在的对个体行为的期待系统，这个个体在与其他个体的相互作用中占有一定的地位；②角色是占有一定地位的个体对自身的特殊期待系统，也就是说，角色是个体与其他个体相互作用的一种特殊的行为方式；③角色是占有一定地位的个体的外显行为。[①]

　　我国学者奚从清、俞国良也分析了社会角色所包含的要素。他们认为社会角色包含了角色扮演者、社会关系体系、社会地位、社会期望和行为模式5种要素。他们将社会角色定义为"个人在社会关系体系中处于特定社会地位并符合社会要素的一套个人行为模式"[②]。

---

① 安德列耶娃. 西方现代社会心理学 [M]. 李翼鹏，译. 北京：人民教育出版社，1987：170.
② 奚从清，俞国良. 角色理论研究 [M]. 杭州：杭州大学出版社，1991：6.

　　综合以上分析，我们认为，社会角色（social role）是指与人们的某种社会地位、身份相一致的一整套权利、义务的规范与行为模式，它是人们对具有特定身份的人的行为期望，它构成社会群体或组织的基础。具体来说，它包括以下4个方面的含义：

　　1.角色是社会地位的外在表现

　　人们在生活中所担任的角色取决于他们在一定时期的社会地位。地位与角色是不可分割地联系在一起的。没有无角色的地位，也没有无地位的角色。社会地位一经社会所承认，就产生了与之相应的社会角色，产生了社会对该角色的行为期望。社会地位决定了社会角色活动的舞台的大小和角色的行为规范，也决定了与这个地位有关的一系列角色。可以说，人们占据地位，扮演角色。地位与角色似乎是一枚硬币的两面，但它们却是不同的。地位是内在的，角色是地位的外显。"地位侧重反映行动者在社会系统中所处的位置；与此相应，角色侧重反映在社会系统中行动者的行动过程。"①地位基本上是静态稳定的，就像贴在瓶子上的标签；角色则是动态的，有特定的情景和个人塑造。人们正是通过一个人具体扮演的角色来确认这个人的社会地位的。地位和角色是社会结构的基石，它们形成了特定的个人之间的关系模式。

　　每个人都有自己一定的地位和角色。正是因为有了地位和角色，我们才知道别人对我们的期望以及我们对他人的期望。我们以某种方式包含在人们之中，我们对他人做一些事情，和他人一起做一些事情，并对他人所做的事情做出反应。例如，护士的角色：在急诊室，护士必须是冷静的和专业的，但她们同时也被期望向她们的病人传达温暖和关怀；与医生在一起时，护士被期望是很顺从的；与病人的亲属在一起时，护士必须是很权威的。护士的行为由于扮演不同的角色而随着情境改变。

　　2.角色是人们的一套权利和义务的规范和行为模式

　　任何一种社会角色总是与一系列的行为模式相联系的。首先是一系列的权利，即这种角色有权要求别人进行某种活动；其次是一系列的义务，即别人有权要求这种角色进行某些活动、表现出某种行为。所有角色无不具有特殊的权利与义务。长期的社会生活使各种角色形成了一整套各具特色的行为模式，这就要求承担特定角色的人学会特定的待人处事的方法，否则，人们就认为他没有很好地完成这一角色。

　　3.角色是人们对于处在特定地位上的人们行为的期待

　　由于社会角色总是与一定的行为模式相联系的，如教师要为人师表，医生要救死扶伤，干部要办事公正、不谋私利等，这样，当人们知道某人处在某种地位上时，便预先就期望他具备一套与此地位相一致的行为模式——角色。社会角色的这一特点具有重要意义，它使我们仅仅通过对一些抽象角色的想象，就能对社会上纷

---

　　① 富永健一. 社会学原理［M］. 严立贤，等，译. 北京：社会科学文献出版社，1992：89.

繁复杂的人群有个大致的了解。

当然，并不是每一个处在特定地位上的人都能具备该地位应有的角色行为。例如，在教师中总会有些人不能为人师表，在领导干部中总会有些人缺乏领导才能，等等。在这种情况下，他们就不能满足人们的期望，因而人们就会认为他们承担这样的角色是不称职的。

4.角色是社会群体或社会组织的基础

社会学认为，社会群体或社会组织是人与人之间形成的一种特定的社会关系，而这种社会关系的网络就是由社会角色编织而成的。例如，由夫、妻、父、母、子、女等角色组成的群体，我们称之为家庭；由学生、教师、教学管理人员、后勤管理人员等角色互相联系所构成的社会组织，我们通常称之为学校；同样道理，医生、护士、化验员、卫生员、司药、病人等角色构成了医院这一社会组织。总之，角色是社会群体与社会组织的基础单位，如果失去了这些角色，社会群体与组织也就不复存在了。

在社会中，一种角色不是孤立存在的，而是与其他角色联系在一起的。任何一个人都不可能仅仅承担一种社会角色，而总是承担着多种社会角色，这样一组相互联系、相互依存、相互补充的角色就是所谓的角色集。

角色集也叫角色丛、角色群。它有两层含义：①一组相互联系、相互依存、相互补充的角色。不同角色的承担者由于特定的角色关系而联结在一起，它强调了人与人之间的社会关系。例如，在医院里，医生、护士、病人、病人家属等聚合在一起形成角色集；一个家庭通常由父亲、母亲、子女等角色组成。②多种角色在一个人身上的汇集。例如，一位女教师，在家庭里，对丈夫来说她是妻子，对儿子来说她是母亲，对母亲来说她是女儿；在学校里，对学生来说她是老师，对领导来说她是下属，对同事来说她是同事；在日常生活中，在商店里她是顾客，在汽车上她是乘客，对老同学来说她是同学，对朋友来说她是朋友；等等。多种角色集于一人身上，主要强调的是一个人自身的角色多样性。

二、社会角色的类型

从不同的角度可以对社会角色进行不同的分类。

1.先赋角色与自致角色

根据角色获得的方式不同，我们把角色分为先赋角色与自致角色。

先赋角色，亦称归属角色，是指个人与生俱来或在成长过程中自然获得的角色，它通常建立在遗传、血缘等先天的或生物的基础之上，如儿童、青少年、中年、老年和女儿、儿子、妻子、父亲等角色；还有一些角色是由社会规定的，如封建社会中通过世袭制继承所形成的皇帝、公爵等角色，也属先赋角色之类。它们一般不经过角色扮演者的努力而由先天因素决定或由社会决定。

自致角色，亦称自获角色或成就角色，主要是指通过个人的活动与努力而获得的社会角色。自致角色体现了个人的自主选择性。在现代社会中，个体一生中扮演的多数角色都是自致角色，包括个人职业的选择、婚姻家庭的缔结、事业的成就等方面的角色，这些都是个人凭借自己的努力而达到的。如本科生、硕士生、博士生或者教师、工程师、建筑师、高级技工等都属于自致角色。自致角色的获得需要具备独特的素质、才能、技巧和特殊的训练。

2.自觉角色与不自觉角色

根据人们承担角色时的不同心理状态，我们把角色分为自觉角色与不自觉角色。自觉角色是指角色承担者明确意识到个人所做的角色表演，因而尽力用行动去感染周围的观众，如讲演者等。不自觉角色是指角色承担者并未意识到角色表演，而只是照习惯方式去做。一般来说，自觉角色的出现常与下列因素有关：首先，一个人在刚刚充当某一角色时，往往容易表现为自觉的角色，如刚入伍的新兵、刚入校的大学生、刚上任的新干部等。其次，在他人在场或他人对此角色提出了明确希望的条件下，容易出现自觉的角色，如集体活动、集体工作常有助于实现自觉角色。再次，特定的环境与任务常容易使人表现出自觉的角色，如一位接受记者采访的人、一位谒见上级领导的人以及一位出席某个重要会议的人，他们在特定的环境与任务下往往能自觉地意识到自己的角色。最后，经常的自我提醒也是实现自觉角色的重要条件。

一般说来，当前述的、形成自觉角色的那些原因不存在时，人们就容易形成不自觉的角色。一个人在长期充当某一角色后，就容易从自觉走向不自觉。例如，当官当久了就容易使人忽视自己的特殊角色，根据这一原理，任期制有助于增强干部的自觉性。一个人在没有他人在场、没有特定环境与任务、没有经常自我提醒的情况下，也容易仅仅按习惯行事。

3.规定型角色与开放型角色

根据角色行为规范化程度不同，我们把角色分为规定型角色与开放型角色。规定型角色是指对权利、义务有较明确的规定，不得随心所欲地自由发挥，如军人、警察、法官、公务员等。在这里，不同的人实施规定性角色的实际过程是不一样的，好像不同的演员在舞台上以不同的方式演绎一个相同的角色，即使用的是同一个剧本。例如，护士这一规定角色，护士们在实施时却各有不同。他们对规定角色的理解不同，在完成规定角色期望的程度有所不同时，实施角色的态度和方式也不同。学生也是如此。开放型角色是指对行为规范没有明确的、严格的限制，承担者有较多自由和发挥余地，角色扮演者可以根据个人感情、个人所处的实际情况、个人对角色的理解去灵活扮演，如父母、夫妻、朋友等角色。

4.功利型角色与表现型角色

根据角色追求的价值目标不同，我们把角色分为功利型角色与表现型角色。这是以角色追求的是利益、效率，还是公平、理想、道德、价值观念来区分的。功利型角色是指以追求经济效益和实际利益为目的的角色，如商人、企业家、经营者等，这种角色在社会上主要发挥实现效率目标的功能；表现型角色是指不以获得经济效益为目的，而以表现社会制度与秩序、某种社会价值观念、思想信仰或道德情操等为目的的角色，如艺术家、教授、宗教信徒、公务员等，这种角色在社会上主要发挥表现社会公平的功能。这只是一种大体的划分，两类角色之间没有一条截然的界限。许多功利型角色在某种场合下会具有表现型的成分，如商人捐资建希望小学；作为职业角色的表现型角色也要计算工作的报酬，如作家的稿酬，教授的工资、津贴等。

5.支配角色与受支配角色

根据角色和角色之间的权力和地位关系，可以将角色分为支配角色和受支配角色。支配角色、受支配角色是德国社会学家达伦多夫提出的关于冲突理论的两个基本概念。他根据角色和角色之间的权力和地位关系，把角色分为支配角色和受支配角色。他认为，只要人们聚在一起组成一个群体或社会，并在其中发生互动，则必然有一部分人拥有支配权，而另一部分人则处于被支配地位。具有支配他人权力的个体扮演的就是支配角色，而受他人支配的个体就扮演了受支配角色。达伦多夫认为，在现实社会中，这两种角色具有下列特征：①在每一个受权力关系支配的群体内，扮演支配角色的人和扮演被支配角色的人必将形成针锋相对的非正式阵营。一般来说，承担支配角色的人总是极力维持现状以维护其既得的权力，而承担受支配角色的人必将设法改善受人约束和限制的现状以获得自己的权力。②这两种角色必然要建立符合自己利益的群体，各有自己的方针、计划和目标。总之，这两种角色始终处于动态的发展变化之中，一旦固有的平衡遭到破坏，原有的角色就可能发生转换。

三、社会角色的有关理论

1.米德的"社会角色"理论

美国芝加哥学派最早系统地运用"社会角色"这一概念，其中以 G.H.米德（G.H.Mead）的研究最为突出。米德使用这一概念旨在说明，在人们的交往中存在可以预见的互动行为模式，便于明了个人与社会的关系。他研究了儿童角色意识的形成，即从想象扮演某个角色（嬉戏阶段）发展为成熟地承担某个角色（群体游戏阶段）。米德指出，儿童在游戏或竞技中担任各种角色（在捉迷藏游戏中或在棒球比赛中交替担当进攻和防守角色）的体验，可以领悟到概括化了的他人的社会，对于形成儿童的"自我"来说有重要意义。他认为角色是在互动过程中形成的，角色表演并没有一个先定的剧本，文化只能为角色表演规定大致的范围。自米德以后，角色的概念受到了社会学、人类学、心理学等领域的学者们的普遍关注，他们对此进行了很多研究，提出了诸多理论。

2.林顿的角色理论

角色理论的另一位思想家是美国人类学家 R.林顿（R.Linton），有人甚至认为角色理论是经由林顿创立的人类学而进入到社会学中来的。林顿也被视为结构角色论的代表人物。他认为角色概念是用做构造其关于社会结构、社会组织理论体系的基石。角色可以定义为：在任何特定场合作为文化构成部分提供给行为者的一组规范。林顿将社会结构置于个人行为之上，视社会结构为一个行为规范体系，个人接受和遵循这些规范。因而角色是由社会文化塑造的，角色表演是根据文化所规定的剧本进行的。"结构角色理论家认为，社会是一个由各种各样的相互联系的位置或地位组成的网络，其中个体在这个系统中扮演各自的角色。对于每一种、每一群、每一类地位，都能区分出各种不同的有关如何承担义务的期望。因此，社会组织最终是由各种不同地位和期望的网络组成的。"①简言之，地位和相应的一系列期望组成了潜在的社会结构，这些期望又通过角色承担者个体自我的角色理解能力和角色扮演能力来传递，最后又通过个体的具体角色行为来实现。

显然，结构角色论强调了社会过程的既定的、结构化的一面，即强调了围绕社会关系系统中的地位，代表社会结构因素的期望，对角色扮演者的行动起制约作用。

3. 过程角色论

以特纳为代表的过程角色论者则以社会互动作为基本出发点，围绕互动中的角色扮演过程展开对角色扮演、角色期望、角色冲突与角色紧张等问题的研究。特纳对结构角色论提出了一连串的批评：①由于早期角色理论强调规范、社会地位和规范预期的设定，它对于社会的看法是结构泛化的；②该理论倾向于把大量的研究和理论建构的努力集中在"失范"的社会过程——比如角色冲突和角色紧张里，因而也就忽视了对人类互动常态过程的分析；③结构角色理论与其说是理论，还不如说是一系列前后不相联系、彼此没有联系的命题和经验概括；④结构角色论没有把米德的角色领会概念当作核心概念。②正是作为对这些问题的修正，特纳提出了强调互动过程而不是受社会结构支配的角色论。

特纳用米德的角色领会的概念来描述社会行动的本质，他假定，把现象世界型塑成角色，这是作为互动中心过程的角色领会的关键所在，是大势所趋。特纳强调，行动者在互动时做出一定的姿态和暗示——话语、身体姿势、嗓音的抑扬顿挫等，以便让自己置于他人角色之上，这样调适自己的路线以利于合作。为了强调这种观点，特纳只是简单地追随米德的角色领会的定义。

之后，特纳对米德的概念作了发展。他指出，角色的文化定义往往模糊不清甚至自相矛盾。这种定义最多也不过是提供了一个个体行动者从中建立行动路线的总体框架。因此，行动者建构角色，并在与他人的交往中告知对方自己在扮演何种角色。特纳指出，人们就是在这样的假定（好像环境中的他人也进行着明确的角色扮演一样）的基础上行动的。这一假设给了互动一个共同的基础。运用这一假定，人们能够有效地解读他人的姿态和暗示，以便确定他人正在扮演什么角色。

对特纳而言，角色领会就是角色建构。人们在以下3种意义上建构角色：①他们通常面临着一个松散的文化结构，这时他们必须建构一个角色以扮演之；②他们假定他人也在进行角色扮演，所以努力建构隐藏在一个人行为背后的角色；③在所有的社会情境中，人们都试图寻求为自己建构一个角色，主要是通过向他人发出暗示，确认某一角色来实现。这样，互动就成了角色领会和角色扮演过程的连接点，

---

① 特纳. 社会学理论的结构 [M]. 吴曲辉，等，译. 杭州：浙江人民出版社，1987：431.
② 特纳. 社会学理论的结构：下 [M]. 邱泽奇，译. 北京：华夏出版社，2001：49.

使他们彼此受益。①

　　虽然结构角色论和过程角色论看似针锋相对，实际上，二者是互补的。许多学者都认识到了这一点，并努力融合二者，以期建立一个统一的角色理论。他们努力把互动过程看成是在结构框架之下具有角色规定方向性的，而角色扮演者同时又发挥着创造性作用的能动辩证过程。

　　4.社会拟剧论

　　社会拟剧论（theory of social dramaturgy），亦称"社会戏剧论"或"戏剧理论"。这一理论认为，角色和角色扮演的概念有助于将人际关系的个人系统置于有意识状态。它把社会视为戏剧舞台，把所有社会成员看成担任角色的演员，并将社会互动过程拟作戏剧表演。其基本观点是：处于社会互动过程中的人都承担一定的社会角色，与舞台上的角色一样，他（她）进行表演，展现自身的形象，控制他人接受的印象效果，并通过最佳途径达到各自的目的。T.帕森斯、R.K.默顿、R.达伦多夫、E.戈夫曼等，均对社会角色理论做出了贡献。

第二节　社会角色的扮演

　　角色扮演是指个人具备了充当某种角色的条件，承担和再现角色的过程与活动，是指人们用自己的主观能动性，认识自己所处的特定地位和情景，并据此做出行为反应的过程。在这个过程中，主要包含3个方面，即角色领悟、角色学习、角色扮演（即角色实践）。

一、角色领悟

　　角色领悟，是指个体在特定的社会关系中对自己所扮演的角色的认识、态度和情感的总和。个体对角色的认识和理解往往是按照他人的期望和反应来不断进行调整和完善，最终形成自己的角色观念。一般而言，角色领悟就是要知道"我是谁"，具体内容包括4个方面：

　　（1）对角色地位的领悟。这是指个体对自己所处地位的认识。

　　（2）对角色义务的领悟。这是指个体对自己所应履行的角色义务职责的认识。每个人扮演一种角色，就要履行一定的权利和义务，角色义务观念集中地体现了角色的社会价值。一般来说，谁能履行自己的角色义务，谁就是合格的角色扮演者；谁能履行自己的义务角色，谁就是优秀的角色扮演者。

　　（3）对角色行为的领悟。这是指个体对自己所扮演的角色的行为模式的认识。任何角色都是按照不同的行为模式去行动的。如教师的行为应端庄而有教养，法官的行为应严肃公正等。如果角色扮演者不依照既定的模式去行动，而按另一种模式去行动，就会发生角色混乱。

　　（4）对角色形象的领悟。这是指个人对自己所扮演的角色所应具有的思想、品

---

① 特纳. 社会学理论的结构：下［M］. 邱泽奇，等，译. 北京：华夏出版社，2001：49.

格和风格方面的认识，也就是说，在与别人的互动中，应以什么样的形象出现。

二、角色学习

角色学习，是指学习顺利完成角色扮演任务，履行角色义务和权利，塑造良好角色形象所必备的知识、智慧、能力和经验等。角色学习是角色扮演或角色实践的基础和前提。角色学习就是学习角色技能，大多数的角色技能都是在社会化过程中通过学习得到的，它与人的生活经验和适当的训练分不开。角色学习包含多方面的内容，对于个体是否能够成功扮演角色非常重要。但是要明确，角色学习和角色扮演并不是一个过程的两个阶段，两者往往是同时进行的。个体往往在角色扮演过程中来了解人们对角色的期待，领悟角色和学习应用角色技巧；同时，也根据这些认识到和了解到的信息来调整自己角色行为的实施方式和强度。对于角色学习，可以从以下 3 个方面来把握：

（1）角色学习是综合性学习，而不是零碎片段的学习，因为角色是根据它所处的地位而由各种行为方式组合起来的一个整体，任何零碎的、片段的角色学习都可能导致角色错位、角色混乱和角色冲突。

（2）角色学习是在互动中进行的学习。没有相应的角色伴侣，没有参照个体或参照群体作为角色学习的榜样和楷模，也就很难体会角色的权利、义务和情感。因此，角色学习是在社会交往活动中实现的。

（3）角色学习是随着个人角色的改变而进行的学习。一个人在一生中，会不断地随着自己本身和社会环境的变化而变换着自己的角色，这就需要不断地学习，以适应新的角色的要求。

三、角色扮演

角色扮演，即角色实践，它是角色期待和角色领悟的发展，是个体按照其特定的地位和所处的情境实际表现出来的行为。有关角色扮演的具体而完整的论述是由戈夫曼（E.Goffman）提出的。戈夫曼在《日常生活中的自我表演》一书中阐述了其角色观点。他从角色概念出发，将社会与舞台进行了广泛的比较，从而提出了他的"戏剧理论"。

1.角色扮演需要通过一系列环节

戈夫曼认为，人们在确定了所要担当的角色后，直接面临的问题就是怎样表现这个角色。要让人们真正相信他是这一角色，就要通过一系列的环节使他表现出来。

（1）布景与道具。与舞台上的表演需要装饰一样。社会表演也需要布景和道具，所不同的是社会舞台上需要的是真景实物。一方面，它们起着象征作用，既是角色表演的标志，也是角色活动的场所，如医院的红十字，象征着医院进行着相应的角色活动；另一方面，它们也具有实用性，即它们是某些角色的实际活动所必需的物质工具，如黑板、粉笔、板擦就是实践教师角色所需的物质工具。

（2）衣着、仪表与言谈举止。一般来说，一个人的衣着、打扮、仪容、外表往往会给人们留下深刻印象，并能引起人们对其内在品质的联想。而言谈、举止、姿态和风度等，在角色表现上占有更重要的地位。这些在一定程度上反映着人们的内在品质。因此，前者是角色的外部再现，后者是角色内在品质的反映。

（3）注意前台、后台的表现与角色表现上的配合。角色表演有前台、后台之分。前台表演指人们正在扮演某种角色，后台表演指正式表演前的准备活动。将这两种表演区分开来具有实际意义，如宾馆、饭店等服务人员就必须避免混淆两种表演。要使角色有出色的表演，还需要实现角色之间的配合，否则某一个角色的失误就可能导致整个演出的失败。

戈夫曼几乎把现实生活的情境完全比作戏剧表演，把社会成员看作是演员，着重研究角色行为的符号形式。他这里引入的"观众""门面""前台""后台"等都是一系列舞台术语。"观众"是对角色扮演发生影响的其他人，"门面"由周围环境、角色扮演者的个人外貌以及行为方式组成，"前台"与"后台"是根据角色在与"观众"互动中所处的位置而区分的。在"前台"，角色与"观众"发生直接互动，而在"后台"，角色所表现出来的行为虽然可能与角色的扮演有关，但通常不为"观众"所直接感知，因而可以看成是角色与"观众"进行的间接互动。对于角色扮演者来说，在"前台"要求他严格按照角色要求行动，而在"后台"则没有这种要求。[①]戈夫曼的这种分析对于角色扮演显然具有较大的操作价值，但是将丰富多彩的社会生活还原为舞台上的表演，就过于重视了个体的主观能力在角色扮演中的作用，而且有可能造成对社会生活本质的歪曲。

2.角色扮演中会出现角色距离

角色距离（role distance），是指个人与他所承担的角色之间存在着差距，即一个人自身的素质、能力、水平与他所要扮演的角色之间的差异现象。表现出"角色距离"者，既包括那些行为、品质达不到角色规范的人，如军纪不严的士兵、名实不符的教授，也包括那些素质远在角色规范之上的人，如大材小用者或与儿童玩耍的成年人。当一个人不承担某种角色时，其行为便不构成角色距离。

"角色距离"概念是由符号互动论者、美国社会学家戈夫曼最早提出的。他以游乐场上的电动旋转木马为观察对象，阐述了角色距离的思想。这种木马适合4~5岁的儿童玩耍，当父母们将适龄的儿童放在木马上后，飞快旋转起来的木马对于孩子们来说虽然并非没有一点"挑战"的意味，但是，他们完全有能力控制住木马，父母也不必跟在身边保护。这时，孩子们会玩得全神贯注，因为在这个角色上，他们可以充分显示其才能，也可以博得父母的喝彩。在这里，孩子们的能力、素质与其所扮演的角色是吻合的，因此，他们很容易"进入角色"（role embracement）。当父母将2岁的孩子放在木马上时，孩子大哭大闹，父母也不敢撒手，最后只得让机器停下来，这说明父母对他们的期望过高了。

戈夫曼认为人们表现角色，首先必须"进入角色"，而"进入角色"需要具备3个方面条件：①获得了承担某种角色的认可；②表现出了扮演这一角色所必需的

---

① 安德列耶娃. 西方现代社会心理学［M］. 李翼鹏，译. 北京：人民教育出版社，1987：177.

能力和品质；③本能地或积极地在精神上和体力上均投入这一角色。当人们不具备这些条件时，当人们与角色之间存在差距时，就不能"进入角色"，出现角色距离。所以角色距离表明：自我与理想的角色模式是分离的，它妨碍一个人"进入角色"。角色距离是影响角色扮演成功与否的重要的因素。

第三节　社会角色的失调及调整

人们在社会角色扮演中不会是一帆风顺的，常常会发生矛盾，遇到障碍，甚至失败，这就是角色失调。角色失调是角色过程的一个方面。

一、角色失调的主要表现形式

常见的角色失调有角色冲突、角色不清、角色中断及角色失败。

1.角色冲突

在现实生活中，每一个人都是一个角色丛。而每个个体的角色行为不仅与他自己的社会地位或由此决定的身份相关，而且也与和他互动的其他人的社会地位或社会身份相关，这种相关造成了角色的多重性和复杂性。这种角色的多重性和复杂性导致处于一定社会地位上的个体通常不只是扮演一种角色，而是要同时扮演好几种角色，这造成了角色紧张，也成为角色冲突的重要根源。

角色冲突（role conflict），即在角色之间或内部发生矛盾、对立，妨碍角色扮演的顺利进行，是指占有一定地位的个体与不相符的角色期望发生冲突的情境，也就是个体不能执行角色提出的要求而引起冲突的情境。或者说，角色冲突是角色扮演者在角色扮演中出现的心理上、行为上的不适应、不协调的状态。

事实上，我们每天都在扮演很多角色，而且一些角色肯定会产生冲突的需求。法官的角色规定要有一种情感中立的、客观的态度，父亲的角色则需要情感的投入。通常这些角色的相互冲突的需求不会有什么问题，因为一个人在一段时间内只扮演一种角色。但当法官发现他的女儿成为法庭上的被告时，则会有冲突。同样地，学生运动员也会在学校考试和比赛训练之间有冲突。

角色冲突有两种表现形式，即角色内冲突和角色间冲突。

角色内冲突是指由于角色互动对象对同一角色抱有矛盾的角色期待而引起的冲突。导致角色内冲突的那些矛盾的角色期待，既可能来自不同类型的角色互动对象，也可能出自同一类型的角色互动对象。例如，对于教师这个角色，不同类型的学生就有不同的期望，爱学习的学生希望老师对他们严格要求，而不爱学习的学生则希望老师对他们放任自流。同一类型甚至同一角色互动对象也可能对某一角色提出相互矛盾的角色期望，例如，有的丈夫既希望妻子温柔体贴、操持家务，又希望她在事业上出人头地。此外，导致角色内冲突的原因还可能是角色行为主体对规定的角色行为有不同的理解，但是还必须履行。这主要表现在领悟角色、规定角色与实践角色之间的冲突。例如，一名士兵认为保卫祖国是自己的天职，而不是杀戮无辜。但是，如果其所在国家发动侵略战争，他不赞同这种不人道的做法，而他又必须服从命令。这时，他的领悟角色与规定角色就发生了激烈的冲突。这种冲突的结果，或者是违心地履行角色行为，或者是角色崩溃。例如，电视剧《士兵突击》中，许三多就经历了这种激烈的角色冲突的感受。

角色间冲突往往是由角色紧张造成的，主要表现在两个方面：①一个角色丛中的几个角色如果同时对其提出履行角色行为的要求，就会发生角色间冲突。例如，一个学生，同时又是学生会主席，这两个角色同时向他提出履行该角色行为的要求，如在同一个时间，他既要上课，又要去学生会主持会议，就会发生角色冲突，结果只能择其一。②当两个角色同时对一个人提出两种相反的角色行为要求时，也会引起角色间的冲突，这需要角色扮演者在这两种相反的角色行为之间做出痛苦的选择。京剧《赤桑镇》中的包拯，作为人民的父母官，他要执法如山，严惩包勉，而作为包勉的长者，他又要保持叔侄的亲情，赦免侄子，面临两种角色的激烈冲突，包拯选择了前者，这个故事成为千古传颂的佳话。

2.角色不清

角色不清是指社会大众或角色的扮演者对于某一角色的行为标准不清楚，不知道这一角色应该做什么、不应该做什么和怎样去做。在社会与文化急剧变迁的时期，很多社会角色的行为规范都超出了过去人们习以为常的范围。在变迁中，当一组新角色初次出现，社会还没来得及对其权利、义务做出规定时，就会造成角色不清。例如，当代中国的私营企业主是应该成为一个成功的追逐利润者，还是社会责任的承担者，在快速变迁的社会转型期，容易出现角色不清的状况。

角色不清还会使行为者表现出角色不当的行为，常使角色扮演者在一个特定的场合错误地扮演了其他角色。例如，当毕业几十年的同学聚会时，大家应该扮演的是同学角色，有的人将自己的职业角色带进来，以高级干部、大老板的身份出现，对当年的同学保持居高临下的态度，会引起同学的反感。

3.角色中断

角色中断是指处在某一角色地位的人，由于主观或客观的原因不能将该角色扮演到底而出现的中途间断的现象。它的发生可能是由于人们在承担角色的前一阶段时没有为后一阶段所要履行的角色义务作好充分准备，如在业职工突然失业；或者是因为角色的前一阶段的一套行为规范与后一阶段所要求的行为规范直接冲突，如进入另一文化群体的移民，由于客观情况的变化，不能继续充当原来的角色。

4.角色失败（亦称角色崩溃）

这是一种最严重的角色失调现象，是指角色承担者被证明已不可能继续承担或履行该角色的义务，不得不中途退出舞台，放弃原来角色的一种现象，如干部因为腐败而被罢免，学生因为违反校纪、校规而被开除等。

二、角色失调的原因

造成角色失调的因素是复杂多变的，既有社会因素，也有个体自身的因素。我们侧重于个体的分析，综合起来大致有以下几个方面：

（1）角色准备不足。角色学习是一个连续的过程，早期的生活经验必然为今后的生活做必要的准备。如果早期社会化不完善，没有充分的角色准备，那么个体在今后的社会生活中，遭遇角色失调的可能性会很高。

（2）多重群体的社会化。在社会生活中，不同的群体所持有的标准、规范和价值观是不尽相同的。如果个体参与的社会群体过多，在不同群体的社会化过程中，必然会发生不同规则和价值观的冲突。

（3）角色人格与自然人格的冲突。每一个角色都需要一连串的特定人格特质，例如，外事处的工作人员需要很好的语言表达能力和沟通能力，要求做事稳重而又不失风趣幽默。这些角色所要求的人格特质如果与充当该角色的人员的人格特质不相符，比如此人比较内向，不善于沟通交际，那么也势必造成角色失调。

（4）边际人的角色冲突。介于两种不同文化系统或两个不同社会群体边缘的人（即边际人），由于两种文化系统或社会团体在组织方式、信念、价值观等方面都有较大的区别，角色的扮演者很容易发生角色失调，如华侨和青少年就是两个较易发生角色冲突的人群。

三、角色失调的解决方法

不论是哪一类型的角色失调，都会妨碍人们的正常生活。社会生活的多重性和复杂性决定了我们不能完全消除角色失调，但是我们可以通过角色协调使角色失调降至最低限度。不少社会心理学家研究了缓解角色失调的方法，下面简单介绍几种：

1.角色规范化

不同社会群体和组织对不同地位的角色的权利和义务都有较明确的规定，这是现代社会体系中保护角色和避免角色冲突的有效手段。当社会体系中角色的权利和义务清楚地划分时，角色冲突就会减少到最低程度，这种对角色权利、义务的明确划分就是角色的规范化。经过规范化的角色，就会要求角色按照如此规范去履行社会的角色期待。

2.角色合并法

当一个人同时持有两个以上角色并发生冲突时，在有些情况下，我们可以将两个相矛盾的角色合二为一，发展为一个具有新观念的新角色。例如，当女性发生职业女性和家庭主妇的角色冲突时，可以加上一个经济因素的新观念，弥合这两个角色间的冲突，进而发展为一个既参加社会工作、获得经济收益又兼顾家庭生活的新型女性角色。

3.角色层次法

此方法是要求角色持有者将两个以上相互冲突的角色的"价值"进行分层，也就是将这些角色按其重要程度进行排列，将最有价值的角色排在首位，第二次之……依次进行角色重要性的心理分类，然后选择对自己来讲最重要的角色。此分类依据是按个人需要的结构和他人期待的重要程度而定的。这种方法类似于社会心理学家古德（W.G.Good）提出的角色选择法。古德认为，个体首先应该从许多角色中挣脱出来，把时间和精力用到那些对其更有价值的角色上。取舍角色的标准有3

个方面：一是该角色对个体的意义；二是不扮演某些角色可能产生的积极的和消极的后果；三是周围的人对拒绝某些角色的反应。

4.角色地位变化法

当角色扮演者对本身所持有的角色不满意而且也不能接受本身角色的观念时，为了避免情绪上的反感和内心的矛盾冲突，我们可以采取更改角色地位的方法。例如，一个喜好艺术并具有艺术天分的学生，所学专业却不是艺术类专业，那么就可以通过转换专业来消除这种冲突。

以上的这些具体方法在某种程度上能够缓解角色的失调，但是它们只适用于某些特定的情况，要从根本上缓解角色失调，角色学习、技能的培养和训练很关键，它们能帮助我们提高协调处理各种不和谐角色期待的能力。同时，我们也要努力协调统一角色互动对象们对角色的各种期望，使他们对某一角色采取合作的态度和行为。

应用社会学之窗

角色的扮演——进入行政角色

正如其他角色的情况一样，进入行政角色要通过感情的、道德的、知识的和行为的重新取向，而不是通过正式任命、选举或者诸如此类的程序。一个人可以被选入某个机关，并应该作为行政者而工作，但实际上他还不能完成行政者的工作，反过来，即使没有进入办公室，一个人也可以发挥行政功能。由于多数成员对于其群体的性质都有所了解，并以其行动影响之，所以并无清晰明确的界限标明进入和退出行政角色。我们选择下例，其领导有意离去留待成员补缺，以弄清如何进入行政角色。

有12个资历很深的军人，集于东海岸某大学，参加为期一周的行政管理研究班。有些人已经相识，大多数都是初会。他们都是现役，都统领着一批人马。他们认为这个研究班"非同寻常"，"很有价值"，"别出心裁"，"是令人难以置信的事"，"感情翻腾"，"比军队更野蛮——简直是太野蛮了！"大多数人已正确地猜出，他们被选参加表明了上司对他们的信任。然而，他们还是感受到了自己是在被试验。

在签完命令、处理完例行公事之后，群体坐在一个隔声、装有电子仪器、围有单向观察玻璃的房间里。这时来自华盛顿的负责军官宣布："你们许多人对这个研究班已有所了解。如你们所知，我们将在这里聚会一周时间。每天的聚会日程都发给你们。你们将得到阅读材料和8个案件，这些案件来自军队、工厂、家庭、学校等等。它们均包含重要问题，可供理解人们的行为和人们为什么那么做。你们的前班学友已用他们选择的方法研究过这些问题。材料就在我们面前，我们将一道做，但怎样做完全由我们自己决定——完全看我们的。我自己没有什么计划、程序、方案让你们遵循。研究班是你们的，你们将怎样做呢？"

沉默。有几个人点烟。椅子被移开桌子。笔记本打开又合上，合上又打开。

仍然沉默无语。一个魁梧的军官过去打开窗子。桌端一个人注视着手中玩弄的铅笔。所有人似乎都很尴尬，直到最后一个人表示他也没有什么计划，但他认为所有的案件都很有意思，他愿意谈谈大家已经看到的某个案件，例如"Semper Fi"一案。

"哪一个？"有人问。

"Semper Fi。"

只有一个人点头同意。他开始读案件。

沉默证明是研究班的重要时刻。领导通过把研究班抛给参加者这一简单行动，粉碎了他们的期望，而他们只好用难堪的沉默来回答。领导打破了军队的习惯：没有命令，没有专门程序，没有明确的基本规则，没有清楚的权威结构。与传统相反，负责军官把上司的权利和义务都交给了他们。在军界尚无应付此特例的规定，操典中也找不到任何此类规则。领导者通过把研究班抛给大家的方式，改变了他们的正常角色。他不是提出任何目标、基本规则、原则、程序或模式作为指导。相反，这些东西必须靠群体形成。在把研究班"交给"他们的过程中，领导使他们承担了行政角色的责任。

"沉默"，一个军官后来回忆道，"笼罩了一周。我很难受。我坐在那里，不知所措。我等着别人站出来，但没有人站出来。我怀疑领导是真的全靠我们自己，还是这不过是某种实验"。

我应该把他的话当真吗？他说那是我们自己的研究班。他是指他不想领导我们吗？是我们自己决定干什么吗？我们如何做出决定呢？我们不知道怎样搞好一个研究班吗？我不认识其他人，我不知道其他人怎么想，他们看上去也很紧张。我们只能做一件事——把自己弄成了傻瓜。我们只能伸长脖子，然后又耷拉下脑袋。"绝不自愿——绝不自愿"，这一念头回旋于我的脑海。那真是个陷阱。

"'然而'，我想，'假设他是那个意思。因为我们离开了基地，离开了华盛顿，离开了军队，我们现在是在一个大学里'。它可能没有多大意义，但我决定还是认定他是那个意思吧——他认为我们能够那样做。我觉得，'他的意思是这样的——把你推入冷水，或者沉没，或者游泳。我从心底感到好受些了。我准备试一试。然而，这时已有人念 Sermper Fi 这个案例了。"

这个军官实际上是在描述如何进入行政角色：从被动地依赖习惯、传统、规则、别人选定目标，到自愿进入困境，看看到底能够做点什么以拯救（创造）研究班。以后，又听到他这样说："我注意到当我们讨论案件中的人时，我们实际是在讨论自己——似乎我们的讨论全是梦呓——当谈论别人时，其实是指自己"；"当我们互相靠近时，我们就互相嘲笑，似乎我们不愿靠近似的"；"我们都在做戏，在演出一剧，因为我们担心华盛顿那个机构在外面观察我们"。这个军官大概没有回想到，当他进入行政角色后，他把椅子拉近桌子，把烟斗小心放在烟灰缸里，开始迅速环顾群体，看看到底发生了什么事情。

并非他的所有伙伴都跟他一起进入了行政角色。事实上，到最后一天，仍有一个人坚持要使群体接受一个标准程序，以控制他们的讨论。

资料来源　米尔斯．小群体社会学［M］．温凤龙，译．昆明：云南人民出版社，1988：105-108.

思考题

1.如何理解社会角色？

2.试述社会角色的主要类型。

3.联系实际谈谈如何做一个当代社会的大学生？

4.联系当代中国现实，谈谈政府官员的角色扮演及角色失调的原因。

5.结合实际谈谈人在角色扮演中可能会出现哪些问题，如何解决这些问题？

推荐阅读书目

［1］奚从清．角色论——个人与社会的互动［M］．杭州：浙江大学出版社，2010.

［2］格罗塞．身份认同的困境［M］．王鲲，译．北京：社会科学文献出版社，2010.

［3］陶西格，米歇尔，苏比蒂．社会角色与心理健康［M］．樊嘉禄，等，译．合肥：中国科学技术大学出版社，2007.

［4］陆而启．法官角色论：从社会、组织和诉讼场域的审视［M］．北京：法律出版社，2009.

［5］张秋山．大学生社会角色时代变迁［M］．北京：人民出版社，2007.

［6］戈夫曼．日常生活中的自我呈现［M］．冯钢，译．北京：北京大学出版社，2008.

第七章　社会互动

社会系统实质上是一个互动关系网。

　　　　　　　　　　——帕森斯

　　角色不是孤立存在的，它依存于一定的角色关系。这种角色关系就是社会互动关系。社会互动是社会学的一个中心概念，它是个体层次与社会结构层次及文化层次的中介，是由个人走向群体以至更大的社会组织制度的转折点。

　　人的本质是社会关系的总和，社会关系实际上是人在社会互动中形成的关系，人类活动的种种制度化形式，如社会组织、社会规范、社会结构，无非是种种人类互动中发生的社会关系的凝固化、制度化形式。而整个社会历史的发展和社会的变迁，不过是人们互动的一种结果，与特定的社会互动的形式（如合作、冲突）相联系。所有的人都是社会中的互动者，千百万人的互动的聚合就是社会，互动的合力推动着社会的发展，形成了社会的历史。全部的社会现象，都可以从社会的互动中得到解释。

第一节　什么是社会互动

一、社会互动的含义

　　在日常生活中，我们经常与各种各样的人打交道，要么是对他人采取行动，如给同学写信、向教师提问题；要么是对他人的行为做出反应，如回答他人的提问、对他人给予的帮助表示感谢。这种社会交往过程就是社会互动。所谓社会互动（social interaction）是指行动者对其他行动者行为的回应行动。具体来说，社会互动是社会上个人与个人、个人与群体、群体与群体之间通过信息的传播而发生的相互依赖的社会交往活动。在社会互动中，交互作用是社会互动的基本特征。一般来说，社会互动应该具备以下几个条件[①]：

　　（1）社会互动必须发生在两个或两个以上的人或群体之间，这是互动的结构性条件。社会互动以信息传播为基础，信息是互动沟通的纽带，信息包括观点、意见、情感。信息传播过程既非社会行动也非互动，而是处于两者之间。

　　（2）个人之间、群体之间，只有发生了相互依赖的行动才产生互动，不论这种依赖是直接的还是间接的，是亲和的还是排斥的。人的互动不在于空间距离的接近，而在于事件的相互关系。现代社会间接互动的形式增多，通过书信、电话、网络等手段，也能形成社会互动，因而，社会互动会带来一定的效果。社会互动对互

---

① 朱力. 社会学原理 [M]. 北京：社会科学文献出版社，2003：31-32.

动双方及他们之间的关系产生一定的影响，并有可能对社会环境产生一定的作用。互动双方均受对方行动发生与改变的刺激，并做出一定的反应，从而形成真正的群体行动。

（3）参加互动的人都是有意识的，都是基于行动者一定的需要与利益，都力图用头脑中成熟了的计划去调动另一方的行动，即对对方抱有某种"期望"的社会行动。

（4）社会互动总是在特定的情境下进行的，同一行为在不同的时间、不同的场合具有不同的意义。因而，无论是个人还是群体的互动都不可能为所欲为、随心所欲，都必须在一定具体的规范的引导下行动。

（5）互动的双方一般互为主体或客体，沟通双方使用统一或相通的符号，对交往情境有相同的理解，即"共享定义"。

二、社会互动的性质

受韦伯对社会行动种类的划分的影响，有的社会学者将社会互动的性质分为理性互动、非理性互动和混合性互动。理性互动是行动者基于投入与产出关系的利益精确计算而采取的一种互动方式。在这种互动中，行动者关心的中心是手段与目标的关系及行动的效用，根据手段合理性原则而采取有效的行动，而不重视主观因素（如价值标准、道德原则）的制约。理性行动本质上是工具合理的行动。这类互动以利益因素为主，利益是交往的目的，感情交换只是手段，交往中的感情是作为一种能获利的资本而作的投资。这种性质的互动一般遵循公平法则，如买卖双方的等价交换。这是在市场经济中普遍采取的行动模式。

非理性互动是未经精确的利益计算而采取的一种互动方式，行动者的目的是根据某种内在的或理想的东西（意愿、信仰）来确定的。在这种行动模式中，目的和规范成了决定行动性质的因素。因此，这种互动又称为价值理性互动或规范理性互动，如宗教互动、亲子互动、习俗等。这类互动以精神性因素为纽带，感情既是交往的目的，也是交往的手段。

在人们的实际生活中，人们的互动并不是非此即彼的关系，而是理性互动与非理性互动的一种混合。如个人与亲戚、一般朋友、邻居、同学、同事、同乡等建立的各种人际关系，既有情感性的非理性成分，又有工具性的理性成分。彼此都预期将来还会交往，而且有一定的情感联系，这时人们多以人情法则行事，交情的深浅和面子的大小对互动方式和互动结果有重要的影响。

三、社会互动的维度

对互动本身的构成进行分析，即要找到一些具体的指标来描述特定互动的状态，这就是互动的维度分析。一般来说，互动有下列4个维度[①]：

（1）向度。向度反映社会互动的方向，表明互动双方的关系的性质，主要包括：①情感关系——是亲和还是排斥？是融洽还是对立？②地位关系——是平等的

---

① 郑杭生. 社会学概论新修［M］. 4版. 北京：中国人民大学出版社，2013：137-138.

还是不平等的？权力分配的格局如何？③利益关系——是一致还是冲突？冲突程度多大？不同方向的互动在模式上、结果上都大不相同。在一定条件下，互动方向也可能发生变化。不少学者认为，情感上的亲疏爱憎与地位上的尊卑是人际互动的两个最基本向度。而且，情感向度上遵循回报性（即爱引发爱，恨导致恨），地位向度上遵循互补性（即支配引发顺从）。

（2）深度。深度反映社会互动的程度，表明互动双方相互依赖的大小。我们可以从互动双方利益关联的大小、情感投入的多少、互动延续的时间长短和互动规范的复杂程度等几方面来分析互动的深度。一般来说，如果利益上事关重大、情感上涉入很深、时间上持续较久（或其结果的影响很深远）、规范上较为复杂，则是深度互动，反之只是表层的互动。

（3）广度。广度反映社会互动的范围，表明互动双方交往领域的大小。有些互动局限于特定的领域，有明确的行为规范，如上课只是为了传授、学习知识，学术会议只是为了讨论某个问题。有些互动则涉及很多方面，互动方式上较为灵活，如朋友之间、家庭成员之间的互动大都是全面的互动。

（4）频度。频度反映一定时间内发生社会互动的多少。如在同一个单位组织里，我们与有的同事经常来往，与另外一些同事只是偶尔交往。互动的频率往往影响到人际关系的深浅与好坏。

综合考察社会互动的几个维度，可以了解互动双方人际关系的密切程度。

第二节　社会互动的类型

社会互动的方式虽然复杂多样，但都是按照一定目的和利益进行的。有的社会互动有共同的目的或共同的利益，有的社会互动则具有相反的目的或相对立的利益。我们按此标准，将社会互动分为顺从型互动、合作型互动、冲突型互动3类。在有很多人参与的社会互动中，人们的行为就由个人行为转变为群体行为。

一、顺从型互动

行动者之间发生性质相同或方向一致的行动过程，叫作顺从型互动。具体来说，是指互动中的一方自愿或主动地调整自己的行为，按另一方的要求行事，即一方服从另一方。这是个人或群体为了适应社会环境，求得生存与发展的一种行动方式。顺从型互动是现代社会生活中一种普遍的社会现象，有暗示、模仿、从众3种形式。

1.暗示

暗示就是一个人有意或无意地向他人发出刺激并能引起他人反应行为的方式。暗示与模仿是一对基本的社会互动方式。暗示是模仿的对象，模仿是暗示的结果。它们是互动行为的两个方面：从刺激方面来看，是暗示；从反应方面来看，是模仿。两者不可分离。在社会交往中，暗示的作用不可轻视。一是暗示能造成行动者的行为倾向；二是暗示能重新引起以往曾有过的行为倾向；三是暗示能加强某种行为倾向。但是，暗示并不是在任何情景下都发生，而是有一定条件的。容易引起暗示的社会条件是：①暗示者的地位具有权威性，即权威高的人的思想或行为极易引起地位较低的人的模仿。②刺激的反复与持久性。反复与持久的刺激会引起人的反应与模仿。③有的放矢发出的暗示比无的放矢发出的暗示更有效。

2.模仿

模仿，就是按照他人的行动方式去行动，对某种行为做出类似反应的行为方式。这是一种全盘接受他人行动特点与范例的影响并发生相同行动的过程。模仿可以分为3类：第一类是无意模仿，即不知不觉地照着别人的样子去做，这是一种自发性的模仿。无意模仿包括先天本能的模仿，如儿童模仿大人的行为，往往是一种潜移默化的过程；还包括突发情况下的模仿，因为临时面对突发事件，人们没有规律可循，不知不觉地照着别人的样子去做。第二类是有意模仿，即有意识有目的地照着别人的样子去行动。有意模仿包括虽然对其他个人或群体行动本身的意义缺乏了解，但对其社会效果感兴趣而进行的模仿，比如，有些中国青年人喜欢过圣诞节，但并不了解它的意义，只是追求节日的热闹气氛；还包括在了解别人行动意义的基础上进行的有意模仿，这种模仿较为持久。往往一个外地人迁入到新的地方时，要模仿当地的习俗、语言，希望尽快地融入当地的生活中。第三类是选择模仿，这是一种理性的模仿，是经过行动者认真的思考，对模仿源进行认真的过滤、分析和筛选而确定的。这种模仿有相当明确的目的性，因而较持久，是模仿的高级类型。我们学习英雄模范的活动若成为选择性模仿，就会更有效果。

3.从众

从众，是行动者在他人的压力下接受他人行动方式的过程，即按照一定群体中多数人的样子去行动。从众主要有3种形式：一是缺乏判断的从众，即不考虑大多数人的行为是否正确，而一概随大流儿。二是违心的从众，即明知不对或内心不愿意，但行动上仍然从众。个人或团体发生违心的从众行动，是屈服于社会压力的结果，是一种消极行动方式。三是表里一致的从众，即既理解与接受众人的目标，又采取一致的行动。这种行动方式的主体，一般较有创造性。表里一致的从众在一个团体内越普遍与经常，这个团体的内部结合程度就越高。反之，违心的从众越多，这个团体的内部结合程度则越低。众人的行为并不等于正确的行为，是否从众不是评价个人与团体进步的标准。对于众人正确的行为是否从众以及从众到什么程度，才是评价个人与团体进步的尺度。从众行动是社会安定团结的基本因素，但又不完全是这样，因为对于那些扰乱社会秩序的从众，将会带来更大的动乱与危害。因此，从众行动具有双重的性质。社会一般较为欢迎从众者，而不从众者一般则是在他们的行动发生之后较长时间才可能得到肯定。①

从众与模仿在表面上似乎没有什么区别，但在性质上是不同的：①模仿是一种行动者主动的自愿的行为，而从众并非是行动者自愿的行为，具有消极性；②模仿

---

　　①　张乐宁，刘祖云，唐忠新，等. 社会学概论［M］. 北京：中央广播电视大学出版社，1986：203-204.

是行动者在没有外部压力下的一种行为，而从众是在行动者受到外部压力的情况下的一种行为，可以说，从众是一种有压力的特殊的模仿；③模仿的对象可以是多数人，也可以是少数人，但从众的对象一般总是多数人。这是我们区别模仿与从众的3条标准。

二、合作型互动

由于某些共同利益或目标对于单独的个人或群体来说是很难达到的，于是人们或群体就联合起来一致行动。合作是人们合力实现目标、分享报酬的活动。合作是最古老、最自然、最广泛的形式，从某种意义上说，社会就是建立在人们的合作行动基础上的。当双方遇到一个需要联合行动的情境时，合作便自然产生。在古代社会，合作是自发产生的；在现代社会，合作主要是契约型合作，即个人或群体之间以制度化的形式进行合作，各种社会组织的建立，就是为了具有相同目标与利益的人们进行正式的合作。除此之外的合作，称为自发型合作。

1.社会交换

彼德·M.布劳认为，社会交换是当别人做出报答性反应就发生、当别人不做出报答性反应就停止的行动。社会交换是人的自愿行动，这些人的动力是由于他们期望从别人那儿得到回报，并且一般也确实从别人那儿得到了回报。当个人或团体协助其他人或团体，而获得适度的物质或报酬时，他们便是在进行交换。这种社会交换是基于互惠的原则之上的，彼此互助，一方赠予或服务，另一方报以仁慈或感激，这是交换的最高理想。交换是社会互动最基本的形式，是一切社会关系的基础。社会交换的功能在于相互支援与协助。日常生活中的交换行为是一种最普遍的行为。交换的动机较为复杂，有情感性的也有利益性的，有利己的也有利他的。交换同时也是现代社会中的一种普遍的规则，当一个人有某种需求要得到满足时，最简便的方式就是通过经济交换或社会交换来实现。

经济交换与社会交换的区别主要在于：①经济交换的内容与范围相对社会交换来说要狭窄一些，经济交换主要是通过货币为媒介的物质交换，而社会交换的资源除了物质以外，还有精神性的因素。社会交换的内容与形式要比经济交换丰富得多。②经济交换的原则是价值规律；其交换的资源有通行的市场价值，往往是明码标价，交换者比较清楚，而社会交换的价值与价格较为模糊，要通过交换者的领会才能清楚。③经济交换有明确的规则，有法律保护，而社会交换则没有明确的规则，也没有明确的法律保护措施，只是依靠互动者的自愿行为，违背交换规则便自行停止交换。④对于经济交换的目的，交换双方十分清楚，而社会交换中主动的一方的目的是清晰的，被动的一方获得的并不一定是自己所需要的资源。⑤经济交换的目的是功利性的，而社会交换的目的并不完全是功利性的。①

社会交换有4个要素：①目标，即行动者预定的对象与事先的计算。②支付，即行动者向交换对象提供某种行动或通过行动传递某种实物或其他东西。③回报，

---

① 布劳. 社会生活中的交换与权力［M］. 孙非，张黎勤，译. 北京：华夏出版社，1988：104-134.

即接受支付的一方所做出的酬谢，这种酬谢有可能是一种行动，也可能是某种实物或其他东西。④效益，即目标与回报的一致程度、支付与价值的比较。当4个要素都完成作用时，即完成一个交换周期。社会交换中的回报可以分为两类：一类是内在因素，即谢意、尊敬、赞扬、友爱与服从；另一类是外在因素，即劳动、智力、权力、实物与货币。社会交换的内容就是这两种要素的不同组合，即内在因素与内在因素的交换、外在因素与外在因素的交换、内在因素与外在因素的交换。社会交换是在市场之外进行的，一般发生在公共场合与私人交往场合。合理的社会交换既可能发生在公共交往场合，又可能发生在私人交往场合；不合理的社会交换则一般发生在私人交换场合。随着经济市场化的深入，经济交换的原则渗透到社会生活的方方面面，各种在私下场合进行的隐蔽性交换大量增加，甚至干扰了经济活动的正常运行。社会交换这一行为值得社会学者进行研究。

2.援助行为

援助是行动者向他人提供社会资源的行动过程。社会交换的出发点是行动者自身的需要与利益，而援助行为的出发点是行动者以外的他人的需要和利益。因此，援助行为是人们之间美好关系的体现。援助行为有3种类型：①单向型援助，即由个人或群体单方面向别的个人或群体提供某种援助，受益一方往往没有逆向的援助行为的过程。这种行为往往是无私精神和崇高风尚的表现。②双向型援助，即作为互动双方的个人或群体分别向对方提供援助行动的过程。这种行动过程就是互助，单向型援助一般发生在临时、偶然与不稳定的关系中，而具有稳定关系的双方容易成为互助的对象。③牺牲型援助，即行动者不惜牺牲个人利益以至生命来援助其他个人或群体的过程。这是一种最高层次的援助行为，没有利他的世界观和人生观是不行的。

与援助行为相反的是"集体性坐视不救"或称"旁观者的冷漠"，即他人遇到困难或危险时无动于衷，不伸出援助之手。这是一种与利他性行为相对立的行为，反映了人际关系和社会关系中的消极方面。"集体性坐视不救"从内容上看有两类：一类是突发性灾难，常见的有落水、车祸等，有旁观者而无舍己救人者；另一类是受犯罪分子攻击，如被侮辱、被抢劫等，有围观者而无见义勇为者，或见义勇为者得不到声援和帮助。"旁观者"主要是指紧急事件发生时现场临时聚集起来的众多围观者，他们与事件本身并无联系，但从社会伦理角度来看，他们具有某种不可推卸的道德义务与责任，因而具有某种精神联系。"旁观者的冷漠"实际上属于群众中结构最松散的一种，即"临时人群"，具有许多集体行为的特征。在突发事件的特殊场合，人们的社会行动会受到一些特殊的心理因素的影响：①情况不明，判断模糊。在突发事件中，情况紧急，人们无法从容了解事情的来龙去脉，因而在知觉上判断模糊、举棋不定，行动上则犹豫不决。②期待暗示，相互误解。在场人群在这种特殊场合下行为谨慎，期望从他人的行为中得到暗示，这种集体性观望导致相互误解，即人们都等待着从别人那里看到榜样，都误以为别人的犹豫不决是不肯援助，于是自己也不便轻举妄动。集体性误解阻止了一些有救援动机的人的行动。③责任分担，相互推诿。由于临时聚集的人们没有明显的个人标志，在互不熟识的人群中具有匿名效应，容易产生责任分散的感觉，主观上把要求自己承担的道德责任分解到他人身上。这种心理上的道德责任的推卸，带来了行为上集体性逃避现象的产生。④怕惹麻烦，危及自身。集体性良知麻痹，折射出社会结构转型时期人们特有的复杂心态和道德状况。见义勇为不仅是道德的选择，也是理性的选择。

3.互助

互助是人类社会在与大自然的抗争中产生的。人们正是通过群体内部的互助来实现个体的自卫。在现代社会中，人们仍然会遇到各种困难，如自然灾害、社会问题都威胁着人们，人们通过组织的形式来弥补个体能力的不足，互助性是人类的群体特性。尽管如此，人们还会遇到许多临时性的突发事件，一时无法依赖组织的帮助，这就需要社会成员的相互帮助来解决临时的困难以摆脱困境。因此，帮助别人是任何社会都需要和期望的，是任何社会都倡导的道德行为。

三、冲突型互动

冲突是人类社会生活中普遍存在的一种互相反对的互动方式，是人们为了争夺同一个目标而展开的行动及其过程。在现代社会中，人们相互争夺的目标一般是某些稀缺资源，如财富、金钱、地位、权力等，或者由于价值的不同而产生的摩擦。冲突的产生是因为双方当事者认为只有阻挠、压倒、挫伤、消灭或者摆平对方，才能达到目的。冲突时常是无止境的，冲突的矛盾源可能在物质方面，也可能在精神方面。

关于冲突有不同的划分。社会学家科塞把冲突分为两种类型[①]：一是现实性冲突，指那些为了达到特定目的而指向冲突对象的对抗行动。例如，工人反对经理的罢工，经理掌握着增加工资与提高其他劳动福利的权力，工人针对经理的罢工，是为了达到迫使经理增加工资与提高其他劳动福利的目的。每一个社会系统都包含着现实冲突的原因，因为人们会对稀有的地位、权力和资源提出有冲突的要求。当人们在追逐的要求和期望获得的某种结果受挫时，现实性的冲突就发生了。二是非现实性冲突，即其中一方不指向冲突对象的发泄敌对情绪的行动。非现实冲突转移真正的冲突对象，往往表现为找"替罪羊"。非现实性冲突是在现实性对立不被允许表达时发生的转移。

还有一种常见的划分是按照冲突的程度划分：

1.竞争

竞争有两种含义：从广义上讲，竞争包括一切生物的生存竞争，这是生物的本能，是生物进化的普遍规律；狭义的竞争是专指人类社会的竞争，即人与人之间的竞争。人与人之间的竞争也是一种普遍的社会现象。人们主观欲求和客观存在之间的差异，是发生社会竞争的原因或前提。从主观方面来说，人人都有满足自己的生理需要和社会需要的欲求，如衣食、荣誉、地位等，人皆有之；从客观方面来说，

---

① 科塞. 社会冲突的功能［M］. 孙立平，等，译. 北京：华夏出版社，1989：34-41.

这些东西在社会上的分布是不平均的，而且永远不会平均，比如任何时候、任何社会都不能把荣誉平均分配，这是客观存在。

竞争是人们为了争夺同一个目标而力图超越对手的活动和过程。从表面上看，竞争是合作的反面，其实竞争常常以合作为基础，竞争与合作相互依存。因此，竞争是遵循某些规则的一种合作性的冲突，竞争是一种普遍的冲突形式。

（1）竞争的特点

①竞争的目标都是有限的资源。有人得到，就有人得不到。

②必须是双方争夺同一个对象，才会有竞争。如果两个或两个以上的个人或群体争夺的对象不同，那么在他们之间是不会发生竞争的，比如篮球运动员不会和滑冰运动员发生竞争。只要是共同争夺一个对象，竞争双方不一定必须互相认识，也不一定必须直接接触，就可以发生竞争，如资本家争夺市场、争夺原材料等竞争，他们之间不一定互相认识，把他们联系在一起的是一个共同的争夺对象。

③竞争的结果是有差异的，即有胜负、优劣之分。竞争双方一方获得成功，即足以剥夺另一方成功的机会，不可能双方同时获得成功。

④竞争必须遵守一定的规则。竞争是纳入一定秩序的理性行为，不可以没有规则。规则是普遍的、一致的，不能因人而异，不能互相矛盾，以此保证竞争的公平性。规则又是相对稳定的，不可以频繁改变，否则就不能保证竞争的秩序性。当竞争违背了规则，出现了双方相互攻击时，就越出了竞争的范围，转向斗争的范畴。

（2）竞争的种类

根据不同标准，可以把竞争分成若干不同种类。依据竞争的对象不同，可分为经济竞争、政治竞争、文化竞争、地位竞争、配偶及爱情竞争等。

经济竞争争夺的是物质利益和优越的经济地位。这种竞争涉及的范围极广，参加的人数最多，任何个人、群体和国家都可能参加进来。在工业、商业、金融、交通以及旅游等各条经济战线上，都可能展开竞争。在经济竞争中起杠杆作用的是价值规律。经济竞争对社会生活影响最大。

政治竞争是争夺权力，如资本主义国家的竞选活动。政治竞争在现代社会集中地表现为党派之间的竞争。政治竞争的另一种形式就是军备竞争，也称军备竞赛，是争夺军事优势，争取在武力上压倒对方的一种耗资巨大、旷日持久的竞争，一般是在国家与国家之间展开的。

文化竞争包括科学、教育、艺术、体育等方面的竞争，主要是争夺荣誉，附带有物质利益。参加者包括个人、集体、地区和国家。如某人在科学上的一项发明赢得荣誉和奖赏；某个剧团艺术水平高，受社会欢迎，人们争相观看其表演。体育竞争也是一种文化竞争，它主要是争夺荣誉，而且是给竞争者所代表的群体、地区、民族或国家争夺荣誉，所以，一场重要的国际体育比赛，能够吸引亿万人民的关注，它所起到的社会心理作用是无比巨大的，获胜者可以振奋民族精神，提高民族声誉。

地位竞争是普遍存在的一种竞争，竞争的目标是争夺较高的社会地位。度量社会地位的标准通常有职业、职务、收入等。凡是争取地位较高的职业和职务的竞争都是地位竞争。地位包括声誉、利益和权力等内容，这是竞争者要争夺的真正目标。

（3）竞争的社会作用

在改革开放之前很长的时期内，中国不提倡竞争。社会认可的意识形态指出竞争是资本主义社会的特殊行为。中国实行社会主义计划经济，每个人的岗位和工资收入是固定的，差别不大，并且不会因为个人的努力而有所改变。这种体制不鼓励勤奋，而奖励懒惰，所以社会发展缓慢。我国改革开放以来，特别是明确向社会主义市场经济过渡以来，引入了竞争机制，使个人的体力和智力付出与报酬挂起钩来，调动了每个人的积极性，激发了单位的活力，从而使社会发展速度加快，社会生活各个领域生机勃勃。

2.斗争

斗争是个人或群体之间在某些方面相互反对的一种行为方式。斗争的原因一般是双方利益、价值、意见等的对立。斗争的目的通常是为了压抑、控制、打击或毁灭对方。斗争是社会矛盾的外在表现。

3.战争

战争是社会集团之间使用武器技术毁灭对方物质设施与成员肉体的一种行为。战争一般是有计划、有组织、有目的地进行的，比其他冲突方式规模更大、时间更持久，是冲突的最高形式。它不是由于偶然的事件所致，而是有着深刻的经济、政治与社会根源。战争是有组织、有计划、有领导的军事对抗，是人力、物力、财力以及人的智力的全面对抗。

社会学家桂斯拔（Louis Kriesberg）认为冲突的结果基本上有4种类型：第一种是引退。一种引退方式是冲突源于某方提出对方所不能接受的要求，如果受害者撤销所求，冲突便告终止。另一种引退方式是与对方中断来往，或隐退，或逃避，如某些教徒受迫害移民到国外。第二种是强加。一方成功地迫使对方放弃原来的目标，从而达到自己的目标。如第二次世界大战中，苏美要求日本及德国无条件投降。第三种是皈依。其也是一方完全遵照另一方的意愿，与强加的不同之处在于手段不同。强加出于强制，皈依通过说服。第四种是妥协。也就是各自让步，放弃一些原先的要求，同时也达到部分目标，前提是双方愿意通过谈判解决纷争。

谈判是解决冲突的典型手段。它是指冲突双方通过商讨，相互做出妥协以达到利益平衡的行为。它是一个漫长的、利益平衡的过程，也是一个双方避免冲突升级、矛盾激化的有效手段。它可以使双方解决冲突的代价减少到最低的程度。无论在政治冲突、经济冲突、文化冲突、社会冲突中，还是在个人冲突、群体间冲突中，都可以使用谈判这种形式。谈判是当前世界上解决冲突的主要形式。在谈判中，第三者有着重要的作用。通常第三者扮演着3种角色：第一种是中间人，他只负责传递信息。这在双方停止对话的情况下起着沟通的作用。第二种是调停者，设法找出双方的分歧所在，以局外人的身份提出建议。第三种是仲裁者。如果冲突是在制度情况下产生的，第三者遵照制度化的程序做出仲裁。如果冲突是在非制度化的情况下产生的，则提出公平解决问题的方案让双方接受。

四、集体行为

上面我们讲的社会互动方式，主要研究的是个体的行为方式。在社会中，除了个体之间的行为方式外，还有一些群体性的行为方式，即集体行为。集体行为又称为集合行为、大众行为、集群行为或集聚行为。

1.集体行为的含义

我们通常理解的集体行为就是集体活动，是一个团体组织的有领导、有计划、有目的的行为，如工会组织的春游活动或工厂组织的茶话会等。而社会学的集体行为，是指人们在行为方式上的一致性，它是一种人数众多的自发的无组织行为。

最早研究集体行为的是美国社会学家帕克，他认为，集体行为是一种在集体冲动影响下的共同的个人行为，冲动是社会相互交往的结果。人们参加一种集体行为，表示对某种行为有一种共同的态度，或类似的行动。但人们在开始时，往往没有一个共同的态度，而只是当他们在相互交往过程中发生了集中于某些事物的倾向时，才逐渐地产生了一些共同的态度和行为。

一方面，社会生活是许多人的共同生活，社会规范体系把众多人的行为纳入同一条轨道，使社会生活有一定的秩序。另一方面，也正是由于社会生活是许多人互动的过程，在社会互动中经常产生和传播许多社会信息，有时候人们会不加分析地接受某种社会信息，在这种信息的刺激下，盲目地、非理性地、无组织无领导地采取某种行为，如聚众、骚乱、狂欢、谣言、抢购、赶时髦等。这些不受正常社会规范的控制、由许多人无明确目的地在一起做出的非规范性行为，都属于集体行为。

2.几种典型的集体行为

（1）时尚和流行。时尚表现为一种群体性的集体行为，它基于人们的好奇心理和追逐新颖事物的兴趣。社会成员通过对某一事物的崇尚和追求，达到身心等多方面的满足。时尚的普及性及约束力虽不及道德规范，但在某一时尚所及的社会成员中，人们所感受的压力足以导致一致性的行为心态与行为。

流行和时尚是同一事物不可分割的两个方面。流行是指一个时期内在社会上流传很广、盛行一时的外表和行为的风格，是一段时间内为人们广为崇尚的生活模式。流行是时尚得以普及、扩展的必要手段，而时尚则是流行的必然结果。时尚和流行表现在我们生活领域的各个方面。它既可以发生在一些日常生活中最普通的领域，如衣着服饰等方面，也可以发生在社会的接触及活动上，如语言、娱乐等方面，还有的是发生在人们的意识形态方面，如文艺、宗教、教育或政治等活动中。时尚和流行的发源地往往是在人口集中的经济、政治、文化发达的城市，如世界时装发源地主要是在巴黎，而中国目前各种时尚和流行的发源地往往是广州、北京、上海等城市。

人们追求时尚和流行是个性表现与从众心理的统一。一方面，它可以满足人们希望自己显得与众不同、引人注目的心理需求，在竞争性强、地位意识较浓的现代社会里，它是人们向别人表明自己的社会特征和个性特点的一种手段。另一方面，追求时尚和流行又是对某种行为方式的仿效，是适应社会生活的从众行为。时尚和流行是人们一定的心理需要的满足方式，这些需要包括他人对自己的承认、个人威望、自我显示、自卑感的补偿、出人头地等。

时尚和流行具有许多积极的功能，包括表达社会感情，形成社会风气，增加社会的同质程度，传播新的价值观念，促进生活方式的变革，促进社会控制等。时尚和流行也有一些负面功能，例如，流行时尚讲究新奇、奢侈，往往会给社会财富带来很大浪费。时尚和流行还会激发人们的攀比心理，使一些人不顾自己的主客观条件去赶时髦。

（2）情绪感染。它指个人的情绪反应和行为受他人或群体的影响，个体对他人或群体的某种心理状态产生的无意识的、不由自主的顺从与加入。以情绪状态的传播为特征的感染在大型的开放型集会中最为常见，尤其是那些松散的、无组织的社会共同体最易产生情绪感染的现象。比如，观看某一场精彩足球赛时，观众都不约而同地对足球队员精彩的球技而喝彩，这种喝彩又反过来使观众的情绪更为高涨。由此可见，通过情绪感染，群体的成员们能够相互刺激并相互强化反应，直至达到一定的狂热程度。

（3）骚动。它是指集体在进行某项活动时，开始表现出的一种无目的、无秩序的行为状态。大多数集体行为开始发生时，往往有一个人们相互激励却盲目的骚动阶段。比如，在观众等待一个迟迟不开演的演出时，人们往往会拖着沉重的脚步，离开自己的座位，四处闲逛。有时大家不约而同地跺脚或发出嘘声表示不满。再如在公共场合，当人们听到一个惊人的消息时，自然会发生相互交流，产生共同的情感和同样的行为，甚或共同做出某种越轨的行为。

（4）恐慌。恐慌是指人们在面临某种直接威胁时，所出现的紧张心态及违反常规的行为。危机出现时，人们往往极度恐惧，每个人都想避开危险源，对正常的规范和必要的合作关系置之不顾，结果使局势更加险恶，行为的结果与希望达到的目标不相符合。自然灾害、军事入侵等极端紧急情况和股市下跌、物价上涨等一般威胁都可能引发恐慌。

（5）流言。流言是从未知的来源发生、通过非正式的途径而传播的信息。它往往是人们在对于某一广泛关心的事件情况不明、没有确切的事实根据的情况下，利用集体想象构造出来的。流言传播本身就是一种集体行为，它也是各类集体行为的一个重要组成部分，是集体行为中的一个信息渠道。美国心理学家 G.W.奥尔波特总结集体行为中"信息流"问题时提出了流言传播公式。奥尔波特认为，流言是一种信源不明、无法得到确认的消息或言论，通常发生在社会环境具有较高的不确定性，而正规的传播渠道不畅通或功能减弱的时期。一方的不断跟进造成另外一方的不断沉默，导致流言以不可思议的速度扩展。奥尔波特的公式从两个方面说明了流言传播的机制：一是流言的话题通常是围绕人们比较关心的、涉及切身利益的重要问题；二是来自正规渠道的信息不足，状况的暧昧性增加，人们会转而向流言寻找答案。

3.集体行为的特征

集体行为的形式虽然很多，但它们都有这样一些共同的特征：

（1）自发性。集体行为不是有组织、有领导的群众行为，而是一种一哄而起的群众行为。人们的这种行为没有什么主观目的，而是受具体场合、具体时间所影响，如人们赶时髦的现象，一时兴穿牛仔裤，一时又流行穿麻纱裤等现象，都是自发的过程；又如一些情绪激动的人自发地聚集到一起发泄感情、赶时髦、谣传等，也都是自发的过程。

（2）狂热性。在集体行为中，许多人处于狂热状态中，情绪激动，人们的情绪易于相互感染，产生共同的情感。这种情感压倒了平日的理智，人们很少考虑自己的行动结果，个人的情感在众人的影响下很难控制，感情发泄似乎成了目的。

（3）暂时性。集体行为不能持久，往往突发而起又突然烟消云散，往往缺乏持久的统一行动。

（4）无规范性。集体行为既不遵守旧的行为规范，也没有创造出新的固定的行为规范。这种行为不是靠组织纪律和固定的行为规范所形成的，而是由集体激动的情绪和共同关心的事物所致。

（5）人数众多。它是同一时间内采取相同行动的许多人共同做出的。

4.集体行为发生的原因

在通常情况下，人们都是在一定的社会组织控制之下，遵照为社会公认的行为规范去做事的。但是，为什么会发生非常态的集体行为呢？主要有以下几方面的原因：

（1）结构性压力是发生集体行为的主要原因。经济萧条、自然灾害、失业、社会不平等等结构性因素对社会中的一部分人会产生心理压力，这部分社会成员企图摆脱这些压力是产生集体行为的主要动因，如社会不平等就是引发集体行为的重要原因。因为社会不平等是引起人民的不满、愤怒和反抗的根本的经常存在的因素。社会不平等一旦公开化和表面化，就会导致集体行为的不断发生，如企业主殴打或开除雇工，就会激怒雇工，引发罢工、示威抗议活动。

（2）意外事件的发生也是导致集体行为的一个重要原因。因为人们对意外的事件没有准备，已有的经验和正常的规则与办法又不足以应付突然的变化。所以，意外事件来临的时候，大家都没有一套成熟的应付办法，开始是混乱，在混乱中人们互相寻求暗示，这时只要一个人采取某种行为，许多人就会不假思索地立即模仿照办，于是发生集体行为。

（3）变革中的规范和模式的不明确，也会产生集体行为。在社会过程中，旧的规范和模式不适用了，而新的规范和模式又没有产生出来，这使人们无所适从。这时大家都向周围的人寻求暗示，看别人怎么办。此时只要一个人或单位按照自己的理解拿出一套具体办法并做出样子来，别人就会跟着这样理解、这样做，因而发生集体行为。

（4）集体行为是否产生还要取决于社会控制的成败。社会控制是社会组织运用社会规范对人们的社会行为加以约束的过程。政权、法规、纪律、道德、风俗、信仰都是进行社会控制的基本要素。社会控制如果十分强大有力，就可以阻止集体行为的发生；如果软弱无力，或者措施不当，集体行为就难以避免。

第三节　社会互动的理论

在社会学中，并没有一个统一的互动理论，而是存在各式各样的互动理论。这里介绍几种有代表性的社会互动的理论观点。

一、符号互动论

以乔治·米德（G.H.Mead）为主要代表的符号互动论认为，人类互动是基于有意义的符号之上的一种行动过程。所谓符号，是指能够有意义地代表其他事物的事物。人们的互动之所以与其他动物截然不同，其原因在于人是生活在一个有意义的世界里，即人们能够有意识地思考并解释的世界。符号互动论的基本观点有：①符号在人们的社会互动过程中起着重要的中介作用。人与人的互动是运用符号的，是符号互动。②人的行为是有意义的行为。要理解某个行为，就要对行为者赋予其活动的意义做出解释。③意义不是固定不变的。一方面，意义的确定有赖于互动的背景和情境；另一方面，在某种程度上，意义是在互动过程中通过双方的协商而确定的。它既不是预先已经决定的，也不是一成不变的，而是在互动中产生、修正、发展和变化的。④在互动过程中，人们往往通过扮演他人的角色，从他人的角度来解释其思想和意向，并以此为依据来指导自己的行为。⑤在互动过程中，人们往往从自己所认识到的他人对自己的态度和看法之中来认识自己，形成和修正自我概念。

当代符号互动论中，以布鲁姆（Leonard Broom）（米德的学生）为代表的芝加哥学派注重用人文科学方法来研究互动过程。他们认为人的行为是无法预测的、非决定性的，互动是一个角色创造的过程，因此他们主张用生活史、自传、日记、信件等作为研究材料，采用个案研究、非结构式访问、参与观察等方法来阐释互动过程的独特性质，认为社会秩序的基础在于人际交往的礼仪，如打招呼、道别、讲礼貌、问候、道歉、握手等。礼仪把日常互动联系在一起。礼仪可分为：①表意礼仪。表示对对方的感激或欣赏，如问候、邀请、祝贺等。②回避礼仪。通过回避表示对别人隐私的尊重，如陌生人之间眼光的相互回避。③维护关系的礼仪。它是指对双方关系的重新肯定。④认可礼仪。对他人身份变化的认可，如在婚礼上的祝贺或在葬礼上的哀悼。礼仪的功能在于：第一，它们像交通信号灯一样保证互动的顺利进行并指挥人们避开危险地带。第二，保证人们在进入人际交往时不受伤害。礼仪可以防止不尊重他人形象的情况发生。第三，互惠原则。礼仪使双方得到了尊重与支持，维持理想的互动进行。[1]

当代符号互动论的另一学派，即以库恩为代表的衣阿华学派主张用实证主义方法来研究互动结构。他们认为人的行为是被其地位、角色所决定的，根据个体的参照群体，可以预测其自我评价，并进而预测其行为。互动是一个角色扮演的过程。这一学派提倡用问卷或态度量表来测量人们的自我概念，试图将互动理论操作化。

符号互动论有关社会互动的观点是有意义的。但是，由于它将社会关系简单地归结为人际关系，关注的仅仅是个体的互动方式，忽视了宏观社会结构对人的互动的制约，忽视了互动的内容和社会经济条件对互动形式的重要影响，减少了它对群体互动的解释力。同时，人的行为是多样化的，对有些人有解释力，对那些真诚、坦率的人不具有解释力。

二、表演互动论

表演互动论也称"戏剧表演理论"，其中较有代表性的是戈夫曼（Erving Goffman）（布鲁姆的学生）的"拟剧论"（dramaturgical perspective）。他认为，生活就是演戏，表演者最关心的是留给观众什么样的印象，个人行为的目的是为了控制自己留给互动另一方的印象。人们通过言谈举止、服饰穿着等来表演、来驾驭他人对自己的印象。他的理论主要研究人们运用哪些技巧来在别人心目中创造印象，揭示了社会互动的特点，所以称为印象管理（impression management）。戈夫曼把针对陌生人或偶然结识的朋友的行动叫作"前台"行为，只有关系更为密切的人才被允许看到"后台"发生的一切，了解行动者的真实思想。人们在"前台"的表演是一种在正式的场合的互动，人们扮演的是某种角色，其行为通常要符合文化习俗和规范。"后台"表演则是不同的，通常在非正式场合进行，拿掉了"角色"这个面具。

三、情景定义的互动论

美国芝加哥学派的一位学者托马斯（W. I. Thomas）提出了情景定义（definitions of the situation）的观点："如果人们认为某种情景是真的，这些情景就会变成真的。"[2]也就是说，人们不仅对情景的客观方面有所反应，同时人们对情景所具有的意义也会有所反应，人们通常会对自身所经历的情景赋予意义，而后其自身的一系列行为都将会受到该种意义的影响。美国社会学家威斯曼研究发现，在美国有着大量的贫民窟，但人们对它的看法大相径庭。精神病医生、心理学家、社会工作者认为，贫民窟是一种被剥夺的环境，常常用"挫折的""沉闷的""忧郁的""肮脏的"这些词形容。这里的男人被描写成穷困潦倒、表情冷漠、身心俱损、不能自立、心灰意冷、毫无信心的形象。他们缺乏长期的朋友关系、家庭义务和工作。而贫民窟的居住者的看法则不同，他们主要关心的是活一天算一天，他们的生存策略显示出令人吃惊的不屈不挠和富于创造性的精神，充满着开朗乐观的气氛，这里的环境像大学校园里的环境，居民像大学生一样，生活悠闲自在，人们友好相处。不同的阶层群体参照系不同，他们对生活方式的解释不同。这就是不同的人对

---

① TOMAS W L, TOMAS D S.The Child in American ［M］. New York：Knopf, 1928：572.
② TOMAS W L, TOMAS D S.The Child in American ［M］. New York：Knopf, 1928：572.

同一环境有不同的情境定义。

托马斯认为：人们在行动之前，通常会经过一个自我考虑的阶段。自我考虑指个人对所处的环境的看法、想法和所做的解释，这种解释主要是社会化了的个人根据事物和事件对于自身的意义做出反应。这个考虑阶段就是对情境进行定义的过程。简言之，我们并不是直接对其他人做出反应，而是根据我们的文化所提供的和与其他人的相互作用中所学得的知识和规范，去解释我们日常生活中所发生的事情，见表7-1。

表7-1　　　　对一个动作进行解释的重要意义（动作：打一个耳光）

情况（情境）	两个打架的人	剧中的演员	父亲因孩子说谎而打他一耳光	2岁的孩子打父亲一个耳光
解释（定义）	侮辱	戏剧表演	惩罚	情绪饱满
挨打人的反应	愤怒和怨恨	无感情或假装的感情	羞耻	乐趣

资料来源　罗伯逊. 现代西方社会学［M］. 赵明华，戚建平，译. 郑州：河南人民出版社，1988：180.

个人对某一事件的反应并不在于事件本身，不是完全被动地对环境做出反应，而在于他主动对情况的理解和解释。人们在长期的日常社会生活中，构成了他们对现实的共同的认识与理解。这些自然的共同认识为保持最普通、最切实的互动提供了依据。

四、本土方法论

"本土方法论"（ethnomethodology）由哈罗德·加芬克尔（Harold Garfinkel）提出，又译做"民俗方法论"。这种理论认为社会互动是由形成人们正常交往基础的规则所决定的，这些规则通常是理所当然、心照不宣的，但是，如果违背了这些规则，互动就不能顺利进行。通常的社会互动是基于既成的习惯，习惯简化了反应的过程。互动不是随意的，它有一定的程序、规范与过程，即"预制"的"蓝图"。"蓝图"论（blueprint view）认为，人们在互动中一般形成了较为固定的反应模式，这是由文化的规范所决定的，所以有秩序的社会互动的构架事先便已建成，大量的互动是以这类准则来指导的。如果违反了文化的习俗、道德等规范，将会引起某种思维的混乱。为了证明社会互动中这类隐含规则或称背景假设的重要性，本土方法论者进行了一项著名的研究，称为"无背景试验"，或"打破规则试验"。加芬克尔在一次试验中，让他的学生在家里装出一副寄宿者的模样，称呼他们的父母为"先生""太太"，在餐桌上表现出十分高雅的风度，在用冰箱之前先有礼貌地征得同意等。结果，家庭其他成员被惊得目瞪口呆。他们积极想办法试图使怪异的行为变得可以理解，并将情况恢复正常局面。试验报告的字里行间充满了"惊讶""手足无措""震惊""焦急""难堪""愤怒"这类词语，还有家庭其他成员对于这些学生的各种各样的指责，如卑鄙、不体谅别人、自私自利、令人恶心或者不礼貌。家庭成员要求给予解释："怎么回事？你出了什么事啦？你是不是被开除了？你生病了吗？

是什么使你这样高高在上，目中无人？你疯了吗？是你精神不正常，还是你就是这样蠢？"尽管这些学生被要求坚持表演15~60分钟，但这对家庭交往的模式破坏已是十分强烈，以至于几乎没有人能够把这个角色坚持那么长时间。①这个试验说明，如果人们违背了日常生活中的互动模式，将会引起情景定义的混乱。而正是因为人们在日常交往中构成了相对稳定的、可以理解的互动模式，人们的互动才成为可能。良性的、正常的互动是以日常生活中的秩序为基础的。"蓝图"论的局限性在于，在正式的公共场合，这一理论是适用的，但它没有考虑到社会互动的多样性与不确定性，没有考虑到不同阶层的人对"蓝图"理解的不一致性。人们在不断地互动中学习文化，加深对情境定义的理解。所谓一个人有丰富的人生阅历，就包括他能理解种种复杂的人际关系，对互动中的种种情境定义有较为准确的把握。

五、角色理论

角色理论不是一个单独的理论，它是一种以角色概念为核心的解释人类行为的研究取向。前文我们已经对有关社会角色的一些问题做了详细的阐述，这里只简要地介绍角色与互动的关系。角色与互动是密不可分的。一方面，互动是角色之间的互动。在日常生活中，人际互动之所以能够有条不紊地进行，是因为互动的双方都遵循一定的角色规范而进行交往，如果一方角色失调，就可能使互动中断，或者改变原来的互动方向。互动还有赖于人们扮演他人角色的能力，这一能力使人们能够辨别和理解他人使用的交往符号的意义，并从而预知他人的反应。另一方面，角色的形成和扮演也是在互动中完成的。没有另一方来参与互动，角色就失去了依存的条件，就无法成为实际的角色行为。事实上，角色理论与符号互动论的联系非常密切。

六、社会交换理论

这一理论着眼于人们在社会生活中的相互交往关系，认为社会互动的实质是人们交换酬赏和惩罚的过程。交换行为不仅仅存在于市场关系之中，而且存在于包括友谊、爱情在内的多种社会关系之中。个人的资源都是有限的，人们不可能完全自给自足，为了有所获取当然需要有所支出，人们正是通过"支付—回报—再支付—再回报"的连续行动，结成了一定的社会关系结构。美国社会学家乔治·C.霍曼斯为了解释人类行为的基本形式，首先修改与吸收了经济学的基本原理。经济学的第一原理是：人理性地计算自己在某一市场中行为的长期结果，并试图在交易中获得最大的物质利益。霍曼斯认为，对经济学第一原理修改的主要要点是：①人们并不总是追求最大利润，他们只是想在交换关系中得到某些利润。②人在交换中并非常常从长远着想或进行理性计算。③交换物不仅仅是金钱，还有赞同、尊重、依从、爱、情感，以及其他紧缺物质产品。④所有的人类行为都是交换，而不是仅仅在市场中才有交换行为。如前所述，彼德·布劳对交换理论做了进一步的发展，他在《社会生活中的交换与权力》一书中写道："邻居们交换恩惠；儿童交换玩具；同事

---

① 罗伯逊. 现代西方社会学［M］. 赵明华，戚建平，译. 郑州：河南人民出版社，1988：190.

们交换帮助；熟人们交换礼貌；政治家们交换让步；讨论者交换观点；家庭主妇们交换烹饪诀窍。"①

社会交换论试图以交换的观点来解释人类互动的本质和规律，其理论基础是个人主义与功利主义。它强调个人的目标和报酬，认为每个人都尽量避免痛苦而增进快乐。这一理论忽略了人类行为的社会前提，带有浓厚的心理还原主义色彩。

第四节　社会网络

一、社会网络的含义及特征②

在现实生活中，每一个人不但要参加多领域的社会生活，而且在任何领域都会形成多种角色关系，这样在人们身上就会形成纵横交叉的关系。我们把以某一社会成员或某些相互联系的社会成员为基础形成的纵横交叉的关系称为"社会网络"，并把承载着众多关系的社会成员称为社会网络的"结点"。社会网络比较像我们在日常生活中常说的"关系网"，但是我们大体上对"关系网"赋予负面含义，在这里基本上是从中性意义上来使用"社会网络"这一概念的。从本质上看，社会网络是集中在某个成员或某些社会成员身上的、能够对其产生支持作用的社会关系体系。

社会网络是社会关系的系统，它因某一社会成员、社会群体的社会生活而形成和存在。对于这些社会成员、社会群体来说，他们的社会网络的性质和类型也不同。一般我们把社会网络分为亲属网络、朋友圈子、同事网络、兴趣群体，以及信息网络、社交圈等。当然我们也可以用规模来对社会网络进行分类，比如微观网络、宏观网络。③

社会是由社会网络构成的，人们的社会互动也是通过社会网络进行的。马克思认为，"人是一切社会关系的总和"。在他看来，社会是一个各种不同性质的社会关系结成的网络，每一个人都处于这张网络的某一个网结之上，占据某种社会地位，表现某种社会身份；人们正是依靠这种关系才使单独的个体结成不同的群体，组成了社会的整体，使人表现出类属性；依靠这种关系，才使人与人之间发生相互交往，推动了社会发展。

人们之间的社会网络可以产生资源。社会资源不是个人拥有的东西，而是个人通过其直接或间接的社会联系而从他人那里汲取的资源。社会网络在人们的社会生活中恰好具有正式组织缺少的功能。人的需要是具有多样性的，它无法只依靠人们的经济关系便可以获得。人们的经济交往只是满足人的生理所需的物质资源，而其他方面所需的资源要依靠社会网络来获得，社会网络可以为人提供多方面的社会支持，社会网络是资源分配的一种重要途径，有的学者直接称其为社会资源或社会

---

① 布劳. 社会生活中的交换与权力 [M]. 孙非，张黎勤，译. 北京：华夏出版社，1988：104-105.
② 朱力. 社会学原理 [M]. 北京：社会科学文献出版社，2003：56-59.
③ 王思斌. 社会学教程 [M]. 3版. 北京：北京大学出版社，2010：90-91.

资本。

社会互动是通过社会网络进行的。社会网络由人们之间复杂的联系网所组成。社会网络的载体主要是初级群体，与次级群体的组织结构关系相比，它要松散得多。初级群体的人际网络是在人的生活中自然形成的。通常一个成年人会产生这么几种网络类型：亲属网络（亦称血缘关系，包括父系、母系、姻缘 3 种关系）、邻居网络和老乡网络（地缘关系）、同学和校友网络（业缘关系加情感关系）、朋友网络（情感关系）、同事网络（业缘关系加情感关系）。社会网络的特征有：

（1）弥漫性。社会网络存在于人与人之间，不能离开个人而独立存在，却不完全依附于个人。它不像私人物品可以独自拥有，在使用时，必须要有两个人以上。如果我们把每一个人作为一个网络中的结来看的话，那么，一个人的网络除了自身的网络关系外，还有一些网络的外延，例如亲属网络的外延，就有父辈的网络、妻子（丈夫）的网络和子女的网络。从理论上讲，通过社会网络，可以达到世界任何一个地方。正常社会网络总是在一种较小的范围内展开的，也没有扩张的冲动。如果想要把它作为谋利的工具，就有了扩张的冲动，它通过各种资源的交换，使社会网络产生出一种"滚雪球"效应，可以通过一个网点达到另一个网点。

（2）多重性。社会网络在本质上就是复杂的多重社会关系在一个人身上的体现。一个人与一个人的关系是一条线，几个人的关系交织就形成了一张网。一个人生活在多种群体或组织中，一个人在社会中处于多种角色，一种角色表现了一种社会关系，一个人在社会生活中扮演着多种社会角色，是多种社会关系的交织点，一个人的社会位置就是社会网络的一个网结点。社会网络平时是松散的，但是，只要行动者需要，可以在短时间内串联起来，形成几种初级人际关系网络的交叉、重叠。

（3）隐蔽性。社会网络是无形的，是种能感觉得到，却看不见、摸不到的东西，无法对社会网络做出精确的定量分析，也无法准确地描述网络的规模或内幕，而只能感觉到社会网络的力量存在。相对于公共生活的互动而言，社会网络具有匿名性，是一种私人场域中的互动关系，具有初级群体的私密性与情感性特征，互动中涉及一些个人深处的情感或者利益。社会网络既可以用于健康的个人互动，解决个人的发展，也可以用于不健康的隐蔽性交换活动。前者因个人的私密性而不愿意为人所知，后者因其越轨性而不愿意暴露。特别是当人们将社会网络当作工具来使用时，它成为生活中人们竞争的"秘密武器"。

二、社会网络的功能[①]

（1）促进信息的流动。在通常不完善的市场条件下，处于某种战略地位或等级位置中的网络关系（因而较好地了解市场需要和需求），可以为个人提供以其他方式不易获得的关于机会和选择的有用信息。同样，这些关系会提醒一个组织及其代

---

① 林南. 建构社会资本的网络理论［J］. 国外社会学，2002（2）：22.

理人甚至一个社区在其他方面未被意识到的个人的可用性和利益。这些信息可以降低交易成本，使组织招募到较好的（具有技术、专业或文化知识的）个人，使个人找到可以使用其资本和提供适当回报的"较好"组织。例如，在就业竞争中，不仅仅需要一个人的能力这种自我的良好条件，还需要机会、信息这些外部条件，而这种就业的信息、机会常常是社会网络所提供的。它可以减少就业的成本，提高效率。

（2）对组织代理人施加影响。网络关系可以对组织代理人（如组织的招募者或管理者）施加影响，这些代理人在有关行动者的决定（如雇用或提升）中发挥着关键性作用。某些网络关系，由于其所处的战略位置（如结构洞——在稀疏的网络中关系的结成会集中）和地位（如权限或监督能力），在组织代理人的决策中也拥有更有价值的资源和行使更大的权力。因此，对于个人而言，网络关系可以支持个人决策。一个人的许多决定和选择，都受朋友网络、家庭网络或同事网络的影响。人在社会中面对困难、挑战、机会、突发事件、人生重大事件等人生关口时，社会网络向他提供重要的建议、忠告与信息，使他坚定选择方向。由于建议者是日常互动较为密切的人，存在一种自然的诚信，化解了陌生人相互不了解的风险，他们的意见往往引起行动者的重视。在精神、情感与心理方面，人们需要依靠社会网络的支持。

（3）社会信任的证明。网络关系资源及其被确认的与这个人的关系，也被组织及其代理人视作这个人的信任的证明。个人背后的身份通过这些关系为组织（及其代理人）提供了保证：个人可以提供超出个人资本的另外资源，某些资源对于组织也是有用的。

（4）网络关系被期待着强化身份和认识。一个人被确认和识别的价值作为个人和社会群体成员共享的类似利益和资源，不仅提供情感支持，而且提供某些资源的公共认可。

通过以上信息、影响、社会信任和强化等4个要素，可以说明社会网络在工具性行动和情感性行动中发挥的效力。

在中国社会中，社会网络核心是以血缘关系为基础的，这犹如一个同心圆，以我为圆心，以亲属网络为核心，依次排列为同乡网络、朋友网络、同事网络，呈波浪状辐射，形成庞大的社会网络。社会网络中，其成员之间的互动，会形成某种认同感和团结感，具有一种内群体意识，即"圈内人"意识。进入网络，有了"圈内人"的认同感，彼此才可以相互帮忙、交换。随着市场经济的发展，这种网络结构正在面临着巨大的冲击，以业缘关系为主的理性互动、工具性互动正在成为社会互动的主导。

每个人的社会网络有所不同，这可以从社会网络结合的程度、人数、互动的密切程度、网络参与者的地位等角度来分析。美国学者林南提出了社会资源理论，他认为强关系与弱关系是社会网络分析的常用方法。强关系（strong tie）是指来往频率大、投入时间多、亲密感强、可以分享资源、提供互惠性服务的关系。弱关系

（weak tie）与强关系相反。人们在遇到困难时喜欢找强关系帮助。但强关系拥有的资源往往有局限性，有时与我们拥有的资源是相似的，即同质性。而弱关系虽然是个体卷入不多甚至没有卷入的关系，但它从数量上说要比强关系更多，弱关系拥有的社会资源与强关系性质不同，是异质的。弱关系可以使我们跳出原有的社会圈子，找到不同的资源、不同的信息、影响度不同的点。因此，有时弱关系比强关系更有用。

拓展社会学的视野

差序格局——中国人的社会互动特性

西洋的社会有些像我们在田里捆柴，几根稻草束成一把，几把束成一扎，几扎束成一捆，几捆束成一挑。每一根柴在整个挑里都属于一定的捆、扎、把。每一根柴也可以找到同把、同扎、同捆的柴，分扎得清楚不会乱的。在社会里，这些单位就是团体。我说西洋社会组织像捆柴就是想指明，他们常常由若干人组成一个个的团体。团体是有一定界限的，谁是团体里的人，谁是团体外的人，不能模糊，一定要分得清楚。在团体里的人是一伙，对于团体的关系是相同的，如果同一团体中有组别或等级的分别，那也是事先规定的。我用捆柴来比拟，有一点不太合适，就是一个人可以参加好几个团体，而好几扎柴里都有某一根柴当然是不可能的，这是人和柴不同的地方。我用这譬喻是在想具体一些，使我们看到社会生活中人和人的关系的一种格局。我们不妨称之为团体格局。

家庭在西洋是一种界限分明的团体。如果有一位朋友写信给你说他将要"带了他的家庭"一起来看你，你很想知道要和他一同来的是哪几个人。在中国，这句话含糊得很。在英、美，家庭包括他和他的妻子以及未成年的孩子。如果他只和他太太一起来，就不会用"家庭"。在我们中国"阖第光临"虽则常见，但是很少人能说得出这个"第"字究竟应当包括些什么人。

提到了我们的用字，这个"家"字可以说最能伸缩自如了。"家里的"可以指自己的太太一个人，"家门"可以指伯叔侄子一大批，"自家人"可以包罗任何要拉入自己的圈子，表示亲热的人物。自家人的范围是因时因地可伸缩的，大到数不清，真是天下可成一家。

为什么我们这个最基本的社会单位的名词会这样不清不楚呢？在我看来却表示了我们的社会结构本身和西洋的格局不相同，我们的格局不是一捆一捆扎清楚的柴，而是好像把一块石头丢在水面上所发生的一圈圈推出去的波纹。每个人都是他社会影响所推出去的圈子的中心。被圈子的波纹所推及的就发生联系。每个人在某一时间某一地点所动用的圈子是不一定相同的。

以"己"为中心，像石子一般投入水中，和别人所联系成的社会关系，不像团体中的分子一般大家立在一个平面上，而是像水的波纹一般，一圈圈推出去，愈推愈远，也愈推愈薄。在这里我们遇到了中国社会结构的基本特性了。

资料来源　费孝通. 乡土中国 [M]. 上海：生活·读书·新知三联书店，1985：23-25.

思考题

1.简述社会互动的含义。

2.谈谈你对社会互动的几种主要类型的理解。

3.什么是集体行为？它有哪些主要表现和特征？

4.如何理解社会交换理论？

5.联系实际谈谈虚拟网络互动的特征。

推荐阅读书目

[1]戈夫曼.日常生活中的自我呈现［M］.冯钢，译.北京：北京大学出版社，2008.

[2]布劳.社会生活中的交换与权力［M］.李国武，译.北京：商务印书馆，2012.

[3]柯林斯.互动仪式链［M］.林聚任，王鹏，宋丽君，译.北京：商务印书馆，2009.

[4]福柯.规训与惩罚［M］.刘北成，杨远缨，译.4版.北京：生活·读书·新知三联书店，2013.

[5]伯格.现实的社会构建［M］.汪涌，译.北京：北京大学出版社，2009.

第三编　社会要素与社会结构论

第八章　社会群体

> 独自一人的禁闭是可以施加于一个人的最为严厉的刑罚的一种。
>
> ——达尔文

人类生活具有群体性。荀子曰："人，力不如牛，走不如马，而牛马为其用，何也？曰，人能群，彼不能群也。"有着一定意义和结构的群体不仅使人类与其他动物区别开来，而且大大增强了人类的力量。所以，"人生不能无群，群而无分则争，争则乱，乱则离，离则弱，弱则不能胜物"（《荀子·王制篇》）。社会群体是人类生存的普遍形态。家庭、组织是群体的不同形式，规范、制度是约束群体的规则，各种行为方式是群体行为的展现，社区、阶层是群体在空间上的展开和组合。而社会是一种特殊的、发展到高级阶段的群体形态。因此，社会群体既是人们生存与生活的基本单位，又是社会的结构要素之一，它在个人与社会之间发挥着重要的桥梁作用。

第一节　社会群体的内涵及类型

一、社会群体的内涵

社会群体（social group）的内涵广泛，边界模糊。按照不同的标准，有不同的定义。一般说来，社会群体泛指一切通过持续的社会互动或社会关系结合起来进行共同活动，并有着共同利益的人类集合体。在这里，群体可以理解为"是人们通过某种社会关系联结起来进行共同活动和情感交流的集体。它既同个人和社会相区别，又介于个人和社会之间，并且是联系二者的中介。群体有着非常广泛的外延，因此，很难对其确定一个明确的边界"①。

在媒体或日常生活中，群体的界限较为模糊。如"私营企业主群体"（利益群体）、"失业、下岗群体"（阶层群体）、"工人群体"（职业群体）、"老年群体"（年龄群体）、"妇女群体"（性别群体）、"流动群体"（边缘群体）、"犯罪群体"（越轨群体）等，这些划分只是根据具有某种程度的共同点而形成的集团，其划分的依据

---

① 刘豪兴. 社会学概论 [M]. 北京：高等教育出版社，1999：201.

根据属性的不同而多种多样。

根据上述定义，社会群体具有以下特征：

（1）有共同的活动。不同的活动将一部分人与另一部分人区别开来，活动产生了不同群体的界限。每天早上，不同的人群有的走入工厂，有的进入机关，不同的活动是区分群体的主要标志，群体内的成员有一致行动的能力。

（2）有持续的相互交往。群体成员之间的关系不是临时性的，他们保持比较长久的交往。一个群体内部，人与人之间的交往可以是面对面的，非常亲密的，就像在一个家庭里一样；也可以是间接的，比较疏远的，大公司董事会成员与雇员之间的交往就是一个典型例子。

（3）有相似的群体归属意识和规范。其生活于某个群体中，彼此结合在一起，相互依赖，对群体目标具有认同感，大致上赞成某些重要的价值观、规则，并有共同的情感。不仅在群体内部的人自己认同，群体之外的人也将这些人视为一个群体，即要有社会的认同。由于群体成员有共同的兴趣和利害关系，所以遵循一些模糊的或者明确规定的行为规范。在群体面临外部的压力或者内部少数成员的反叛时，群体意识和群体规范将更为清晰，其作用也更为明显。

（4）有一定的分工协作。尽管在不同的群体中，内部分工协作的程度不一样，但是，群体内部的分工协作还是普遍存在的。

（5）有一致行动的能力。在群体意识和群体规范的作用下，社会群体随时可以产生共同一致的行动。社会群体与乌合之众的根本区别就在于有没有一致行动的能力。前者一致行动，后者各怀目的。

二、为什么会形成社会群体

1.从社会成员个体方面来看，个体有群聚的本能，并希望在群体中满足其各方面的需要

具体来说有以下几个方面：

（1）生物性需要。人是群居性动物。达尔文在其《人类的由来》一书中重复了古希腊哲学家亚里士多德的思想："谁都会承认人是一个社会性的生物。不说别的，单说他不喜欢过孤独的生活，而喜欢生活在比他自己的家庭更大的群体之中，就使我们看到了这一点。独自一人的禁闭是可以施加于一个人的最为严厉的刑罚的一种。"[①]独居不仅使人感到恐惧，没有安全保障，还会使人感到孤独。后来的心理学家麦独孤更加明确地指出"合群"是人的一种本能，正是人的乐群性（gregariousness）本能驱使人们相互亲和。[②]

（2）工具性需要。人们参加不同的群体来达到自己不同的需要和目的。在大多数情况下，单独的个人无法完成某种工作，需要借助群体来达到自己的目的，这就是将群体作为工具来使用。

（3）表意性需要。人们需要有群体交流情感、发泄情绪，人有与他人交往与交

① 达尔文. 人类的由来［M］. 潘光旦，胡寿文，译. 北京：商务印书馆，1983：163.
② 朱力. 社会学原理［M］. 北京：社会科学文献出版社，2003：111-113.

流的需要。爱、自尊、获得认可、价值等精神需要的满足等等都是在与他人的交流中实现的。

社会交换理论认为，个体之所以加入某一群体，并遵从该群体的规范，是为了与群体中的其他成员进行感情或物质交换，或者是通过实现群体目标来获得自己单独无法取得的更大利益。因此，群体能否维持，群体凝聚力的强弱，就取决于成员之间的交换关系能否维持，或群体能否通过实现自己的目标满足其成员各方面的需要。比如，在家庭这类初级群体中，人们交换的主要是感情和乐趣。夫妻由恩爱转为反目，关键原因是夫妻之间的感情交换不能维持；而父母养育子女宁可牺牲时间与金钱，原因就是他们能交换到天伦之乐。所以，社会交换理论认为，群体应不断强化与其成员——尤其是那些自觉遵循群体规范的成员之间的某些交换关系，如物质或精神方面的奖励。这样，群体就能更好地维持。

社会成员基于这些需要，进行着重复、协调的活动，构成了成员间的一种稳定的关系，这种稳定的关系使成员结合起来，结成了特定性质的、形形色色的群体。

2.从社会自身来看，群体是社会生产过程中的产物

群体生活是社会的本质。社会存在的前提是物质资料的生产。这种生产正如马克思所说："人们在生产中不仅仅影响自然界，而且也互相影响。他们只有以一定的方式共同活动和互相交换其活动，才能进行生产。为了进行生产，人们相互之间便发生一定的联系和关系；只有在这些社会联系和社会关系的范围内，才会有他们对自然界的影响，才会有生产。"[①]实际上，正是物质资料生产以及人类自身生产的需要，才促成了群体关系的发生和群体的形成。

群体一旦形成，便有其自我维持的倾向。美国社会学家帕森斯在分析社会系统时指出，群体得以持续存在，群体内部活动得以持续进行，必须具备以下几种功能：①适应功能（adaptation）。群体必须能够适应自然环境和社会环境的状况。如群体与外界进行资源交流，并且保持与外界的平衡。这在宏观上表现为群体的"经济功能"。②目标获取（goal attainment），即确定群体的目标，并使群体成员为达到目标而一致努力。同时，成员的利益必须受到保护，成员能为实现自己的目标从事活动，但不妨碍群体目标的实现。这在宏观上表现为群体的"政治功能"。③整合功能（integration）。以制度规范为中心，协调系统各部分之间的关系。群体赋予其成员以一定的地位和作用，并以此谋求成员之间的统一。这在宏观上表现为"社会控制功能"，也叫"整合功能"。④模式维护（latent pattern maintenance）。此系统以价值为中心，给成员的行为以动机和活力，满足成员的要求，即群体要能够满足其成员的各种欲求并提高其能动性。这在宏观上表现为道德、宗教、教育等"文化功能"。以上4种功能相互独立又相互作用。这4种功能被称为"AGIL"。[②]

---

① 马克思，恩格斯. 马克思恩格斯选集：第1卷［M］. 中共中央马克思恩格斯列宁斯大林著作编译局，译. 2版. 北京：人民出版社，1995：344.
② 宋林飞. 西方社会学理论［M］. 南京：南京大学出版社，1997：92-93.

三、社会群体的类型

在实际研究中，我们可以依据不同的标准将社会群体划分成不同的类型。一般而言，社会学界通常采用以下分类：

1.初级群体和次级群体

按群体的规模大小和感情的亲疏程度可将群体分为初级群体和次级群体。

初级群体（primary group）是社会群体中最古老、最基本的形式，是个人参与社会生活的基础群体。如家庭、邻里、游戏伙伴群等，都属于初级群体。初级群体又称基本群体或首属群体，是指其成员相互熟悉、了解，而以情感为基础结成亲密关系的社会群体。一般来说，初级群体规模较小，成员较少，成员之间有直接的个人接触。初级群体的概念最早是由美国社会学家C.H.库利提出的。对于库利来讲，初级群体的概念主要是指这些群体在形成个体的早期社会化和思想观念方面所起到的首要作用。库利所指的初级群体主要指家庭、邻里和儿童的伙伴群体，库利把这些群体看作"人性的养育所"。当然这些群体也是人类社会早期阶段的最基本的群体形式。

次级群体（secondary group）是用来表示与初级群体相对应的各种群体，它是人们为了达到一定的社会目的而建立起来的，如学校、军队、政党等。一般来说，次级群体规模较大，成员较多，成员之间不一定有直接的个人接触，群体内人们的联系往往通过一些中间环节建立。

初级群体与次级群体中所形成的关系不同。初级关系是一种个人的、情感的、不容易置换的关系，它包括每个个体的多种角色与利益。它以大量的自由交往和全部人格的互动为特征。与初级关系相比，次级关系是一种特殊的、缺乏情感深度的关系，以特定的目标为宗旨，具有非人格特征。

2.内群体和外群体

这是按照人们的归属感对社会群体进行的一种划分。内群体是指一个人经常参与其中，或在其间工作，或在其间生活，或在其间进行其他活动，并且对该群体产生了一种感情上的认同的群体。内群体又称我群。外群体与内群体相对，泛指内群体以外的社会群体，又称他群。内群体和外群体这对概念是由美国社会学家W.G.萨姆纳在《民俗论》中提出来的，主要目的在于描述一个人的群体归属感和群体意识，以及群体对个人行为的影响。

内群体和外群体的区分强化了群体成员之间的界限，是一个群体存在的主要保证。由于内群体与外群体的划分是相对的，因此，同一个社会成员在不同的情况下会形成不同层次和方面的认同，当群体的边界不发生冲突时，社会成员的归属感不会出现问题，但是当群体边界出现冲突时，就会使得处于边缘地带的社会成员在认同上出现危机。实际上，通过对外的冲突可以加强群体内的凝聚力，这一点，在政治生活中表现得尤为明显。

3.正式群体与非正式群体

社会群体根据其形成与行动原则可以分为正式群体和非正式群体。

正式群体也就是社会组织，是社会成员为了达到某一目的而组成的。在正式群体中，群体成员之间有明确的职能分工，他们按照特定的规范和正式的规章制度行动。

非正式群体往往是自发形成的，群体成员之间的分工也不严格，虽然有群体规范，但是往往并没有明文规定。成员间通过经常性的自由交往，形成了一些不言而喻的规范和角色期望，大家自然地结合在一起。非正式群体最早是G.E.梅约在霍桑实验中发现的。通过霍桑实验，梅约发现了正式组织中非正式群体的存在，以及非正式群体对工人的工作效率的影响。他认为，即使在现代化大生产条件下，正式群体中产生非正式群体也是不可避免的，是正常的，但是非正式群体的存在在很大程度上会影响正式群体的运作。

4.所属群体与参照群体

所属群体与参照群体主要依据成员的身份归属来划分。

所属群体指的是成员身份所属的群体。它规定着成员的身份及其日常活动。参照群体并非某一（些）成员身份所属的群体，但它却被某一（些）成员用作其所属群体的参照对象。作为参照对象的群体简称参照群体。参照群体一般是与所属群体同类的群体，例如，大学中某班级的成员选择另一班级作为其参照群体，并以该班级的状况来评判自己所属班级。但是，有时候参照群体并非与所属群体同类。根据成员的不同参照需要，会形成不同的参照群体；同一参照群体的意义在不同时期有可能发生变化。参照群体通常对其成员的认知、情感、态度和价值观念等发生重大影响，并因此削弱或加强所属群体的团结。

5.血缘群体、地缘群体、业缘群体与趣缘群体

它主要依据群体内人际关系发生的缘由及性质来划分。

基于成员间血统或生理联系而形成的群体叫作血缘群体，包括家庭、家族、氏族、部落、部族等具体形式。血缘群体历史最为悠久，是个体学习、参与社会生活的出发点。基于成员间空间或地理位置关系而形成的群体叫作地缘群体，包括邻里、老乡、民族社区等具体形式。这类群体的出现比血缘群体要晚。比较稳定的、牢固的地缘群体是人类采取定居形式后的产物。

基于成员间劳动与职业间的联系而形成的群体叫作业缘群体，包括各种各样的社会经济组织、政治组织和文化艺术组织等具体形式。这类群体的出现是生产力日益发展、社会分工越来越细、阶级社会逐步产生的结果。基于成员间兴趣、爱好、志向等的相同或相近而形成的群体叫作趣缘群体，包括通常人们所说的各种业余爱好群体，如登山协会、桥牌协会以及一些志愿者团体等具体形式。目前，由于网络技术的发展，一些爱好上网的人还结成"网友"群体，这也是趣缘群体的一种新形式。

四、小群体和准群体研究

1.小群体研究

小群体的研究是社会学群体研究的另一个重要内容。一般来讲，初级群体都是

小群体，但是，初级群体强调的是群体成员之间亲密的人际关系，因此，尽管小群体更有可能成为初级群体，但是并不是所有的小群体都是初级群体。

关于小群体的研究主要集中在两个方面：一个方面是关于小群体的网络结构的研究，网络分析是近代社会学一个十分重要的领域，它主要就是用来分析小群体的群体成员之间的关系和结构；另一个方面是关于群体行为的研究，尽管每一个群体都有一定的群体目标，但是并不是所有的群体都会采取有效的行动来实现其群体目标，一个群体采取行动实现其目标的可能性与群体规模成反比，一个群体的规模越小，它能够采取集体行动的可能性就越大，这就是"集体行动的逻辑"。

霍曼斯的《人类群体》（1950）、怀特（W.F.Whyte）的《街角社会》（1943）、米尔斯（T.M.Mills）的《小群体社会学》（1967）等著作，都对小群体研究做出了富有价值的贡献，为小群体研究的深入打下了坚实的基础。有的学者认为，20世纪30—50年代，小群体研究是美国社会学研究的重心所在。

西奥多·M.米尔斯在其《小群体社会学》一书中，对以往的小群体研究进行了初步总结。他指出，小群体研究已经取得了几项重要进展。[1]①个体、群体和社会之间三位一体的关系正在逐渐得到认识。人们更多地发现自己是处于群体中的，是社会的一部分，而不是超然于群体之外，与之相矛盾和竞争。这一进展为那些既是集体又是个人的过程提供了新的信息。②小群体研究的重点从群体对其成员和环境的影响转到了对小群体自身的分析，从群体影响转到了群体过程，从群体输出转向群体内部动力机制。③小群体研究成功地运用了实验方法。研究者根据自己的目的创造群体，引入实验变量，以有效地检验假设。④研究者通过创造自我分析群体，变外部观察为内部参与。组成群体的成员既是活动者，又是观察者。他们进行互动，交换观察结果和解释，由此对什么是群体成员至关重要的东西获得新的了解。⑤一般系统论正在小群体研究中得到广泛应用。

目前，初级小群体研究仍然是社会学和社会心理学感兴趣的一个热点，并已分化出许多流派。

2.准群体研究[2]

准群体（quasi group），是指人与人之间已有某种联系，有一定程度的共同关心点，有可能在某些时候形成集团，但目前没有组织起来的人群。准群体不是一种组织结构，其成员只是具有某种松散的联系，主要有3种类型：

（1）群众（crowd），即面对面相互接触，以共同的情绪意见反应为纽带的临时聚集的人们。群众又称作人群，从数量上看，它可以是几个人到成千上万人。美国社会学家赫伯特·布鲁默把人群分作4种类型：①偶集人群，又称临时人群（aggregate），它是所有人群中结构最松散的一种，它只不过是一群个人的集合体。如大街上临时围观的人群，其成员没有或很少有共同的目标，个人很少与群体发生感情瓜葛，而且可以很容易与之分离。②常规人群，又称传统人群，是按照一定活

---

①　米尔斯. 小群体社会学［M］. 温凤龙，译. 昆明：云南人民出版社，1988：8-9.
②　朱力. 社会学原理［M］. 北京：社会科学文献出版社，2003：115-118.

动目的集合在一起的人群，其结构相对严谨。"常规"是指他们遵照已经建立的社会准则或常规进行行动，如剧院的观众、运动场里的观众。③表现人群，又称抒情的人群，通常是为了其成员的个人满足而组织起来的，它是一种随着活动的终结而结束的人群。其特征是通过身体的运动来宣泄内心的情感，只求身体的轻松自由而不指向外界的目标，如参加大学生舞会、宗教活动的人群。④行动人群，又称暴众，这是有一定的目标作为行动的指南、正在行动的人群，如参加暴乱、骚乱或从事其他极端活动的人群。行动人群最不普遍，但有时它又是4种基本人群中最有社会意义的一种。[①]群众的4种形态在一定的条件下是可以转化的，例如，我们常见的足球场上的人群属于常规人群，他们按照一定的规则为球员欢呼，但是一旦自己所喜爱的球队失败，感情冲动起来，就可能转化为行动群众，成为足球流氓。

（2）大众（masses），是指基于间接的相互接触，以共同的情绪意见反应为纽带的人们。群众的要件是一群人在同一时间出现在同一地点。但是大众是同一时间里在不同的地点因某一事件引起共同的情绪反应、具有相似行为的人群。大众与群众的区别在于群众是在现场的，有相互接触的人群，而大众是不在现场的，没有直接互动的人群。大众的人数从规模上来说一般要比群众人数多，如由某一重大事件引发了社会骚乱，参加游行的人可能有几千人、几万人，而没有直接参加游行，但对这一事件有相似的看法，并在情绪上有共鸣的人可能有几百万、几千万。在现代社会，人们的共同的情绪与意见的纽带主要是大众传播媒介，电视、报纸、广播这三大传播媒介的力量尤其巨大。传播媒介通过持续的、大量的信息轰炸，容易造成一大批情绪一致化的人群，这些人往往失去自己的理性判断能力和个性，接受舆论工具的暗示与摆布，成为庞大的具有相同情绪意见的人群。

（3）公众（public），是指基于间接的相互接触，以理性判断为纽带的人们。公众与大众的共同之处是均为一种间接的接触，区别是大众是以情绪为纽带的人群，公众是以理性判断为纽带的人群。公众是一群成员特点异质的、组织松散的，为谋求某一特定问题的解决或政策的讨论而形成的人群。常说的"公众意见"是指一群公众对某一政策或问题的看法。公众的主要特点是在某一问题上利益一致但意见相左的一大批人。例如，参加人民代表选举活动的人，就是具有理性判断的一群公众，选举谁而不选举谁是根据其是否能代表民意。公众的行为要比群众的行为更合情理。公众的一些成员可能产生相同的想法或感受，但他们是自行做出决定的个人，因而也就少受一些他人感染和暗示的影响。一群公众内部的某些交互影响，是在朋友、同事以及家庭成员之间面对面地进行的，但其中大多数是通过新闻媒介间接产生的。公众并不一起行动，但他们确实就其关注的问题形成了自己的看法。有时我们不太严格地将全部人口都统称为"公众"，但这一定义是虚构的，在实际生活中，有多少问题就有多少公众，不存在能使全部人口都成为关注某一问题的公众这种状况，因为许多人对任何特殊问题都不感兴趣。美国的盖洛普民意测验发现，

---

①　罗伯逊. 现代西方社会学 [M]. 赵明华，戚建平，译. 郑州：河南人民出版社，1988：788.

即使在传播媒介极为发达的美国，能让80%的美国人都对一个问题发生了解的可能性也很小。在我国，由于经济、文化水平还欠发达，以及信息传播渠道的有限性，要使13亿人成为对某一问题都有相同看法的公众，是不切实际的。

准群体是没有内在群体的组织结构，没有明确的界限，只是一种极为松散的、临时聚集的或并没有相互接触的、具有混沌状态的人群。准群体在一定的条件下可以转化为真实的群体，如妇女运动中组织起来的女权运动的组织，残疾人组织起自己的联合会组织，将处于松散状态的人群组织起来，这时，准群体就过渡到正式群体，即社会组织。工会、共青团、妇联是我国工人、青年、妇女这些准群体中的正式组织。

准群体通常是虚拟群体，可以不是真正的群体。它是一种具有某些相似性的社会特征的人群，即社会类属（social category），便于统计学上进行分析的群体。例如，一群同性别的人，如"妇女群体"；一群同年龄的人，如"老年群体""青少年群体"；一群有同样境遇的人，如"贫困群体"；一群有相同身份特征的人，如"农民工群体""大学生群体"；一群有相似职业的人，如"工人群体""知识分子群体"。有的学者将准群体称为群集（collectivity）或集体（特指许多个人临时的汇合，而不是有组织的、持续性活动的集体）。

第二节　社会群体结构及作用过程

社会群体作为个人与社会之间的桥梁，其内部已因成员间的相互作用而发生了一定的结构模式。规模、规范、地位、角色、权威及成员间的关系，都是这种结构模式中的要素。

一、群体凝聚力

群体凝聚力也称群体内聚力，是指群体吸引其成员，把成员聚集于群体中并整合为一体的力量。

群体凝聚力的发展一般表现为3个层次：①人际吸引，群体中尚未形成规范压力，或者成员尚未了解、接受规范；②成员对规范的遵从，把个人的目标与群体的目标相结合，自觉接受群体规范的约束，并在此基础上与其他成员建立更深的关系；③成员把群体的目标自觉地看成自己的目标，并将群体规范内化为自身的行为准则。各成员因此对群体有强烈的认同感与归属感，产生高度整合的一致行动，这是群体凝聚力的最高层次。

影响群体凝聚力的主要因素有：

（1）利益因素。利益是形成群体凝聚力的主要因素。一个群体越能使成员受益，就越能使成员靠拢它。人们之所以加入某些群体，是由于他们从这些群体中能满足需要和得到利益。高度受益的人比低度受益的人更愿意合群。一个群体内受损害以至受打击的程度越高，受打击的成员越多，那么这个群体内的合群倾向就越低，那些受损害以至受严重打击的人一般会与该群体离析甚至脱离。正如美国社会学家霍曼斯所指出的：如果某个体在群体中以成员身份得到奖励，他就会参加群体，如果某个体发现他得不到奖励，他就会离开群体。如果每一个人都按照既能给自己带来相当利益，同时又能造福于其他社会成员的方式进行活动，群体的稳定性就加强了。

（2）安全因素。人们加入群体是希望通过群体的力量来保护自己的利益与安全。群体越能为成员提供安全的条件与可能，它就越能增强人们在本群体内的合群倾向。如果一个群体为自己的成员提供的安全条件减少了，那么，其成员在该群体内的合群倾向就会降低。社会学家的心理实验表明，恐惧是影响人的合群倾向的一个因素，高度恐惧的人比低度恐惧的人更愿意合群。[1]这与不确定性有关，在大量信息面前，信息越是模糊并难于理解，个人越是不敢确定，为了减少这种不确定性，他的合群倾向也就越大。

（3）压力因素。当群体成员或整个群体受到外部环境压力时，群体内的凝聚力就会增加。外部压力分为自然环境的压力和社会的压力。就群体成员个人而言，当他受到突然的灾难、变故等压力时，常规处理问题的规范、程度临时失效了，他必须首先弄清楚环境压力的真实情况，观察比较其他群体成员在压力面前的行为，以确定自己做出什么样的反应。出于这种考虑他必须主动地与其他成员加强沟通和联系，这就使成员之间的互动频率提高，成员关系更加密切，在这个过程中群体的凝聚力就增强了。社会压力通常来自于群体间的冲突，群体之间的冲突发生时，群体内的凝聚力会明显强化。

（4）认同因素。认同是双方的，有群体对成员的认同和成员对群体的认同。这里强调的是群体的认同，即群体对成员态度的接纳，群体对于成员行动的肯定。群体对成员认同的强弱，决定成员对群体的投入程度。高度得到认同的人比低度得到认同的人会更多地接受本群体的价值与规范的评价标准，更多地参加群体的共同活动，更愿意合群。这便是群体的认同效应。[2]

二、群体规范

群体规范是指在某一特定群体活动中，被认为是合适的成员行为的一种期望，是群体所确立的一种标准化的观念。

群体规范的形成有其一定的心理机制。人们在共同的生活中，对于外界事物的经验具有一种将其格式化、规范化的自然倾向，这种规范化的经验被称为定型，它有助于人们在重新遇到此类事物时做出尽快的反应。群体规范就其形成过程来说，也属于定型。另外，群体规范的形成还受模仿、暗示、从众、服从等因素的影响，是群体成员为着目标的实现而发生相互作用的结果。

美国心理学家谢里夫（M.Sherif）认为，由于群体中人与人的相互作用，逐渐形成了成员共同的判断标准或依据原则，从而使各成员的判断趋于稳定，这个过程

---

① 弗里德曼，西尔斯，卡尔史密斯. 社会心理学［M］. 高地，高佳，等，译. 哈尔滨：黑龙江人民出版社，1983：60-62.
② 宋林飞. 现代社会学［M］. 上海：上海人民出版社，1997：90-91.

就是群体规范形成的基本过程。谢里夫曾做过一次著名的判断光点移动位置的实验。他先让几个被试者分别在暗室里单独观看面前出现的一个光点。由于是在暗室里，所以每个被试者都觉得光点在运动，但其反应各不相同。有的人认为光点是向上移动，有的人认为光点是向右上方移动，还有的人认为是向左下方移动等等（实际上，光点根本就没有动）。随后，他让被试者一起来观看光点，并允许互相讨论。实验反复进行。持续一段时间后，大家对光点移动方向的判断渐趋一致。这意味着，大家共同的反应模式代替了个人的反应模式。当谢里夫将这些被试者重新分开再单独观看光点并做出判断时，每个人并没有恢复他原先建立的个人反应模式，也没有形成新的反应模式，而是一致保持群体形成的模式，这表明群体共同的反应模式具有了一定的规范效力。谢里夫还通过许多其他有关知觉判断的实验，如判定线段的长度等，得出了相同的结论。①

群体规范在群体成员的共同活动中一经形成，便具有一种公认的社会力量，并不断内化为人们的心理尺度，成为对各种言行的判断标准。群体规范还指示了人们为满足需要所采取的方式和相应的行为目标，从而规定了人们日常行为的范围和准则。群体规范由于能够促成群体成员行为的一致和协调，从而发挥了维持群体生存的功能。

三、群体内部关系

群体内部关系是指成员间彼此交流与作用的状态和过程，是群体结构的重要组成部分。

（1）从群体规模上看，群体规模的大小直接影响着群体成员间关系的数量和形式。随着群体规模的增大，群体内潜在关系也在增多。群体规模越大，群体潜在的关系越多。美国学者葛福达（William Kephart）提出了一个公式：

$$X = (3^n - 2^{n+1} + 1)$$

X为潜在关系数，n为人数。群体规模数与潜在关系数的对照表如下（见表8-1）：

表8-1   **群体规模数与潜在关系数对照表**

群体规模（人数）	关系数目
2	1
3	6
4	25
5	90
6	301
7	966

资料来源   朱力. 社会学原理［M］. 北京：社会科学文献出版社，2003：132.

---

①   波普诺. 社会学［M］. 李强，等，译. 11版. 北京：中国人民大学出版社，2007：185.

在两人群体中，只有A与B一种个人与个人之间的关系。在三人群体中，既有A与B、A与C、B与C之间个人与个人的关系，还有一种群内群（cliques or subgroups）的关系，即AB与C、AC与B、BC与A之间的关系。而在四人群中，除了有个人与个人之间的关系，群内群与个人之间的关系之外，又产生了一种新的关系模式，即群内群与群内群的关系，如AB与CD之间的关系。随着群体人数的增加，群体内的关系呈几何级数增长。我们完全有理由感叹"人际关系复杂"。当然，这种潜在的关系数目是一种纯理论的推算，在人们的实际生活中，关系也远没有理论上如此复杂。关系往往与人们的互动有关，通常在空间上经常接触，在利益和兴趣上接近，在价值观念上接近的人容易形成群内群。群内群形成的条件与群体形成的条件是一样的。

（2）群体成员间关系的状态以及群体结构的紧密程度。我们利用"社网图"来分析。"社网图"是美国社会学家莫雷诺（J.L.Moreno）使用过的一种表示群体内成员间个人偏好的示意图。该图由一个个的圆圈及彼此间的联通线组成。每一个圆圈代表一个群体成员，联通线表示他们之间的关系。联通线有两种：一种单箭头，表示单向选择关系，即一方喜欢与另一方接近，但另一方则比较冷淡；另一种是双箭头，表示双向选择关系，即双方喜欢相互接近。

"社网图"的操作有以下几步：第一，向每个群体成员提问："你喜欢与谁接近"；第二，按答案以圆圈和联通线绘出群体的网络；第三，对"社网图"进行分析。例如，图8-1就不仅反映出该群体中存在一个核心人物D，而且存在离群者A和3个联系很强的亚群体，分别由GI、BCE和DEH组成。整个群体结构比较松散。

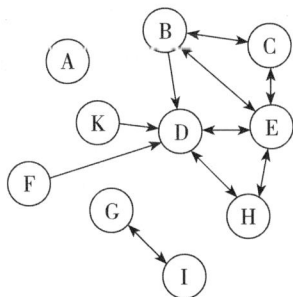

图8-1　群体关系社网图

"社网图"有直观、准确的优点，是分析群体内部关系的重要方法，已被广泛应用于群体领导资格、信息传递途径、宗派集团分析等课题。但是，在研究大规模群体时，"社网图"就显得过于复杂，联通线错综交织，难以直观，只能借助于计算机等工具进行处理。

四、群体领导与决策

群体中存在着领导者和追随者，这是群体结构的一个重要特征。所谓群体领导，是指在群体内部关系网络中处于中心位置，并能对群体其他成员进行引导和施加影响的角色。承担这一角色的人，或者具有某些突出的品行，或者对群体活动积极参与并做出了实际贡献。他们可从群体内自发产生，也可从群体外加以委任。

一般说来，群体中有两种主要领导形式：一种是工具性领导，指引该群体为达到最终目标而奋斗；另一种是表意性领导，它力求造成群体的团结与和谐。在群体中，这两种角色由不同的人扮演。

不同的领导人还可能采取不同的领导作风。领导作风大致不外乎以下3种基本类型：①权威型（也叫"独裁型"）。这种类型的领导人独自决定群体政策和分配任务，几乎是单纯发号施令。②民主型。这种类型的领导人倾向于与群体成员讨论、交流以确定政策和任务，从而保证群体行动的一致。③放任型。这种类型的领导人散漫怠惰，几乎不对群体成员加以指导或组织，任其自由行动。

所谓群体决策，是指在群体活动中，群体针对遇到的问题而做出判断和决定的过程，是群体发挥作用的重要步骤。

群体决策一般经历以下几个连续的阶段：第一阶段是收集信息，群体成员通过分析这些信息来决定自己的态度；第二阶段是对收集到的信息做出估价，此时，成员表明自己的看法，并对他人的意见做出反应；第三阶段是做出决定，在这一阶段，意见一致的成员将会形成联盟，人数众多的一方会将其观点强加于少数人并引起情绪紧张；一旦做出决策，就出现第四阶段，这时成员们普遍努力恢复他们之间的融洽关系，以保证群体继续团结。

一般而言，群体决策可以集思广益。所谓"三个臭皮匠，顶个诸葛亮"，意思就是集中几个人的智慧，能够弥补单个人的不足，以改善决策效果，提高决策水平。

但是，群体决策往往也更容易导致冒险和失误。这主要是因为群体表面一致的压力和群体成员对保持群体和谐一致的高度关心，使得群体成员自觉不自觉地受群体意识的束缚，尽量寻求与其他成员意见的平衡，压制自己个人的看法，从而妨碍了对问题和解决问题的办法作符合实际的评价与分析，并做出错误的决策。另外，在通过集体讨论所遇到的问题之后，成员对问题更为熟悉，心理紧张的状态大为减轻，在做出决策时就不再过于小心谨慎。并且，由于群体决策将责任分散到各个群体成员身上，所以每个人所承担的失败恐惧便大大减少，而敢于做出具有冒险性的决定与行动，也就是所谓"风险转移"。即使后来事实证明这种决策的错误，参与决策的成员也不会为此感到内疚。这就是所谓"集体决策，集体负责"，结果谁也不负责任。因此，在群体决策过程中，尽力解除群体意识的束缚，实行分工负责制是十分必要的。

第三节   初级群体

社会学研究初级群体具有重要意义。因为初级群体是个人参与社会生活的基础，在社会群体中占有重要的地位。初级群体是个人与社会之间的桥梁，研究它，有助于全面、深入地把握社会过程。同时初级群体也是社会的雏形，它反映了社会的许多特征，如分工、规范、沟通、管理及思想意识等等，而且，初级群体又便于控制和观察，因此，可以通过分析初级群体的结构、过程与功能，增进对社会的认识。

一、初级群体的特征

初级群体与次级群体的区别主要取决于群体成员之间的关系特征，初级群体强调的是群体成员之间面对面交往和密切的社会关系，以及群体成员之间交往的情感特征。与次级群体相比，初级群体最主要的特征是指群体成员之间面对面的、亲密的交往与合作特征。具体来说，包括以下几个方面：

（1）面对面的交往与合作。这是初级群体形成和发展的重要条件。在初级群体内部，群体成员之间的交往是直接的，不需要通过第三者作为中介人，正是在群体成员的这种面对面的互动过程中才形成了相互之间密切的社会关系。

（2）有一定的群体规模。与次级群体相比，初级群体的规模一般不大，这是初级群体成员能够实现直接的交流与合作，建立密切社会关系的一个重要保证。

（3）人与人之间不可替代的特殊关系。在初级群体内部，一方面群体成员的交往具有复合性的特征，也就是说，在群体内部的交往中，群体成员之间展示的是多重的人格特征；群体成员的社会角色也是复合的，比如在一个伙伴群体当中，小朋友之间既在学习上相互帮助，同时在生活上也是一种伙伴关系。在初级群体内部，每一个群体成员的角色都是特殊的，不可替代的，它不同于售货员和顾客、医生和病人等单维的角色关系。

（4）群体成员之间的感情依赖。在初级群体中，成员之间的交往不只停留在就事论事的表层关系上，而是富有"人情味"。每个成员都希望了解对方的内心，进行情感上的交流。成员间期望相互关心与安慰，有一种共同的心理维系。感情交流是成员间亲密关系的基础。这与马克斯·韦伯所论述的近代社会理性化过程中人与人之间的工具化关系是不同的。

（5）有非正式的群体规范。与正式科层组织制度化的规范体系相比，初级群体内部的规范往往是非正式的，在群体成员的社会化过程中，这种规范往往被社会成员内化为一种习惯。同样，对于群体成员越轨行为的惩罚，往往也是非正式的，比如舆论的谴责等。

（6）群体意识强，整合程度高。初级群体中，成员彼此熟悉，关系极为复杂而且密切，利益休戚相关，因而其群体意识很强，群体整合程度高，尤其是在维护和争取群体利益与荣誉方面，所有成员在行动上往往表现出高度的一致。个别成员的偏离、背叛，会招致严厉的制裁。

二、初级群体的功能

初级群体的功能是多重的。一般分为正功能与负功能两种类型。

1.正功能

（1）承担着社会化的任务。初级群体（如家庭、小伙伴群体等）内富于感情的人际关系和表现多种角色的人际交往，在促进社会成员个性的形成和发展、培养社会成员的生活技能、传递社会的价值观念和文化等方面起着重要的社会化作用。例如，从"小伙伴群"来看，它是以儿童们的兴趣为中心的，在这里，他们自由自在，无拘无束，逐步建立起独立的角色和身份。也正是在小伙伴群体中，儿童可能接触到社会的亚文化，开始直接意识到社会的复杂性，从而增强适应社会的能力。

（2）满足人们的情感需要。初级群体可以满足人们多方面的需求。但是，随着社会分化的加速，初级群体在历史上承担过的许多功能，如生产、教育、福利等都已逐渐转移给专门化的社会组织。值得注意的是，无论过去还是现在，初级群体都在满足人们感情需要、减轻心理压力、防止人性异化等方面发挥着重要作用。

（3）有助于社会整合。初级群体是社会最基本的单位，是在潜移默化中保存和传递社会文化的重要力量。社会的伦理道德、风俗习惯等等，都是通过初级群体才内化为社会成员的行为规范，从而发生其社会控制的效力。另外，初级群体的形式本身，也发挥着维护社会秩序的重要功能。初级群体通过其规范和内聚力的作用，有效地控制着群体成员的行为。从历史上看，初级群体的大规模破坏，必然引起整个社会的动乱。如农民家庭破产，被逼得卖儿卖女，子散妻离，往往就会导致农民起义。因此，初级群体自身的稳定是社会安定的基础。

2.负功能

（1）压抑个性的形成和个人积极性的发挥，限制个人的社会发展。初级群体中，成员间关系亲密，成员对群体的忠诚感强，在某些时候，会发生个体意识消退的现象，个体盲目遵从群体意识和规范。那些与群体中其他成员发生不愉快、不遵守群体规范的人会被孤立，乃至遭受明显的冷落和惩罚，因而个人发挥其积极性，自觉谋求自身更大发展的心理与行为，就受到一定的抑制。

（2）正规组织中初级群体的存在，有可能干扰正规组织关系，破坏组织结构，妨碍组织效率的提高和组织目标的实现。这主要表现为初级群体中非正式的个人化的关系模式与正规组织中正式的非个人化的关系模式相冲突，群体规范与组织规则不一致，从而导致群体目标与组织目标的偏差乃至相背。如裙带关系、帮派集团等的存在，就在一定程度上成为损害组织形象、降低组织效率的重要因素。

三、几种典型的初级群体类型

典型的初级群体类型主要有家庭、邻里、伙伴群或友群、老乡和亲属等。这里我们主要介绍邻里和伙伴群或友群。

1.邻里

邻里是基于地域上的相互接近，经过长期的互动形成的一种初级社会群体。在传统的农村社区，它往往与一定的亲属关系结合在一起。它可以指一个村庄，也可以指一条街道或者仅仅是一个胡同。邻里关系的形成取决于社会居住关系的稳定性，也就是说，在邻里关系中，社会成员是缺乏流动性的，正是这种低流动性，为邻里成员之间的长期、全面互动提供要求和可能。

在传统的农村社区中，邻里除了具有基本的初级群体的功能外，还具有以下功能：

（1）生产上的互助。在传统的农村社区，家庭是主要的生产单位，有很多一个家庭不能独立完成的生产活动，比如灌溉和公共设施的建设，主要是在邻里之间的协作中进行的。在我国对农业实行集体化改造初期，也就是在初级社会主义阶段，主要实行的就是邻里之间的生产协作，只是后来进入人民公社阶段之后，作为初级社会群体的邻里之间的协作就被正式的组织化生产取代了；家庭联产承包责任制实行以后，农村邻里之间的生产协作功能又得到了恢复。

（2）生活上的互助。在国家缺乏有效的社会保障体系的条件下，农民生活上的保障主要来自邻里之间的互助，对于生活上有困难的鳏寡孤独者，邻里内部有义务承担起相应的义务，这种生活上的互助，不仅表现在日常生活中，也表现在传统社区中具有一定仪式性的重大事件中，比如农村社区中的婚丧嫁娶。这些社会生活中的重大事件，往往都是在邻里之间的互助中完成的。俗语说得好，远亲不如近邻，近邻不如对门。

（3）社会安全和社会控制功能。传统社区采取相聚而居的形式，除了在生活上的互助和生产上的协作之外，更重要的是起到一种安全保障的功能。在传统社会当中，国家警察的力量是很微弱的，安全的保证更重要的是来自于邻里之间的联防功能。同时，邻里之间还有很重要的社会控制功能。邻里关系的稳定性、邻里之间的街谈巷议，对某些越轨行为起着制约和抑制作用，起到了社会控制的功能。封建社会长期实行的保甲制度很大程度上就是利用了邻里在社会安全与社会控制方面的作用。

邻里关系之所以具有以上的功能，很重要的一个原因是，由于邻里之间的地缘优势，他们在长期的互动中形成了一种非常重要的信任机制。现代博弈论的研究发现，人与人之间的合作很大程度上取决于博弈各方之间关系的长期性，正是在一种无终结的不断的重复博弈中，人们对未来的长期预测改变了非合作博弈中的困境。

随着现代社会的发展，社会流动性不断增强，在初级群体当中，邻里的衰落表现得最为明显。在农村社区当中，现代教育制度和大众传媒破坏了邻里之间的联系纽带，人们将越来越多的时间花费在家庭内部与大众传媒的沟通上。在城市当中，由于生活空间和工作空间的分离，邻里之间的关系变得越来越简单，原来邻里关系承担的一系列功能被组织化的国家服务所取代，单元式的住房格局使得邻里之间绝大部分行同路人。当然，作为历史的一种遗留，或者说是邻里关系在现代化大城市当中的一种表现，居民联防制度是一个方面，同时现代居民小区建设中越来越注重小区文化的多重性，在一定意义上可以看作是在重塑一种新的邻里关系。

2.伙伴群及友群

在库利的理论中，儿童游戏群体是在儿童社会化过程中另一个重要的初级社会群体。儿童游戏群体与其他的初级群体不同，它是根据儿童之间共同的兴趣，由儿童自发组成的。儿童在游戏群体当中，通过一定社会角色的扮演，尤其是在游戏过程中，通过对一些社会角色的模拟，习得一定的社会规范。这在儿童的社会化过程中是必不可少的。

此外，社会中还存在着很多其他形式的"友群"，这些群体往往是由具有某些共同特征的人组成，一般情况下规模比较小，群体成员之间的互动比较频繁，对群体成员的社会生活具有十分重要的意义，并且从一定意义上讲，这些群体的功能也是家庭和正式的社会组织不可替代的。

这些社会群体的形成，一个方面是一部分社会成员在正式的社会组织之外，为了满足某些方面的需要而自发组成的，比如一些在大学中存在的非正式社团；另一个方面是在正式的社会组织内部，由于组织成员之间的长期互动而逐渐形成的社会群体，比如在一个班级内部，会逐渐形成很多小群体，同时在企业内部的班组层次，也会形成许多带有初级群体性质的社会群体。

随着现代高科技技术的发展，研究者们发现，在像美国硅谷这样的高技术企业内部，很多的组织结构已经不是原来意义上的大规模的科层制组织，很大一部分企业的组织结构带有很强的初级群体特征，甚至企业与企业之间的信息和业务往来，经常是在咖啡馆中朋友之间在喝咖啡聊天的过程中完成的。同样，网络聊天创造了大量的虚拟社区，在这个社区内部，很多网友之间也形成了一种新的意义上的"友群"，尽管这个群体的成员之间不像传统的群体那样建立在群体成员之间长期的面对面的互动基础上。但是，正因为网络社区的匿名性，使得在这个社区的网友之间反而有了更多层次上的交流，从而形成了一种新的初级社会群体。

四、初级群体的衰落及对社会生活的影响

1.初级群体的衰落

在传统社会，初级群体是人类社会交往的主要形式。但是，在现代，随着科学技术的发展，生产力水平的提高，一方面要求更加细致的社会分工，另一方面要求在更大的范围内实行更大规模的协作，以实现社会化的大生产。生产的社会化，必然会促进整个社会生活的社会化。而生产和生活社会化的发展，则势必引起社会组合形式的变革。在许多方面，传统的小规模的初级群体已经成为社会化生产和生活的桎梏，而必须代之以大规模的、专门化的正式组织。初级群体日渐走向衰落。

初级群体的衰落主要表现在：

（1）社会分化加剧，初级群体原有功能不断发生外移。在传统社会中，初级群体是兼具多种功能的社会组合形式。但是，在现代社会中，随着正式组织的大量涌现，许多原来由初级群体承担的功能正在逐步移到正式组织中去。例如，在传统的农业生产和手工业作坊中，人们主要是以初级群体的形式结合起来参加生产劳动，但在今天的工厂、机关中，人们的身份是正式组织的成员。在传统社会里，儿童主要在家庭这类初级群体中接受教育，然而，在今天，对儿童进行社会化的任务大部分为托儿所、幼儿园、正规学校等组织所取代。邻里的功能也是如此。邻里在生产上的互助不再像原来那样必要，在现代社会中大量出现的社会福利组织，逐步地取代着邻里在生活上互相扶持、互相帮助的功能。总之，在现代社会中，虽然初级群体在社会生活的许多方面仍有着重要的、不可忽视的作用，但与传统社会相比，它的作用毕竟是大大地削弱了。

（2）初级群体成员关系日趋松懈。随着社会流动的加速、大众传媒的发展、价值观念的转变，以及家庭规模的缩小，人们之间的交往日趋带有短暂性、间接性和功利性的特点。以富于感情色彩为重要特征的初级群体的成员关系日趋松懈。人们比过去拥有更多的正式关系，并通过它来谋求自身的发展。

（3）一些初级群体已解体。例如，传统社会中的村落和邻里，都曾是重要的初级群体。而现在农村中的村落已有解体的趋势。在城市生活的人们，由于邻里在生产上互助的功能已经基本消失，生活上互助的功能也大部分外移，加上单元或居住形式的限制，邻里之间的交往已大大降低，邻里的观念已经非常淡薄。城市中的"邻居"逐渐成了地理上的概念。总之，伴随着工业化和社会现代化，初级群体的地位和作用都在不断下降。

2.对社会生活的影响

初级群体日趋衰落对社会生活的影响既有其消极的一面，又有其积极的一面。

从消极的一面来看，在传统社会中，许多基本功能都是由初级群体承担的，因此初级群体在现代社会中的衰落，就难免引起社会生活某些功能的紊乱。其主要表现在：①由于初级群体的衰落，人们从初级群体中得到的帮助越来越少，情感需求的满足发生问题，儿童的社会化也成了问题。②初级群体的衰落削弱了非正式控制手段的影响力，增加了社会控制的难度。③带来了人际关系的疏远、冷漠，导致一些不利于人的发展的社会问题。

从积极的一面来看：①初级群体的衰落有可能提供更多的个人自由。初级群体的控制往往会妨碍个性的自由发展，因此初级群体的影响力的削弱，有可能扩大人们的私人空间，促进人们自主性的发挥。②初级群体的衰落，正式组织的兴起，会打破初级群体的封闭性和排他性，消除隔阂，有利于促进更大范围的社会整合。③初级群体的衰落和正式组织的兴起大大地提高了人类群体活动的效率。初级群体的衰落与初级群体成员关系的淡化，标志着人们更多地依靠分工及规范等正式关系来处理问题，从而有助于提高工作效率，实现组织目标，这是社会走向合理化的一个表现。

应用社会学之窗

群体规模——我应该与几个人住一屋？

当学生开始上大学时，通常他们所做的第一个独立决定是住哪里。如果不是住家里，那么他们就有广泛的选择——他们可以独居，可以与一个室友住在一起，可以与两三个人共住一套公寓，甚至与四个或更多的学生共租一座房子。显然，每一种选择既有长处又有局限。即使学生相互之间非常了解，也会发生些问题，所以选择住的方式是一个很难的决定。

社会心理学的研究揭示了一些有趣的知识信息，它们可以帮助学生在居住安排方面做出合理的选择。这种知识可帮助学生了解，在选择居住方式时，哪些行为模式是可期望的。

像在正文中提到的，最小的群体即两人群体，最大限度地提供了潜在可能的亲密关系，这可能为群体成员提供很大的满足之源。但因为两人群体依赖于一种单一的关系，当他们在一起时，为保持与另一个人连续的交流，每个人都有一种特殊的责任。

这对大学室友来说意味着什么呢？两人群体可以保证两个参与者的情感支持。然而，群体规模也可能是一种紧张之源，它可能使这样一种关系很难维持。两个群体成员间的亲密无间可能妨碍他们的隐私。他们也许因要常常检点自己的行为和感觉而感到有压力。那些想要扩大社会生活、去体验许多新事物的学生，也许会感到不得不经常与某个人在一起是一种紧张。但对那些想要开始努力学习并要取得好成绩的学生来说，只有一个室友也许会是件很有益的事，尤其是那些志同道合的室友。

当第三个人加入这个两人群体时（形成了一个三人群体），他们的关系就起了戏剧性的变化。如果第三个人起调解者的作用，就会加强群体的稳定性。若第三个人受人尊重、两人都对他或她很信任，当群体中两个成员间发生了触忤，他或她就可以帮助缓和气氛并弥合他们之间的差异。但社会学家注意到，第三个人如果试图成为主导者，他或她也可能就是关系紧张的来源。三人群体碰到的另一个问题是，如果其中的两个成员经常是意见一致的，则有可能将第三者晾在一边，使这个人感到受欺侮、被拒绝。

很明显，不会有对每个人都会是最好的群体规模，因为没有哪两个人会有同样的需要。但研究表明，一个小群体的最合适的规模是五个人。大多数人发现，在一个很小的群体中，经常面对面的互动但又缺少平等，会显得太紧张。并且他们感到，如果群体超过五个人就太大，这也许是因为他们相信，在这样的群体中，每个人只能扮演一个很有限的角色。

五人群体似乎具有了三个稳定的、令人满意的特征：（1）奇数的成员数目使特角平衡成为可能。（2）这样的群体倾向于分裂成一个三人的多数派和一个两人的少数派，因此没有人会完全感到被抛弃。（3）这样的群体大小足可以使其成员轻易地从一种角色转到另一种角色，例如，从领导者转变为协调者，而不会使某个人总处在一种位置（Hare，1962）。所以，那些将选择在校园外同租一座房子或较大公寓的学生，可以考虑这样一种居住安排，因为它似乎提供了最好的机会，限制也最少。

资料来源　波普诺. 社会学［M］. 李强，等，译. 11版. 北京：中国人民大学出版社，2007：180-181.

思考题

1. 社会群体有哪些特点？

2. 为什么会形成社会群体？

3. 初级群体的基本特征和功能有哪些？在当代中国社会，初级群体发生了哪些变化？

4.联系实际谈谈非正式群体对正式群体的影响。

推荐阅读书目

［1］鲍尔．预知社会——群体行为的内在法则［M］．暴永宁，译．北京：当代中国出版社，2010.

［2］布朗．群体过程［M］．胡鑫，庆小飞，译．北京：中国轻工业出版社，2007.

［3］桑斯坦．极端的人群：群体行为的心理学［M］．尹宏毅，郭彬彬，译．北京：新华出版社，2010.

第九章　家庭与婚姻

家庭是被婚姻、血缘或收养的纽带联合起来的人的群体。

——伯吉斯

家庭与婚姻，是人类社会生活的重要组成部分，对社会运行发挥着不可忽视的作用。作为个人活动与社会运行的中介，家庭与婚姻按照双方的不同要求，同时扮演两种角色，显示出两种不同的特征和存在形态。从个人活动的角度看，家庭与婚姻都是个人选择与行为的结果，表现为一种客观存在的生活实体。从社会运行的角度看，它们又都是社会管理的产物，表现为一种强制式的社会设置。它们总是同时地作为生活实体，又作为社会设置存在、运行，从而影响着整个人类的社会生活。

第一节　家　庭

一、家庭的含义

家庭是建立在婚姻、血缘或收养关系基础上，以面对面的互动方式结合而成的一种初级群体，是人类进行自身再生产的单位。家庭是社会生活的基本单位，也是一个社会最基本的细胞。婚姻关系是一个家庭形成的最主要的纽带，而血缘关系则是维持家庭存在的最稳定的纽带。

1.家庭与家族

家庭主要是婚姻的产物，而家族却是血缘的产物。例如，赵男与张女结婚，就组成一个家庭，但他们仍然是赵氏家族与张氏家族的成员。在很多情况下，中国人结婚不仅意味着两个个人的成婚，也表明两个家族的联姻。以往的一切包办婚姻都以此作为最主要的理由。

2.家庭与户

从群体角度讲，家庭是群体，户不一定是群体，户的概念要比家庭的概念更宽泛，户包括家庭、集体户和单身者。从人与人的关系角度看，家庭以婚姻关系、血缘关系或收养关系为基础，而户并不都是这3种关系。从共同生活的角度看，家庭中的成员以共同生活为基础，而户均是单独生活的。户是社会管理的一种形式和制度，不是世界各国普遍的社会制度。

二、家庭的起源与历史演变

家庭不是从来就有的，它是人类社会发展到一定历史阶段的产物，并随着社会的进化而逐步由较低阶段向较高阶段发展，由较低的形式演进到较高的形式。恩格斯继承摩尔根《古代社会》中的观点，在《家庭、私有制和国家的起源》中把家庭的历史形态分为血缘家庭、普那路亚家庭、对偶家庭和一夫一妻制家庭。

1.血缘家庭

它是人类历史上第一种家庭形态。在原始社会的旧石器时代，人类原始群在进化与自然选择规律的作用下，经过长期经验的积累，认识到不同年龄人的生理差别，在内部逐渐选择了按辈分划分的婚姻，即年龄相近的青壮年兄弟姊妹相互通婚，排斥了上下辈之间的婚姻关系。这时，姐妹是兄弟的共同妻子；兄弟是姐妹的共同丈夫，夫妻都有共同的血缘。血缘家庭既是一个独立的生产单位，又是一个独立的生活单位。

2.普那路亚家庭

它是人类家庭的第二种形式。人类社会的婚姻形式由过去的内婚制转变为外婚制，即在家庭内部开始排除兄弟姐妹之间的婚姻形式，实行两个集团之间的婚姻，这种家庭制度是群婚制发展的最典型的阶段。普那路亚是夏威夷语，意为"亲密的伙伴"。这个名称是从最早实行这种家庭形式的夏威夷群岛的土著人那里来的，共妻的一群丈夫互称"普那路亚"，共夫的一群妻子也互称"普那路亚"。原始社会发展到旧石器中、晚期，由于人工火的发明和石器的不断改进，人类狩猎活动和原始农业的进一步发展，促使了生产力水平的提高，人类居住地相对地稳定下来；又由于人口的繁衍，一个血缘家族不得不分裂成几个族团。为了扩大物质资料生产，满足日益增长的人口的生活需要，族团之间必须保持一定的经济合作和社会联系，于是便产生了各族团之间的通婚。同时，人们逐渐认识到族外通婚对后代体质发育有益，并形成了同母所生子女间不应发生性关系的观念，于是在家庭内部开始排除亲兄弟姐妹间的婚姻关系，实行两个氏族之间的群婚。这就是普那路亚家庭形式。

3.对偶家庭

它是原始社会母系氏族公社时期的一种家庭形式，由普那路亚家庭发展而来。这种家庭由一对配偶短暂结合而成，所生子女属母系所有。早期对偶婚是夫对妻暮合晨离。晚期对偶婚发展为夫居妻家，但不是长久的，随时可以离异。这种对偶家庭不是氏族公社独立的经济单位，社会的基本组织仍是母系氏族。家庭内男女平等，共同照料子女。对偶婚已从群婚时代单纯的性关系转变为一种广泛的社会联系。男子和女子一起劳动、消费，世袭仍按母系计算。对偶婚实行的结果是给家庭增加了一个新的因素，即除了生母之外，已有可能确认生父。

4.一夫一妻制家庭

一夫一妻制家庭产生于原始社会末期。它的确立是文明时代开始的标志之一，并适应于整个文明时代。它诞生的动力是财富的增加和按父系继承财产的要求。随着两次社会大分工的实现和生产力的发展，男子在生产和财富的分配中逐渐占据主导地位。为把自己的财产转交给自己真正的后裔，必然要求妇女保证贞操，只能有一个丈夫。一夫一妻制家庭同对偶家庭相比，具有以下两个特点：①夫权高于一切。由于丈夫在家中掌握了经济大权，从而形成了对妻子愈来愈大的统治权。②婚姻关系比较牢固。双方已不能任意解除婚姻关系，通常只有丈夫可以提出与妻子离婚，破坏夫妻忠诚是丈夫的权利，而妻子却必须严守贞操。一夫一妻制这种家庭形式自从产生以后也不是一成不变的，在社会发展的不同时期有不同的表现。

从家庭的起源及其演化史我们可以看出：①家庭是一个历史范畴。各种家庭形式不是从来就有的，也不是一成不变的，而是随着人类社会的进步不断发展变化的。②自然选择和生产方式的进步是家庭演化的根本动力。自然选择的力量在人类早期家庭形式的产生过程中发挥着巨大的作用。随着人类社会的发展，生产方式的进步则成了推动家庭制度演化的根本动力。

三、家庭的结构与类型

家庭结构包含了两方面的要素：一是家庭人口要素，相关的问题是：家庭由多少成员组成？家庭规模大小如何？二是家庭代际要素，相关的问题是：家庭成员的代际分类是怎样的？不同的家庭人口要素、代际要素的组合，形成不同的家庭成员之间相互联系的方式，因而形成不同的家庭结构模式。家庭结构是在婚姻关系和血缘关系的基础上形成的共同生活关系的统一体，既包括代际结构，也包括人口结构，并且是二者组合起来的统一形式。①

根据不同的家庭结构，又可以将家庭划分为以下几种形式：

1.核心家庭（nuclear family）

核心家庭有的也叫原子家庭。由一对夫妇及其未婚子女组成的家庭称为核心家庭。这种家庭结构内部只有一个权力中心和活动中心。只有一对配偶，家庭关系是由夫妻关系和亲子关系组成的基本三角关系（如图9-1所示）。

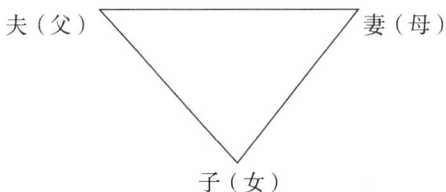

图9-1　家庭基本三角关系图

这种家庭更强调夫妻关系，因此也叫夫妇家庭（conjugal family）。目前，我国的核心家庭大都是由一对夫妇和一两个未婚子女组成。另外，核心家庭还有一些不完整的形式：

（1）配偶家庭。这是指只有一对夫妇而没有子女的家庭：一是未育配偶家庭，即尚未生育子女的一对夫妇组成的两人家庭；二是空巢家庭，即子女均已成婚并单独生活，只剩下夫妇两人的家庭。

（2）单亲家庭。这是指由于死亡、离婚或其他原因而只剩下夫妇中一方与未成年子女组成的家庭。单亲家庭，一直是值得关注的社会现象。从国际上看，在过去的几十年间单亲家庭已经越来越常见。如英国，"超过20%的受抚养孩子生活在单亲家庭中。大部分单亲家庭（大约90%）由妇女当家。到20世纪90年代中期，英

---

① 邓伟志，徐榕. 家庭社会学［M］. 北京：中国社会科学出版社，2001：37-38.

国已经有160万的单亲家庭，而且这一数字还在增长"①（进入和脱离单亲状态的渠道如图9-2所示）。在我国，这一现象也日益值得关注。单亲家庭由于社会化的片面性、经济贫困、社会歧视等原因，造成了一部分未成年人的心理缺陷、精神缺失等社会问题，但从另一角度看，有的单亲家庭的孩子也培养了其他家庭孩子所没有的独立、早熟等特征。这为他们将来步入社会铺垫了道路。

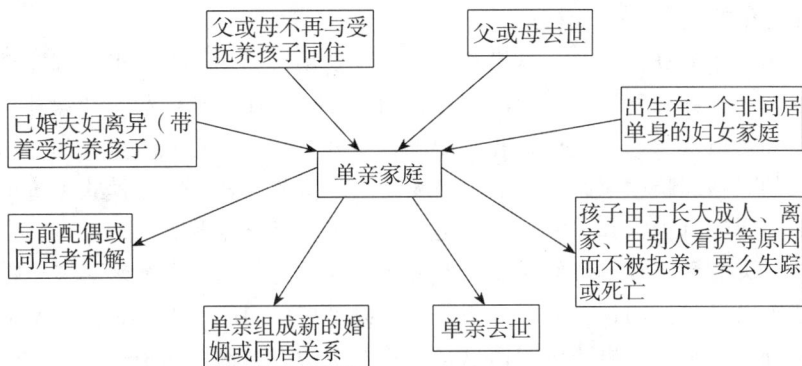

图9-2　进入和脱离单亲状态的渠道

资料来源　吉登斯. 社会学［M］. 赵旭东，等，译. 5版. 北京：北京大学出版社，2009：228.

2.扩展家庭（extended family）

这是指由两对或两对以上的夫妇及未婚子女组成的家庭。扩展家庭是在核心家庭基础上演化而来的，这种家庭主要强调与不同亲戚的"血缘纽带"，因此，又可以叫作血亲家庭（consanguine family）。这类家庭的主要形式是：

（1）主干家庭。它是核心家庭异代、纵向扩大的结果，是由两对或两对以上均异代的夫妇与未婚子女所组成的家庭。①是指父母（或一方）与一对已婚子女（或者再加其他亲属）共同居住组成的家庭。②一对夫妇与男方或女方父母及未婚子女组成的家庭。

（2）联合家庭。它是核心家庭同代、横向扩大的结果，是由至少两对或两对以上的同代夫妇及其未婚子女组成的家庭。它主要包括：①异代联合家庭。这是指两对或者两对以上的同代夫妇及其未婚子女与父母组成的家庭。②同代联合家庭。这是指两对或两对以上的同代夫妇及其未婚子女组成的家庭。联合家庭一般是兄弟们结婚后不分家而形成的，大都是出于共同继承财产的需要，由于父母房屋多或经济条件宽裕，可以提供住房或一些经济补贴，使得子女在婚后仍和父母住在一起。这种家庭的权力往往集中在长辈一代或二代人的一对配偶中，每一对配偶都是一个次级的活动中心，都享有一定的权利，所以是一种联合家庭。

扩展家庭与核心家庭的区别主要在于这种家庭的结构比核心家庭复杂，它不仅包括夫妻关系、子女关系，还包括祖孙关系、婆媳关系、兄弟姐妹关系、叔嫂或姑嫂关系。核心家庭包括一代人或者两代人，不会超过三代人，而扩大的核心家庭至

① 吉登斯. 社会学［M］. 赵旭东，等，译. 5版. 北京：北京大学出版社，2009：228.

少包括两代人，一般的包括三代人，家庭人口一般也比核心家庭要多。

四、家庭的功能

家庭的功能是指家庭在社会生活中所起的作用。家庭的功能往往受到家庭的性质和结构的制约，其功能也会随着社会的变迁而不断发生变化，不同的社会，家庭的功能各有不同。一般而言，家庭的功能主要有：

1.社会化功能

社会化始于家庭，家庭是承担社会化的主要场所。一个人从出生到完全适应社会，在社会中生存和发展，要学习许多方面的知识，如日常生活的知识和技能、人生的态度和价值观念、职业行为和技能等，家庭在其中起着非常重要的作用。特别是对个人的人格成长，家庭的影响是最大的。个人的语言、文化模式、价值观念等等初步的习得来自于家庭，家庭里的父母、兄弟、姐妹以及其他的成员，常常成为儿童有意、无意模仿和学习的对象。但父母很少通过明确的训练来对孩子进行社会化，实质上对于子女的社会化，大部分家长只是把他们所记得的、从父辈那里得来的东西，外加从别人那里获得的信息（但并不是所有的家长都是见多识广的）再加工一遍传给子女。这就是为什么今天的社会化越来越成为学校、专业性服务机构（如心理咨询和社会工作），以及其他社会机构的责任的原因之一。事实上，在现代工业化社会中，家庭以外的社会化执行者的角色已十分重要，以至于有时人们指责这些社会化执行者使家庭在社会化方面的作用弱化了。[①]

2.生育功能

人类社会的延续，需要不断有新的社会成员来接替和延续，家庭是目前社会所认可的生育子女、繁衍后代的合法的社会基本制度，是人口再生产的唯一的社会单位。人口生产是在生物规律的基础上发生的，又有经济、道德、法律等社会因素参与其中的一个过程，这个过程应当在家庭中进行。但是随着生物医学技术的发展，出现了家庭的生育功能向社会转移的现象。例如，未婚母亲通过人工受精的方式生育，或者借用其他妇女的子宫生育，最近又出现了克隆人。家庭的生育功能正在受到前所未有的冲击。

3.感情功能

家庭赋予人们一种安全感和归属感，家庭的成员中存在着一种最紧密的联系。无论在家庭之外受了多大的委屈，其他成员都将在感情上支持他，所以人们常常形容家庭为避风的港湾。家庭的感情功能主要表现在宣泄、调节、娱乐等方面。在家庭中可以向家人倾诉一些在正式组织中不可交流的信息和情感，包括不满和压抑，深层次的情感宣泄有益于人的身心健康；通过家人的关心和支持，可以消除家庭外社会生活和工作中的苦恼、挫折感，形成和谐的心理状态，协调个人和社会的某些紧张关系；通过共同的娱乐活动，调节身心健康，恢复体力，加强家庭成员之间的亲密度，激发人生的各种依恋和上进精神。

---

① 波普诺. 社会学［M］. 李强，等，译. 11版. 北京：中国人民大学出版社，2007：389-390.

4.性爱功能

性行为是人的生物本能，这种生物本能在文明社会里受到了社会的限制，性行为被习俗、道德和法律控制在夫妻之间。当男女两性缔结婚姻关系之后，性爱就成为维系双方相互关系的主要纽带之一。性爱是性欲的升华，是社会化了的一种生物性。人们一般把家庭看作是满足夫妇性需要的场所，其实家庭还起着控制性行为的作用，即社会将人们的性生活限制在家庭的范围之内，有利于性需要的普遍满足，以及避免由于满足性需要而引起的社会混乱。只有家庭内的性生活才是道德的、合理的。对婚外性关系，世界上各国的主流文化与道德规范都是予以否定的，专一的性生活是巩固家庭关系的最重要的因素。

5.经济功能

有时家庭也被定义为"一群人为追求经济目的而合作所形成的经济单位"。贝克尔认为，家庭之所以会亘古就有、绵延长存，其原因在于家庭生产以明确、细致的分工协作为基础。最初的分工发生在已婚男女之间，妇女主要致力于生儿育女、操持家务等非市场活动；而男子则专心于狩猎、种田等市场活动。家庭成员之间的这种分工部分地取决于生理上的差异，但主要取决于经验和人力资本投资上的不同。这种差异的存在构成家庭产生的物质基础。男女彼此结合，取长补短，能使家庭产出最大化。家庭"像企业一样，夫妻双方通过订立一份把他们长期结合在一起的契约，避免了支付交易费用，降低了生产成本。同时，家庭成员之间彼此了解、相互信赖，这就大大减少了监督和管理费用。因此，家庭就是一个有效率的经济单位"[1]。

家庭的经济功能包括生产和消费两个方面。生产功能曾经是家庭的一个最主要的功能。在以农业为主的农村家庭中，仍然维持着这一功能。进入工业化社会以后，大多数生产性工业在家庭之外进行，致使这一功能逐步减弱并在城市家庭中丧失。消费的功能则逐步上升为最重要的功能，家庭成为社会的基本消费单位，进行着一些很重要的消费行为。

家庭生产功能向消费功能转变根本上决定了家庭的规模演变，如从核心家庭演变而来的扩展家庭又转变成核心家庭。在中国农村存在的一种家庭结构演变现象体现了经济功能的作用。如当父母有劳动能力时，子女多愿意选择与父母生活在一起，反之，更愿意选择分家。这致使农村常常出现老人赡养的问题。这表面上似乎折射了一种道德心理，实质是经济功能在起作用。又如，东北一些老重工业城市，在中国社会转型期出现了扩展家庭增多的趋势，这实际是"下岗"子女由于没有了经济来源，又重新回到父母（他们一般有国家保证的退休金）身边。

五、我国家庭结构的变迁

新中国成立以后，伴随着一系列的社会变革和社会流动性的增强，中国传统社会的家庭结构发生了很大的变化。传统社会中的大家庭越来越少，核心家庭和扩展

---

① 费孝通. 生育制度［M］//费孝通. 费孝通文集：第4卷. 北京：群言出版社，1999：4.

家庭中的主干家庭逐渐成为社会上主要的家庭结构形式，家庭的规模也越来越小。

在城市，家庭结构变动的直接原因主要有两个：一是退休制度和养老制度的实施，传统社会养儿防老的意识在很大程度上有所削弱；二是城市福利住房制度（这主要体现为计划经济时期）。计划经济时期，由于我国住房制度的基础是单位制，这样一方面子女不必依赖父母就可以从工作单位获得住房；另一方面，如果父母与子女不在一个工作单位，在一起居住也是很困难的。以上两个原因都导致了家庭小型化的发展。由计划经济向市场经济转变的过程中，城市家庭结构虽有些变化，但是仍以核心家庭和扩展家庭中的主干家庭为主，而其中又以核心家庭所占比例为最大。

在农村，农村土地制度的改革，从根本上改变了农民的投资方式。在20世纪80年代实行家庭联产承包责任制和乡镇企业兴起之后，农村掀起了建房的热潮，使家庭分居成为必要和可能。

对家庭结构形式影响最大的还是计划生育政策的推行，使得家庭规模急剧缩小。家庭居住形式和计划生育政策的实行，也改变了家庭的生命周期。在独生子女的条件下，家庭的生命周期简化为形成、稳定、空巢与解体4个阶段，伴随着子女出生和离开而变动的扩展和收缩两个阶段已经失去了意义。在农村，由于大批劳动力外出打工，在很多地方形成了一种在全年大部分时间，仅仅有老人、妇女和儿童组成的家庭结构形式。这是在现代城市化过程中出现的一个比较普遍的现象。

第二节　婚　姻

一、婚姻及其意义

婚姻，是指男女双方按照习俗和法律的规定结为夫妻的一种制度。按照《说文解字》的解释，婚是指女家，女为阴，故称昏（婚）；姻为婿家，女为之所因，故曰因（姻），因此把男女结合而为夫妻的社会行为称为昏因（婚姻）。可见，婚姻这个词，在古汉语中是和夫权制联系在一起的。婚姻制度是家庭的基础，有了婚姻关系才能产生家庭制度。

人为什么要结婚、组成家庭、生育子女？婚姻的意义是什么？无数的男女走上了婚姻道路，但是很难给出一个清晰的答案。

从不同的视角，可以给出不同的解释。社会学家J.罗斯·埃什尔曼的解释具有一定的代表性，他认为[①]：

（1）基于宗教的理解，婚姻是神圣的，而且是神秘的。婚姻是神的表现，是一种神圣和至高无上的制度，它不是由凡人而是被上帝耶稣或某些超人建立和保留下来的，因此"婚姻是上天决定的"。这是20世纪以前比较流行的一种传统的信条。

（2）基于社会设置的理解，婚姻的意义在于社会责任和义务。这种看法认为婚

---

① 埃什尔曼. 家庭导论［M］. 潘允康，等，译. 北京：中国社会科学出版社，1991：9-10.

姻的意义主要在于社会，即与其说婚姻的根源在于上帝，不如说是为了人类而存在，具体说是为亲属团体和社会而存在。正是婚姻的社会意义使人们认为它是非常重要的。具体表现为在观念和行为上人们都不赞成离婚、婚前孕、白人和黑人通婚，这些行为会被社会（朋友、社团、亲属团体及其他）所反对。这是20世纪以来最初几十年广为流传的另一种看法。

在我国将婚姻看成是"两个人按照社会所要求的契约关系和程序来组建共同生活（当事人的'婚'）；双方都与对方原来的家庭结成确定的关系（当事人家庭之间的'姻'）"的观点，就是从社会设置的角度来理解婚姻的意义。在这里，当事人的地位、角色、权利、义务是最本质和最重要的，个体之间的性关系与共同生活则在其次。例如，无性生活或两地分居的夫妻并不表明没有婚姻，同样，长期同居或包二奶也不被认为是婚姻。

（3）基于个人主义的理解，婚姻和家庭关系的存在是为了某种个性需要，就是说仅仅是出于"自我"，而与上帝和社会无关。我选择婚姻是"我个人的权利"，与我的民族、宗教、种族团体、社会阶级和教育水平无关，总之，我不是为家庭、教堂、团体和美国社会去结婚。自我感觉愉快的婚姻才是成功的。如果自我感觉不愉快，无论是上帝还是社会都不能强制我结婚，也不能强迫我忍受某种不愉快的婚姻。"[1]从这个意义上说，婚姻的根源在于人的个性，每个人都对自己的成功或失败负责，而不是决定于团体结构和社会状况或决定于他人的意志。

因此，将婚姻看成是"持续的性关系+共同生活"的观点，容纳着经济的、情感的和潜在的生育等生活实体内容，更为关注的是个体的意愿与选择。这就是从个人主义的角度来理解婚姻。

而经济社会学家则从另一个角度表达自己的看法。如贝克尔认为："人们结婚的目的在于想从婚姻中得到最大化的收入。如果结婚收入超过单身的收入，那么，人们就会选择结婚；否则，就宁愿独身。"[2]持有此观点的是交换理论。它认为人类总是想以最小的代价获取最大的报酬。交易中的每一方都试图把"利润"增加到最大限度，把"成本"降低到最小限度。求婚行为是一种交易或利用行为。金斯利·戴维斯在解释黑人男性与白人女性的婚姻几率超过白人男性与黑人女性的婚姻几率时认为，这是黑人男性用较高的社会地位去换取白人女性较高的人种地位的结果。又如中国社会近年来日渐增多的具有金钱、地位、社会声誉等的高龄男性与处于普通社会层次的年轻女性建立婚姻关系的现象，实质反映的是年轻女性用年龄的先赋地位与男性的后致地位相互交易的本质。

二、择偶[3]

与婚姻相关的第一步就是选择配偶。婚姻动机或者对婚姻意义的看法直接影响着择偶的标准。在具体的个人择偶行为中，往往都有不同的现实标准。

---

① 埃什尔曼. 家庭导论［M］. 潘允康，等，译. 北京：中国社会科学出版社，1991：14.
② 贝克尔. 家庭论［M］. 王献生，王宇，译. 北京：商务印书馆，1998：4.
③ 朱力. 社会学原理［M］. 北京：社会科学文献出版社，2003：155-157.

　　麦尔顿等人的研究将择偶标准划分为两大类：一类是物质性的，其中包括经济社会地位等标准；另一类是精神性的，其中包括感情和谐等一类因素。他们的研究以美国大学生为对象，调查结果表明：①黑人比白人更重视物质性标准；②在精神性标准上没有性别、人种的区别；③人们对物质性标准的重视程度与社会经济地位成反比，即社会经济地位越低的人越重视物质性标准。有些学者甚至认为存在着一个婚姻市场，如贝克尔认为："如同存在着商品市场一样，也存在着一个婚姻市场，它表明人的婚姻具有高度的系统性和组织性。在一个有效率的、自由竞争的婚姻市场上，每个人都能找到自己的最佳伴侣，因而能使自己效用最大化。比如，高质量的男子和高质量的女子结婚，低质量男子和低质量的女子握手言欢。一些人宁愿和低质量的人白头偕老，是因为他们觉得高质量的婚姻成本太昂贵。"[1]

　　其实，婚姻包含自然属性与社会属性两个方面，都体现了婚姻的内在必然性。婚姻的自然属性导致人们把相貌、身体、年龄等作为择偶的标准。婚姻的社会属性导致人们把经济、政治、道德、文化或宗教等作为择偶的标准。在婚姻当事人和他们的长辈之间，往往自觉或不自觉地遵循着一般的择偶原则：

　　（1）条件互等原则。人们在择偶过程中首先考虑的是对方的条件是否与自己的条件相当。美国社会学家 W.古德指出："一切择偶制度都倾向于'同类联姻'，即阶级地位大致相当的人才可结婚，这是讨价还价的产物。"[2]

　　（2）双向选择原则。现代社会的重大进步之一就是婚姻当事者有权利自己选择将来的配偶。选择要以双方满意为条件，尽管每个人的选择标准不同，但必须尊重对方的选择，以对方的同意为前提。

　　（3）男女有别原则。西方研究资料显示，男性有注重女方的相貌而忽视持家能力——如烹调能力的趋向；女性在择偶时更加挑剔，更注重男方的能力、职业和事业的成功等因素。[3]

　　（4）择偶梯度原则。当男女处于恋爱或亲密的私人交往阶段时，可以肯定的是女性将寻找地位相当或地位较高的男性，而男性会寻找地位相当或地位较低的女性。这种趋势被称为择偶梯度。[4]我国的研究结果部分地说明了择偶梯度的存在。例如，在学历方面，研究发现，1984—1994年的10年间，男性对女性的学历要求不高，以大专和中专居多，但对本科、硕士以上的要求有上升趋势。女性对男性学历要求较高，以大专、本科居多。

　　现今，在择偶过程中男性对女性及女性对男性的学历要求均有所提高，但是择偶过程中的梯度仍然存在。

　　（5）满意优化原则。在择偶过程中人们不自觉地遵循着最优原则，最优原则意味着挑选者要穷尽一切选择的可能性。而满意原则是指选择基本条件符合的配偶，并不需要穷尽一切选择。但是，在最优原则的实施过程中，存在无法避免的局限

　　① 贝克尔. 家庭论 [M]. 王献生，王宇，译. 北京：商务印书馆，1998：75.
　　② 古德. 家庭 [M]. 魏章玲，译. 北京：社会科学文献出版社，1982：75.
　　③ 徐安琪. 择偶标准：五十年变迁及其原因分析 [J]. 社会学研究，2000（6）.
　　④ 埃什尔曼. 家庭导论 [M]. 潘允康，等，译. 北京：中国社会科学出版社，1991：299.

性。①时间的局限性。任何人面对不可逆的时间，都只能从现在或过去所碰到的人中间选择配偶，不可能从未来的人中间选择。②空间的局限性。任何人都只能从自己生活的空间中挑选对象，或通过媒介如父母、亲戚、朋友、婚姻介绍所来扩大选择的空间，突破封闭。由于这两个局限性，最优原则是无法实现的。即使当时认为最好的对象，随着时间的推移和空间活动范围的扩大，完全可能遇到比当时所选择的配偶更好的。最优原则就是选择"工艺品"，而满意原则就是选择"材料"。

择偶没有固定的模式，以上原则只是在择偶过程中人们所考虑的基本思路。现实生活中择偶应该持谨慎的态度，因为选择一个伴侣就是选择了一种未来的生活。

三、婚姻问题——离婚

现代社会的婚姻中一个突出的现象是离婚率的上升。离婚以及由离婚引发的社会问题已成为当代国际社会共同关注的问题。

社会条件发生了巨大的变化是促成离婚率上升的一个重要原因，具体表现为：①经济依赖的减低。在现代社会里，妇女就业率的提高使她们较少在经济上依赖丈夫，一旦产生矛盾，她们有独立性和自信心，比传统的妻子由于经济上不独立而产生的压力要轻得多。②离婚的社会成本降低。随着社会上道德、政治、文化与法律等因素对婚姻的影响力的降低，个体离婚的社会成本也降低了，促使个体有更多的机会选择婚姻的自由。③期望过高。人们在结婚前将婚姻视为幸福美满的社会制度，受影视作品影响，在追求爱情生活时，过度追求浪漫爱情，对婚姻的期待过高，在婚后发现各种不如意之处，理想型的婚姻较容易破裂。④社会流动速度的加快也是离婚率上升的一个重要原因。

离婚是社会允许的结束婚姻关系的一种社会行为。离婚可以采取两种方式：一是双方自愿解除婚姻关系与家庭结构的方式；另一种是经当地法院判决解除婚姻关系的方式。法律之所以有离婚的规定，是考虑到夫妻关系是在生理的基础上建立起来的婚姻关系，并不是血缘关系。如果夫妻感情确已破裂，从法律和道德两方面来说，就没有理由继续保持夫妻关系，那么离婚就是当然的事情了。正如恩格斯说的："如果说只有以爱为基础的婚姻才是合乎道德的，那么也只有继续保持爱情的婚姻才合乎道德……如果感情确实已经消失或者已经被新的热烈的爱情所排挤，那就会使离婚无论对于双方或对于社会都为幸事。"①《中华人民共和国婚姻法》也规定，"男女双方自愿离婚，准予离婚""人民法院审理离婚案件，应当进行调解；如感情确已破裂，调解无效，应准予离婚"。法律规定是否准予离婚的依据是男女双方感情是否确实已经破裂，这和恩格斯的观点是一致的。

典型的离婚有6个过程：①感情上的离婚，包括在婚姻关系里抑制凝聚的感情及沟通，以疏远的感情及对立的行为来代替相互尊重与帮助。相互欺骗、背叛行为增多，夫妇双方深感失望、误解、被拒之千里之外，对方的存在就是婚姻失败的象征，不少夫妇不断以表情、姿态、声调来表明其不满并伤害对方。②法律上的离

---

① 恩格斯. 家庭、私有制和国家的起源［M］//马克思恩格斯选集：第4卷. 2版. 中共中央马克思恩格斯列宁斯大林著作编译局，译. 北京：人民出版社，1995：78-79.

婚，由法庭下令解除其婚姻关系，使感情上已经离婚的夫妇能够解脱，为再次的婚姻铺平道路。③经济上的离婚。它将原本是一个相互依赖的经济单位中的伴侣分成个别的经济单位，各有其自己的财产、收入、花费的控制，以及对税务、债务的责任。④抚养上的离婚，对子女的抚养与教育的权利与义务要重新进行分配与安排，这是人际关系的重新改组。⑤精神上的离婚，把自己从前任配偶的人格及影响中隔离出来，而重新取得精神上的自主。⑥重新塑造新的人格，避免消沉并振作起来。

第三节　未来家庭的发展趋势

对未来家庭的发展趋势的分析，既包括家庭发展的总趋势，也包括家庭发展的具体形态趋势。其中具体的未来家庭形态体现在：一是社会总体家庭结构的发展与变化；二是出现一些新的和以前完全不同的家庭形式。由于经济、社会发展水平的不同以及文化的差异，我国家庭在家庭形式、发展趋势方面基本没有出现根本的改变，而西方国家的家庭变革在工业化以后就已经开始，特别是在美国，家庭变革的速度很快，在1978年的时候，美国学者就认为"美国家庭五花八门、无奇不有，纷繁得难以让人概括"①，再经过30多年的发展，又出现了一些新的变化。下面主要以美国为例，简要介绍一下未来社会家庭发展的总趋势，家庭结构的总体变化特征以及一些新的家庭形式。

一、未来家庭发展总趋势的争论

美国著名未来学家和社会学家阿尔文·托夫勒在其名著《未来的冲击》中，以"破裂的家庭"为题介绍了关于家庭的现状与前景的两种不同的观点：

一种是悲观的看法。菲迪南德·伦德伯格在《行将到来的世界改革》一书中认为，家庭已"接近完全消灭的时刻"。精神分析学家威廉·沃尔夫说："除了头一两年生儿育女之外，家庭已经死亡。生儿育女将是家庭的唯一作用。"悲观主义者告诉我们家庭正在迅速消亡，但很少告诉我们什么东西将取代它。

另外一种是乐观的看法。有学者认为，一直存在的家庭会继续存在下去。还有一些学者走得更远，甚至论证家庭行将进入黄金时代。他们有一种理论说，由于空闲时间延长，家人会一起度过更多的时光，会从共同活动中得到极大的满足，"能在一起游乐的家庭就能共同生活下去"等。还有的学者认为，正是明日的动乱将驱使人们更深地陷入家庭。艾伯特·爱因斯坦医学院精神病学教授欧文·格林伯格博士说："人们是为了寻求稳定的家庭生活而结婚的。"按照这种观点，家庭将作为人们"可移动的根"，成为人们应对风云变幻而投锚定泊之处。

社会批评家纷纷推测家庭的前途，争论不休。托夫勒提出了自己的观点，他认为，辩论的双方都错了。因为未来比它所表现出来的更为不定。家庭也许既不会消灭，也不会进入新的黄金时代。它可能（这是极为可能的）解体、破裂，然后以不

①　谢泼德，沃斯. 美国社会问题［M］. 乔寿宁，刘云译，译. 太原：山西人民出版社，1987：163.

可思议的新方式再次出现。[①]

二、西方社会家庭结构的变化

美国社会的传统家庭形式是一对夫妇和两个子女组成的核心家庭。这种类型的家庭曾一度占据了美国社会家庭形式的主流地位，自20世纪60~70年代开始出现下降的趋势。多种形式的家庭模式开始出现，整个社会的家庭结构体现出多样化的特征。

2002年，由美国人口统计局公布的资料显示，在美国一度非常普遍的核心家庭数目在过去10年间继续减少，而由非婚同居者或单身者构成的家庭数却大为增加。这份人口普查资料披露，由已婚夫妇及不满18岁的孩子组成的核心家庭占全美家庭数的比例，从1990年的25.6%下降至2000年的23.5%，此数字较40年前减少了45%。而由夫妇组成的家庭占全部家庭数的比例也相应地由55%降到52%。在同一时期，单身者家庭数上升至总数的26%；由非婚同居者组成的家庭数增长72%，由319万增至547万。1990年平均每个美国家庭有2.63人，2000年减少为2.59人，创下历史新低。美国人口统计局专家吉布森认为，上述变化是过去40年美国家庭构成变化趋势的延续。他说，晚婚晚育、离婚率上升以及单亲家庭增加等，是促成上述趋势的主要因素。[②]

三、西方社会非主流模式的家庭形式

1.非婚同居家庭

同居指一对男女并未结婚，但以性关系方式居住在一起。在西方大多数国家中，这种现象已越来越普遍。如果说从前婚姻是两个人联盟的基础，那么现在的人们则讲"结合"和"分手"。越来越多保持长期关系的双方选择不结婚，而是住在一起，共同养育孩子。

2."丁克"家庭

"丁克"一词来源于DINK（double income no kids），即双收入无子女家庭。"无子女现象可能会遍及青年和中年夫妇；花甲老人抚育婴儿也是常事了。退休后的家庭可能会成为公认的社会机构。"[③]这一类家庭的数量在1970年的时候达到美国全国家庭总数的37.1%，1990年达到了41.7%。近年我国在一些城市也开始出现"丁克"家庭，复旦大学社会学系完成了一项有关上海家庭的调查课题，显示结了婚却不要孩子的"丁克"家庭已经达到上海家庭总数的12.4%。[④]

3.同性恋家庭

在当代，无论是在西方，还是在中国，同性恋现象都已成为一个被社会广泛关注的现象。在当代西方，一种新的社会理论"酷儿理论"（queer theory）正方兴未艾。"酷儿"是音译，queer一词最初是英语口语对同性恋者的贬称，有"怪异"之意，后被激进理论借用来概括其理论的精华，大约是取其反叛传统、标新立异

---

① 托夫勒. 未来的冲击 [M]. 孟广均，等，译. 北京：新华出版社，1996：200-201.
② 朱国秋. 美国家庭结构发生变化 [N]. 文汇报，2001-05-18.
③ 朱国秋. 美国家庭结构发生变化 [N]. 文汇报，2001-05-18.
④ 王枫. 家庭文化观念变化使上海"丁克家庭"占12.4% [N]. 劳动报，2002-11-06.

之意。

　　现在许多同性恋的男性和女性都以一种稳定的伴侣关系共同生活，但是因为大多数国家仍然不批准同性恋者之间的婚姻，所以男女同性恋者之间的关系更多的是基于个人承诺和相互信任而非法律。"选择的家庭"这个词有时被用于男同性恋的伙伴关系，以反映同性恋者逐渐可以共同追求的积极的和创新性的日常生活形式。许多传统异性恋伙伴关系的特征，诸如生病时的相互照料、关心，负责，统一的财务等，正在被以从前不可能的方式整合进男女同性恋者的家庭中。

　　自20世纪80年代以来，对男女同性恋关系的研究兴趣日益增长。社会学家开始把同性恋关系视作另外一种私密和平等关系的表现形式，这种关系不同于异性恋夫妻之间的关系。因为男女同性恋者已被婚姻制度排除在外，并且传统性别角色不太适用于同性夫妇，因此同性恋关系必须依据不同于指导异性恋关系的规范和准则来加以构造和商定。一些人认为，艾滋病是导致同性恋伙伴间产生独特的呵护与承诺文化的一个重要因素。

　　维克斯、赫费和杜讷万（Weeks，Heaphy and Donovan，1999）指出了3种男女同性恋关系的主要模式：①有更多的机会达成伙伴间的平等，因为他们不受构成异性恋基础的文化和社会假设的左右。男女同性恋者可以选择有意识地塑造他们的关系，以避免许多异性恋夫妻中典型存在的各种形式的不平等和权利失衡。②同性恋伙伴商定他们关系的影响因素和内部运作方式。如果说异性恋夫妇受到社会内嵌的性别角色的影响，那么同性恋夫妇则较少面对在关系内谁应该做什么的预期。举例来说，如果说在异性恋婚姻中，妇女要更多地承担家务和育儿的责任，在同性恋关系中则没有这样的期望。什么事情都好商量，因而双方更平等地分担责任。③男女同性恋关系显示了一种缺乏制度支持的特殊的承诺形式。相互间的信任、解决困难的愿望和分担"情绪性劳作"（emotional labour）的责任似乎是同性恋关系的特点。

　　随着以前那种对同性恋的不宽容态度的松动，同性恋出现了一种日益增长的趋势，即法庭更可能把对孩子的监护权判给处于同性恋关系中的母亲。人工授精技术的出现意味着同性恋妇女无须任何异性接触就可以生育孩子，并形成同性恋父母的家庭。在英国，几乎每一个有孩子的同性恋家庭都有两名妇女。而在20世纪60年代末70年代初的一段时期里，在美国的几个城市中，社会福利机构把无家可归的十几岁同性恋男孩的监护权判给了男性同性恋夫妇。后来主要由于公众的反对，这一做法才被终止。

　　在一些国家同性恋夫妻取得了许多法律上的胜利，这表明他们的权利正在逐渐得到法律的明文保护。在英国，1999年一个里程碑式的裁决宣布，关系稳定的同性恋夫妇可以被定义为一个家庭。这一把同性恋伙伴算作"家庭成员"的归类将影响移民、社会保障、税收、继承和孩子抚养等法律门类。1999年一个美国法庭支持了一对男同性恋者的父亲权，他们要求在他们雇用的代理母亲生出的孩子的出生证明上共同署名。提出这一诉讼的男人之一说："我们将庆祝这一法律上的胜利。

我们所知的核心家庭正在进化。强调的重点不应该再是父亲和母亲，而应该是爱、关怀备至的父母——不管是单亲母亲还是彼此承诺共同生活的同性恋夫妻。"①

　　在西方，特别是具有代表性的美国，这些新的家庭形式的出现和当时的社会背景、西方社会的独有文化是分不开的，这些和传统家庭相比显得"另类"的家庭形式，其本身的存在是不稳定的。近一二十年，美国社会出现了传统家庭的回归趋势，提倡健康的爱情、慎重的婚姻与稳定的家庭。家庭形式的变化有着深刻的社会经济原因，尽管仍有可能出现新的家庭形式，但核心家庭仍将继续在社会的未来发展中占据重要的地位。

拓展社会学的视野

经济学视野中的婚姻——婚姻市场上信息的不完全性

　　信息的不完全性可能经常被人们忽视，然而它却正是离婚、在婚姻市场上寻觅配偶、孩子对年长父母的捐赠、家庭成员之间的互相信任和其他行为的实质所在。例如，婚姻市场的参加者一般都很难知道他们自己的利益和才能，更不了解其潜在配偶的可靠性、和谐性以及其他性格特点。虽然他们可以通过约会和其他方式来搜寻和完善自己的信息，但是他们通常到结婚时还带着对对方极不正确的评价。他们总是要等到结婚以后，随着有关信息的进一步完善，再来修正这些评价。

　　假设婚姻市场的参加者对于他们的意中人的效用仅掌握有限的信息，尤其是对其性格特性知之甚少。在这种情况下，如果婚后仍可以与单身时一样"便宜地"寻找新的意中人，或者不用付出很大的代价就能够结束已有婚姻的话，那么，他们就很有可能很快地与所遇到的并不十分满意的配偶结婚。因为他们知道，他们从这一次优先的婚姻中可以得到好处，因为在结婚的同时，他们还可以继续寻找新的意中人。但是，婚姻的确会对已婚者继续寻找配偶造成限制，即限制他们接近其他单身男女的行为，同时结束一场婚姻的成本可能是十分昂贵的（主要原因在于用于后代和用于婚姻的特殊投资），因而婚姻市场的参与者通常并不会马上与他所遇到的第一个还说得过去的婚姻候选人结婚，而是要努力去了解他们，以选择更好的候选人。

　　更多地寻觅和更完善的信息提高了效用，而这一效用是期待从婚姻中通过婚姻选择质量的改进来获得的。不过，在寻觅更佳配偶的过程中，需要花费时间、精力和其他昂贵的资源，寻觅的时间越长，从婚姻中获得利益的延迟期也就越长。一个理性的人可以通过两条途径来继续寻找更好的配偶：一条途径是对新增候选人的"边际扩张"；另一条途径是对自己感兴趣的候选人新增信息的"边际深化"，直到边际成本与边际收益在每一个边际上都相等为止。尤其需要说明的是，当一个理性的人通过"追加寻找"最终发现并确定了较好的候选人时，他就会结婚。因为他知道，继续寻找的追加成本会超过从更好的候选人那里所得到的预期收益。

　　在婚姻市场上寻找配偶的行为，可以采取许多种形式，其中包括在修饰和打扮

---

① 吉登斯. 社会学 [M]. 赵旭东，等，译. 5版. 北京：北京大学出版社，2009：242-243.

上的支出、举行社交会、约会、教堂联谊、男女生同校学习、为单身男女准备酒吧和公寓、根据收入情况和其他性格特征分区居住以及交换能够详细说明个人所取得的各种成就和家庭背景的简历（在日本，即使在接受过西方教育的日本人中间，仍然盛行着通过朋友或其他中间人来交换双方简历的现象）。偶尔也可以利用婚姻介绍所，就像东欧犹太人所使用的那样。但是，寻找配偶的非正式的方法却比商业方法更为普遍。对于这一现象的一种解释是，当爱情占优势时，那些寻找配偶的人都不愿意依靠商业性的帮助；但是——更为重要的是——当婚姻候选人的品质差异很大，对其进行适当的分类成为择偶的决定性因素时，通过朋友、亲戚、同学、联谊会以及其他非正式途径来寻找配偶就会成为一种有效率的方法……

了解一个人的最好方法是与他在一起生活，因而未婚夫妇花费一些时间在一起共同生活，或许也包括试婚，对于深入地互相了解会更有效率。然而，在避孕药具质量低劣、可靠性差的情况下，试婚和其他婚前接触会使怀孕的危险性极大地增加。20世纪内，试婚和婚前接触频率增加，是对避孕技术发生重大改进的合理反应，但是并不能由此断言，年轻人现在比过去更重视性试验。

从广泛、深入的寻找和接触中所获得的信息，可以用来评价婚姻候选人的性格特性。对于那些难以评价的特性，可以通过利用容易评价的特性信息——诸如宗教、信仰、受教育程度、家庭背景、种族和外貌等来进行部分的测定，因为这些特性同那些难以评价的特性常常按照一个有规律的方式一起变动。例如，某一个婚姻候选人是否诚实可靠、和蔼可亲，一般都与其家庭的声誉有关，理解力则与其受教育的程度有关。

因此，一些容易评价的特性（即能代表并说明未知的特性）具有一种远远超过它们对婚姻产出所做的直接贡献的影响。一些可变量，如外貌、家庭背景等对于候选人的后代抚育、基因构成、个性以及其他难以直接评价的特征都起着十分重要的向导作用。

相反，传统上的一些难以评价的特性，所获得的直接影响力却很小，尽管它们是婚姻效率的重大贡献者。尤其是传统婚姻对爱情持有明显的轻视态度，但这并不意味着爱情不重要，只是由于持久的爱情与短暂的热情不容易区分，因而婚前对爱情的任何直接评价的可信度总是比较低的。这样，对爱情的间接评价就会取代对它的直接评价。例如，从某种意义上说，教育和家庭背景是很重要的，因为爱情更容易在受过同等教育的和有着相同家庭背景的男女之间产生和发展。

在20世纪，对性和谐的公开关注和其他特征有了实质性进步，约会增加、男女生同校学习、试婚以及与婚姻候选人之间的其他接触都提高了直接评价的可信度。所以，现在人们更关心的是个人的性格特征而不是家庭背景。但是，这并不必然意味着个人性格特征对于婚姻福利来说，现在比过去更重要了。

资料来源　费孝通.生育制度［M］//费孝通.费孝通文集：第4卷.北京：群言出版社，1999：343-346.

思考题

1.什么是核心家庭和扩展家庭？

2.联系社会实际，谈谈当代家庭的主要功能。

3.试结合实际分析当代人离婚的原因主要有哪些。

4.联系实际，谈谈现代人的婚姻问题。

推荐阅读书目

[1] 恩格斯. 家庭、私有制和国家的起源 [M]. 中共中央马克思恩格斯列宁斯大林著作编译局，译. 北京：人民出版社，2003.

[2] 杨善华. 家庭社会学 [M]. 北京：高等教育出版社，2006.

[3] 贝克尔. 家庭论 [M]. 王献生，王宇，译. 北京：商务印书馆，1998.

[4] 落合惠美子. 21世纪的日本家庭 [M]. 郑杨，译. 济南：山东人民出版社，2010.

第十章　社会组织

组织是一个用规章制度限制外人进入的封闭的团体。

——韦伯

作为人类社会群体形式之一的社会组织，是人与社会双向运动的产物。在人类社会的发展过程中，社会组织发挥着越来越强的作用，特别是当人类进入现代社会以后，由于社会生产力的迅速发展和社会分工的高度发达，组织已成为社会最重要的群体形式。

第一节　社会组织概述

社会学对组织的研究是人们对整体社会结构研究的一部分，是社会学原理中理解社会和社会生活的关键。

一、社会组织的含义及特征

1.社会组织的含义

对于什么是社会组织，一直众说纷纭。社会学的早期创始人孔德，将社会组织定义为"普遍的社会同意"；迪尔凯姆把社会组织说成是通过道德或价值观的一致而达到的一种社会整合和个人调整；库利将社会组织看作是"精神生活或社会生活的分化的统一"；被西方社会学誉为现代化组织社会学创始人的马克斯·韦伯认为，组织是一个法人团体，是一个用规章制度限制外人进入的封闭的团体；爱桑尼认为，组织是有意建立的，以追求特定目标之实现的社会单位；凯普劳认为，一个组织是一种社会体系，它是一个有成员资格认同和严格活动计划的单位；斯科特和米切尔认为，正式组织是在有权威和领导的条件下，为了一个共同目标合作共事的一群人协调活动的系统；帕森斯认为，组织系统是一种经济体，是确定稀缺资源应用和配置的关系体系，并且是依据效率和效力，即通过委派进行操纵的关系体系；布劳等人则主张，组织是适应性社会结构，它的存在取决于控制和参与者赞同之间关系的变化。[①]

综合各家之言，我们认为，社会组织是指为了达到一定的社会目标，执行一定的社会功能而有意识地组织起来，以一个相对独立单位存在的社会群体。

2.社会组织的特征

社会组织作为一种复杂的社会群体，具有以下几个方面的特征：

（1）具有特定的目标和目标体系。所谓组织目标就是组织试图实现某一事物的

---

① 米尔斯，帕森斯. 社会学与社会组织 [M]. 何维凌，黄晓京，译. 杭州：浙江人民出版社. 1986：139-159.

期望状态。组织成员之所以结合在一起就是为了实现某一特定的共同目标。正如维克托·汤普森所说，一群人可能有一个共同利益，如果他们互相沟通，并且同意共同追求它，他们就变成了一个组织（联盟）。因此，我们可以认为，目标是组织形成的基本条件，是组织的灵魂。没有目标，组织非但不产生，也失去了存在的意义。

值得注意的是，社会组织特别是现代社会组织目标往往不是一个简单的目标，而是具有一定层次的目标丛或目标体系，这个目标体系规定了一个组织在一定时期内的总任务。从期限上讲，组织目标分长期目标、中期目标和短期目标。长期目标是一种具有战略意义的目标，规定了组织在今后一个相当长的时期内要完成的基本任务；中期目标是把长期目标提出的基本任务进行细分，使之具体化，以便于付诸实施；短期目标又称操作目标，亦称操作计划，它把组织的任务落实到最基层单位，甚至是每一个组织成员，详细规定了某项具体任务和工作程序，使组织目标可以直接转变成组织成员的行动。

（2）组织成员角色化。组织作为一个系统，在系统中，每个公职或者职位都有其明确的职责与权力，并在其责任与能力范围之内发挥相应功能。组织成员的行为都应与其所处地位的角色分工相适应，根据角色安排去行动，而不能以个人的面目出现在组织之中。换言之，组织成员之间的正式关系是一种明确规定的先于行动的角色关系，这种角色关系取决于成员所处的正式地位，而与成员的个性特征无关。为了实现组织目标，每个成员在进入组织时都要经过申请、考核等一定的程序，以保证组织成员与其相应角色的协调。

（3）具有严格的规章制度。为了有效地组织成员的活动，完成组织目标，每个组织都有其严格的规章制度。一个组织的规章制度反映了组织的正式结构，它明确规定了组织的性质、目标、任务、机构、纪律、管理方式、成员资格、成员的权利和义务等内容，同时组织章程也规定了组织成员所处的地位和组织成员的分工合作关系以及相应的行为准则和奖惩手段，使成员之间相互配合、相互协调，以便全面有效地完成组织目标。

（4）具有权力分层体系和科层化管理体制。组织作为一个复杂的分工系统，要有一个领导中心，即权力中心。权力中心根据各种需要把权力划分成若干部分和层次，分配给所属的各职能部门，从而形成一个有机的权威体系。与此相应，现代组织普遍实行科层化的管理体制以领导、控制和协调因专业分工和权力分配而处于不同职位上的成员的活动。一般来讲，组织分工越细，对组织管理的科学化要求越强。

（5）要具备一定的物质条件。社会组织要开展活动，就需要有一定的资金、活动场所和相应的设备体系，如工厂要有厂房、机器、原料，医院要有病房、药品、医疗设备等等。如果缺乏足够的物质条件，组织活动就难以顺利开展，组织目标就难以实现。

二、社会组织的功能

作为社会生活基本单位的社会组织，其发展的过程体现了社会进化的历程。特别是现代社会，随着社会生产和生活社会化程度的提高，人们活动的主要场所已开始由家庭、邻里等基本群体转移到社会组织。换言之，社会组织与人们的社会关系越来越密切，在社会活动中发挥着越来越重要的作用。社会组织的社会作用主要体现在以下几个方面：

1.整合功能

所谓整合是指调整对象中不同构成要素之间的关系，使之达到有序化、统一化、整体化的过程。具体表现在组织的各种规章制度（包括有形的、无形的）对组织成员的约束，从而使组织成员的活动互相配合、步调一致。通过组织整合，一方面可以使组织成员的活动由无序状态变为有序状态；另一方面，又可以把分散的个体黏合为一个新的强大的集体，把有限的个体力量变为强大的集体合力。这种合力并不是个体力量的简单相加，不是1+1=2，而是一种个体力量的有机合成，是1+1>2。显然组织整合功能的有效发挥有利于组织目标的实现。当然，凡事都有个度，组织整合功能不能过度发挥，否则会抑制或损害组织成员的积极性、主动性和创造性，整个组织就会陷入沉闷状态，缺乏生机与活力。

2.协调功能

巴纳德说，组织是"一个自觉协调两个以上的个人活动系统"。组织内部各职能部门、各组织成员尽管都要服从组织的统一要求，但是，由于他们各自的目标、需要、利益等方面得以实现或满足的程度和方式存在着事实上的差异性，因此，组织成员之间或组织的各职能部门之间必然存在一些矛盾和冲突。这就需要组织充分发挥协调功能，调节和化解各种冲突和矛盾以保持组织成员间的密切合作，这是组织目标得以实现的必要条件。

3.维护利益的功能

社会组织是基于一定的利益需要而产生的，不同的组织是人们利益分化的结果。组织利益与个人利益息息相关，所谓"一荣俱荣，一损俱损"就是这个道理。维护利益功能的有效发挥能充分调动组织成员的积极性、主动性和创造性，提高组织的凝聚力，增强组织成员的向心力，从而顺利高效地实现组织目标。值得注意的是，组织在发挥此功能时要注意处理好组织利益与社会利益、眼前利益与长远利益之间的关系，防止杀鸡取卵行为的发生，杜绝牺牲社会利益换取组织利益的利己行为的出现，否则只能最终抑制组织成员需要的满足，弱化组织维护利益的功能。

4.实现目标的功能

组织目标的实现要依靠组织成员的统一力量，而这种统一力量的形成，需要以组织整合和协调功能的有效发挥作为基础，以利益功能为动力，从而才能使组织达标功能得以充分发挥。各种社会组织都是社会大系统的一个分子，因此，实现目标的功能既包括实现组织自身目标，也包括实现社会大目标。在这里，组织目标是社会大目标的有机组成部分，社会大目标又制约、规范着组织目标，两者相辅相成，缺一不可。因此，组织在发挥实现目标功能时必须处理好微观组织目标与宏观整体目标之间的关系。

当然，以上述及的四种功能并不是相互割裂的，而是作为一个系统发挥其作用。值得注意的是组织功能的正常发挥，要以健全的组织构成要素为基础。如果组织构成要素发生故障，组织功能就会紊乱失调。例如，组织目标背离社会整体目标、组织章程不完善、组织管理不科学、组织成员纪律涣散、离心离德都会导致组织功能发挥受阻从而抑制组织的发展。因此，加强组织自身建设，是充分发挥组织功能的基本前提。

三、社会组织类型划分

组织种类很多，各种组织由于其目标、性质、规模、功能、活动方式等的不同，可以被划分成许多类型。为了研究的需要，社会学家根据一定的标准把组织划分为若干种类。关于社会组织的划分，通常有以下几种分类方法：

（1）根据社会组织的规范是否严格正规把社会组织分为正式组织和非正式组织两大类。正式组织成员间的关系明确，组织活动要求和规定非常醒目、清楚。政党、军队、学校等均属于这一类。非正式组织成员之间的关系比较随便、自由，是一种自发关系，组织机构比较松散、规范不严格。各种学术团体、同乡会均属此类。

（2）根据组织的社会功能分类。美国社会学家、结构功能主义的代表帕森斯（T.Parsons）按此标准把社会组织划分为政治组织、经济组织、整合组织和文化维系组织四大类。他所说的政治组织是指为保证作为整体的社会实现自己的目标而进行权力分配和使用的组织，如政府机构。经济组织包括从事物质生产的企业和一切为社会提供经济功能的服务性组织。整合组织是指用来调整整个社会的内部关系，处理社会冲突和化解社会矛盾，使彼此配合以维护整个社会秩序的组织，如法院、公安局。文化维系组织是指通过教育和文化活动，以维护一定的社会和文化持续性的组织，如学校、教会等。

（3）根据组织对其成员的控制方式进行分类。美国社会学家艾·爱桑尼在《复杂组织比较分析》一书中把社会组织分为强制性组织、功利性组织和规范性组织三大类型。所谓强制性组织是指用强迫甚至武力的方式控制其成员，如监狱、劳教所、精神病院等。功利性组织是指以报酬形式（工资、奖金、福利等）作为控制其成员的手段的组织，又称实用性组织，如工业组织和商业组织等。在此类组织中，组织与成员的关系是一种交换关系。规范性组织是指靠心理、道德、观念、信仰等社会规范作为控制其成员的主要手段的组织，最典型的是教会。该类组织的特点是组织成员把组织规范内化为自己的信仰和习惯，从而使自己主动、自觉地服从组织的控制，具有很强的志愿性，故又称志愿性组织。

（4）根据组织目标与受益者的不同关系，可以把社会组织分为互利组织、营利组织、服务性组织和公益组织等四类。美国社会学交换理论的代表布劳是该分类方法的支持者。布劳认为，互利组织的目标是使所有参加成员相互受益，如俱乐部、工会、教会等。营利组织如工厂、公司、银行等，其受益者首先是实业的所有者，它的目的在于经营获利，它的利益是通过提高劳动生产率而获得的。服务性组织以社会服务为主，如医院、学校等。它的目的在于为某一特定人群提供专门服务。公益组织是指为社会和社会上的所有公众增进福利、改善环境的组织，如图书馆、科研院所、博物馆、植物园等，其受益者不仅限于与该组织直接接触的人，也包括那些不与该组织直接接触的大众。

除以上四种分类方法以外，还有其他分类方法，如美国社会学家凯普劳根据组织规模把社会组织分为小型、中型、大型、巨型四类组织。总之，社会学家从研究的需要出发，以不同的标准对社会组织进行分类，这难免有一定的片面性，但是以上分类方法对我们研究当前的社会组织仍有参考价值。

在我国，同样有许多分类方法，但最普遍的也是最大范围的划分办法是根据人类社会生活的三大领域将组织分为政治组织、经济组织和文化组织。政治组织是人们在政治关系中的组合形式，包括政党组织、军事组织、司法组织等；经济组织是人们在经济关系的基础上建立起来并以生产和经营为中心的组织，包括生产组织、金融组织、商业组织等；文化组织是以满足人们各种文化需求为目标，以文化活动为基本内容的组织，包括各种学校组织、文艺组织、宗教组织、医药卫生组织、文化传播组织等。

值得注意的是，以上三种组织仅仅是最基本的社会组织，此外还有各种群体性组织。总之，社会上的各种组织错综复杂，既相互联系，又相互区别；既相互依赖，又各具独立性。同时，由于社会是不断变化发展的，社会组织也随之变化发展，因此，对社会组织的分类不能一成不变，应在实践中不断探索新方法，以便更好地研究社会组织。

四、现代中国社会组织[①]

1.现代中国社会组织概况

我国的社会组织（亦称单位）是指社会成员所依存的、获取生活资料来源的工作或劳动单位。改革开放前的组织结构以身份制、单位制、行政制为基础。身份制指全体社会成员由制度化的规则划分为不同的社会地位群体。这种规则界限明确，一般不能由个人随意更改。所有社会成员按照人事制度与劳动用工制度被划分为"干部""工人""农民"三种不同的社会身份。单位制指广大社会成员被组织到国家设立的各种组织之中，并以此为中介发生多方面联系的制度。这种组织是由国家直接建立和控制的，其功能、活动范围和方式是国家直接分配和规定的。单位是中国社会的细胞，对个人来说，只有在某种身份基础上进入某一单位，才能具体地实现自己的社会地位，如获得某种福利保障、从事社会活动、与他人建立联系，其地位才具有现实性和合法性。行政制指行政关系、级别和行政地位，在相当大的范围内成为标志人们一定社会地位的重要外显特征。它从纵向关系上对人们的相互关系

---

① 朱力. 社会学原理［M］. 北京：社会科学文献出版社，2003：187-193.

进行了规定，表现了社会地位的差异性和垂直性。

改革开放之前的组织结构的特征是：①资源的独占性。我国是公有制国家，国家占有绝大部分社会资源，从生产资料到生活资料，主要通过其代表——各类正式组织将资源分配给不同的群体或个人。在分配中组织拥有强制力的优势，利用组织化的方式和组织的规则，诸如身份制、单位制和行政制等来确定社会群体或社会成员的权利和义务，确定他们在社会中的地位。②功能的全面性。我国的各类组织，不仅仅是一个职业群体或劳动工作场所，承担着劳动集体的生产、工作功能，而且还承担着政党、政府、群众团体、社区、家庭的功能，因而对每一个社会成员来说，组织既是经济中心，也是政治、社交、生活、福利中心。③控制的严密性。我国几乎每个成年的社会成员都归属于某个组织，每一个人以此确定自己的身份、社会地位并与他人建立各种社会关系，组织内部高度整合，具有封闭性，因而对其成员的控制程度较高，成员不能轻易流动。

改革开放以来，我国的组织结构发生了如下的变化：①组织的性质与作用开始改变。在组织性质上突破了传统的、单一的全民所有制与集体所有制性质，出现了许多跨所有制、跨行业、跨地区的新型组织。许多组织按照市场化而非行政化重新组合，政府机构、群众团体、政治党派等具有政治色彩的组织的功能在衰退，作用在下降，而与市场经济密切相关的新兴的各种经济组织却在蓬勃发展，作用在不断地增大。社团性的组织大量增加。②组织的自主性在增强。随着简政放权机构改革的深入和市场经济的不断向纵深推进，社会资源出现了向社会下层组织流动的趋向，原来大部分由中央直接控制的社会资源，开始向地方、部门、单位分散和转移，这使占有主体和控制层下倾，地方、部门和单位的重要性上升。组织对原来神圣不可动摇的政府的依赖性、服从性减弱，相反，独立性、自主性在增强。组织对成员的控制由权威的命令型向利益的依赖转换。③组织的开放度增加。在传统组织中其成员在利益上对组织的高度依赖及组织的高度整合性，阻碍了个人的社会流动。随着人事制度、劳动用工制度、社会保障制度的改革，对第二职业政策的放宽，劳务市场的形成，流动渠道的增多，社会成员的流动性也在加大。④资源配置出现变化。原由国家直接占有和控制的社会资源不断松动，市场配置资源的机制产生着日益重大的作用。个体企业、私营企业、中外合资企业和股份制企业等，摆脱了国家或政府的控制，直接从市场中获得资源，成为"没有上级的单位"。这种社会资源的占有和分配方式的变化，引起了旧有的组织结构的更新。组织结构的变化影响到了社会成员的利益获得方式、社会地位、社会关系、价值观念的各种变化，最终影响到人们的社会行为。中国社会改革的主要内容之一就是改革组织结构设置的重叠、组织机制运作的低效率、组织规则的不合理等，使正式组织适应已经变化了的组织环境。

2.社会团体

市场经济发展与政治民主化的进步，社会结构的变动和利益关系的重组，使得公共领域逐步发育，与之相关的社会团体（非政府组织）开始产生。社团是社会团体的简称，它是指在公民广泛享有集会、结社等自由的情况下，通过合法程序而组织起来的社会团体。它既不同于拥有政治权力的政府组织，也不同于享有经济资源的工厂、企业、公司等组织，它是介于政府与企业之间的，拥有社会资源，提供公共产品的群众组织。在西方国家，社团亦称"社团法人"、"非营利组织"（non-profit organization）、"非政府组织"（我国称"民间组织"）（non-governmental organization）或"第三部门"（the third sector）（指与政府部门、市场部门共同构成现代社会的三大支柱）。尽管各种概念的表述不同，概念的内涵有交叉，但这类组织都具有组织性、民间性、非营利性、自治性和志愿性的特征。在中国，1998 年发布的《社会团体登记管理条例》中，将社团定义为"社会团体是指中国公民自愿组成，为实现会员共同意愿，按照其章程开展活动的非营利社会组织"。我国社会团体的范围包括各种协会、学会、联合会、研究会、基金会、商会等。

社会团体作为群体性社会组织，总体特征是：①群众性。每个社会团体都有一定数量的团体会员或个体会员，他们代表着某一方面群众的要求和愿望，而这些会员一般不受年龄、性别、职业、民族以及阅历的限制，因而有广泛的群众性。②民间性。一般来说，国家对社会团体不定级、不给编制、不拨经费，使其一成立就带有民间性质。这种民间性表现为：一是团体章程只对其会员有约束力，但不具有行政法规的强制力和普遍的约束力；二是社团内部的活动是在平等、自愿的原则下进行的。③社会性。社会团体的会员是社会各方面的公民，其研究领域、活动范围、服务对象都是面向社会的，因而具有广泛的社会基础。

3.志愿者协会

志愿者（volunteers）是一个没有国界的名称，指的是在不为任何物质报酬的情况下，为社会提供服务、贡献个人的时间及精力的人。志愿者与公务人员不同，不是基于职责为社会成员服务；与经营者也不同，不是基于商业利益为顾客服务。志愿者的动机不受私人利益的驱使，不受法律的强制，是基于道义、良知、同情心和责任感而从事公益事业。

志愿服务是一种非政府系统的组织行为和服务行动，也是非营利性的组织行为，它是民间组织或个人利用自己的知识、技能、体能、财富或时间，通过各种服务性的行动去体现对社会事业的服务与奉献，或实施对有困难的弱势群体及个人的服务与保障。

志愿者协会（voluntary associations）或称自愿结合组织，是指组织、协调志愿者活动的民间组织。参加这类组织的人通常是自发的、自愿性的，而且其活动总是在工作之余的闲暇时间里进行。这类组织有慈善组织、义工组织、青年会等。在欧美地区，参加这类组织的中年人群体比其他年龄群体的人多，高收入、高学历、高地位者较多，已婚者较多。大多数志愿组织以服务其会员、热心服务社会为宗旨。我国于 1994 年 12 月 5 日成立了中国青年志愿者协会（Chinese Young Volunteers Association，CYVA）。它是由志愿从事社会公益事业与社会保障事业的各界青年组成的全国性社会团体，协会奉行"奉献、友爱、互助、进步"的准则。

第二节　组织结构和组织过程

一、社会组织结构

1.社会组织结构的含义

所谓社会组织结构是指组织为了实现一定目标而使各组成部分相互协调起来的、组织内部正式规定的、比较稳定的相互关系形式。它决定着组织中正式的指挥系统和沟通网络，包含着分化和整合两个方面的内容，分化指的是将组织工作分解为各个任务，整合指将这些任务协调起来。合理的组织结构对于组织充分发挥其功能，提高工作效率和顺利实现组织目标都有着极其重要的作用。

组织结构内容具体包括两个方面，即总体结构（整合）和职务工作结构（分化）。

组织结构的总体设计是根据组织活动的内容与方式进行的，内容与方式的不同，决定了组织结构的不同。组织结构的分化步骤如下：①对完成组织总目标的工作进行确定和分类；②用最优的方法划分企业的部门和层次；③在各部门和层次之间明确责任和权力，并以职权关系和信息系统把这些单位整合连成一体。

组织结构的职务工作结构设计是对某类工作进行研究，以确定这一工作的内容和数量及完成该工作所应具备的责任、权力和技能。职务结构设计包括以下内容：①划定工作范围及经常出现的问题；②制定工作规程和工作定额；③推广适用的工作方法和劳动工具，提高工作效率；④量才用人，合理配置工作人员；⑤明确每一职位上的责任和权力，制定考核办法，并以此为基础进行奖惩；⑥制定完备的沟通渠道，以形成完备的职务网络。此外，在职务结构设计过程中，还要考虑到人的生理因素、心理因素和工作环境的影响。

关于组织结构，我们可以从正式结构和非正式结构两大类去分析考察。

2.社会组织正式结构

所谓正式结构是指组织成员根据一套严格的规章制度而形成的一种规范的群体结构。综合有关社会组织结构的研究，可以归纳出以下几种基本表现形式。

（1）直线制结构。这是一种类似金字塔形的组织结构，也是组织发展中最早的一种形式。它的特点是机构简单、职权明确、决策统一、贯彻迅速。这种结构一般只适用于规模小、运行过程简单的组织。由于直线制结构的指挥和决策权仅属于主管首长，因此，它对主管首长在管理和专业化技能方面都有较高的要求。

（2）职能制结构。由于组织规模较大，专业化水平较高，主管首长已经力不从心，于是就设立专业职能机构，并把相应的管理职责和权力交给职能部门。各职能部门在其职能范围内有权指挥、控制下级部门的行为。这种结构的优点是解决了主管领导专业指挥的困难，符合专业化的需要，但是职能部门多元化，容易使下级部门无所适从。

（3）直线参谋制结构。这是在直线制和职能制的基础上构建的。与职能制不同，它收回了职能部门的直接指挥权，而把它变成参谋部，直接对主管领导负责。显然，这种结构既避免了直线制的粗放，又保证了主管领导的统一指挥。

（4）直线职能参谋制结构。它是在直线参谋制的基础上，授予参谋部门一定程度的直接决策指挥权，使之变成职能参谋部。这种结构避免了事事由主管领导决策指挥的弱点，从而增强了应变能力。

（5）事业部制结构。它是在最高领导层集权的基础上，按业务分类并设立若干从事不同业务的事业部门，各事业部门在最高领导层和有关职能部门的总体决策下，分别实行相互独立的领导和管理。这样，整个组织的方针确定和控制是集权化的，具体的方针与运用则是分权化的。该结构的特点是：各事业部门有较大的自主权，可以充分发挥各自管理中的主动性和积极性；同时，各事业部门及其下属部门又可在最高领导层的统一领导下有秩序地活动，从而保证了组织整体活动的统一性。

（6）矩阵结构。它是在"直线-职能型"的基础上，又增加了横向的领导系统。纵向按"指挥职能"的领导关系，横向按"计划-目标"的指挥关系，二者纵横交叉形成矩阵。这种组织结构实际上是将管理部门分为两类：一类是传统的职能部门；另一类是为完成某项专门任务，由各职能部门派人联合组成的专门任务小组。该类小组一般指定专人负责，等完成任务后，小组成员便分别回到原来所属的部门。所以矩阵结构又称双维式组织结构。这种组织形式的优点是：①可以将各职能部门的专业人员集中起来，集思广益，迅速完成任务，既增强了相互协调的灵活性，又加强了组织的整体性。②该形式在不打乱原来垂直领导的情况下，使多项专门任务在一个组织中平衡地完成，既避免了各部门的重复劳动，又减少了成本的支出。③该形式既能使主管领导摆脱日常事务，有更多的时间和精力去考虑全局性问题，又能发挥各职能部门的作用。④各部门的专业人员可以借此机会相互学习，互相促进，取长补短，这样既可以加快速度，又有利于成员业务水平的提高。该组织形式的缺点是组织中的专门工作人员受两个方面的领导和制约，当两个领导发生矛盾时，职工往往无所适从，当工做出现差错时，也容易产生职责不清的问题。

值得注意的是，随着现代组织规模的扩大，组织内部管理的专业化，后两类结构愈来愈受到人们的重视。

3.社会组织非正式结构

所谓非正式结构是指组织内部的成员以共同的观点、爱好、情感为基础自发形成的一种群体结构。它的产生和存在从本质上讲是为了满足组织中成员各方面的需求，因此，非正式结构在一定条件下对正式结构起着一定的补充作用，换言之，它对正式结构有着正向功能。这种功能表现在：

（1）能缓冲正式结构所带来的压力。相对而言，正式结构规定的角色是单调和呆板的，容易产生角色紧张和角色压力。为了缓冲这种压力，在单调的工作之余，加入各种自愿组成的非正式群体，开展有关活动，可以调适角色差距、缓和压力，从而使组织成员身心舒畅地投入到组织的工作中去。

（2）能提供正式结构以外的丰富的控制和沟通形式。非正式结构中的成员往往能自觉地遵守群体规范，接受群体约束。如果组织能够有效地利用这一结构，会取得良好的控制效果。另外，非正式结构中存在着丰富的沟通渠道，这些沟通能增强组织内各层次人员的相互了解，培养群体归宿感、向心力，增强组织团结。

（3）能够成为推动组织改革，维护组织成员合理利益的有效力量。由于事物的发展和新情况的出现，组织中有可能出现一些不合时宜或不合理的因素，这时，非正式群体会及时做出反应，提出异议或积极建议，从而推动组织机构和规章制度的改革。此外，当组织的不合理制度以及组织干部和管理人员的行动等侵害了组织成员的正当权益时，组织的非正式结构也可作为一支有效的力量出现，起到维护组织成员正当利益的作用。

值得注意的是，非正式结构也有一些负向功能。特别是当组织中的非正式结构与组织的正式目标相互抵触时，这种消极作用就展现出来了，具体表现为：

（1）非正式结构的过分整合往往会削弱组织权威系统的有效性，影响组织目标的实现。

（2）有意利用非正式结构拉帮结伙，分裂组织，谋取个人和小团体利益的行为会导致组织精力内耗。

（3）以非正式结构代替正式结构，工作程序会发生混乱，破坏组织的正常运行。

（4）过多的非正式沟通联络容易导致机密泄露、谣言四起，导致人心涣散。

所以作为组织的管理者，要善于扬长避短，既要善于调动非正式结构的积极因素，又要制止一切阻碍组织目标实现的非正式结构因素的增长，遏制腐败现象，以营造良好的组织氛围。

二、组织结构设计的一般原则

为保证组织的生存与发展，在组织结构设计中应遵循如下原则：

（1）目标任务原则。结构设计应因事设职，因职设人。企业内部的机构、职务、职位，应根据工作的需要来设计。

（2）有效管理跨度原则。管理者因受到个人精力、体力、能力、时间以及管理对象和环境条件等多方面因素的制约，他所能直接有效管理的下级人数是有限度的。该原则应引起管理者的注意，并灵活掌握。

（3）分工协作原则。分工与协作是组织活动效率的保障。分工可以提高效率和明确责任，协作则是实现组织总体目标的必要条件。

（4）统一指挥原则。这是指每个下级应该只对一个上级负责。如果一个下级同时接受两个或两个以上领导者的指挥，他就会无所适从，无法确定自己的行动。组织设计时只有遵守这个原则，才能保证组织上下级成员对组织活动产生共同的责任感，不至于发生领导指挥混乱的局面。

（5）权责对等的原则。组织设计应严格保证组织内的每一职位拥有的权力与其所承担的责任对等，即委以重任者给予重权，责任轻者则权力也相应减少。权责对等原则是发挥成员能力的重要条件。

（6）精简与效率原则。结构设计应尽可能简单，减少层次和职务，以保证组织结构最有效地使用资源。同时，机构的精简还有利于增强组织内部的协调，加快信息传递的速度，减少不必要的投入与浪费，使组织具有效率和灵活性。

（7）统一领导与分级管理的原则。高级管理者负责处理组织的总体事务和下级处理不了的问题，属于下级管辖范围内的事务，则由下级全权处理。统一领导有利于组织协调，分级管理有利于发挥职员的积极性和创造性，由此才能保证组织的高效与灵活。

三、组织过程

当组织目标确定以后，为了实现目标，组织便以适当的组织结构为基础开始运行，即组织过程。组织过程最主要的环节有3个：领导与决策、沟通与交往、控制与参与。

1.领导与决策

领导是组织的核心，离开领导组织就会面临危险甚至解体，更不用说组织决策了。组织决策是指组织领导或具体管理者从两个以上执行方案中进行最优选择以顺利实现组织目标的过程。决策的内容一般包括：选择一个全面的战略思想；确定各个阶段具体的工作目标和工作计划；设计最优组织结构或运行模式；挑选组织成员；根据外部环境的变化不断地制定或修改组织规范；评价组织运行的成果等等。从纵向去考虑，组织决策有经验决策和科学决策两种。所谓经验决策是指在传统社会的团体中，主要由领导者个人凭借自己的经验阅历、见识和智慧而完成的决策。它是与传统的小生产方式相适应的一种决策。所谓科学决策，是指决策者按照一定的科学程序，运用科学的方法和先进技术而进行的决策。科学决策是现代化大生产的客观需要。在现代社会，社会化大生产决定了组织规模越来越大，组织活动的变化越来越快，组织决策的影响越来越重要。因此，寻求更合理的决策的要求就变得更加迫切。

不同的组织，决策过程的繁简有所不同。按照赫伯特·西蒙的观点，一个重大的组织决策过程主要有4个阶段：第一阶段是情报阶段，即调查环境，寻求决策需要的各种条件；第二阶段是设计阶段，即制造和分析可能采取的一切行动方案；第三阶段是抉择阶段，即从若干执行方案中选出一个被认为是最佳的方案；第四阶段是审查阶段，即对过去的抉择进行评价、总结。

从理论上讲，组织决策是一个符合逻辑地解决问题的过程。可是，实际进行决策时，人却受到许多因素的限制，诸如个人爱憎、成见、性格，乃至决策时的情绪等，这些因素致使决策未必是最佳的。事实上，人们的决策是无法做到绝对合理的，为了排除干扰，促进组织目标的实现，现代组织越来越重视决策这一环节，把决策权逐步由个别领导转移到委员会或工作小组，即采用集体决策的办法。

2.沟通与交往

如前所述，专业化分工是组织产生的前提或条件，严格的角色分工、规范的科层化管理是组织的基本特征。而所有这些都要求组织成员之间进行密切的沟通与交往。所谓沟通，就是指人与人之间通过交往和联络以交换信息，传递思想、观点、态度、情感的过程。沟通是组织进行合理决策和控制的基本前提。对决策者或领导者来说，沟通可以了解各个环节的运行状况，了解各级成员的意见，如成员的需求、工作情绪、各部门间的关系、管理的效能、外部环境的变化等，从而为领导者作决策提供参考。对组织中的普通成员来讲，沟通有助于改善人际关系，保持组织内部的平衡，同时沟通还有利于满足个人精神需求，促进个人身心健康。总之，沟通对于组织，犹如交通对于社会，血液对于人体，是组织存在和发展的必要条件。

由于组织是一个纵横相间的结构，所以组织沟通的方式大致可分为垂直沟通和水平沟通。垂直沟通又叫上下沟通，是组织内部信息传递的主要方式，因而更为重要。上下沟通又可分为上向沟通和下向沟通。上向沟通主要包括下级向上级汇报工作，反映新情况，提供建议和提出申请等。上向沟通的主要特征是信息过滤，即对有关信息进行归类浓缩、筛选处理。下向沟通主要指上级对下级的指示、命令、政策、决议逐级向下传达和贯彻。与上向沟通一样，上层的信息向下传达时也是逐层递减的，只是原因有所不同。上传信息的递减是为了防止信息拥塞，而下传信息的递减则是由于保密、分工和各级组织成员对组织某些信息享有不同权利所致。

水平沟通又叫平行沟通，可分为单位内沟通和单位间沟通。单位内沟通是经常发生的。因为在信息传递或任务执行中总会出现一些预想不到的困难或问题，所以，同一单位的成员往往要不断地沟通，以寻求解决。同层次单位间的沟通也是相当普遍的，这种沟通有一定的疏导作用，可以提高信息传递的速度，避免拥塞。

除了以上所述及的正式沟通以外，还有非正式沟通，即在正式沟通以外的渠道进行的信息传递和意见交流。如组织成员间的私下交往、个人间的谈心，以及小道信息的传播等。非正式沟通的渠道相当丰富，而且能够反映和表露人们的真实情况和动机，因而常常能提供正式沟通渠道所得不到的信息，所以，充分、有效、合理利用非正式沟通对组织的信息传递有一定的积极作用。

3.控制与参与

为了实现组织的目标，保证组织活动的有序性，保证组织的决策和指令能够有效地得到贯彻执行，组织需要用各种规章制度和奖惩手段来约束组织成员的行为，这便是控制。控制有正式控制和非正式控制之分。正式控制是指组织通过其正式结构，运用组织正式的规章制度和各种条例、奖惩手段等对组织成员进行控制，又叫硬控制。非正式控制是指组织通过其正式结构和非正式结构，灌输一些观念和意识如职业道德等，对组织成员实行一种非强制性的控制，又叫软控制，它包括行为习惯的养成、社会舆论的作用等。

组织对成员的控制手段有3种：自发、诱发和强制。很少有组织只采用一种手段，通常是三者混合，只是所占比重不同而已。如监狱多用强制手段，生产单位多用诱发手段，教会多用自发手段。一般来讲，除了非自愿的组织外，强制性手段较少采用。因为自愿性组织中的成员都有一种较强的信仰或者都为组织中某种利益所驱使，所以组织完全可以通过给与不给、少给或多给等诱发性手段来达到控制成员的目的。当然，为了加强控制效果，组织通常也采用自我控制手段。所谓自我控制就是组织成员通过学习把组织的政策、法令、规章制度等，内化为自己的行为习惯，从而自觉地调整个人行为，使个人行为与组织目标的要求相吻合。当然这种控制与个人加入组织的自愿程度、个人的信仰与组织目标的吻合程度以及个人修养层次等都有密切的关系。

值得注意的是，控制与参与在组织过程中是不可分割的，控制要把握一定的度，要以保证组织成员最大限度地参与组织活动为标准，以充分调动广大组织成员的积极性为目的，否则就是一种失败的控制。

总之，组织过程中所包含的3个主要环节不是互相孤立的，而是彼此统一、互相联系的，而且有时会同时发生或交织在一起。组织决策过程始终伴随着组织运行过程并影响着组织沟通与交往和控制与参与的过程；沟通与交往随时为领导决策和控制参与提供渠道和信息；而各种控制与参与过程则具体地贯穿着组织的决策，并不断地强化和改善着各种形式的沟通和交往，所以三者之间是一种有机统一的关系。

第三节　社会组织理论流派

一、科学管理理论[①]

科学管理理论产生并流行于19世纪末20世纪初。它受当时社会的政治、经济和技术发展的强烈影响，是工业化发展的必然结果。当时的社会生产力在科学技术的推动下获得了高速度的发展，工业生产也出现了前所未有的资金过剩现象，随着积累的增加和技术的发展，组织、控制和管理这些资金的方式亟待改变，而且对大型企业组织的管理艺术，也需要依靠明确而有效的技术手段做出改变，那种以个人专断和企业家个人独特魅力为特征的管理方式已经不能适应时代发展的需要。于是，科学管理思想便适时出现了。

科学管理理论试图创造一种理性技术，以便建构能使组织各分支之间关系协调的结构和过程。这一理论认为如果找到确定的理性技术和方法，组织就能够更好地实现它的目标。

科学管理理论研究的重点是使组织的运行保留其合理性。研究客体是工商企业组织（当然科学管理理论的研究还扩大到其他各类组织），因为工商企业组织除了比较容易研究之外，还特别需要高效率的合乎理性的组织过程与结构，同时，工商企业组织希望通过某种最好的方式使结构与过程达到合理。这一理论由四大块构成：劳动分工、职能过程与等级过程、组织结构和管理跨度。

（1）劳动分工是人们选择、委任与安排职员，以及职员发展的基础，它可以使

---

① 于显洋. 组织社会学 [M]. 北京：中国人民大学出版社，2001：40.

职员各司其职。

（2）职能过程与等级过程是指组织垂直方向和水平方向的发展，即横向与纵向的分化过程。其中，职能是指增加横向职能部门，职能过程的目的是为了增加职员，完成新任务的需要。等级过程则指增加新的层次。这是分工的进一步发展。

（3）组织结构是指组织中工作垂直方向的分布排列。结构的实质是权力和责任关系的等级情境，它提供组织工作协调一致的机制。

（4）管理跨度，也称管理幅度，那些直接向某一上级汇报的下属成员构成了该上级的管理跨度。它要说明的是任何管理者的下级都有一个数量上的极限。此外，管理跨度还受到诸多因素的影响，例如工作性质、管理者能力以及下属成员的数量等。

科学管理理论的代表人物主要有弗里德里克·泰罗（Frederick.Taylor，1856—1917）、弗兰克·加尔布雷斯、亨利·法约尔（Henri Fayol，1841—1925）等。

科学管理理论作为早期的组织社会学理论对组织理论和管理的作用与影响一直持续至今。早期学者相信存在着一套理性技术和规则，如果管理者能够有效应用这些原理，就能够改进管理实践的质量，从而使整个组织受益。法约尔的工作被恰当地理解为是对泰罗及其同事们工作的补充。这两者合在一起，增加了人们对组织的车间层次和行政层次的理解。

科学管理理论学者相信，围绕着劳动分工、职能过程与等级过程、组织结构和管理幅度可以构建一个健全的组织理论。他们的这些观点和信条直到今天仍是某些学者研究的出发点，甚至科学管理理论的许多原理和做法仍然被许多国家或组织参照采用。当代西方学者还提出"回到泰罗去"的口号，表示要对早期组织进行深入的研究。

二、科层组织理论

科层组织（也称科层制）最早是由韦伯提出来的一种组织形式，但在当时并没有引起人们的足够重视。直到第二次世界大战以后人们才认识到它的价值，开始在经济学、社会学和政治学领域引起了广泛的争论和解释。

1.科层理论产生的历史背景

韦伯对科层制问题感兴趣与当时的经济发展有关系。当时出现现代化竞争，财富得到极大的增长。由此，社会状况也发生了显著的变化，即英国的工业革命模式，同时世界各国其他地方也出现了工业革命，与此相应的是出现了城市化和工业化。城市化使大批农民进入城市，引发许多社会问题，出现了工业化、工种及产品的变化。在这些变化中最重要的是技术的变化，随着技术的发展，出现了专门化、专业化和劳动分工。工业化的规模和场所都是很庞大的，需要把大量人力和资源集中到一起从事专门化的生产活动。这些变化中涉及许多东西，使人感兴趣的是，在这一时期出现了大量的组织机构。例如，在传统社会中，家庭是一种机构很小的社会单元，完成了绝大部分的社会功能。当时的家庭是唯一的社会组织，承担着许多功能。现代社会出现了大型结构，就需要彼此协调，也需要出现稳定的结构分化。

韦伯对此很感兴趣。但是，韦伯也很担心这种变化会影响到传统社会的和谐。他认为传统社会是有序的、稳定的，现代社会则不同，那么，现代社会所需要的有序和稳定如何建构呢？他认为科层制是最好的组织方式。由此韦伯提出了"理想类型"（ideal type）的概念（在这里，所谓"理想"并不是价值判断的"好的"，而是指最能反映现象的本质、核心的那些特征）。

2.韦伯科层制的基本观点

韦伯认为，科层组织是通过"公职"或职位而不是通过个人或"世袭"的方式进行管理的。对韦伯来说，他所论述的科层组织只是一种"纯理型"的组织，并不是为了满足某种特殊需要。在这里，合法与合理的职权是韦伯科层制的基本观点。

韦伯认为，"理想类型"的科层组织有以下6个特征：

（1）基本职能的专业化和劳动分工。科层组织必须从事的正常活动以正式规定的职责形式固定落实到人，即明确每一个人的权力与责任，并把这些权力与责任作为正式职责而使之合法化。

（2）有明确规定的职权等级。组织中的职务遵循程序的原则，即下级职务接受上一级职务的管理和监督。实际上，这种原则的目的是为了实行大规模的责任制和协作。

（3）稳定不变的规章制度。在任何情况下，官员们都要遵循一套抽象的规章制度，包括在具体情况下执行这些规章制度，其目的有助于组织各部门协调一致，也有利于公平、合理、平等地对待一切人和事。

（4）官员的非人格化。理想官员在办事时，应本着严肃而拘谨的非人格化精神，不掺杂个人的好恶爱憎，因而不带有情感和热情，保证工作从理性出发。

（5）量才用人。科层组织招聘人员是按照技术资格录用，并且不得任意解雇。职业意味着终生事业，为保证员工的工作积极性，科层组织内部还有一套按年资、工作表现或两者兼顾的提薪晋职制度。

（6）行政效率。在韦伯看来，科层组织体现了理想的行政管理体系，而且科层制形式一直是大规模行政管理的最有效的工具。一般经验表明，纯科层制的行政组织——各种独裁的科层组织——从纯技术的观点看能够取得最高效率。在这个意义上说，它是已知的对人员进行必要管理的最合理的方法。它优于其他形式之处是其准确性、稳定性、严格纪律性和可靠性。这样就有极大的可能来估计组织的领导人及其有关的执行人员的工作效率。

科层制理论是组织社会学最有影响的一种理论。但是，韦伯的科层制无论在理论上还是在现实应用上，都招来一系列非议。诸如科层制官员过于冷漠的工作态度、严格的权威程序结构干扰和妨害了组织信息的沟通和有效传递，以及繁文缛节等。著名社会学家R.K.默顿在论述科层制时曾指出，科层制对组织成员行为产生的后果之一是干扰了目标的完成，影响其成员的个性发展，并鼓励他们为了自己的利益而死板地固守规章制度，从而转移了组织的主要目标。

韦伯早在1904年就提出了科层制发展的必然趋势。韦伯曾指出，科层组织已经促进了政府、经济和科技发展。进一步的科层化，将会使那些自发的不可预料的事物进一步合理化。韦伯预言，人类将被限制在自己制作的"铁笼子"里，将来的社会就像古埃及那样受到严格的控制，只是这种控制在技术上更完善、更机械化。

3.科层制的局限性——官僚主义①

科层制具有两重性，积极的方面是合理化、程序化、高效率，消极的方面则是等级森严，不利于工作人员发挥创造性和主动性。官僚主义不是一种组织结构，不等于科层制，官僚主义是在科层制的负功能的基础上发展起来的，是由于管理不善而造成的组织活动偏离目标或组织功能失调的现象，它是管理制度的一种弊病，也是科层制中管理人员的一种普遍毛病。其主要表现有：①信息失真。科层制的权力结构是金字塔式的，当下级向上级呈报信息时，层次过多，又不能越级汇报，会使信息失真程度逐步增加。②训练无能。长期规则的限制使组织成员在处理日常问题时做到了一丝不苟和可靠，但同时却也使他们在应对变化多端和非常事件时缺乏灵活性，泯灭了主动性和革新精神，容易变得因循守旧、目光短浅、不近人情、打官腔。对办事的人来说是紧急的事情，但对科层组织人员来说，这些问题只是例行公事。③文牍主义。许多管理部门把文件与会议作为管理的手段，陷入了繁杂的文山会海而不能自拔。这些都不同程度地降低了组织的工作效率。④保守主义。科层结构要求官员们注意方式方法，在超越他们有限的权力的问题上要谨慎从事，官员们所受的训练和技能使得对科层制规章的遵守优先于服务对象。服从规章比服从规章的理由更重要。长此以往，在科层制中获得成功的条件会导致保守主义的产生。因为遵守规章和不惹麻烦，意味着资历深，是可能升级的保障，为灵活创新而去冒失败的风险就不值得。在这种情况下，忠实的拥护者会得到报偿，而富有创造力、不因循守旧的领导遭人非议。⑤压抑个性。科层制的专业化特点，把工作人员限制在一个局限性很大范围内，使他们和他们行动的结果隔离开。进行高度专门化工作的人看不到组织的大目标。科层制否定了成员的个性和感情以满足组织的要求，使他们只能是齿轮上的齿牙。整体机构以此否定一般人员的个性，并像物品一样对待他们，因而使组织成员的个性、人格受到压抑。⑥相互推诿。烦琐的公务程序可能忽视公众的需要，有关部门可以相互推诿不负责任。⑦产生腐败。有时个人目标和组织目标并不吻合，组织理性与个人理性经常发生冲突。个人在组织里可以理性地利用组织的资源追求自己的目标，损害组织的利益，正式组织中权力的掌握者会由此产生腐败。

官僚主义反映在思想观念上，就是"官本位"意识。"官本位"是指以政府或军队官员的行政级别作为衡量一切单位和个人的社会地位的高低和价值大小的尺度。在现实生活中常常可以见到，无论官方的或非官方的职位都用政府中的官员的等级来说明。特别是在中国社会中，各种社会组织及其所属人员，不论其性质如何，都参照党政机关和党政干部的行政级别确定自己的行政级别，并以这种行政级

---

① 朱力. 社会学原理［M］. 北京：社会科学文献出版社，2003：178-181.

别画线，形成了许多成文或不成文的规定，以致行政级别实际上成为各种政治、经济待遇的等价物和确定各种社会组织及其人员之间相互关系的一种通用标准，按官员的等级将社会成员划分为具有不同等级身份的人。这种"官本位"意识的盛行，对社会发展有较大的害处。它影响了非政府组织建立适应自身特点的良好机制，抑制了各行各业职能的正常发挥，抑制了正常的社会竞争，限制了人才的合理流动，助长了封建意识的流行。在社会改革的冲击下，"官本位"意识开始有所淡化，优秀人才逐步向经济或其他领域流动，组织的专业功能得到强化，政治功能开始弱化，适应市场经济的科层制组织正在大量地产生。

三、人际关系组织理论

人际关系是指人们在社会生活中建立起来的各种交往关系。研究社会组织中的人际关系及其规律的理论就称为人际关系理论。这一理论导源于闻名的"霍桑实验"。

"霍桑实验"是指1924—1936年在美国社会学家领导之下，由一些人类学家、生理学家、统计学家和西方电气公司劳动人事部门管理人员组成的研究小组在美国西方电气公司所属霍桑工厂进行的一系列试验。实验结果由美国哈佛大学教授埃尔顿·梅约于1933年以《工业文明中人的问题》一书总结发表，并首次提出"人际关系学说"。实验结果是：人是组织中最重要的因素，人不是简单的生产工具，而是具有复杂的个性和多方面需要的。在生产组织中，影响职工积极性的原因并不主要是物理因素和生理因素，起决定作用的主要是社会因素、心理因素和在工作中形成的人际关系。霍桑实验的贡献体现在两个方面：一是它否认泰罗把人看作"会说话的机器"或人的活动只受金钱的驱使之观点，它认为人是"社会人"，有生理需要，更有社会需要，有物质需要，也有精神需要。职工为了维护团结甚至可以放弃个人的利益。二是它强调了正式组织中非正式结构的积极作用。这两点是整个人际关系理论的核心内容。

人际关系理论中较有影响的还有马斯洛（Abraham H.Maslow，1908—1970）的"需求层次理论"。马斯洛在《人类动机理论》和《激励与个人》等著作中，把人类的需要按其重要性和发生的先后顺序划分为5个层次。最基本的需要是所谓的生理需要，指维持生活所必需的各种物质生活保障，包括衣食、住房、医药等。再上一层的需要就是安全需要，即对于安全稳定，无忧虑和一个有结构的、有序的环境的需要。在组织工作中它指安全的工作条件，公正和明确的规章、规定，工作保证，轻松自在的工作环境，退休和保险计划等。后3个层次的需要为高级需要，其一是归属需要，指对社会交往、爱情和友情的需要，包括在工作中的交往机会、协作机会和发展新的社会关系的机会等；其二是尊重需要，人们需要从别人那里得到尊重，也需要自尊，在组织中它包括从事获得成就感和责任感的任务的机会等；其三是最高层次的需要——自我实现，从本质上说，这种需要是指一种最充分地发展个人潜力，以一种最高程度的自我实现方式表现个人的技能、才干和情绪的愿望。

马斯洛的需求层次理论具有较强的应用性。需要可能成为人们的激励因素，但不一定是最好的激励因素。激励取决于人们在需要层次中的现实需要。按照马斯洛的观点，个人满足其生理需要后，社会需要才有激励作用，其他需要的激励作用依此类推。当一种需要得到满足时，它对个人的思想和行为产生强有力的影响，这便是需要具有激励作用的含义。在任何时候，当一定层次的需要满足后，个人就把他的兴趣转移到下一个较高的需要层次，一个已被满足的需要不再是一个有效的激励因素。但是，自我实现需要则会在得到满足时变得更为强烈。

需求层次理论的研究成果提醒组织管理者注意员工较高层次需要的作用，并利用这些需要来激励员工的积极性。既要满足员工的基本需要，又要使工作进一步丰富化，并设计一种能够使工作人员通过一系列的工作努力，不断激起或满足他们对较高层次需要的计划。

人际关系理论的另一个分支是偏重群体关系研究的，注重整体组织气氛的变化，主张减少组织层次，形成上下级合作的组织气氛。这种观点的主要代表人物是道格拉斯·麦克雷戈（Douglas McGregor，1906—1964），美国著名的管理学家和社会心理学家，他在《企业的人事方面》一书中指出了管理者有关人的性质和人的行为的假设与管理方式的关系。他的研究命题是：一个人对某事物所持的态度，显著地影响着此人对该事物的行为方式。麦克雷戈考察了构成管理行为的各种设想。麦克雷戈是 X、Y 理论的创造者。该理论的核心思想是，现代组织要想发挥效率，就必须把自己看作是由一些相互作用的工作小组组成的群体，每一个小组的成员彼此都是"互相支持的关系"。理想的组织应该是这样的：组织的每个成员都把组织目标看作是对自己至关重要的目标，他所从事的工作是有意义的、责无旁贷的而且是艰巨的。要想有效地达成目标，他需要得到上级领导的支持，而上级领导则把支持下级有效完成任务看作是管理的首要职能。麦克雷戈认为对人的假设主要有两种：一是代表着传统的指挥和控制观点的 X 理论，其基本假设是：①一般人本性是不喜欢并趋向于逃避工作；②由于人们不喜欢工作，因此对大多数人必须实行强迫、控制、指挥，直至以惩罚相威胁，使他们为实现组织的目标而积极工作；③一般人宁愿接受指挥，希望逃避责任，野心较小，对安全的需要最强烈。二是 Y 理论，其基本假设为：①一般人对待工作如同游戏和休息一样，人并非天生不喜欢工作；②外在的控制和惩罚不是促使人们为实现组织目标而努力的唯一方法，人们对其追求的组织目标有自我指挥和控制能力；③对目标的参与同获得的报酬相关，这些报酬中最重要的是自我意识和自我实现的需要得到满足；④一般人在适当条件下能承担甚至追求责任，逃避责任是经验的结果而不是人的天性；⑤多数人都有解决组织问题的想象力与创造力；⑥在现代工业生活中，一般人的智慧潜能只有部分得到了发挥。

麦克雷戈认为，只有 Y 理论才能在管理上获得成功。在 Y 理论的假设下，管理者的任务是发挥组织成员的潜力，促使组织成员在实现组织目标的同时，满足个人目标。Y 理论的管理给组织成员更多的工作自由，鼓励员工的首创精神，减少对员工的外部管制，通过工作本身所具有的挑战性引起的满足作为激励手段。也有人将麦克雷戈的学说称为"组织行为学说"。

人际关系理论是一种运用科学的方法，研究在特定环境下的员工如何进行某种行为的理论，它改变了人们对组织的理解。这一理论在接受科学管理及强调社会集团对组织效率的重要性的同时又修正了科学管理理论。人际关系理论既考察了微观方面（例如动机和领导身份），也考察了宏观方面（对社会系统的分析），即组织环境下的个人行为，对组织理论做出了重要贡献。

四、组织系统理论

组织系统理论是指运用一般系统论的原理和研究方法去分析、研究组织和组织行为过程的理论。该理论不仅强调了组织内部关系对组织存在和发展的影响，而且还强调了组织与组织之间，组织与外部环境的关系对组织存在和发展的影响，从而把影响组织生存的生态环境拓展到它的外部世界。

系统理论认为，一个系统就是一个组织起来的整体。在这个有机统一体中，首先，组织系统的各个部分是相互依赖的，如果某部分发生变化，那么，它将直接或间接地影响系统的其余部分。其次，系统应当被视为一个整体，系统内各部分的变化以及各要素运行功能的变化，应当从整个系统运行的立场上去把握。最后，在一起行动的系统的各部分所产生的结果是协同作用，即有机系统整体的结果大于各部分各自为政产生结果的简单相加。

美国著名社会学家帕森斯是系统理论的最重要代表，他创立了开放系统的组织理论。该理论认为，任何一个组织都是社会大系统中的一个小系统，而组织内部又存在着多种不同的系统。处在系统环境中的社会组织应当具有4种素质：①适应周围环境提出的各种要求，并做出积极的反应。②树立和实现组织目标。③在组织内部建立协调一致的组织关系。④通过争取社会性的认可而维持组织形态。以上4种素质需要通过社会组织中的3个子系统去完成。这3个子系统是：决策系统、管理系统和技术系统。其中决策系统负责解决组织与环境之间的关系，根据环境特点及其变化制定相应对策。管理系统主要负责解决组织内部的统一协调性问题。技术系统的任务在于运用各种技术知识完成组织目标。

总之，系统理论是生产社会化程度日益提高的必然要求，系统理论提供的方法论对认识、理解组织，发挥组织作用等都有着非常重要的作用。

五、组织权变理论

权变理论的基本命题是：一个组织与其他组织的关系，以及与总的环境的关系"依赖于具体情况"，所以又称"情势理论"。该理论强调组织与环境的关系是灵活的而不是静态的，组织结构是动态的，而不是铁板一块的固定公式。整个组织过程就是不断适应具体情况的变化而做出相应行为调整的过程。一句话，权变理论的典型特征就是随机应变地调整组织结构和组织行为。

美国心理学家约翰·摩尔斯和伊杰·洛斯哥是权变理论的重要代表人物，他们创立了超"Y"理论。该理论是对X理论和Y理论的发展，其基本观点是：

（1）人们是带着不同的需要和动机加入工作组织的。有的人喜欢正规化的组织结构和章程条例，而不需要参与决策和承担责任，有的人则需要更多的自治权，以发挥个人的创造性。

（2）不同的人对组织的管理方式要求不一，如有人乐于"硬措施"，有人乐于"软环境"。

（3）组织目标、职工素质、工作性质等与组织结构和领导方式有很大关系。如果各因素、各环节相互适应、相互协调，组织的工作效率就会提高，反之就会降低。

总之，超"Y"理论强调组织的管理者应该根据实际情况，灵活机动地采用不同的方法，凡事做到具体问题具体分析，因人、因事、因时、因不同情况而做出相应的安排或处理。

以上述及的各种组织理论，虽然是资本主义国家的学者为了适应其社会生产的需要而创立的，但这些理论毕竟是利用了社会科学、自然科学的许多新成果，总结了许多企业管理经验而形成的，所以有许多合理因素和有益成分。在我国，有关组织理论的研究起步较晚，而且组织机构庞大、管理人才缺乏、管理效率低下已成为我国现代化建设的严重障碍。因此，积极吸收西方组织理论中的合理因素，创造符合中国国情的现代组织理论，对加速我国的现代化步伐将具有重大现实意义。

六、组织经济理论

组织经济理论主要包括代理理论（agency theory）和交易费用理论（transaction cost theory）。这里我们主要介绍交易费用理论。在这一理论中康芒斯（J.R. Commons）把"交易"概念与正统经济学中已经被普遍化的"生产"概念进行了比较，指出生产活动是人对自然的活动，"交易"活动是人与人之间的活动。两种活动构成了人类的全部经济活动。

科斯（R.Coase）研究的焦点是企业的起源或纵向一体化的原因。科斯提出了交易费用的概念。交易过程当事人往往需要注入精力、时间、信息、费用和其他一切开支，这些都是当事人所花费的交易成本，市场交易要付出代价。既然如此，通过形成一个组织并让某种权力（企业家）来支配资源，便可以节省部分市场费用。在这个意义上，企业最明显的特长是作为交易费用的代替物。因此，实际上有两种制度来协调和配置资源。在企业外部，由价格机制指挥生产，通过一系列市场交易实现资源的配置；在企业内部，市场交易的复杂结构由企业内部的协调人际合作和指挥生产的管理者来替代。

威廉姆森（O.E.Williamson）将交易费用运用到组织经济学的研究中。他发展了科斯的理论，将交易作为基本的分析单位。他指出"交易费用"理论研究组织是将交易作为分析单位，认为组织研究的中心问题是对节省交易费用的理解。威廉姆森指出，当产品或服务从一个技术上分离的部分转移到另一部分时，交易便形成了。

威廉姆森认为交易费用理论对组织的研究可以应用在3个分析层次上：第一个层次是企业整体的组织结构，把企业作为既定的研究范围探讨运作的各个部分如何相互关联；第二个层次或中间层次的焦点是各部分的运作，探讨哪些部分将在企业内实施，哪些部分将在企业外实施，这是定义和发展"效率""边界"的尺度；第三个层次是人力财产的组织方式，目标是根据群体工作的性质，以不同的方式配置内在的管理结构。

以上所述的组织理论是按历史发展阶段划分的几种主要学派的思想和管理方法。其实在这一时期还有许多非主要学派和管理思想，它们有的是上述学派思想法的分解、延伸，有的服务于其他目的。但不管怎样，人们总是在努力寻求更有效的组织形式，或把组织作为一个分析单位去研究和解释更为复杂的社会现象。

应用社会学之窗

学校组织剖析

学校是个典型的组织。首先，凡学校都有明确的目标。从宏观上讲，我国学校的目标都是"培养德、智、体等方面全面发展的社会主义事业建设者和接班人"。当然学校层次不同，培养的建设者和接班人的层次也不相同。高等学校的目标就是"培养德、智、体全面发展的社会主义高级专门人才"。

其次，学校是由各类人员共同组成的规范化的社会群体。具体来说，学校成员是由教师、学生、教育管理者、后勤服务者等所组成的群体。各类成员按照角色分工的要求，执行各自的职能。俗话讲，不依规矩，不成方圆。在执行职能的过程中，离不开各种各样的规章制度，如教师工作制度、教师管理细则、学生守则、学校服务章程等，这些有形的规章制度其实正是角色分工要求的具体化。在这些规范和制约下，各类成员才能积极有效地扮演好自己的角色。

最后，学校作为一个典型组织，集中体现在它有自己独特的管理体制。学校不同于一般政府和企业组织，尤其是它作为一种文化机构，特定的目标以及特有的内部组织文化气氛决定了它在管理体制上鲜明而复杂的特征。高校管理体制的核心是权力结构，以此为标准，我们可把世界各国高校管理体制划分为4类：①欧洲大陆模式。这是一种以学术权力为主的管理体制，即基层教授拥有较大的权力，而校院层次上的校长权力有限。它体现了教授治校的思想，有利于弘扬学术自由气氛，调动个人的积极性，但组织过于分散，效率也值得考究。②美国模式。这是以行政权力为主的管理体制，在此类模式的大学中，行政官员地位显赫，系作为基本的教学和科研单位由系主任主持，但系行政机构处于学校组织矩阵结构中的交叉点，系主任既要向校长、院长负责，又要在决策上与系有关教学人员协商。因此，与欧洲国家大学的讲座制相比，系的权力受到来自上下两方面的牵制，是行政权力和学术权力的混合体。③英国模式。它是一种"把教授行会与院校董事及行政管理人员的适度影响结合起来"的模式。相比之下，这种模式的决策过程更趋民主化。④中国模式。我国高校大多是校-系二级结构，部分规模较大的学校是校-学院-系三级结构。校级行政管理机构是全校行政工作的统筹部门，它以校长为核心，由校长根据高校确定的政策和方向，制订具体的落实计划，确定有关部门的负责人人选，组织内部有关职能部门和人员最大限度地实现预期目标。目前，我国大多数高校实行党委领导下的校长负责制，其组织机构是直线-职能制形式结构。校长是最高决策机关，对下级进行指挥，下达命令并负全部责任；校长之下设立如教务、科研、人事、财务等职能机构和职能管理人员，他们作为校长的参谋机构和助手，协助校长管理学校各方面的事务，不拥有决策权。

资料来源　张敦福. 现代社会学教程［M］. 北京：高等教育出版社，2001：123-124.

思考题

1.简要分析社会组织的社会功能。

2.试述社会组织设计的一般原则。

3.简述科层制理论及其应用过程中的问题。

4.什么是权变理论？

推荐阅读书目

［1］周雪光. 组织社会学十讲［M］. 北京：社会科学文献出版社，2003.

［2］韦伯. 社会学基本概念［M］. 杭聪，译. 北京：北京出版社，2010.

［3］于显洋. 组织社会学［M］. 3版.北京：中国人民大学出版社，2016.

［4］韦伯. 经济与社会：第1卷［M］. 阎克文，译. 上海：上海人民出版社，2010.

第十一章　社会制度

社会制度起源于人类的饥饿、爱情、虚荣和恐惧。

———— 萨姆纳

社会制度是人类行为及其社会关系的规范体系，是为了满足人类活动的需要而产生的，它在规范人的行为和协调社会关系方面起着核心作用。正是有了社会制度，人类社会才加快了前进的步伐，社会才能有序地运行。

第一节　社会制度的内涵

一、制度的定义及特征

1.什么是社会制度

制度一词的英文含义是"设立、制定、学院、机关"等。有人把这个词翻译为"设施"，专指社会学意义上的制度。在我国，制度一词有特定的含义，"制"是指制约和控制，"度"是指限度。这符合社会学中制度的原意，即是指一种行为规范。我国古代以"礼"作为社会制度的中心，规范各种社会关系和行为模式。

当代各国社会学都十分重视对社会制度的研究，但对社会制度的理解各有不同。美国社会心理学家库利认为，社会制度是明确的、既定的公共心理状态，本质上与社会舆论没有什么差别。美国社会学家萨姆纳则认为，社会制度是由民俗和民德交织形成的社会行为体系，这种行为受到社会的规范和制约，得到民众的认可并具有稳定的程序和步骤。诺思则将制度定义为"一个社会的游戏规则，更规范地说，它们是为决定人们的相互关系而人为设定的一些制约"①。中国老一辈社会学家孙本文认为，制度是"社会公认的比较复杂而有系统的行为规则。那是社会生活的工具，用以满足共同生活的需要，以达到共同生活目标"②。龙冠海认为，社会制度是维系团体生活与人类关系的法则，它是人类在团体生活中，为了满足或适应某种基本需要所建立的，有系统、有组织、为人们所公认的社会行为模式。《国际社会学百科全书》认为"它一般是指由周密制定、易于确认和相对稳定的规范、价值观和法律制度控制的社会行为的各个方面。有些社会学家一直用这个术语表示规范、价值和法律的复合物，而不是指实际行为模式"③。

综合以上可以看出，社会制度本质上是人们社会关系的体现，但它又反过来对人们的社会关系和社会行为起制约作用。从这个意义出发，我们认为，社会制度

---

① 曼. 国际社会学百科全书［M］. 袁亚愚，等，译. 成都：四川人民出版社，1989：298.
② 孙本文. 社会学原理［M］. 台北：台湾商务印书馆，1964：57.
③ 诺思. 制度、制度变迁与经济绩效［M］. 刘守英，译. 上海：上海三联书店，1994：3.

（social institution）是指在一定的历史条件下形成的人们的社会关系和社会行为的相对稳定的规范体系。

2.社会制度的特征

一般来说，社会制度具有以下主要特征：

（1）普遍性。作为一种社会结构和社会行为规范体系，社会制度不仅普遍存在于一切国家和民族中，而且还世代相继，贯穿人类社会数千年的历史。它对所辖范围内的人们均无例外地发生制约作用。

（2）公认性。社会制度必须得到其适用范围内人们的公认，并得到大家的共同遵守。正如孙本文先生所指出的，社会制度必须是社会公认的行为规则。一项制度如果得不到人们的公认和共同遵守，就不能称其为制度，或者说这项制度还没有真正形成。

（3）稳定性。社会制度一旦形成，便具有一定的生命周期，保持相对稳定的面貌。即使某项制度已丧失功能，它也还会继续存在。没有自觉的社会变革的冲击，它一般是不会轻易地发生改变的。这一特点既是社会制度的优点，也是它的弱点。因为社会制度具有稳定性，所以它是人类社会秩序的有力保障，如果制度是朝令夕改的，社会生活就会无所适从，就不可能形成安定有序的社会生活；也正因为社会制度具有稳定性，它就会具有惰性，就会落后于充满活力的社会生活的变化，因而当其存在的社会基础变化以后它往往就成了社会的保守力量，成为社会发展的阻力，也就成了社会改革的对象。当然，制度的这种稳定性并不是绝对的，它也会随着社会的发展而发生变化，因而制度的稳定性只是相对的。

（4）系统性。这是指某个特定形态的社会制度都是围绕某一核心制度或基本制度而形成的、各种制度之间具有内在联系的一个系统。在这个系统中，任何制度都要受其他制度的制约，任何制度又都会影响其他制度。

（5）强制性。社会制度作为制约人们社会关系、社会行为的一种规范体系，对社会成员的作用具有强制性。就是说，一项社会制度，在其适用范围内，要求其成员必须遵守它的规定，不遵守或违反其规定者必定要受到一定的谴责和惩罚。如果一项制度其成员可遵守也可不遵守，就不称其为社会制度。

（6）阶级性。在阶级社会中，社会制度不可避免地、或多或少地受阶级利益和阶级意识的影响。如资本主义国家的经济制度，就是以保证资产阶级的经济利益的规范为中心，而其政治制度则以维护资产阶级统治秩序的规范为核心内容。

二、社会制度的构成要素

社会制度作为一种社会结构和一种社会行为规范体系，其要素由以下4个方面的内容构成：

1.观念系统

观念系统包括基本观念与基础理论，是某种制度产生及施行的合理性根据。具体来说，指的是用来阐述制度的终极目标或存在价值的理论基础。社会制度的观念系统通常体现在一系列的社会学说、理论或思想上，特别是集中体现在社会文化的意识形态上。比如，唯物史观及其学说是历史唯物主义者制定各种社会制度的理论基础。"平等""自由""博爱""天赋人权"等重要观念或社会思想，对西方资产阶级政治法律制度、婚姻家庭制度的形成无疑起着重大的指导作用。制度蕴含的观念系统的核心是价值目标，它是一组价值观念群，由几个最重要的价值观念构成。它是关于某一社会制度产生的依据和人们应当接受的理由，是制度的定向因素（目的、宗旨），其主要作用是向社会成员表明自身存在的意义，使他们在充分理解制度目标的基础上遵从制度规范。观念系统是各项具体规范的依据，一种社会制度可以从观念原则出发，建立整套的规范体系，并设立与之相应的机构与设施，从而日臻发展和完善。同样，当人们抛弃这些观念原则时，这一社会制度也随之消亡。制度可以根据一些价值观念发展出一套相关的规范体系，并建立与之相适应的机构设施。

2.规范系统

规范，包括成文的和不成文的规范，是制度的基本内容。它们构成包括风俗习惯、伦理道德、规章、条例和法律在内的一套完整的规则系统，用于规范人们的相互关系及行为模式。社会规范的综合就构成了制度。社会制度通过各种具体规范来确定人们的行为模式，规定了社会成员在社会生活中的角色、身份。首先，它是对一定社会关系中的双方权利与义务的规定，这是社会性的外部规定，对个人具有命令的一面。社会关于个人的权利与义务的规定，与这些个人在社会体系中的地位是一致的。不同的个人或群体具有不同的权利与义务，这种权利与义务构成制度的因素。其次，它是对一定社会关系主体行为的基本规定。对于社会行为主体的基本规定，就是确定某种社会行为受倡导、容忍与禁止的界限，使行为者明确哪些事情可以做，哪些事情不可以做。组织化的活动能够体现社会制度的规范意义，更能有效地执行制度的特定功能来满足人们的社会需要。

3.组织系统

组织是保证社会制度实施的实体，它包括所有的职能机构及其首脑和工作人员，用以执行、推动和检查制度的运行。institution本身就有协会、学校、机构等意思。制度是包括机构与设施的。这是社会制度的实体部分，是制度及其规范的载体。只有通过组织的活动，社会制度才能使人们接受其控制，发挥社会制度的特定功能。组织系统包括管理者、职能部门和组织成员。社会制度的规范作用是通过组织活动来实现的，它把一定数量的社会成员集中在一个有明确目标和职能的组织中，通过组织规范其成员的行为，来体现社会制度的协调与规范的功能，维持这种活动的秩序，提高行动效率，从而满足人们的社会需要。组织是社会制度中的主体。在制度的运行中，制度的实施者是一定的政府部门与组织机构，他们按照内化于组织目标中的价值观念与原则，按照规范规定的程度与具体的规程，采用奖惩的手段对社会关系与人们的行为进行定向的管理。奖惩是制度的力量源泉，它是社会对一定社会关系与社会行为后果处理的基本方式。任何制度都是一种奖惩手段，从这个意义上讲，奖惩是制度的本质。奖惩的依据是原则、规范，奖励的对象是原则中倡导的部分，惩罚的对象是原则中禁止的部分。倡导与禁止的中间地带是容忍，容忍的宽窄是制度弹性程度的标志。另外，权威是制度的保证因素。执行制度的政府与组织享有相应的权威。权威不是来自于个人的威望或信誉，主要来自于组织与机构被人们认同的精神力量。

4.设施系统

设施是社会制度运作的空间场所和物质基础。设施系统分为两类：一类是象征性的设施，如国旗、军旗、组织的标志物，它是制度组织概念系统的物质化表现。另一类是实用性的物质设施，如教育制度得以实行的学校、教室，法律制度的载体法庭、监狱等，经济制度得以运作的生产工厂厂房、银行大楼等。

以上4个要素是社会制度的构成部分。4个要素的内容与形式的不同，又决定了不同时期社会制度的差别。同样是教育制度，古代教育制度与现代教育制度在观念系统、规范系统、组织系统和设施系统上有很大的差异。每一种制度的发展与进步，实际上就是这4种要素的不断发展。

三、社会制度的历史演进

社会制度虽然古已有之，但社会学对它的研究却始于19世纪。卢梭和杜林从社会哲学的角度分别用"社会契约论"和"暴力论"来解释社会制度的起源。英国社会学家H.斯宾塞在1862年所著《第一原理》一书中，用社会制度一词来描述履行社会功能的机构，强调社会制度的实体方面。

一般来说，社会学家与社会哲学家的观点存在着差别。大多认为，社会制度起源于人类的需要。"人有营生的需要，便有经济的制度；有性的需求，便有婚姻的制度；有生殖育种的需要，便有家庭制度；有和平相处的需要，便有政治法律制度；有抵御敌人的需要，便有军事制度；有传达思想的需要，便有语言、文字、交通制度；有解释和对付自然力量的需要，以求精神上的安慰，便有宗教制度。这些制度都是人类社会中最基本的，而每一个制度，都有一种基本需要为其依据。"[①]但由于对人类需要的理解不一样，社会学家在解释社会制度的起源时，观点也不完全相同。

另外一种观点认为社会制度起源于风俗习惯，这种观点以美国社会学家萨姆纳为代表。他认为社会制度起源于民俗，由民俗发展到民德，再由民德发展成制度。民俗是被大家认同的习惯行为，民德已成为有一定道德倾向的规范，民德的结构化和系统化发展就形成了制度。这种观点影响较大也有一定的合理性。

马克思主义的观点认为，社会制度是在一定的社会物质资料的生产方式基础上产生的。也就是说，社会制度的产生受到人类社会生产和再生产发展的制约。马克思曾经指出："在人们的生产力发展的一定状况下，就会有一定的交换和消费形式。在生产、交换和消费发展的一定阶段上，就会有一定的社会制度，一定的家

---

① 龙冠海. 社会学 [M]. 8版. 台北：三民书局，1983：163.

庭、等级或阶级组织，一句话，就会有一定的市民社会。"①马克思主义的观点从本质上揭示了社会制度的起源，也阐明了社会制度是一定的社会历史发展的必然产物。

社会经济学家对制度的演进则提供了另一视角。

如凡勃伦从进化论的角度论述了制度变迁，他说："人类在社会中的生活，正同别种生物的生活一样，是生存的竞争，因此是一种淘汰、适应过程，而社会结构的演进却是制度上的一个自然淘汰过程，人类制度和人类性格的一些已有的与正在取得的进步，可以概括地认为是出于最能适应的一些思想习惯的自然淘汰，是个人对环境的强制适应过程，而这种环境是随着社会的发展，随着人类赖以生存的制度的不断变化而逐渐变化的。今天的形式是要构成明天的制度的，方式是通过一个淘汰的、强制的过程，对人们对事物的习惯观念发挥作用，从而改变或加强他们对过去遗留下来的事物的观点或精神态度。"②

林毅夫则是从事物的均衡变动来分析制度变迁的。在林毅夫看来，有4种原因能引起制度的不均衡：①制度选择集合的改变；②技术上的改变；③制度服务的需求改变；④其他制度安排的改变。林毅夫指出："制度不均衡将产生获利机会。为得到由获利机会带来的好处，新的制度安排将被创造出来。因为制度结构由一个个的制度安排构成，所以一个特定制度安排不均衡就意味着整个制度结构不均衡。如果人心的理性是无界的，且建立制度安排是不花费用、不花时间的，那么社会在对制度不均衡做出反应时，会立即从一种均衡结构直接转到另一种均衡结构。然而，人心的理性是有界的。建立一个新的制度安排是一个消费时间、努力和资源的过程。而且，具有不同经验和在结构中具有不同作用的个人，他对不均衡的程度和原因的感知也不同。他还会寻求分割变迁收益的不同方式。因此，当发生不均衡时，制度变迁过程最大可能是从一个制度安排开始，并只能是渐渐地传到其他制度安排上去。"③

诺思和托马斯认为："除非创建新的制度安排所带来的私人收益可能超过成本，否则新的制度安排是不会提出的。"④在诺思看来，相对价格的变化是导致制度变迁的根本原因。他写道："制度变迁及相对价格的根本变化是制度变迁的重要源泉。对于非经济学家来说，将相对价格的变化摆在如此重要的位置可能难以理解。但是，相对价格的变化改变了个人在人们相互关系中的激励，这一变迁的唯一其他源泉是嗜好的变化。"⑤

新制度经济学认为，产权制度不是在历史地形成的生产方式和生产关系的基础上产生的，而是以反映人的超历史的自然本性的法律为基础的，是法律创造了产

　　① 马克思. 马克思选集：第4卷［M］. 中共中央马克思恩格斯列宁斯大林著作编译局，译. 北京：人民出版社，1972：320-321.
　　② 凡勃伦. 有闲阶级论［M］. 蔡受百，译. 北京：商务印书馆，1964：140.
　　③ 林毅夫. 关于制度变迁的经济学理论：诱致性变迁与强制性变迁［M］. 上海：上海三联书店，1994：389-390.
　　④ 诺思，托马斯. 西方世界的兴起［M］. 厉以平，等，译. 北京：华夏出版社，1988：6.
　　⑤ 诺思. 制度、制度变迁与经济绩效［M］. 刘守英，译. 上海：上海三联书店，1994：112.

权。新制度经济学把产权当作某种超历史的自然权利，认为产权制度是历史发展的起点，而不是历史发展的产物，是生产发展的前提，而不是生产发展的结果，把自发秩序当作人类社会永恒不变的自然规律。在他们看来，私有制度不是从客观历史条件中产生出来的，而是自然的人类本性造成的。

新制度经济学从交易的角度，而不是从生产的角度展开制度分析。他们以交易费用为基本分析工具，使制度分析深入到生产领域，从抽象研究如何实现最大化目标转向重点考察经济运行的约束条件，指出一定的制度安排由交易费用所决定，而制度结构一旦确立，又反过来决定了交易费用，影响了帕累托最优状态的到达，制约着经济的增长。正是在交易费用理论的基础上，新制度经济学构筑了它的理论体系，分析了产权、激励与经济行为的关系，探讨了不同制度结构对成本—收益体系和资源配置效率的影响。

第二节　社会制度的功能

一、社会制度的基本功能

不同层次的社会制度有不同的功能，其影响和制约的范围也不相同。总体社会制度决定着该社会形态的性质，是制定各种社会制度的依据。不同领域的社会制度决定各种具体模式和规则。一般来说，社会制度具有如下基本功能：

（1）行为导向功能。通过权利和义务系统确定个人的地位和角色，为人们提供思想和行为模式，使其较快地适应社会生活，以避免个人与社会的矛盾和冲突。

（2）社会整合功能。作为规范体系的社会制度能协调社会行为，调适人际关系，发挥社会组织的正常功能，清除社会运行的障碍，建立正常的社会秩序。

（3）传播和创造文化的功能。制度通过保存和传播人类的发明、创造、思想、信仰、风俗、习惯等文化，使之世代沿袭，并在空间上得到普及。同时，制度促进文化的累积与继承，推动人们创造新的文化。

（4）社会化功能。社会化是个人学习知识、技能和规范及社会向个人灌输知识、技能和规范的相互过程。而社会制度则是指包含了人们社会生活的知识和经验、生活目标、角色模式等内容的一套行为规范体系，个人社会化的基本内容绝大多数在社会制度中得到了反映。因此，社会制度实际上也给个人的社会化提供了一个大体的模式。例如，中国的教育制度无疑为我们培养人才提供了一个基本的模式。

二、社会制度的显功能与潜功能

一种社会制度在实施的过程中既可能观察到意想到的结果，又可能产生不易被人们察觉或没有意想到的结果，据此可将制度的功能划分为显功能与潜功能（manifest function & latent function）。

显功能是指某一制度运作活动产生的能为其参与者所观察到或意想到的结果，也就是指某一特定单位（个人、组织）执行制度的客观后果，这些后果有助于该单位的适应或顺应，而且也是制度设计的原定目标如此安排的。潜功能是指一种制度运作活动产生了不易被人们察觉、认识到的或没有意想到的结果。以教育制度为例，古代科举制的显功能是为了培养人才；潜功能则是控制人才。现代我国的高等教育考试制度，显功能是在教育资源有限的情况下，选拔优秀的人才，将其培养成我国现代化建设的人才；潜功能却出现了应试教育模式，抑制了学生的个性与创造性，培养出了书呆子。社会制度潜功能的产生，主要是人们在设计制度时，对客观事物认识是有局限性的，制度本身并不那么完善，因此，制度与要达到的设计者的理想目标之间会产生一定的距离。同时，制度在实施过程中，往往受到制度环境因素的制约，受到执行制度的人的主观因素的影响，这使制度实施时产生功能的扭曲，会出现人们不曾预料的结果。制度的潜功能可能是一种正功能，也可能是一种负功能。

三、社会制度的正功能与负功能

一种社会制度实施的后果既可能促进社会运行，又可能妨碍社会运行，据此可将制度的功能在性质上划分为正功能与负功能（positive function & negative function）。

正功能又称积极功能，对社会成员和社会系统的生存与发展具有促进作用，其活动后果提高了社会系统的活力和适应力，促进了社会系统各个部分之间关系的协调、稳定和一致，为维持社会系统良性运行做出了积极贡献。负功能又称反功能或消极功能，指某个制度活动的结果对社会成员或社会系统的生存与发展具有副作用，其活动的后果降低了社会系统的活力和适应力，破坏了社会系统内部的协调、稳定关系，造成社会内部紧张和冲突，对社会良性运行起破坏作用。

例如，高校实行学分制改革将有利于学生的自由发展，有利于教师教学水平的提高，但如果学分制实施不规范，它就有可能产生教师迎合学生的要求，成绩评定不严格等副作用，甚至影响教学质量的提高。制度的负功能往往是违背制度制定者初衷的，因而它往往是以潜功能的形式起作用的。

研究制度的正功能与负功能的意义主要在于：它告诉我们，任何制度对社会系统运行的作用一般都不会是纯粹的正功能，它在发挥积极作用的同时，都会不可避免地存在某种负功能。正像显功能必然会伴随着某种潜功能一样，正功能也必然会伴随某种负功能，这是人的意志难以完全避免的一种客观现象。懂得这一点，我们在制定制度时，一方面必须尽可能全面地分析一项制度实施时各种因素可能对它产生的影响，以及制度实施后会产生的各种可能的后果，从而尽可能地完善制度；另一方面，要对一项制度实施后可能产生的负功能有足够的估计，并采取积极措施以尽可能缩小负功能所产生的消极影响。

四、制度的局限性

制度一经生成便有制度化倾向。制度化并不是社会制度本身的演变，而是指制度对人类现实的社会行动产生影响并使之模式化的过程。制度化包括两层含义：一是指人类社会行为的定型化与模式化。二是指人类的社会行为普遍被制度所制约。

制度化的过程是人类的每一种社会行为都被纳入明确的制度轨道的过程。如果某些行为受到制度制约了，而另一些行为却没有明确的制度制约，那就不能称之为制度化的社会。

制度化的基本作用包括两个方面：一方面促使人们认定某种行为的合理性。一般来说，符合制度规范，就是合理的行动，制度化就成为一种能使人们的社会行动纳入社会规范轨道的过程。越出这一轨道，就被认为是违反制度，就是不合理的行为。正是通过制度化过程，正常的生活才得以运行。另一方面使人们的行为具有可预期性，即人们必须按照一定的规章或规范来行事处世。可预期性的依据就是制度规范。比如，在当代中国政治制度中，人们被期望参与国家政治生活，可以通过选举方式、建议方式或发表言论方式等，每一种方式都是制度化模式。

但制度在制度化的同时，也包含着某种危机：

（1）制度的惰性。制度的惰性力量常常成为一种强有力的外在力量，压抑着人们的创造性活动。制度是既存的传统习惯的合理化行为模式，这种模式一经制度化，就容易形成刻板的东西，制度变得僵化或形式化。在一定的制度规范体系中，人们的行动被预先规定下来，被要求按照一定的准则行事，偏离程度越小越好。这无疑降低甚至抑制了人的创造性的发挥。但是，人们的动机与社会生活是不断变动的，这时就构成了制度的刻板性与人们活动的丰富性的矛盾。而实际生活中不断产生出来的新生事物有时会超越制度的范围。这时制度不能适应形势需要。因此，社会发展需要对制度进行不断改革，使制度适应社会生活的发展变化。

（2）"制度化逃避"。它是指在实际生活中存在的大量违背制度要求，但在现实中又行得通的行为与现象。这种"制度化逃避"是形式上的制度与现实中的制度的矛盾。所谓形式上的制度，即是公认的、成文的制度；现实中的制度，即是现实生活中真正实行的制度。由于制度本身可能存在的某些漏洞或不完善，无法全面涵盖和制约人们所有的行为，调节所有的关系，这种制度的漏洞使越轨行为有了活动的余地。从制度本身的要求来看，这两种制度重合的程度越高越好。一般来说，两者完全重合是不可能的；但是，两者距离拉大了，就会产生制度的虚伪性和软弱性。制度再合理、再正确，如果只停留在纸面上而不付诸实施，也不可能在实际生活中发挥作用，结果也成不了真正的好制度。

（3）被少数人垄断。制度确立以后，一般由少数人专门负责执行，而现代社会，这些"少数人"就是各种执行制度的专门机构与设施中的工作人员。"如果一个集团或整个社会的大多数人不能够有效地监督这些执行制度的少数人，那么这一制度就会被这些少数人所垄断。被少数人所垄断的制度，只能体现个别社会利益集团的利益，而不能保证大多数人的利益。"[①]

在现实生活中，没有一种制度是十全十美的，只有正功能而没有负功能。完美无缺的制度可能只会存在于人们的头脑中或图纸上。制度的正功能与负功能相辅相

---

①　宋林飞. 现代社会学［M］. 上海：上海人民出版社，1997：188.

成，是一种事物的客观现象。我们无法只要制度的正功能而拒绝制度的负功能，但我们可以不断改革完善制度，使正功能得到发挥，尽最大可能抑制负功能。

五、制度的改革

在人类历史的发展过程中，在社会生活向制度化方向发展的同时，制度的改革也从来没有间断过。社会制度之所以要不断地改革，主要是由于以下几个原因：

（1）人类社会需要不断发展。人的需要总是不断发展的，要求获得满足的欲望也会不断增强，需要的满足离不开制度的保证；而一种需要被满足了，又会产生新的更高的需要。当原有的社会制度不能有效地、全面地满足新的需要，就会发生制度改革。社会需要的不断发展构成了制度改革的原动力。

（2）社会制度的惰性与生机勃勃的社会生活的矛盾。相对于充满生机的社会生活来说，社会制度是相对稳定的和具有惰性的，因而一般来说，制度总会滞后于社会生活的发展步伐。这种制度的惰性与充满生机的社会生活的矛盾就形成了制度改革的另一动因。制度运行涉及制度与社会成员和社会成员所处的历史环境这三者的关系，只有这三者的有效结合，社会制度的功能才能充分地发挥。当社会制度与现实的社会生活不相适应的时候，制度就需要改革。也只有进行制度改革才能使社会制度与社会现实生活的变化相适应，发挥其有效的作用。这一点从社会历史发展的过程中也已明显地反映出来，每当社会生活发生重大变革的时候，也必然要引起社会制度较大的改革，社会制度的不断改革，使它成为人们实现理想目标的有效保障。

（3）社会制度有其自身一定的生命周期。正如前面已经指出的，任何制度都不会是永恒不变的，它们都具有从产生到发挥效能、形式化以至于萎缩的发展变化阶段。制度发展到形式化阶段就提出了变革的要求。因此，制度的改革不仅是社会发展的要求，也是制度本身的发展特点所决定的。

第三节　社会制度的类型

一般来讲，人们对制度的观察和把握通常自觉或不自觉地采用3种尺度，因而"制度"这一概念也就相应地分为3个层次：①社会形态或社会体系意义上的制度，这是对制度的大尺度的宏观观察，如原始公社制度、奴隶制度、封建制度、资本主义制度、社会主义和共产主义制度等；②社会中的一些具体制度，这是对制度的中观观察，如经济制度、家庭制度、政治制度、法律制度、宗教制度和教育制度等；③更为具体、细致的社会规范与规则，这是对制度的小尺度微观观察，如考勤制度、值班制度、奖惩制度、考核制度、门诊制度、公司守则等。

显然，这3个层次的意义是大不相同的：第一个层次的制度是广义的社会制度，它以整个社会作为自己的实体，常在区别人类社会的不同发展阶段和不同性质的社会时使用。第二个层次的制度是特定的社会制度，它以具体的组织机构、制度设施作为自己的实体，常在分析不同的社会关系和研究不同的生活领域中的问题时使用。第三个层次的制度是狭义的社会制度，它是一些具体社会单位的行为规范和行为模式，常在讨论办事的方法和评价个人的行为时使用。

社会学自在西方成为一门实证科学以来，并没有把社会形态意义上的制度作为自己的研究重点。因为这种意义上的社会制度过于宽泛，其复杂性难以为经验事实所把握。孔德曾经把整个社会作为社会学的研究对象，力图建立一个包罗万象的综合社会学。但是，他的这种奢望与他把社会学建成一门经验实证科学相矛盾。美国社会学家帕森斯虽然对整个社会体系进行了比较深入的研究，但显得大而不当，因而他的学生默顿提出社会学要研究"中层理论"，从而为社会学的经验研究奠定了一个可靠的理论基础，同时也为社会学的制度研究提供了一个理论参考。社会学也不把狭义的制度作为自己的主要研究对象，因为它们是一些具体单位的规章制度，具有较高的行政和操作意义，而社会学往往要研究一些具有规律性的较为普遍的社会现象和社会行为，个别单位的行政措施和操作办法就不是重点了。第二层次的社会制度直接构成了社会整体的结构——功能单位，是整个社会生活的主要方面，研究它们有助于弄清楚社会的结构布局及其问题所在，更好地发挥它们的功能，促进社会的运转。正是在这个意义上讲，社会学重点研究的是中间层次的制度。

一、经济制度

人类经济生活的实质就是满足自身衣食住行、物品和劳务方面的需要。经济制度是生产和分配物品以及服务的制度化体系，它规范着人类的物质生产活动即经济行为。经济制度主要从以下几个方面规范人们的经济行为。

（1）财产所有权的规定是经济制度最重要的内容之一，它规范的是所有者对财产的拥有权和处置权，并且由此确定了社会生产活动中人与人关系的基本性质和一般行动取向。其中介是相应的经济利益和权利，它们直接对人们从事经济活动的动机、方式和其后果的理解产生制约作用。随着生产活动的复杂化和经济组织的集中化，所有权对人们经济行为的规范方式也发生了变化，其中最主要的是由直接规范、单一规范变为间接规范、多元规范，当今西方工业社会中普遍出现的所有权与经营权相分离的事实就是绝好的证明。

（2）分工是社会经济活动的基本形式。人类最初的劳动分工是以性别为基础的，即所谓"男耕女织"。在氏族公社制度下，年龄也是分工的依据。那时候并不存在任何形式的职业分工。在较为先进的农牧社会，剩余产品的产生导致了两种主要结果：一是一部分人从基本生活资料的生产中解放出来，得以从事专门的职业——手工业、商业或士兵；二是较强大的团体得以支配剩余财富，依靠他人劳动为生。在资本主义社会，随着经济活动的复杂化，分工越来越细密。在工厂、办公室和其他正规组织内实行高度严密的分工，这种分工使每个人对产品的最后形式只能做出极微薄的贡献。美国大工业早期，人口调查所记录的职业总计达323种；而按美国劳工部的统计，美国当今的职业已有两万多种，其中包括小黄瓜腌制工及小鸡雄雌分辨工等分工极为细致的职业。

分工不仅具有经济意义，而且还会产生深刻的社会后果。迪尔凯姆在《社会分工论》（1893）中，试图测定现代社会劳动分工的社会效果。迪尔凯姆论证：劳动分工是当代社会的实质性问题。劳动分工的细致、职业种类的多样化强调了人与人之间的差异。人们的准则和价值观大相径庭，它不可避免地使人们强烈地感觉到自我的存在。这些个人主义的意识反过来破坏了人们对所在群体、社区及其共同的价值观、情感和信仰的忠诚，动摇了社会团结的基础，其结果是导致社会反常状态，社会和个人均处于一种没有准则指导的状态之中。准则的混乱或崩溃疏远了人们之间的感情，而缺乏一致的行为准则，又使个人将社会的整体利益置之度外，而一味追求个人私利。

（3）契约或合同是人们为达到共同的经济目标而确定的相互之间的正式保证。无论在分工合作还是在交换中，这都是一种有力的承诺，必须付诸实施，它既能禁止那些有损既定目标实现的经济行为，也是予以惩罚的依据。在经济学家看来，与其说它是对人们经济行为的约束，倒不如说是一种获取最高效率的保证。没有契约或合同，人们的各类经济关系就无法固定化和正式化，必要的经济秩序也难以维持。

（4）作为一种极其重要的经济活动，交换是经济制度所要规范的重要对象。规范交换的形式或性质方面的差异足以构成经济制度之间的类型差别。交换不仅是一种单纯的互通有无的行动，而且也是经济活动价值实现的主要途径。它必须以价值评判和目标获取为前提。交换活动是广义的，它包括人力的交换、资源的交换、资金的交换、产品的交换等，核心和基础是价值的交换。经济制度对交换的规范和保障反映在关于交换原则、交换程序、交换媒介等方面的一系列规定上，这是更为广泛的社会规范的集中体现。

（5）市场是实现经济目标和价值的场所，也是一种极其重要的沟通系统。作为整个经济活动的重要终结点之一，市场反过来对人们经济目标的规划、措施的落实、组织活动的协调具有很大的作用，它甚至成为人们经济活动继续和发展的主要依据。

经济制度就是上述方面的规范体系。在不同的社会发展阶段，上述方面都是不可或缺的，只是各自的作用以及在制度中的体现形式不尽一致罢了。

二、政治制度

所谓政治制度，指的是规范个人或团体获得权力并在社会中对他人实施权力的体系，即指通过权力机构、国家机器等对社会、群体或集团的政治活动进行协调、监督与控制的一整套规范体系。政治制度探讨的主题是：①政治秩序的社会基础，特别是政治安排所依赖的社会组织与文化价值。政治秩序的主要问题是权力斗争的控制。②政治行为的社会根据。政治行为主要指的是个人对政治的参与，例如，一个人为何参与投票、持有政治意见。③政治过程的社会活动。它包括政治中有组织的团体的种类和互动的模式，如利益集团、政党及社会运动如何改变或安定社会秩序。

当代政治社会学的奠基人马克斯·韦伯认为，国家就是一个成功地获得对某一特定地域垄断权力的机构。国家可以将权力委托给另外一些代理机构，如地方政权、警察、军队等，但最终驱使这些机构运转的仍然是国家。因此说，国家是政治制度的核心，是其最重要的组成部分。不过，"国家"并不等于"政府"，国家是抽象化的社会制度，政府则是由一个个实体的人构成。无论何时，总是由这些人来行使国家的权力。

1.政治制度的功能

（1）维持社会秩序。人类社会行动的复杂性、多样性使公共秩序的管理事务从其他社会活动中分离出来，成为独立的社会行动领域。在社会秩序的整体环境中，如何确定各类行动的价值和意义，则由社会的政治制度所决定。政治制度的核心原则与运行过程都是与"协调"（即秩序的维持）联系在一起的。像"权力""行政机构""决策程序""利益"等概念都反映了政治制度的上述特性。政治制度对其他社会制度和社会领域的影响极其重大，甚至成为特定社会秩序的象征；反过来说，政治制度的合理性程度可以从对社会秩序的分析中推导出来。

（2）管理公共事务，起到协调、规划和监督作用。每个社会都有一整套行政事务管理结构，其活动涉及社会生活所有领域，比如经济、文化、福利、娱乐、教育、对外交流、军事等。每一领域的行政事务都需要相应的制度来保证，规范它们的运行。但从社会整体角度看，各个生活领域的公共事务的协调，只能由社会的政治制度来负担，这样才有利于实现社会的整体目标。这就是政治制度最独特的功能。

（3）协调利益群体关系。利益群体是指在经济利益上地位相近的人们。政治是社会生活的必要组成部分，政治制度产生于人类不同利益集团之间调节利益冲突的需要。政治是所有群体或集团的一种活动。在社会分工产生利益分化的情况下，处于不同社会地位的群体产生了自身的特殊利益，并为了自身的利益采取共同的行动，从而经常不断地发生利益群体之间的冲突。而这种大规模的群体冲突直接干扰了一个社会正常的经济活动和社会秩序，威胁着政治统治的基础。政治制度是为了满足各个利益群体参与政治活动与公共管理的需要，它制定与维护着社会的公共秩序。政治活动产生的政策制约着利益群体的活动，规定了它们的权利和义务，控制着人们获取和利用资源。现代社会主要的政治系统的载体是国家或政府。

（4）维护统治阶级利益。政权的合法性在于各个利益群体对权力的认同和对权力集团价值观念的认同。政治制度的观念系统通常代表了社会的理想和价值取向。一种政治制度如果能充分地阐述并成功地向社会灌输自己的政治原则，获得社会成员的普遍认同和积极的响应，确立起主导价值观念的地位，就等于有了运用权力的社会基础和社会管理顺利进行的条件。政治制度还规定了权力产生的基础及其分配方式，各个群体、集团在社会权力体系中的位置及相互关系，行使权力的合法原则和程序，对违背政治共同利益的制裁等。这些内容是为了保证社会整体运行的和谐与协调。在阶级社会中，政治制度是维护统治阶级利益的工具。政治制度协调着社会阶级与阶层之间相互关系中最基本的关系——政治关系。

政治制度的核心是政党。政党是阶级或阶层中最积极、最活跃的一部分。政党是一定的阶级成员为了实现自身的共同利益而形成的一种为了获得政治权力的政治组织。政治制度运行的基本机构是机关。政府是反映统治阶级利益与意志的特殊管理机器。政治规范是政治制度的运行规则，是政府机关人员的行为规则。政治规范的中心是政治公平原则，就是在人们对社会的贡献方面和自身利益实现方面，功绩得到承认、罪行受到惩处。公平是政治制度运行的基本尺度。政治制度的主要功能：一是协调一个国家中各个利益集团的矛盾与意见，形成可能的最大合力。二是组织与保护经济生活，规范经济制度的合理性。因此，社会主义国家的政治制度的任务就是通过向利益不同、民族不同、地区不同、文化水平不同的许多共同体提供平等的发展条件，把它们组成统一的共同体。利用某些政策、措施作为杠杆以实现越来越全面与丰富的公平，是社会主义政治发展的普遍规律。

2.政治权力

政治机构总是由那些能够分配权力、管理社会和强化日常生活的规范、规章制度和组织组成的。政治运行的核心问题是权力的使用，权力的使用是政治制度发挥作用的基本手段。所谓权力是指无视他人的意志而支配他人的一种能力，也就是个人或群体控制或影响他人行动的能力，而不管这些人是否愿意合作。权力是一种社会关系，权力的使用直接影响到相关者的利益与发展。权力最终都基于权力的持有者惩罚不合法者的能力。

在现代社会中，国家就是权力的最集中的代表。权力有两个方面的力量：一是位置的力量，占据一定位置的人拥有特定的权力。拥有权威的人的权力是受这个位置的作用大小所限制的。二是权力的行使表现为一种强制的力量，但仅有强制的权力是不够的，任何统治者都希望找到另一种权力，即权威，权威是指制度性的合法的权力。合法的权力是被服从权力的人认同的、赞成的、可以接受的权力。合法的权力来自于对政治制度的信任，接受权力合理的价值观念，认为这种制度在传统和法律方面是合法的。权威的行使表现为一种影响力量。那些有权使用合法的权力的被认为是拥有权威位置的人。在一个政治民主的体制中，合法性的主要来源是大众的支持以及多数法则。

拥有权力的人并不总是把其对权力的运用限制在官方划定的范围之内。当他们逾越了这些限制时，他们对权力的运用就是不合法的。例如，政府官员以权谋私。统治者与管理者都为权力的合法性而努力，希望实现内部的和平与稳定，使管理尽可能付出更小的代价。

3.权威的3种理想类型

虽然政治制度运行的核心是权力的获得、运用和维持，而权力能否成功而有效地实施，往往依赖于权威及其合法性。韦伯在其政治社会学理论中，探讨了权威的合法性问题，他区分了3种理想类型的权威，分别是魅力型权威、传统型权威和法理型权威。权威的这3种纯粹类型是建立在不同的合法性基础上的。

魅力型权威（charismatic authority），是由一位领袖所具有的与其追随者建立特殊关系的能力而导致的权威，亦称为"感召的权威"。卡里斯马型统治的基础是对个人和个人所启示或制定的规范和秩序的超凡神圣性、英雄气质或非凡品质的献身。在这种统治形式中，卡里斯马型领袖人物因人们相信其有启示、个人魅力、超凡品质而受到信徒们的服从。比较原始的社会和现代政治运动中的先知、英雄、领袖、救星、救世主都属于卡里斯马类型。

传统型权威（traditional authority），是由习俗和已接受行为所授予的。传统型统治的基础——相信源远流长传统的神圣不可侵犯性，以及拥有权威的人按照传统实施统治的合法性。在这种统治形式中，统治者因具有传统所承认的统治地位而享有使他人服从的权威；服从表现为在传统习惯所规定的义务范围内对个人的效忠。统治者对"你凭什么统治众人"的回答是"历来如此"或"奉天承运"。如西欧历史中的长老制，东西方都存在的家长制、世袭制，都属于传统型权威。

法理型权威（legal-rational authority），其基础是基于理性建立的规则，这些规则反映了组织依据制度来达到目标的系统性尝试。法理型权威的基础——相信法令、规章必须合乎法律，以及拥有权威的人在法律规则下有发布命令的权力。在这种统治下，人们服从命令是出于对法律的信守；法律代表一种大家都遵守的普遍秩序。韦伯所说的法理型权威，指的是现代社会的统治形式。

总之，合法统治的理想类型基于一定的信仰体系，即说明为什么某人或某些人应该服从某种统治的理论体系或意识形态，它为统治的合法性提供理论依据。它的目的是为了解释或理解各种现实社会中的命令和服从关系。在权威系统中，信仰体系具有关键作用，它决定什么是合法或非法，因而也就决定了权威系统的根本性质。

三、教育制度

教育是指专门组织或社会把知识、技能和价值观念有意识地、系统地、正规地传授给一个人或一群人的过程。教育制度就是对教育这一过程进行确定的原则，以及为之设立的规范体系和组织体系。在现代社会中，教育不再是少数人的特权，而是每个公民的一种权利。为了系统地、大批地、规范地对新的社会成员传授知识，逐步地形成了现代教育制度（包括学前教育、小学教育、中学教育、大学教育与研究生教育，以及成人非学历教育等的一系列教学环节和体系），社会对教育投入了大量的人力、物力、财力，现代国家对青少年实行了义务教育。教育制度的载体是学校，学校教育的功能主要有：

（1）社会化。教育制度承接着社会化的重要功能，规模化与批量化地培养社会新一代成员，它的具体单位就是各级、各类学校。在现代工业社会中，科学技术与知识与日俱增、与时俱进，由家庭承担或私人传授已经不能胜任。教育制度通过学校组织一批受过专门训练的教师，分门别类地教授各种知识及技能。由于知识体系的日益庞大，现代社会人们接受教育的年龄在逐步延长。在传授科学知识的同时，学校还是传播社会主文化的渠道，传授着占主导地位的阶级的主文化的核心价值观念及与之配套的规范，教育学生对其认同，通过一些仪式，如升旗仪式、唱国歌等活动，培养爱国主义精神，将成员吸收到主流文化中去。

（2）社会控制。学校在教育学生认同与接受主文化的价值观念的同时，还训练学生按照这些观念与规范去行动，并形成一种行为模式，以适应社会的人文环境。例如，学校对学生行为的认同，并不是只以学习成绩的优劣评判的，还包括道德品质要求，对少年儿童遵守纪律、人际关系协调、讲究卫生等非智力要求是十分严格的。通过这些隐含的课程，教育学生遵守纪律、服从权威、认可管理机构权威，学校由此起到了社会控制的作用。

（3）培养与筛选人才。现代社会分工的细化形成了不同的高度专业化的职业。学校根据社会的需要，主要承担了培养不同系列、不同类型、不同层次的人才的任务。现代社会人们的就业或组织对成员的选择一个重要的标准就是文凭，因为文凭代表了一个人所受的专业知识与训练的分类与程度。教育制度使智力优秀和刻苦勤奋的青年人能够通过接受高等教育的训练而发挥才能。教育制度是现代社会培养与筛选人才的一个主要途径与机制。

（4）科学研究。现代社会的大学除了有传授知识的功能外，还有一个重要的功能就是科学研究与创造。高校聚集了大批的专门技术人才与研究人员，从事自然科学与社会科学基础理论方面的创造性研究，发现事物发展的基本规律，并将有些研究成果转化为生产力。因此，教育是促进社会变迁的最重要的革新力量之一。学校鼓励一种批评的氛围，保持自由开放的观念与思维方式，因此，高校中的知识分子的思想较为开阔与自由。

现代教育制度中的弊端正在引起人们的注意，如西方社会冲突论者认为，现代中、小学中的分班的目的是保证学生因材施教，避免学得快的学生感到枯燥，却导致了学得慢的学生有挫折感。而有研究表明，分班制倾向于保护现存的不平等，而不是帮助差生向上流动，贫穷的学生在慢班中不大可能受到鼓励和高质量的教育，而且往往支付不起继续上大学的费用，这些学生因此在竞争中处于下风。功能主义认为高学历保护有能力者受雇于重要岗位。冲突论者认为，文凭主义（指申请某一职位要求必须拥有的学历）的盛行导致另一方面的负功能，就是忽视了人的能力。"获得较高学历的时间与费用，几乎就保证了传统上需要多年学习的一些高薪职业（如法律和医学）始终不公平地集中于那些支付得起较高学习费用的精英阶层。"①而有较高的学历并不代表更有智慧。

20世纪60年代，以科尔曼为首的社会学者，对在美国是否存在教育机会与条件上的种族不平等现象进行了大规模的社会调查，写出了著名的《科尔曼报告》。经过对将近4 000所学校的约57万名学生和6万名教师的调查，很快证明了黑人学生和白人学生在学习成绩上确实存在重大差别：84%的黑人学生的学习成绩低于白人学生的中等水平。但是，在原因分析中却出乎意料地发现，学生学习成绩的差异主要的不是表现在以黑人学生为主还是以白人学生为主的学校之间，而是主要表现

---

① 波普诺. 社会学［M］. 李强，等，译. 11版. 北京：中国人民大学出版社，2007：423.

在同一学校里的学生之间。因为在同一学校里不可能在学生身上有教育资金投入和教育设备条件的差异，所以也等于否定了这些因素与学生学习成绩的直接因果关系。那么，主要原因到底是什么呢？科尔曼不无启发地发现：学生学习成绩的差异主要与学生本身的阶级背景相关。黑人学生大多数来自下层阶级的家庭，因而在对学习要求的准备上和精神动力上，普遍比多数为中产阶级家庭的白人学生差。他因此得出结论："学校对于一个孩子的学习成绩的影响几乎总与他的背景和总的社会环境有关……学校不能独立地对学生方面施加影响，这本身就意味着由家庭、邻里和同辈人的评价强行造成的儿童不平等一直存在，直到演变为学生结束学业面对成人生活时所伴随的不平等。"

科尔曼的报告说明，学校教育不是孤立的，而是与社会密切相关的。导致学校教育不平等的深层原因是社会的不平等，而且不仅局限于物质原因，还包括由此引起的精神与心理作用。

在我国，学生以学习成绩论等。当前许多学校已习惯于按学生的学习成绩排名次，个别教师甚至公开按学习成绩安排学生在教室里的座位。学校也往往片面重视学习成绩，一好百好，一差俱差，在学生心理上造成许多消极影响：一是心理压力大，不管学习好或差都很紧张。二是培养了不正确的竞争观点：成者王侯败者寇。三是导致人际隔阂，学习好的可能自高自大，瞧不起学习差的，学习差的容易自暴自弃，嫉妒学习好的。四是助长了重智轻德的倾向，以学习情况代替人格评价。有的学校以学生学习的班级平均成绩来评定教师工作，包括评选先进、颁发奖金甚至评聘职务、职称，则更助长了这种不平等现象的发生。

拓展社会学的视野

制度的界定

要定义社会制度并不是一件容易的事，因为它们纷繁复杂，需要一个足够一般的定义来包括它们，还要避免毫无意义。于是，我选取了一个与戴维德·刘易斯（1969）关于社会惯例的定义比较相似的定义：被社会所有成员同意的，在特定的反复出现的情况下规范行为的准则。然而，在执行必需的机制方面，社会制度与社会惯例是不同的。诸如语言、用餐礼仪、靠路右边行驶、在谈话中一次仅让一个人说话之类的社会惯例，基本上都是自我维持的。根据刘易斯的观点，它们作为社会协调博弈的非合作博弈的解而演化着。举例来说，让我们考虑刘易斯描述的电话博弈。

电话博弈

在俄亥俄的俄贝林，电话公司曾常常在3分钟结束的时候切断电话里的谈话。结果，如果1这一方打了电话给2这一方，然后电话被切断了，他将面对如下的问题：如果我给他打电话，而他又在试着给我打，我们将会听到忙音，不能通话。如果我不给他打电话，而他也不打给我，我们也不能通话。只有在我打电话给他，而他不给我打，或者我不打而他打给我的情况下，我们才能通话。2这一方有同样的问题。假设拨打电话是免费的，那么将发生什么结果？

根据刘易斯的观点，这个博弈可以被表示为一个协调博弈问题（矩阵）。这个博弈虽然简单，但却绝不是微不足道的。

只有当双方找到一个协调他们行动的方法时，这个博弈才可以被解。通过建立一种规范这些情况的社会惯例或行为规则，规定是打电话的人还是被叫方给对方回电，可以实现行为的协调。哪一种特定的惯例将得以演化并不是一定的，而两种结果又都是均衡的，因为不仅双方都没有激励去偏离这种惯例，而且双方都希望对方也不要偏离。惯例决定了均衡的行为。更为正式地，刘易斯给出了如下的社会惯例的定义。

被叫方

		回电	不回电
主叫方	回电	0，0	8，8
	不回电	8，8	0，0

矩阵

定义1：一个社会惯例。在一人口群体P中，当其成员在反复出现情境S下，作为行动人常规性（regularity）的R只有在下列条件下而且成为人口P中的共同知识时，它才成为一种惯例：①每个人都一致遵同（conform）R；②每个人都预计到他人会遵同R；③因为S是一个协调问题，而一致遵同R又是S中的一种协调均衡，在他人遵同R的条件下每个人又乐意遵同它。

虽然社会制度主要是为了解决社会协调问题，但它们并不一定是自我维持的，而可能需要某种外在的权威，如国家来执行。举例来说，所有制是一种社会制度，其中个体行为人的行为被施加限制以使他们遵守制度。它规定了一个社会赞同的行为规则。然而，这一制度并不处于均衡状态，因为每个人都被激励着从别人那里窃取好处。结果，某种外在的权威就必须被树立起来去执行这些权力——这就是国家。于是，我们不得不修正刘易斯的定义如下："一个社会制度是一种社会行为的规则，它被所有社会成员所赞同，它规定了在特定的反复出现的情况下的行为，它是自我维持的，或者是被某个外在的权威所维持的。"在这些情况下，规则可以是在商品和劳务的交换中使用的一种特殊的商品，比如货币，或者是界定了被管制企业行为对公用事业收费的限制。在另外一些情况下，可能是存在的一项条文，规定了人们在为公共产品或俱乐部产品付费时付出多少，或者可能是在餐馆里留给侍者作为小费的费用比例。无论它是什么，一旦它被纳入了经济学的研究，我们的科学里的制度框架就立即得到了扩展，并且我们能够以一种新的方式来继续严密地分析非常丰富的问题，而无须一定要将分析塞进一个特殊的制度框架：竞争性市场。

于是一个社会制度可以被更为正式地定义如下。

定义2：一个社会制度。在一人口群体P中，当其成员在反复出现的情境r下，作为行动人常规性的R只有在下列条件下而且成为人口P中的共同知识时，它才成为一种制度：①每个人都遵同R；②每个人都预计他人遵同R；③如果r是一个协调问题，在这种情况下一致遵同R是一个协调均衡，于是在其他人都遵同R时，每个人都愿意遵同R；④如果任何一个人偏离了R，人们知道其他人当中的一些或全部将也会偏离，在反复出现的博弈r中采用偏离的策略的得益对于所有行为人来说都要比R相对应的得益低。

显然，社会制度家族要比社会惯例家族宽泛。例如，众所周知，著名的囚犯困境博弈能通过使用一个可以借助外在的权威实施的有约束力的合同来加以解决。于是，在一个寡头垄断产业里需要规定一个特殊的定价行为，以界定在反复出现的囚犯困境博弈中企业的行为。这一规范如果被违反的话，将受到被欺骗的厂商的某种联合的随机化策略的惩罚。于是，尽管这种定价制度在刘易斯的含义里不是一个惯例，因为它不是自我维持的，但在我们的定义下它是一种制度。

资料来源 肖特. 社会制度的经济理论 [M]. 陈铭，陈钊，译. 上海：上海财经大学出版社，2003：15.

思考题

1.什么是社会制度？它有哪些特征？

2.社会制度具有哪些功能？

3.什么是经济制度？它是怎样规范人类的经济行为的？

4.什么是政治制度？韦伯是怎样划分权威的三种理想类型的？

5.什么是制度化？为什么要进行制度改革？

推荐阅读书目

[1] 诺思. 制度、制度变迁与经济绩效 [M]. 杭行，译. 上海：格致出版社，2014.

[2] 弗鲁博顿，芮切特. 新制度经济学：一个交易费用分析范式 [M]. 姜建强，罗长远，译. 上海：上海三联书店，上海人民出版社，2006.

[3] 吴翠丽. 社会制度伦理分析 [M]. 南京：东南大学出版社，2006.

第十二章　社　区

社区中的每一个人都生活在一种相互依赖的关系之中。

——帕克

第一节　社区概述

社区是构成社会的基本要素之一。社会学"以全盘社会结构的格式作为研究对象，这对象并不能是概然性的，必须是具体的社区，因为联系着各个社会制度的是人们的生活，人们的生活有空间的坐落，这就是社区"[①]。

一、社区的含义

社会学中所使用的"社区"这一概念是从西方引入的。德国社会学家F.滕尼斯（Ferdinand Tonnies）于1881年首先使用gemeinschaft（一般译为共同体、团体、集体、公社、社区等），指的是"一种持久和真正的共同生活，是一种原始的或者天然状态的人的意志的完善统一体。血缘共同体、地缘共同体和宗教共同体等作为共同体的基本形式，它们不仅仅是各个组成部分加起来的总和，而且是有机地浑然生长在一起的整体"[②]。这是一种由具有共同习俗和价值观念的同质人口组成的、关系密切、守望相助、存在一种富有人情味的社会关系的社会团体。人们加入这一团体，并不是根据自己意志所做的选择，而是因为他们生长在这个团体。

滕尼斯是从社会关系的层面上来理解和使用社区这一概念的，他将社会关系区分为两大类：一是建立在关系亲近、相互熟悉基础上的具有人情味的社区特质的关系；二是彼此陌生、相互疏远，人们通过合理的分工和交换而建立起来的具有现代性的社会关系。随着社会的变迁和发展，社会关系也将从前一种向后一种转换和过渡。滕尼斯提出社区概念，主要是针对工业化所带来的社会关系和社会结构的变迁。在他看来，传统社区与工业化社会的重要差别就在于在传统社区中，相互熟悉的、具有共同价值和社会认同感的人们结合在同一个地理区域内；而在工业化社会中，生活在同一区域内的人，常常是彼此各异、相互生疏的。从这一意义上来说，滕尼斯所使用的社区概念专指那种具有共同性或认同感的社会关系。

滕尼斯对社区概念的界定和运用，对后来欧洲社会学的社区研究产生了较大影响。很多社会学家在解释社区这一概念时，也十分强调社会关系的共同性一面。如《新社会学词典》解释："社区一词是指人们的集体，这些人占有一个地理区域，共同从事经济活动和政治活动，基本上形成一个具有某些共同价值标准和相互从属的

---

① 费孝通. 乡土中国［M］. 北京：生活·读书·新知三联书店，1985：94.
② 滕尼斯. 共同体与社会［M］. 林荣远，译. 北京：商务印书馆，1999：译者前言.

心情的自治社会单位，城市、城镇、乡村或教区就是例子。"①

我国最早由费孝通在20世纪30年代引进这一概念。"当初，community这个词介绍到中国来的时候，那时的译法是'地方社会'，而不是'社区'。当我们翻译F.滕尼斯的community和society两个不同概念时，感到community不是society，成了互相矛盾的不解之词，因此，我们有感'地方社会'一词的不恰当，偶然间，我就想到了'社区'这么这两个字样，最后大家援用了，慢慢流行。这就是'社区'一词的来由。"②

随着社会学的发展，社区概念的内涵和所指范围在不断延伸。社区越来越多地被看作是利益的社区，即共同生活在一个地域之内，或具有某种同质性的人们，如同一民族、同一教派，他们往往认为自己有着共同的利益之所在。由此也就逐渐衍生出"精神社区"一词，"精神社区指的是这样的社区，它的共同成员感建立在价值、起源或信仰等精神纽带之上"③。由此看来，精神社区已超出了地域性的范围，而扩展到抽象的精神意识领域。综上，我们认为社区是进行一定活动，具有某种相互关系和共同文化维系力的人类群体及其活动区域。也有人强调"共同体"这一人群要素，认为社区通常指以一定地理区域为基础的社会群体。④一般来讲，社区主要包含以下几个基本要素：

（1）一定的人群。以一定生产关系与其他社会关系为纽带组织起来的，并达到一定数量规模的、参加共同社会生活的人群是社区的主体。社区中人们的各种社会活动及其互动关系，是社区的核心内容。人是社区的主体，人的活动促成社区的形成，当人们汇集到一个地方，从事形形色色的社会活动时，必然也就产生各种各样的社会联系，形成不同类型的社区。譬如，人们聚居于村落之中，从事自给自足的农耕生产，从而形成农村社区；当人们聚集到一个地方，为交换而进行生产的时候，也就逐渐形成了集市、城镇和城市社区。社区中的人口按照一定的方式相互联系，也就是说，社区成员总要通过群体或组织而结合起来。在村落或农村社区，社区中的基本群体为家庭、亲属和邻里，家庭和邻里关系的特征反映了社区结构的基本特征；在城市社区，人们主要通过行会、组织或团体而结合在一起，社区关系的基本特质表现为组织关系的特点。因此家庭、邻里、企业和事业单位等往往是社区生活共同体的社会单位。社区人口的数量、集散疏密程度以及人口素质等等，都是考察社区人群的重要方面。

（2）共同的地域空间。社区与一定的地域有密切的联系，不同的群体和组织为达到各自的目标，通过某种方式聚集到共同的区域之内，特定的地理区域为人们的生产和生活提供了场所，并影响或决定他们的生产或生活方式，乃至社区内的社会关系及结构特征。然而，社区之"区"并不是纯粹的自然地理区域。从社会学的角

①　米切尔. 新社会学词典［M］. 闻英，等，译. 上海：上海译文出版社，1987.
②　费孝通. 费孝通文集［M］. 5版. 北京：群言出版社，1999：530.
③　英克尔斯. 社会学是什么［M］. 陈观胜，李培荣，译. 北京：中国社会科学出版社，1981：102.
④　中国大百科全书总编委. 中国大百科全书：社会学卷［M］. 北京：中国大百科全书出版社，1991：359.

度看，这个社区乃至一个人文区位，是社会空间与地理空间的结合。在同一地理空间可以同时存在许多社区。如北京这个地理区域内就同时并存着城市社区、乡村社区、工业社区和文化社区等等。

（3）共同的利益。利益影响社会行动的导向，人们的任何行动归根到底受各种利益关系的支配和驱使。人们为各自的利益而联结在一起，同时，在共同生产和生活的情景中，在相互联系和相互作用的过程中，也就形成了他们新的共同利益。

（4）共同的情感联系和价值认同。基于人们共同的需要而结合起来进行生产和其他活动的过程，产生了某些共同的行为规范、生活方式及社区意识，如共同的文化传统、民俗、归属感等，它们构成了社区人群的文化维系力。这是构成传统或精神社区的基础，同时也是这些社区的基本特征。例如，在村落社区中，多数人可能都有远近不同的血缘关系和亲属关系，而且生产和生活具有相对独立性，在这种情景下，支配和制约人们行为的主要是人伦的、情感的因素。一些精神社区常常通过某种符号的象征意义来建构他们的共同价值，并通过价值的认同来整合自己的群体和组织。例如种族或民族社区，常常通过图腾崇拜或宗教信仰而统合起来。

二、社区和社会的关系

社区与社会既有联系又有区别。

1.社区与社会的联系

首先，社区可以被看作是社会结构的一部分，社区关系是社会关系的一种形式，从社区定义的外延看，社区是社会的具体化，是一个特定的地域聚落，可以看作是地区社会。其次，社区是社会生产和生活的基本单位之一，理解和认识社区的结构、形成和发展历程，有助于人们认识社会的结构和变迁。

2.社区与社会的区别

从社区的内涵上看，二者有着明显的区别。

（1）社区的同质性更高。社会中的各种关系尽管纷繁复杂，但并不强调"共同"，而社区则十分强调共同的行为规范、生活方式和共同的社区意识等等。

（2）社区更注重地域的概念。社会不注重地域的概念，所谓的社会空间，通常是指人们活动的内容范围以及活动在其中的社会组织；社区空间则不同，它是社会空间与地理空间两者的结合，既为社区中人群的活动提供了组织空间网，也为此提供了地理活动区域。

（3）社区中的各种关系比社会关系更紧密。在社会中种种社会关系是抽象的、松散的；而与社会相比，同一社区内的人们交往频率更高些，而且人们之间的婚姻和亲属关系、朋友关系、分工关系等通常是建立在"共同生活"基础上的。在此意义上，"共生"程度的差异可以说是社区联系较社会联系更紧密的重要原因之一。

（4）社区的功能与社会相比具有更为明确和专门化的特征。如城市社区通常是社会中的一个经济、政治、文化中心，它向社会提供大量工业产品，而农村社区则主要为社会提供农副产品。从社会结构上看，社区总是作为社会的一个组成部分而存在的中观体系，社会中的人总是生活在一种甚至几种相互交织的社区内。人类在创造历史的同时也创造了他们的社区生活。

三、社区与行政区的关系

作为社会学概念，社区与作为政治学概念的行政区既有重合的地方，也有不一致之处。在那些不太大的行政区，如行政乡、建制镇和城市里的行政区、街道办事处，由于主要的社会活动或者生活方式基本上属于同一类型，所以同时也就是一个社区，但社区毕竟不同于行政区：

（1）行政区是人们为了社会管理的方便或由于某些政治、经济、历史等方面的原因而人为划定的，因而其边界或范围很清楚。即使有些行政区的界限是习惯上的而未最后划定，但迟早会划定。社区则是人们在长期共同的社会生活中自然形成的。除上述那种既是行政区也是社区的情况外，大多数社区的边界或范围是比较模糊的。例如，在经济、社会和文化往来方面发生很多互动关系的村庄，在社会学意义上属于一个社区，但未必被划归为一个行政区。

（2）社区由于其主要的社会活动或者生活方式基本上属于同一类型，因而只能是单一形态的。而行政区则可以是多形态的，也就是说，一个行政区内可同时包括城市、农村、城镇等不同类型的社区。

（3）从社区研究的历史上看，对一个社区的分析一般都限定在范围并不很大的社会区域内。特别是现代各国的社区研究，都是限定在省（州）甚至专区以下，围绕着小城市、县、乡、村或者街区进行。费孝通的《江村经济》和小城镇研究、林德夫妇的《中镇》，就是这方面的例证。

四、社区的类型

1.根据社区生产力发展水平的高低划分出传统社区、现代社区和发展中社区

（1）传统社区。传统社区主要指人类社会发展史上曾出现过的社区的残余形态。所谓传统，多指前资本主义的生产和生活方式。目前这类社区在发达国家已不多见。传统社区的特点主要有：①生产主要依靠人力、畜力和自然力，从事以生计为目的的小规模经营活动；②生活方式围绕着生计活动，单一性极为明显；③社会关系主要表现为共生与合作的关系，维系关系的纽带是以血缘、亲属和相互熟悉为基础的亲情、伦理、良心和习俗；④社区主要由家庭、邻里等初级社会群体构成，各个群体之间具有相对独立性。

（2）现代社区（发达社区）。现代社区通常是指工业化和现代化所带来的新型社区。从历史时间段上来看，主要是指西方工业革命后出现的工业化和城市化的历史阶段，表现为现代城乡融为一体，人们的日常活动穿梭往返于城乡之间，乡村生活十分方便，水平甚至高于城市，这类社区主要存在于一些发达国家。现代社区的基本特征主要表现为：①人口大量聚集于城市，他们由于社会分工而分布于各种行业，其中大多数人在以机器化大生产为主的工厂里从事商品生产；②劳动和收入的差异导致消费和生活方式的多元化；③在陌生人的社会关系中，利益是基础和核心，人与人之间的团结和联系主要依靠规章制度和规范法律来维系；④社区主要由如政府、企业、学校及其他社会团体等正式组织构成，各种组织依靠统一的法律而

相互依存。

（3）发展中社区。它是传统社区向现代社区转型中的社区形式，既保留了前者的一些特点，又吸收了后者的许多内容，具有过渡性特征，我国的许多集镇和乡村都属于这类社区。我国主要的社区形式是发展中社区，这与我国社会处在转型时期的现状是一致的。

社会进化论的观点认为，随着社会的进步，必然伴随着传统社区向现代社区的过渡，现代社区取代传统社区是历史发展的必然规律。这种观点虽能解释社会变迁的某些规律，但它把传统与现代作二元划分，并无形中将传统农村社区视为落后而加以歧视，因而遭到功能论和后现代主义的批评。

2.根据社区的空间特征或者功能特征划分为法定社区、自然社区和专能社区

（1）法定社区，即通常讲的地方行政区。它们的界限可以明确地标示在地图上并以法律形式规定。

（2）自然社区，即人类在生产和生活中自然形成的聚落（settlement）。其中最主要的就是村落、集镇和城市。自然社区与法定的行政区有时是重合的，有时则是不重合的。

（3）专能社区，即人们从事某些专门活动而形成于一定地域空间内的聚集区。一个机关、一所大学、一座军营、一个矿区等都是一种专能社区。

除了上述空间特征明确的社区外，还有一类空间特征不甚明显的社区，主要如英克尔斯的"精神社区"、现代网络社会的"虚拟社区"等。从空间特征上看，人们没有明显的共居地，但却有共同的成员感和归属感，有着某些共同的信仰和亚文化。例如，有的分散的民族像犹太人，他们虽然遍布世界各地，但从其认同感、归属感和互动关系上仍可看作一个精神的或心理的社区。

3.根据社区的生产方式和生活方式的不同划分出农村社区、集镇社区和城市社区

以空间特征划分的城市——乡村社区连续体（continuum）[①]一直是社区研究的主要分析单位。我国当前城乡社区连续体的几种主要形式有：

（1）农村社区。它是指成员主要以从事农业生产为生，并以村落形式为聚居格局的社会单位。我国老一辈社会学家杨开道先生认为，农村社区的形成主要有3种途径：一是自然聚居。一个或几个家庭或家族居住在一个地方，不断生息，世代繁衍，逐渐形成一个村落。我国农村地区的很多单姓或两姓村落就具有这种痕迹。二是新建村落。经过长期的人口迁徙和变更，来自不同地方的人聚集在一起，共同生产和生活，不断改变原居地的结构和面貌。三是殖民拓荒。人们通过有组织的方式进行集体迁徙和拓荒，他们这样做通常是为了逃难或寻找更好的生存环境。农村社区反映的是一种社会结构和功能的形式，同时也是一种生产方式和生活方式的写照。目前，我国农村社区仍占大部分，绝大多数人生产和生活于农村社区。

---

① 罗吉斯，伯德格. 乡村社会变迁 [M]. 王晓毅，等，译. 杭州：浙江人民出版社，1988：167.

农村社区有别于城市社区的主要特点是：①人口密度低，同质性强，较少流动；②经济活动简单；③风俗习惯和生活方式等受传统势力影响较大；④组织结构简单，职业分工远不如城市复杂；⑤家庭在生活中起着重要作用，血缘关系浓厚，人际关系密切。

（2）集镇社区。这是一种"比农村社区高一层次的社会实体的存在，这种社会实体是以一批并不从事农业生产劳动的人口为主体组成的社区。无论从地域、人口、经济、环境等因素看，它们都既具有与农村社区相异的特点，又都与周围的农村保持着不可缺少的联系"①。集镇社区是城乡连续体中的一个特殊类型，具有纽带和桥梁的功能。

（3）城市社区。城市又称都市，是指大量异质性居民聚居、以非农业职业为主、具有综合功能的社会共同体。德国社会学家马克斯·韦伯曾提出"完全城市社区"概念，并对其作了解释："一个聚居地要想成为完全城市社区，它就必须在贸易——商业关系中占有相对优势。这个聚居地作为整体需要具备下列特征：防卫力量、市场、有自己的法院、相关的社团、至少享有部分的政治自治……"②

美国社会学家帕克认为，城市社区主要有这样一些基本特征：①社区结构具有商业结构的性质。城市是以市场和劳动分工为基础，市场竞争和劳动分工的后果是乡土社会的亲属、伦理和人情关系逐渐让位于以利益和职业为导向的社会性关系。②城市社区主要以正式组织为基本构成。众多的政治经济法律宗教和福利慈善等官僚机构充斥于城市之中，支配和组织着人们的日常生活。由于任何官僚组织都有自己的一套成文规范，因而这些组织的日常工作不得不趋于形式化而不像乡土社会中的基本单位——家庭，其成员的活动有相当大的自由度。③社区内信息的传递主要依靠新闻媒介。在农村社区，人们是通过面对面交流的方式来传递和获得各种信息，每个成员都是信息传播网中的一个组成部分。而在城市，人们主要通过新闻媒体来获得信息，因此，新闻媒体在很大程度上影响和控制着人们的行动。④城市生活的感情色彩已经淡化，人与人之间依靠规范法律使差异性得到统一，从而达到团结。

五、虚拟社区

虚拟社区是信息技术在全球范围传播的结果。由于互联网实现了跨时空的人际互动，人们在互联网上通过交流形成了具有共同价值观、共同归属感的群体，因此，强调具有"精神共同体"属性的"虚拟社区"便逐渐凸显出来。虚拟社区的出现反映了当代社会的深刻变化，同时也对社会学的理论研究提出新的挑战。

1.虚拟社区的含义

虚拟社区（virtual community）是与传统的现实社区（real community）相对应而言的。它也具有实在社区的要素：比如有一定的活动区域（如各网站开设的BBS、聊天室、网上论坛、网上沙龙等）；有一定数量固定的人群（网民）；人与人

① 费孝通. 小城镇、大问题［M］//费孝通文集：第9卷. 北京：群言出版社，1999：199.
② 康少邦，张宁. 城市社会学［M］. 杭州：浙江人民出版社，1986：10.

之间有着频繁的互动（如聊天、发/跟帖子、咨询与求助、发表言论等）。实在社区中的各种活动同样也可以在虚拟社区中进行，如网上教育、网上就业、电子商务、网上婚恋等。

"虚拟社区"译自英文"virtual community"，其实除了"虚拟的"之外，"virtual"还有"实际上起作用的、实质上的"之意。因此，有的学者将"virtual community"理解为"隐形的共同体"。有的学者认为，虚拟社区是由一批网友自动聚集并相对固定在一定的网际空间进行如信息发布、言论交流等活动的场所；也有些学者从社会群体的角度界定虚拟社区，认为它是人们在电子空间里通过精神交往所形成的具有共同归属感的联合体。还有学者指出："无论是信息，还是网络，两者都是一种真实——现实社会的资源。只有当人们把'网络社会'当成一种人类生存与发展的'另类空间'时，'网络社会'才具有虚拟性。"①

尽管大家从不同的角度去考察虚拟社区，但对它的本质有着统一的认识，即虚拟社区存在于与日常经验的物理空间不同的电子网络空间（cyberspace，也有译作"赛博空间"），社区的居民为网民（netizen），他们在一定的网络空间围绕共同的需要和兴趣进行交流等活动，并且形成了共同的文化和对社区的认同感与归属感。这里，我们尝试对虚拟社区做如下界定：虚拟社区是指由网民在电子网络空间进行频繁的社会互动形成的具有文化认同的共同体及其活动场所。②

2.虚拟社区的特征

虚拟空间是计算机网络技术为人类提供的一个崭新的数字化空间与符号化交往环境，虚拟空间里的虚拟社区的发展过程也就是对传统日常的生存方式和生活观念进行消解与重构的过程。在虚拟社区中，人们建立了密切的联系，并且还把这种友谊关系延伸到现实社会中，实现现实生活中的社会互动。与实在社区相比，虚拟社区主要有以下几个鲜明的特征：

（1）交往具有超时空性。信息技术的发展使得建立超越地域限制的社区成为现实。传统人际互动中所必需的时间和场所被压缩甚至被取消了，身体的"缺场"（body absence）取代了"在场"（presence）。③在虚拟社区中，人们可以借助计算机网络技术，在瞬间实现跨国界、跨地区的互动，这种压缩时空的交流深刻地改变了传统的传播和沟通方式，为人类交往提供了革命性的新形式。

（2）人际互动具有匿名性。这决定了社区成员之间交往的自由、平等的性质，但却缺乏信任感。虚拟社区成员的身份是匿名的，交往以符号作为中介，同时还有"身体缺场"的特点。成员可以随意地选择进入社区身份的标志，性别、年龄、种族等各种身份的区分已没有实质意义。人际互动的匿名性使互动有了更多的互塑性和建构性的色彩，成员可以尝试充当不同的角色，塑造不同的行为模式和自我。人际互动的匿名性还为人际互动创造了更多自由的空间，摆脱了实在社会中真实身份

---

① 戚攻．"虚拟社会"与社会学［J］．社会，2001（2）：33-35；童星，罗军．网络社会：一种新的、现实的社会存在方式［J］．江苏社会科学，2001（5）．
② 郑杭生．社会学概论新修［M］．4版．北京：中国人民大学出版社，2013：248-249．
③ 冯鹏志．网络行动的规定与特征：网络社会学的分析起点［J］．学术界，2001（2）．

的羁绊，人们可以自由、随意地表达观点，宣泄自我。由此虚拟社区也实现了现实社会的乌托邦的理想追求——自由、平等、民主、自治和共享的准则。但是由于参与虚拟社区的居民是通过将自身彻底符号化的方式与他人互动，这会导致互动的"局部性"（如不会有肢体的接触）、片面性，由此降低社区成员的责任感，导致人际信任的缺乏；而且，过度以符号为中介的间接交往也会使人产生孤独感，e时代很有可能造成新一代的孤独人群。

（3）虚拟社区的人际互动创造了新的语言模式（这里主要与规范的汉语相比），形成了特殊的社区文化。虚拟社区的建立主要通过网络传播进行，其语言符号在传递信息的过程中，与印刷媒介中的语言符号、规范的现代汉语相比，出现了很多新现象。

（4）人际关系较为松散，社区群体的流动较为频繁。虽然在频繁的互动中社区成员会形成共同的价值意识和对社区的归属感，但是这种凝聚力是建立在松散的人际关系的基础之上的。成员可以根据自己的喜好随意选择进入还是退出社区，而且不同的社区具有不同的功能，人们会根据自己的需要在不同的社区内流动，以实现购物、交友、娱乐等目的；在有些情况下，成员的交流对象具有不稳定性，交流过程也具有短暂性；社区内维系社区组织和制约社区成员的制度和机构的力量都较为薄弱，这些都导致了人际关系的松散性和群体流动的频繁性。

第二节　西方社区研究的主要理论

西方学者对社区的研究是在工业化和城市化的社会背景下开展的，研究的理论视角和研究内容随着西方社会的变迁而不断丰富，形成了一系列的理论流派。下面介绍几个主要的理论流派。

一、区位理论①

芝加哥学派是区位理论的创始者，着眼于把社区作为一种空间现象或区位单位来研究。在这一理论的发展中又有古典区位理论和新正统区位理论之分。

1.古典区位理论

古典区位理论，即20世纪二三十年代芝加哥学派所提出来的人文区位学理论。这个理论借助生物进化论的原理，强调研究城市的空间格局。所谓区位，是指人类群体及其活动的空间，也可以说是人类聚合的区域位置，而区位分布就是人类群体及其活动空间的分布。社区其实就是居民及其活动的区位分布。从社区的区位结构来看，大都市社区就是许多类别不同且相互依存的住宅区、工业区、商业区、文化区等整合而成的区位结构。之所以称为人文社区理论，是因为这种区位学理论虽然借用了一般生态学的概念，但它所论述的是人类社区的生活现象而非动植物群落的生态学。

---

① 刘豪兴. 社会学概论［M］. 北京：高等教育出版社，1998：348-350.

人文区位学理论的创始人 R.帕克把人类组织分为社会与社区两方面，认为社会是展现各社会群体的一致意见和共同目的的集体现象；社区则是与社会相对应的生物上的竞争方面，是展现于达尔文所说的物竞天择的人类本性。帕克在强调城市环境中各个不同部分之间的相互联系的同时，尤其强调它们之间的竞争。他认为，竞争是社区生活的主导过程，是影响城市空间结构的主要因素，它决定着社区环境各个部分相互联系的空间形式和区位功能。

2.新正统区位理论

新正统区位理论是相对于古典区位理论来说的，是对古典区位理论的修正，其主要代表人物有 A.何雷和 O.邓肯两人。何雷在其1950年出版的《人类生态学》中对人类生态学进行了重新定位。他认为：空间分布只是人类生态学关注的一个要素，人类生态学更重要的是研究城市人力怎样集体地适应环境，其中相互信任、主体功能、分化和分配是研究的四项原则。在何雷研究的基础之上邓肯进一步指出，人类生态系统是不断自我变化与调节适应的。要了解这些变化，可以从生态复合体（ecological complex）的人口、组织、环境和科技4个要素入手。在这4个概念或要素的相互关系中，他特别强调了人口与其他3项要素的关系。邓肯提出的人文区位结丛概念为人文区位研究开拓了新领域，目前大多数的区位研究都是致力于阐明区位结丛四要素的相互关系的。

二、权力精英理论

权力本是政治学的重要概念，近些年来，这一概念被广泛地引入社区研究中来，关于社区权力的结构、参与和权威的形成等，已成为社区研究的重要课题。

精英理论最初是对民主思想和实践的一种批判，但是后来，更多的学者开始关注统治精英在社区层次上的存在。如美国社会学家林德的《中镇》（1937），珀尔斯比的《社区权力与政治理论》（1963），他们详细考察了社区决策过程中，是否存在精英统治，以及精英是如何统治和影响社区的各项决策的。此外，美国的学者还从讨论国家层次上的政治精英来考察社区中的精英特征和社区权力结构。

至于精英，通常是指社会中的知名人士，即具有受人仰慕的特征的个人，他们在智力、权力、职位和道德威信等方面具有超凡的特点，因而拥有较高的地位和影响力。所以，精英也并不只是指政治控制的能力，而主要是指一种拥有较高地位的职业群体。关于精英概念的另一种观点认为，精英的意义可能不在于社会分为精英与非精英，精英的存在与这一群体的高度的凝聚力和排他性有着密切关系。

三、社会冲突理论

到20世纪六七十年代，美国社会变迁在广度和深度上较之以往都有了更大的发展。由于社会体系的研究方法已经不能解答社区发展中涌现出来的种种冲突与问题。①因而对社区冲突的研究成为新的研究方向，有的研究注重对社区冲突事实的分析，有的研究则加入社区权力结构这一要素，分析社区的冲突。

---

① 范会芳. 社区理论研究：桑德斯的三种模式 [J]. 社会，2001（10）.

1957年，J.科尔曼发表其著作《社区冲突》，开始在地方社区范围之内来研究社会冲突。他搜集了大量地方性纷争资料来寻找其共同点，以发展出一种关于社区冲突的一般理论。按照他的看法，社区冲突的当地根源有3个：一是经济争端；二是政治争端（例如有关选举或修改当地法令的争端）；三是价值观的冲突。他强调由于导致社区冲突的各种事件会互相激化，因此最好是在冲突过程之初就克服这种恶性循环。

1975年，I.桑德斯发表了《社区》一书，他认为，在任何一个社区里，冲突都包括以下3个重要的因素，即对立的关系、不同的权力分配以及社区居民的某种激烈的情绪。他还把社区变迁和社区冲突联系起来，认为如果要了解社区变迁，就必须了解社区冲突。

四、社区变迁理论

社区变迁理论更多地表现为用变迁的理论视角去研究社区在从传统社会向现代社会转变过程中的变化和发展情况，得出了一些不同的结论。

1. "社区失落"论

"社区失落"论，也称为社区消失论。1938年，沃思发表了《作为一种生活方式的城市性》的著名论文。他认为，城市具有3种生态学上的特质，即众多人口、高密度、异质性，这3种特质不可避免地使城市形成不同于农村的生活方式，并带来了许多社会问题。众多的人口必然会出现大量的潜在差别，人口密度使人们产生厌烦的心理，变得麻木不仁甚至冷漠无情，高密度使得居民在身体方面接近，同时却扩大了彼此的社会距离，还会引起反社会行为的增加，因为越是拥挤的地方，越容易造成摩擦和冲突。因此，滕尼斯所讲的社区在城市中已经不复存在，因而称为"社区失落"。

2. 社区转变论

20世纪五六十年代以来，一些学者开始对沃思的"社区消失"论点提出不同意见，转而代之以"社区转变论"，这方面的代表性人物是甘斯、费谢尔、斯塔塞。甘斯等人在1962年通过一系列个案研究发现，无论是在发达国家还是发展中国家的城市中，都存在着具有内聚性和认同感的"都市村庄"。城市中许多组织和邻里间的互动也并不是沃思所说的典型的次属关系，而是"准首属关系"。当代城市中确实存在着具有地域范围的社区。城市化引起的大规模的社会变迁既没有造成城市社区的衰败，更不会使城市社区趋于消失。城市社区往往可以通过住户缓冲大规模力量的影响，使自己成为提供互相帮助和居民介入外部世界的安全基地。

甘斯定义了5个有着明显区别的人群，这些人群可以在美国的许多中心城市找到：一是四海为家者。这一群体的人一般受过良好教育，从事广告、出版、设计之类的与文艺有关的职业。他们收入通常很高。二是未婚者或无子女者。这些人选择城市生活，主要是认为在这里可以与很多人交往，社会生活很活跃。他们经常搬动，其中很多都是有了孩子以后，便一起搬离城市。三是民族村落居民。这些群体由外国移民组成，他们仍未充分整合到美国的生活方式中来，继续遵循着其出生地的生活方式。四是被剥夺者。穷人、有色人种、未婚妈妈构成了这一群体的大多数。他们住在城里，是因为城里的福利补贴通常比农村高。另外，他们还希望在城里找到工作，以改善其经济处境。五是身陷城市的人。这主要指那些老人，他们靠养老金过日子，根本无力搬走。况且，他们中很多人在这个城市里生活了一辈子。就像那些"民族村居民"一样，他们对其邻里有强烈的认同感，很少离开他们。

波普诺指出，这一分类虽然早在20世纪60年代就提出来了，但与今天市中心的情况仍旧相符。不过，在最近20年来，还是出现了一些值得一提的变化。许多欧洲民族村落的居民搬到了郊区，大量来自拉美和亚洲的移民取代了他们原来在市中心的位置。在很多城市的小区里，出现了一个称之为"士绅化"的过程，这使得四海为家者、中产阶级未婚者和无子女者人数增加。一个新的群体——无家可归者，已在中心城市随处可见。

3.无边界社区论

人们通常认为社区应该是有一定的地域界线的，有一个大体可以划定的社区边界，是某一社区和其他社区区别开来的地域性标志。西方一些学者运用社会网络分析的方法研究社区时，提出了新的看法，认为"很多关于这一问题的研究中，都混淆了'社区'和'街区'这两个概念。换句话说，社会学家们常常设想，为了形成一个有内聚力的社区，人们必须住得很靠近才行。但我们如果以社会网络的方式来看社区，我们就没有必要将街区当作社区的基础了。这就是说，即使其成员散布全城，一群人也可能参与到有着强烈内聚力的网络中去。重要的是成员间人际联结的强度和数量。采取这一视角，网络分析家们认为，地方城市社区很好地适应了现代生活的地理流动"①。无边界社区强调的是社区的人际交往以及内聚力，并看作是某一社区之所以存在的不可或缺的指标。

五、社区研究的方法

社区研究的方法可以分两类：一类是实地调查方法；另一类是分析方法。社会学早期关于社区的研究就是以调查为主的。其中较为著名的有英国学者C.布思的17卷本的报告《伦敦居民的生活和劳动》、美国学者林德夫妇的《中镇——美国当代文化的研究》、帕克等人对芝加哥城市社区的调查研究等等；我国在20世纪30年代以汉语出版的有陶孟和的《北平生活费之分析》、李景汉的《定县社会概况调查》、王同惠和费孝通的《花蓝瑶的社会组织》等。

社区实地调查是社区分析的基础，它一直受到研究者们的重视。这一方法主要将社区作为一个微观单位，通过各种各样的调查和观察法，观察和记录社区内各种活动的表现和特征，然后分析和理解各种行动之间的联系以及支撑这些行动的价值观念和动机结构。通常采用参与观察、访问调查以及个案研究等方法来搜集资料，对资料的分析主要建立在对某一社区地理、文化历史传统和现实理解的基础上，对社区文化的解释或研究结论，常常是通过对社区中各种行动或社会事实的描述中显

---

① 波普诺. 社会学 [M]. 李强，等，译. 11版. 北京：中国人民大学出版社，2007：573.

现出来。例如，费孝通教授所倡导的农村研究法就强调实地调查和观察，从观察到的事实中概括和总结出一般意义上的"模式"概念。这种研究方法的特点就是能较为全面、细致和中立地再现研究对象的事实，而不是急于过早地加以评论或下结论。这样至少为别人的认识和理解提供一些可供参考的材料。

社区研究的分析方法也可以说是一种分析理论。不同的分析方法是用不同的研究观点对同一对象——社区进行剖析的。

（1）人类生态学（人文区位学）的方法。它主要着眼于人类与环境的关系。人类在对环境的选择、支配以及调适中，形成了自身时空活动的特征，如人口的集中与离散、因民族而异的多种文化类型等等。因此，城乡的空间环境影响着居民的生活和其他行为。对城乡环境合理布局与利用，更好地协调人类与环境的关系是这一研究方法的核心。

（2）人类学的方法。它注重对文化和社会形态的考察。社会/文化人类学家们注重从文化比较的角度研究社区，因为不同社区的文化特质和生活方式是有不少差异的，尤其是不同民族间的跨文化比较更有助于全面地了解人类社会的多样性。

（3）社会系统的方法。它首先把社区看作一个互动系统，而后分3方面进行研究：一是研究系统本身的结构与功能，如社区的群体组织、主次体系等结构以及经济、政治、教育、宗教、福利等多种功能的研究；二是研究互动关系，如同化、合作、竞争等，社区冲突研究是互动研究的重要内容；三是研究社会场域（空间），这种研究方法主要从人们活动的社会范围（组织网等）来考察人们的社区互动。[①]

此外，还通过人口学、政治学以及人文地理学等方法分析社区。

第三节　我国社区发展的现状

社区发展是指社区居民在政府机构的指导和支持下，依靠本社区的力量，改善社区经济、社会、文化状况，解决社区共同问题，提高居民生活水平和促进社会协调发展的过程。[②]社区发展是社区全面发展的一个过程，包含社区政治、经济、文化、社区保障等各个方面的内容。1955年，联合国专门针对第三世界国家推出了社区发展计划。改革开放以后，我国的社区发展无论是在农村还是城市，都取得了明显的成绩。农村社区的发展主要表现在农村小城镇建设、农村基层政权改革等几个方面。城市社区的发展主要表现在城市社区建设与管理体制的变革上。这些方面也成为社会学研究的重点。

　　① 张小军. 社会场论［M］. 北京：团结出版社，1991.
　　② 《中国大百科全书》总编委会. 中国大百科全书：社会学卷［M］. 北京：中国大百科全书出版社，1991：359.
　　① 汝信，等. 2000年：中国社会形势分析与预测［M］. 北京：社会科学文献出版社，2000：379-381.

一、农村小城镇建设①

小城镇发展对中国农村劳动力转移和农村经济的全面发展起到了巨大的推动作用，是一条符合中国国情的农村工业化、城市化、现代化之路。小城镇建设促进了乡镇企业走向集中，提高了公共资源利用率，降低了企业成本，把农村工业化与城镇化结合起来，实现了农村资源的合理配置。小城镇的繁荣对改变农村生活方式、提高农民素质以及发展农村科技、教育、文化等各项事业，都起到了有力的推动作用。农村人口向城镇流动，居住向城镇集中有利于节约耕地，有利于农业规模经营和改善农民生活质量。加快农村城市化建设步伐，对扩大内需、启动市场、推动经济发展以及促进社会进步具有积极作用。

改革开放以来，小城镇在农村工业进程中获得了空前规模的发展，但近几年来，农村小城镇建设速度明显趋缓，这主要是受宏观经济形势影响，也有各种非经济因素的制约作用：一是在城镇建设的指导思想上，沿袭了外延扩张、粗放经营的路子。相互攀比、盲目扩张，其结果必然是有限建设资金的低效投入，缺乏吸引农民到城镇区安家兴业、离乡离土的硬件准备。二是在小城镇规划建设上，仍局限于传统的城镇布局结构体系。这种规模建设从单个来看有一定合理性，从整体看暴露出规划水平不高、规划实施困难等弊端，成为小城镇自身发展的桎梏。三是在城镇"人"的集聚上，受制于城乡分割的户籍制度，仅靠小城镇自身非农人口的自然增长难成大器。四是乡镇企业向小城镇集中并不理想，其制约因素在于搬迁成本、配套的基础设施以及企业搬迁带来的企业产权、管理控制权和利益分配格局的调整，这些都导致企业没有搬迁的利益动机。

二、农村村民自治

中国农村村民自治制度的建立，可以说是改革开放以来，农民在政治生活领域的一件大事。1987年11月，《中华人民共和国村民委员会组织法（试行）》颁布实施。各省市纷纷开展了村民自治的试点工作，创造出不同的选举方式，积累了宝贵的经验。"海选"这个词就是由吉林省梨树县的农民首创的（即事先不圈定候选人，由选民随意提名的方式），他们也通过海选选出了村民委员会的成员。他们创造的模式得到了多数地方的肯定。

2010年10月28日，中华人民共和国第十一届全国人民代表大会常务委员会第十七次会议修订通过了《中华人民共和国村民委员会组织法》，更加具体地从法律上规定了选举的方式，为我国农村村民自治提供了法律保障。"村民自治制度的推行及其完善，使数百万村委会干部的去留，真正按照绝大多数农民的意愿决定，促进了农村社会的稳定和经济发展。"②村民自治带来的乡村权力结构的改变以及对农村社会生活和经济生活的影响，将成为人们关注的热点。

三、城市社区建设与管理体制

城市社区建设近几年来已经成为社会学研究的热点问题之一。2002年4月，费

---

① 汝信，等. 2000年：中国社会形势分析与预测［M］. 北京：社会科学文献出版社，2000：379-381.
② 汝信，等. 2000年：中国社会形势分析与预测［M］. 北京：社会科学文献出版社，2000：382.

孝通在"组织与体制：上海社区发展理论研讨会"上的讲话中谈到："研究城市社区建设是我近几年给自己定的一个工作内容。我从研究乡土社会开始，到研究小城镇，现在进入了大城市、大都市，伴随着中国社会走过了一条城市化道路。今天的社区建设可以看作是一个城市化过程的继续，既是城市发展的继续，也是市民现代化的继续"[1]。

社区建设这一概念由民政部于1991年5月首次提出。按照民政部负责人的解释，社区建设是从我国国情出发并借鉴了国外社区发展的先进经验提出的。改革开放以来，民政部在城市广泛开展社区服务，但它又难以包含政府希望的城市基层社区组织所要承担的职能。在这种情况下民政部提出社区建设的概念，并力图以此去开拓民政工作。随着我国城市改革的进一步深入，城市的社会问题及服务、管理体制中的问题日益暴露出来。在这种情况下，中央将城市社区建设提上议事日程，江泽民同志也于1996年指出，"要大力加强城市社区建设，充分发挥街道办事处、居委会的作用"。在这之后，社区建设作为民政部门的一项工作被纳入议事日程。1998年国务院的政府体制改革方案确定民政部在原基层政权建设司的基础上设立基层政权和社区建设司，进一步推动了社区建设在全国的发展。现在政府已将社区建设上升到"改革、发展和稳定"的高度，即适应城市企业体制改革和社会管理体制改革的需要，保证社会稳定，促进城市社会发展。政府采取先试点的方法，在全国建立试验区，目的是通过试验区的实践总结和经验概括，得出社区建设的基本思路、操作原则和程序，在全国进行示范和推广。

第四节　城市化

城市是一种主要由从事非农业活动的人口组成的、规模较大、结构较复杂的地域社会共同体。城市化（urbanization）又称都市化，是指"社会经济关系、人口、生活方式等由农村型向都市型转化的过程"[2]。一般学者都将城市化看作是一个过程，既包括人口集中的过程，也包括生活方式传播的过程。人口集中，表现为越来越多的人口由农村向城市转移，使得城市人口相对于整个地区人口的比例不断上升。生活方式的传播表现为城市的价值观念、行为模式、道德规范、闲暇娱乐方式等不断影响农村地区，吸引农村人口流向城市，并逐步接受城市的生活方式。

一、城市化的过程

城市是伴随着人类历史上的几次社会大分工产生并兴起的。在原始社会后期，产生了以畜牧业和农业分离为标志的第一次社会大分工。此后，由于金属的逐步使用，使得社会生产力得到进一步发展，劳动生产率提高了，产品有了相对

---

① 费孝通. 对上海社区建设的一点思考 [J]. 社会学研究，2002（4）.
② 《中国大百科全书》总编委会. 中国大百科全书：社会学卷 [M]. 北京：中国大百科全书出版社，1991：36.

的剩余，使一批人可能从农业生产中转移出来。于是，人类社会发生了第二次大分工，即手工业和农业的分工。这次社会分工是城市产生的一个重要契机，因为世界上第一次出现了不直接依靠土地生存的产业——加工产业，从事加工业的手工业者摆脱了土地的束缚，去寻求地理位置适中、交通方便、利于交换的地点集中居住，以手工产品换取农民手中的农产品。这种居住点从本质上讲已经是城市了。进入奴隶社会初期，商品交换的发展又进一步促使了商人阶层的产生，这就形成了人类社会的第三次大分工。在这一过程中，由于阶级的出现和部落之间的战争，出于保护自己的原因，这些固定的居住地不断地修建城池，于是就出现了人类最早的城市。

城市化的过程可分成4个阶段：

第一阶段，城市的孕育和产生。考古发现表明，世界上第一批城市是于公元前4 500年前后在美索不达米亚平原上出现的。这些最早的城市包括乌尔（Ur）、埃利都（Efidu）、拉戈什（Lagach）、启什（Kish），以及人们熟知的巴格达（Baghdad）、巴比伦（Babylon）等。此后，在尼罗河中下游、印度河流域、黄河—渭河谷地、中安第斯山脉等地区，也陆续产生了当地第一批城市，如古埃及、印度、中国以及地中海沿岸国家，都出现了城市。到古希腊和古罗马时期，城市有了进一步的发展。在这个时期，城市的规模还非常小，就拿比较发达的雅典（古希腊的一个城邦国家）来说，人口也没有超过十万人，相当于我们今天的一个大一点的城镇。在我国古代，也有孟子的"三里之城，七里之廓"的说法，春秋战国时的城制规定，天子九里，公七里，侯、伯五里，子、男三里，可见规模也是极小的。

第二阶段，前工业社会阶段，即封建社会的城市。西方城市的兴起，大都是在9世纪之后。这时候，西欧的封建秩序开始稳定下来，农业生产迅速恢复。农业剩余产品的出现，经济的繁荣使贸易很快发展起来，于是，一些商业城市出现了。由于受生产力发展水平的限制，可提供城市居民消费的农产品有限，前工业城市总的说来数量少，规模也不大。当时城市主要是政治、军事、宗教和手工业的中心，经济职能尚不突出，主要分布于一些灌溉农业发达、利于农业生产或便于向周围征集农产品的地带。前工业社会阶段的城市社会结构更接近于乡村社会。家族和亲属关系网仍是社会的重要组织形式。社会分层体系禁锢着社会流动。工业活动主要围绕着在自己家里干活的手工艺工匠展开。人们常在同一个屋檐下既生活又工作。商店可能和学校、政府办公室同在一处。当时也没有现代意义上的高度职业分化，一个商人买来原料，又加工成成品，并亲手把它们卖给消费者。

第三阶段，工业社会及以后阶段，也是世界城市化的兴起阶段。以工业革命为标志，城市化进入了一个急速发展的时期。在这以前，人类社会的城市化进程都很缓慢，"直到18世纪末叶英国工业革命开始后才发生了根本性的改观。工业革命使得城市化的浪潮几乎触及世界的各个角落，城市化以一种爆炸性景象呈现了出来"①。由产业革命而导致的城市化在英国取得了巨大成功，英国成为当时世界上最强大的国家。到 1851 年，英国城市人口超过总人口的 50%。首都伦敦的繁华作为一个缩影，集中反映了产业革命和城市化的成就："像伦敦这样的城市，就是逛上几个钟头也看不到它的尽头……250 万人这样聚集在一个地方，使这 250 万人的力量增加了 100 倍；他们把伦敦变成了全世界的商业首都……这一切是这样雄伟，这样壮丽，简直令人陶醉，使人还在踏上英国的土地以前就不能不对英国的伟大感到惊奇。"②

19 世纪中叶至 20 世纪中叶，城市化由英国向各国推广，欧美各国城市化基本实现，发展中国家进入城市化的起步与初期推进阶段。"据估计，1800 年，世界人口中只有 3% 的人生活在城市；1900 年，上升到 14%，到 1975 年，上升到 41%；预计到 2025 年，将有 60% 的人生活在城市。除了城市人口的急剧增长以外，城市化在资本主义经济体制中所产生的作用也越来越大，因为空间及城市社区资源都可以用来产生利润。"③

当然这一阶段的城市化也带来了一系列经济、社会问题，如土地价格上升、人口集中、交通拥挤、环境污染、社会犯罪等等。

为了解决城市化带来的一些问题，再加上技术的进步以及人们生活观念的变革，从 20 世纪 50 年代开始普遍出现了人口从城市中心迁移到郊区的一种趋势，即"郊区化"（suburbanization）现象。"郊区化"反映了城市人口向郊区流动这一现象。"郊区化"的发展使得城市人口，特别是城市中心的人口逐渐减少。当城市人口减少到一定程度时，"逆城市化"就发生了。"逆城市化"是由美国地理学家 B.贝利在 1976 年提出的，是指西方发达国家出现的城市居民迁往乡村、城市人口的增长少于非城市人口的现象。"逆城市化"最早出现在 20 世纪 70 年代。

"郊区化"和"逆城市化"对西方社会城市化的影响体现在两个方面：一方面是"大都市带"的出现。"郊区化"使得相邻城市的郊区不断发展，直至将两个甚至多个城市连接起来，形成了"大都市带"。另一方面是"去中心化"（decentralization）。迁往郊区的以富人和中产阶级居多，市中心往往留下了穷人、老人、未婚者以及一些少数民族群体。

第四阶段，信息化城市阶段。西方学者最近提出了"信息化城市"的概念。曼纽尔·卡斯特认为，信息时代引入了一种新都市形式，即信息化城市。卡斯特认为，信息化城市受新社会的特性影响。新的社会是以知识为基础、围绕着网络而组织、部分由流动所构成的，因此，信息化城市不是一种形式，而是一种过程，这个过程的特征是流动空间的结构性支配。信息化城市的特征是：都市空间日益在社会方面分化；在功能方面超越物理上的邻近但彼此关联；在土地使用模式上有明显的不连续性。

---

① 许英. 城市社会学 [M]. 济南，齐鲁书社.2002：121.
② 马克思，恩格斯. 马克思恩格斯选集：第 2 卷 [M]. 中共中央马克思恩格斯列宁斯大林著作编译局，译. 北京：人民出版社，1965：303.
③ 许英. 城市社会学 [M]. 济南，齐鲁书社.2002：121.

卡斯特所指的信息化城市，是在信息技术（计算机、卫星、通信电缆等）发展的情况下，城市的时空距离虽然没有变化，但借助技术的力量，城市的时空距离被大大压缩了，城市功能彼此的关联也日益加深，越发结合成为一个整体的城市。卡斯特形容为"巨型城市"，巨型城市不能以城市规模来看，而要考察它们对世界主要区域的重力函数。正是这种实质的个人社会网络与全球连接，而在地方脱节的独特性，使得"巨型城市"是个新都市形式。例如，21世纪初期的东京—横滨—名古屋走廊（已经形成一个功能单元），会和大阪—神户—京都连接在一起，创造出不论就人口或经济与技术能力而论，皆属人类史上最大的都会集聚体。又如中国香港—深圳—广东—珠江三角洲—中国澳门—珠海地区这一都市区域虽然还未成型，但已是确实的实体，也是一种新空间形式。[①]

二、城市的社会文化特征[②]

工业化、城市化不仅导致城市规模与空间结构的变化，而且引发了社会、文化及生活方式的变革。

（1）城市人口规模大、密度高。现代城市是大量人口的聚居地，目前世界上人口超过500万以上的城市已达数十座，其中人口在1 000万以上的城市近20座。大量的人口在有限的空间地域聚集，使城市的人口密度达到很高的程度。

（2）城市人口异质性强。在城市中，社会分工发达、职业种类多，就业结构高度分化，造成城市人口在职业上的异质化；城市人口所从事的职业不同，收入亦不同，造成他们在财富上的异质化，现代城市中往往花园别墅与贫民窟并存；城市人口接受教育程度不同，造成他们在科学文化素质上的异质化；城市人口来源不同，造成他们在社会背景上的异质化，其生活习惯、价值观念、宗教信仰与社会习俗等往往大相径庭。

（3）城市中的社会分工复杂，专业化程度高。现代城市有各种各样的分工，有不同的产业和职业。不同的职业一般需要专门的知识和技能，只有具备相应知识与技能的人方能胜任。为确保具有专门知识和技能的人与特定的工作岗位相结合，在现代城市里考试制度非常盛行。城市不仅分工细，且在不同领域都集中了大量专门人才。这些人为不断提高业务水平，又成立了各种专业团体，如律师协会、医师协会、教师协会、工程师协会等。

（4）城市社会活动科层化。在现代城市，初级社会群体趋向衰落。邻里、街坊等在传统社会属于初级社群的群体形式在现代城市里变得名存实亡。城市居民的工作乃至日常生活等各种活动一般与正式组织相联系，由其进行安排与控制。这种组织也称科层组织，规模大、分工细，其运作按组织章程规定，特别注重形式化的程序。对那些传统上依靠亲友、邻居便可解决的一些事务，如搬家，城市人一般选择形式化的组织——搬家公司。

（5）城市文化世俗化。"世俗化"是指一种文化、价值观脱离神学（传统社会

① 卡斯特. 网络社会的崛起［M］. 夏铸久，等，译. 北京：社会科学文献出版社，2001：491-502.
② 郑杭生. 社会学概论新修［M］. 4版. 北京：中国人民大学出版社，2013：352-354.

思想体系）的束缚，转变为平民文化、价值观的过程，也是城市文化的一个显著特征。世俗化使城市居民凡事讲求实效，产生了一系列重要的结果：①它使城市社会表现出巨大的创造力，科学、技术、文学、艺术、哲学以及其他人类光辉灿烂的智慧之花都首先在城市竞相开放，并结出累累硕果。②它使城市居民在社会评价上摈弃了传统的道德标准，往往以人们的实际能力与工作效果作为标准。这有利于鼓励人们勇于竞争，不断进取，自我实现；但也强化了以个人为中心的价值观。③它使城市居民具有选择性的价值观念，对与己无关的人或事，一般不做反应，或表现冷淡；只对与己有关的人或事做出反应。城市居民为人处世往往比较理智，却也可能造成个人对社会的疏离感。这体现了城市社会关系的非人情性。

（6）城市生活方式现代化。其具体表现为：①城市生活水平和质量高。一方面，城市居民收入水平较高，相应地，其消费水平比较高；另一方面，由于城市居民的文化素养高，在满足基本生存需求后，他们对享受和发展的需要变得强烈。在其消费结构中，满足后一方面需要所占的比重越来越大。②社会化程度高。城市社会活动节奏快，使得人们在生活服务上对社会的依赖性不断加强。现代城市社会服务业发达，不仅满足了人们的生活需求，也加强了个人与社会的相互依存性。③开放性强。现代城市是一个开放的社区，其生活方式受外在影响也大。城市居民较少保守，求新、求异意识强，在生活上，更易于放弃旧的生活方式，而接受新的生活方式。④生活节奏快。从生产（工作）领域看，为了在单位时间内获得最大效益，人们的工作节奏相当紧张；在生活领域，为满足自己的多方面需要、充分发挥自己的潜能，人们的活动内容越来越复杂、丰富，业余时间的安排也更加紧凑。

（7）城市社会控制以正式手段为主，社会整合度低。现代城市规模大，人口构成复杂，宗教、传统、习俗、道德等非正式控制手段的作用日益削弱，而越来越依靠正式控制手段如规则、法律、法规、章程等。此外，以上所讨论的现代城市的一些基本特征，如科层化、世俗化、分工和专门化，使城市人比较理性，讲求实效，重视个人，以事为本。这一方面使个人的独立性和自由度增强了；另一方面又使城市社会的团结力和整合度减弱，使社会秩序的维护变得复杂了、困难了。

三、城市问题

城市问题是指存在于城市社区的各种社会病态现象，如交通拥挤、堵塞，住宅问题，环境污染等；又如人口、就业问题，婚姻家庭问题，贫困问题，卖淫、毒品问题，帮派、暴力问题，社会保障问题等。虽然这些问题在乡村社区也存在，但由于城市社区高度聚集的特性，令这些问题在城市社区的表现尤为突出。

城市问题多种多样，在这里，我们根据社会学家在研究城市问题时经常采用的一种划分方法，将城市问题划分为社会文化方面的问题、实体环境方面的问题两大类。前一类城市问题包括人口、就业、贫困、卖淫、毒品、帮派、暴力、犯罪、自杀、精神病等问题；后一类问题包括交通、住宅、环境污染等问题。这种划分只具有相对意义。

一般而言，工业化、城市化所引起的急剧的社会变迁是导致城市问题恶化的基本原因。不过，在具体解释城市问题的成因时，不同社会学家的观点又有所差异。其主要有以下几种观点：

1. 城市决定论

这一学派以齐美尔及其学生——芝加哥学派的著名学者沃思为代表。该学派特别是沃思以工业革命以来近现代城市所具有的社会生态学上的特性，如众多人口、高人口密度及高人口异质性等，作为解释城市问题起源的基本依据。为方便，学术界将沃思等学者关于城市问题起源的学说称为"城市决定论"。该理论认为，人口的高度集中及高人口异质性等城市特性，会造成一种社会解组现象，社会控制力因此减弱，个人对社会的疏离感增加，由此而引致人格分裂、精神病、自杀、冷淡猜疑的人际关系、犯罪及其他异常行为如同性恋、娼妓、赌博、盗窃与抢劫等现象的发生。

2. 人口构成论

"城市决定论"后来在美国社会学界受到质疑与挑战，其中以奥斯卡·刘易斯（O.Lewis）和赫伯特·甘斯（H.Gans）的挑战最为有名。刘易斯的研究发现，墨西哥村民在移居到大城市墨西哥市以后，他们的生活方式并无显著改变，人际间的关系也并无解体的现象，社会结合性仍保留着。大城市的众多人口、高密度与异质性等，对这些村民的影响很小。刘易斯进一步研究发现，居住在城市的人仍然保留着他们自己小圈子里的活动。在这些小圈子内，人与人之间仍保留着亲密与互信的态度与关系，庞大的其他城市陌生人群体似乎与他们毫无关系，对他们的生活、行为、人际间互助关系、精神健康等，并无妨害。

刘易斯和甘斯都认为，城市问题与组成城市的某些人口群体自身所具有的性质有关。甘斯对此所做的解释更具代表性。他认为，在分析城市、郊区或乡村在社会问题上的差别时，重点应放在居住于这些不同社区居民的性质上面，如种族、社会阶级、家庭组合、年龄等。他把生活于美国大城市的居民划分为五种，即所谓"世界主义者""未婚者或无子女者""少数民族村民""被剥夺生活必需品的人""身陷困境的人"，并把第四种居民即醉汉、娼妓、神经不正常者与第五种居民即穷人、失业者、流浪汉等作为城市问题的根源所在。像贫穷问题、犯罪问题、反社会行为或异常行为等，就主要存在于这两类城市居民之中。

甘斯进一步讨论为何这些问题在乡村、郊区社区中比较少见。他认为其原因乃是移居郊区的居民大体上有一种共同特点，即所谓的"家庭中心主义"。美国一般郊区居民大体上都是中上层阶级，他们富有教养并且对子女的教育非常注重。在这些人及其子女之中，当然不容易产生贫穷问题，更不至于有酗酒、精神病、人格分裂、娼妓、赌博、自杀、犯罪等问题。概而言之，郊区的社会问题比城市少，并非由于人口密度低或人口同质性，而主要是由于居住在郊区的居民本身注重家庭教育、富有教养，亦即郊区居民与城市居民在人口类型上不同。

3.亚文化论

"亚文化论"是美国哈佛大学社会学家费希尔（C.Fischer）创立的有关城市问题的理论。在费希尔看来，"城市决定论"与"人口构成论"有关城市问题的解说，各有所长也各有所短。"亚文化论"便是在取二者之长、避二者之短的基础上形成的。费希尔并不否认，人口众多等城市特性与城市问题有关。但他同时指出，城市问题并非起因于"城市决定论"者所认为的过度神经刺激、过度压力、人口分工、专业分区等社会结构上的分化，以及由此而致的"失范"与心理上的孤独、隔离感。那么，城市问题的根源究竟是什么呢？

费希尔认为，任何人在社会中都需要他人的帮助与扶持。这种人际关系上的相互依赖性，尤其在那些具有异常行为的人们身上表现得最为突出。这些人的异常行为需要同类人的支持才能存在下去。而只有大城市的众多人口，才可能保证有足够数量或"关键数"的同类人的存在。在小城镇与乡间，异常行为之所以并不常见是因为那里人口少，在数目上难以达到"关键数"，以供具有异常行为的同类人在人际关系上相互依赖、支持。

费希尔进一步指出，在大城市，人口众多虽然造成了一群具有异常行为倾向的同类人的存在，但他们之间能否相互依赖、相互支持，促成各类社会问题的发生，尚有赖于他们是否具备很多相似的社会和个人背景。一群人经过较长一段时间的相处，渐渐形成一种相互了解与接受的规范、价值观念、态度与生活方式，即所谓的"亚文化"。只有属于同一"亚文化"群体的人们之间，在社会互动过程中才能相互给予感情上、心理上的帮助、同情与支持。这种心理上、互动上的帮助、同情与支持又是该亚文化群体得以长期存在的一个基本条件。如果缺乏这种"亚文化"以及人际互动上的相互帮助与支持，则该群体往往无法在社会上继续生存，社会问题也就不可能发生。

以上3种学说，对于我们理解现实的城市问题均有启发和借鉴价值，但也都存在明显的缺陷：①3种学说都有偏颇之处。城市决定论把人仅仅看作是城市环境中或具备城市特性的被动物，实际上这只是问题的一方面；事实上另一方面，人也能适应与改造环境。生活于同一城市的人，其人格、心理与生活方式就很不相同。人口构成论与亚文化论把某些群体作为城市问题的根源，也值得商榷。固然某些城市问题如酗酒、卖淫、人格分裂、精神病、同性恋、自杀、犯罪等在某些特定群体中发生的可能性大，但在其他群体中也不同程度的存在。②这3种学说只是对某些城市问题，特别是对异常或反社会行为问题的成因做了说明，并非适用于所有的城市问题。

四、中国的城市化进程

学术界一般将城市人口占总人口的比重达到10%作为城市化的起点，以此来衡量，我国是自1949年以后才进入城市化起步阶段的，与新中国成立的时间大体一致，当时城市人口占总人口的10.6%。截至2014年末，中国大陆城镇人口占总人口比例为54.77%。

　　新中国的城市化发展大致可分为4个阶段，这4个阶段的城市化发展特征与各个时期的政治经济以及各种相关的社会政策或制度有着密切的关系。这4个阶段为：①起步阶段（1952—1957）；②停滞阶段（1958—1978）；③恢复阶段（1978—1992）；④发展阶段（1992年以后）。

　　新中国成立后，首先面临的问题就是如何建设和管理城市，如何解决城市发展所遇到的问题。对于长期在农村从事革命的新政权来说，治理城市的经验几乎是一片空白。但是，新中国成立初期，新的政权凭借自己的威信和号召力，成功地解决了旧中国遗留下来的城市失业和秩序混乱等社会问题。这一点无疑增强了执政党对建设和管理城市的信心，从1952年第一个五年计划起，党便开始着手建设工业化，建设自己独立的工业体系。工业化的高潮带来了第一次乡-城人口迁移的高峰。

　　在高度集中的计划体制下，政府一方面要对所有事务采取都包揽下来的做法，限制个人自由选择的范围；另一方面，政府又不可能完全解决所有问题，所以只好采取强行控制的措施，压制某些问题。例如，政府一开始就对城市居民的衣食住行和就业采取统包统配的政策，这种负担实际上是政府难以承担也不需要承担的。结果政府为了减轻自己的这种负担，只好采取强制措施，限制和制止农民进城。1958年出台的《户口登记条例》正式将农村户口和城镇户口彻底分割开来，并严格限制户口的迁移和转换。直到1977年，政府仍对"农转非"加以严格的控制，规定各个城市的"农转非"指标为1.5‰。由于对人口活动的人为限制，因此使城市发展受到严重阻碍。从"大跃进"时期到20世纪80年代中叶，中国基本上处于一种没有城市化的工业化阶段。

　　改革开放以后，政府对个体经济和个人自由择业采取了宽容和支持的态度，从此城镇个体工商业和服务业迅速发展起来，繁荣了城市经济。1985年，政府为鼓励和支持乡镇企业和小城镇的发展，在户口迁移和粮食供应政策方面，作了一些改革，出台了"自理口粮户口"或"蓝印户口"等措施，目的在于方便在城镇投资、务工和经商者。此外，从20世纪80年代初期开始，国家放宽了城镇建制标准和城市人口的统计口径，由此表明，政府已意识到发展城市化的重要性。

　　1992年，许多地方政府采取各种不同的名义，如集资、城市增容费、开发区建设费等，较为公开地出卖城镇户口。此外，1993年以后，各地相继放开了粮食的二级市场，取消了城市粮食的定量供应和票证制度。所有这些都表明，政府对城镇发展和城镇户口控制的弹性已经增大，这些措施无疑促进了中小城市的迅猛发展。

　　早在1981年，中国就确立了自己的城市化发展战略，即控制大城市规模、合理发展中等城市、积极发展小城市、大力发展小城镇。这一战略的核心内容实际上包括两个方面：一是要控制大城市的发展；二是要以小城镇的发展作为城市化的突破口。

　　目前，学术界对这一战略仍有不同的看法，分歧之处主要是：究竟是把大城市的发展还是把小城镇的发展放在首要位置。支持前者的主要理由是，相对于总人口以及西方经验来说，中国大城市还不够多；发展大城市可以提高资源利用的效率，便于环境污染的治理。支持后者的主要理由是，中国人口众多，不能走西方的城市化道路，人口过分集中于大城市，势必导致诸如交通、失业和贫困等社会问题，小城镇可以作为农村剩余劳动力的蓄水池和农村经济发展的发动机。

城市化已成为社会发展的共同趋势，历史经验表明，中国发展城市化也将是自身发展的必由之路。至于如何走城市化道路，也许还需要在实践中不断调整、不断摸索。

拓展社会学的视野

人类学视野中的社区——村落

村落是一群家庭同住在一个地方而产生的社会组织。但是在花蓝瑶中，村落组织也有相当的血缘基础，同村的人都属同姓。如果把姓视为血缘关系的符号，那么同村的人应该拥有同一个祖先。事实上却并不是这样简单。我们在上章已经说过，当花蓝瑶最初定居在现在的地域时，他们也许是以同姓的宗族为移民的单位；但后来，因为新的处境和同姓不婚的习俗不能违背，所以他们外婚的范围由姓而变成亲属。这样变更之后，姓就失去了它规律婚姻的作用。但是在同村同姓的事实上它却获得新的意义，姓和有地域性的村落组织发生了关系。依我们的分析，甚至凡是由别处搬入的别姓到了一个村落中居住，常在各种方式之下，来改姓所住村落人民的姓。在六巷附近从前有一姓相的小村，在几十年前并入了六巷，但是现在六巷已没有姓相的了。

花蓝瑶一共有3个姓：胡、相、蓝；5个村：王桑、门头、古浦、大橙和六巷。王桑、门头的居民姓胡；古浦、大橙的居民姓相；六巷的居民姓蓝。

花蓝瑶的村落在形态上是集中的。瑶山中房屋的分布有两种形态：一种是分散的；另一种是集中的。分散的形态就是同属一村的住宅零星地分布在各处，集中的形态就是一村几十家住宅都比邻集中在一个或两个地方。全村的住宅集中在一个地方的可称为单形，分为两个地方的可称为复形。王桑、门头是单形村；六巷、大橙是复形村；古浦有形成复形村的趋势。

村落的形态取决于居民的耕作方式。耕种山地的，每隔十几年，土地生产能力消耗到没有盈余时，必须另觅耕地，他们的住宅也得跟着迁移，所以不能有永久的村落。而且山地产量少，每家所需的面积大，加上了住宅的移动性，村落的形态很难集中。花蓝瑶，如我们上文所述，是专耕水田的。水田依靠着较有永久性的灌溉制度，而且灌溉和肥料维持着水田的生产力，不致在短期中消耗完，因此耕水田的人可以有永久的住宅，也可以有永久的村址。于是他们可以集中居住以进行种种如自卫等需要较多人口的社会事务了。

但是，同时在这种集中势力的背面，却还有一种分散的势力在活动。这分散的势力中最重要的是工作场所和住宅的距离。这分合的两种势力的平衡，形成了现有花蓝瑶社区的区位组织。我们手上没有详细的统计，所以不能把这区位组织加以详细的描写……

我们没有机会得到他们的人口确切数，但是他们每家的人数有一定的限制——每代一对夫妇；每户平均以三代计算，一共6人。根据这个数字规模来估计花蓝瑶的人口，一共114家，当有684人。诸村中以六巷的37家为最多；以古浦11家为最少。

在平均只有130人的村落里，社会分工势必受到极大的限制，所以在花蓝瑶的社会中，每家的生活几乎是完全相同的。每家都需要耕地自给。全村的生产总额并没有剩余来供给脱离耕地生活的家庭。由此，就很难发生以耕地以外的职业来谋生的事实。除了六巷之外，其他的村落没有一家商店，也没有一家制作工匠。六巷因为拥有200人以上的人口，所以能维持一家由汉人主持的商店，及几家半耕半工的制作工匠。

但是，他们生活的资料并不能完全由一家自给，所以他们必须具备一种互通有无的制度。货物的缺乏产生两个原因：一是虽有生产，但不够消费；二是根本不生产。当一家需要的消费量超过了他们自己所能生产的时候，他们普通的方法是向邻里亲朋借贷。譬如他们的猪：每家所养的猪在数量上受制于每家所剩余的食料，普通不能超过两头。但是在需要消费猪肉的时候，如婚、丧、度斋等等，时常自家所养的不足应用，于是就得向亲朋借取。在权利的转移上讲，这是一种借贷的方式。若从整个社会经济机构上来看，是一种私家豢养、公共消费的办法。家庭的单位不能在一时消费一只猪，同时他们又没有以村落为单位的豢养制度，所以出现现在的办法，亦可说是为了适应人口过少、不能维持普通的商业制度的方式。

不只是货物可以向多余的人家借贷，人工亦可借贷。一家要盖房屋时，自己家里的人工不够用，又没有专门出卖劳力的人，于是在另一种方式之下去得到全村人的帮工了。他们的习俗是由主人请客，把造屋的计划告诉大家，大都在农闲的时节，闲暇的人工就自愿地集中来完成一所房屋。在劳动时，主人预备了饭请做工的人吃，房屋造成了，再杀猪请一次客。

瑶人的借贷是不取利的，实是一种以习俗为保证的保险制度。任何人在需要社会的帮忙时，可以申诉而得到所需。同时，任何人在他人需要帮忙时，凡能力所及的都有出力的义务。这样各个家庭虽然自成一个经济的单位，仍可经营一家能力所及之外的事业，这样便形成了花蓝瑶村落的经济结构。

因为他们没有专门化的分工组织，各家庭所需及所能，双方都没有悬殊的差别，又因为人口少，所以这种经济和义务的交流中并不需要特殊帮助记忆的媒介物，因之不用货币计算。以造屋为例，每家所需要的房屋在质量双方都是相若，若每20年需要重造一次，则每家在20年中便可以收回自己在帮人造屋时所付出的劳动了。

借贷制度之外，他们还有交换制度。这种交换制度多见于他们和汉人的交易中。在上文中我们已说过瑶山中有很多货物必须依赖山外汉人的供给。汉人在瑶山中贩卖货物有两种方法：一种是开设固定的商店；一种是行脚商人。固定的商店是那些汉人在村旁借地造屋，从山外运入货物，囤积在店里，由瑶人去零购。但是因买客的稀少和销售的迟缓，要依靠经商来维持一家的生活是不可能的，所以他们一定要经营其他的工作，商业实在只是一种副业。

行脚商人为数较多，他们由山外挑了货物入山，按户兜售。有时，他们以物换物，好像以盐来换取瑶人的兽皮、香菌等。但是买卖双方不一定都有对方愿意接受的物品，譬如木材是瑶山的出口大宗，但是木材商人并不贩盐或其他瑶人所需要的日用品，贩盐及其他日用品的并不愿运木材，于是这种交易中需要一种货币了。这种交易既多是在瑶汉之间，所以他们用汉人的货币——银毫。

汉瑶之间还有一项重要的经济关系，同时又调适着瑶山中的村落组织，就是制作工业。瑶山中既不能有专门的分工制度，在制作技术上没有练习及发达的机会。但是，他们是和制作技术较精的汉人邻居，在日用品上，他们已不能甘心使用粗陋的土产，于是他们除了到山外市集上去购买外，尚有请汉人匠工入山制作的办法。譬如以木桶论，每家需要三个，而每个木桶可用五年计算，全村25家，在五年中只需要75个木桶，这很小的数目自然不能维持一个去做木桶的匠人。他们若到山外去买，运输既不便，木料又比瑶山贵，所以最经济的办法莫若请一个短期的匠人入山制作了。那些汉人的商店时常经营着种种制作工业，如做鞋子等。

在花蓝瑶中，唯一的制作工业是做鸟枪的铁匠，但是我们所见只有六巷的一家。门头村民所用的鸟枪是向汉人或板瑶去买来的。六巷那一家铁匠依旧种田；农业是花蓝瑶的主要工作。

花蓝瑶村落虽只有一二百人口，但是要使每一个人都能安全地生活，不发生相互间的冲突，也必须有一种公守的行为规范和维持这行为规范的制裁制度。

花蓝瑶的制裁制度是称作"石牌"。石牌的来源是这样：凡逢着社会上有争执时，一地方的老年人便在一个公共场所集会，讨论应当怎样解决这争执。等他们商量出了一个判决之后，这判决就成了以后类似事件的解决法。为了怕大家口说无凭，他们又没有文字可以记录，所以各人用刀在一块石头上打一个印。这是石牌的最早的方式。

资料来源　费孝通，王同惠. 花蓝瑶社会组织［M］//费孝通文集：第1卷. 北京：群言出版社，1999：457-462.

思考题

1.什么是社区？社区有哪些类型？

2.从社区的内涵上看，社区与社会的区别是什么？

3.社区与行政区有什么区别和联系？

4.联系实际，谈谈我国城市社区的建设。

5.什么是城市化？中国应当走什么样的城市化道路？

推荐阅读书目

[1] 罗中枢，王卓. 公民社会与农村社区治理 [M]. 北京：社会科学文献出版社，2010.

[2] 袁德. 社区文化论 [M]. 北京：中国社会出版社，2010.

[3] 夏建中. 社区工作 [M]. 3版. 北京：中国人民大学出版社，2015.

[4] 卜长莉，等. 社区冲突与社区建设 [M]. 北京：社会科学文献出版社，2009.

第四编　社会运行与社会偏差论

第十三章　社会分层

社会成员归属于哪个社会阶层取决于他们天生的能力和才干。

——帕雷托

所有社会都存在着不平等：阶级、阶层的不平等，种族、民族、性别和年龄的不平等。社会不平等的制度化构成了社会等级。不同等级的人享有不同的社会利益，而那些与社会利益密切相关的稀有资源，如财富、权力和声望，是怎样在社会成员之间分配的呢？

第一节　什么是社会分层

一、社会分层的含义

社会分层（social stratification）指的是依据一定具有社会意义的属性，一个社会的成员被区分为高低有序的不同等级、层次的过程与现象。我们可以从以下几方面理解社会分层：

（1）分层是一种社会过程。尽管在有些社会里社会分层结构比较僵化，但没有任何一个社会的社会等级秩序是一成不变的。社会持续不断地把人们区分为拥有不同社会地位的人并在他们之间不平等地分配财富、权力和声望。

（2）只有当财富、权力和声望根据人们的社会地位——如年龄、性别、教育程度、职业和种族等等——被不平等地、有系统地（而不是随机地）分配时，这个社会才是分层的。

（3）社会分层体现着社会不平等。社会分层是一种有等级的社会结构，通过这种结构，财富、权力和声望在不同社会地位的拥有者之间被不平等地分配，因此社会分层本身体现了社会不平等。

（4）被分配的奖赏或稀有资源是什么，要视有关社会的文化价值观念而定。在一个贫困的小村子，或者是一个遭受水旱灾害的地区，食品和衣物的保障是最为重要的社会资源。而对一个经济发达、生活富裕、衣食无虞的现代工业社会来说，政治权力、闲暇时间、健康和豪华气派的消费品，是绝大多数人竭力追求的目标。

二、与社会分层相关的主要概念

1.阶级与阶层

在社会分层研究中，"阶级"与"阶层"是同社会分层相联系的主要概念。国内学术界和民众通常采用的"阶级"和"阶层"，与英文中class（阶级）与strata（阶层）的含义有些不同。英文中的class一词的含义较为广泛，包括了中文的"阶级"和"阶层"这两个词的含义。而strata一词的意思则比较窄，一般指的是由等级分化（stratification）而造成的连续性的等级排列。例如，按收入这一指标来分，从最低收入（每月50元）到最高收入（每月5 000元），可以排出连续的若干层（strata），层与层之间只存在量（数值）的差异，不存在质（属性）的差异。但是，如果要把连续的strata划分为几个区间，那么处于各区间的个人或家庭构成的群体，在英文中被称为class而非strata，如收入50~500元是underclass（下层阶级），收入501~2 000元是middleclass（中间阶级），收入2 001~5 000元是upperclass（上层阶级）。在中文中，情况有所不同，"阶级"这一词汇往往指传统马克思主义意义上的阶级概念——即由生产资料占有来进行划分、相互之间存在利益冲突、对立、斗争关系的群体，这一词汇让人联想到的是严重的社会冲突、动荡或人与人之间的争斗。而"阶层"常常被认为是不那么具有冲突性并带有等级性质的群体概念。[①]

2.社会地位

社会地位是判断社会层级的重要标志，指的是社会关系空间中的相对位置以及围绕这一位置所形成的权利义务关系。通俗地说，社会地位就是社会关系网中的各个纽结，如女儿、公司经理、工程师等。社会成员通过有关途径（继承、制度分配、社会化、创造性活动等）而获得、占据了各种社会地位，这些社会地位不仅能使他同其他人相互区别开来，更重要的是，通过各种相关的权利、义务规范、制约着他所参与的社会交往过程。换句话说，在现实的社会交往过程中，社会地位既是人们相互识别、相互对待的重要标志，又是人们互动影响力的主要源泉和基础。

所以一个人的地位决定了他在社会上"适合生存"的地点及其与他人发生联系的方式。例如，"公司经理"的地位决定了这一地位的占据者与雇员、股东、董事长、其他公司、税务人员之间的联系。一个人可能同时占有数个地位，通常，职业地位被确定为"主要地位（master status）"。

社会地位可以分为正式的社会地位与非正式的社会地位。正式社会地位是指那些长期存在并同其他相关地位发生稳定的制度化关系的位置或属性，例如职业。非正式社会地位则指那些偶然的或临时性的、同其他相关地位之间处于易变的、非制度化关系的位置或属性，例如个性类型、道德素质等。

有些地位，我们自己不能控制或改变，是先天赋予我们的，这种地位叫作先赋地位或既得地位（assigned or ascribed status），包括性别、年龄、种族等社会强加给我们的地位。另外有些地位，如教育和职业等，我们可以进行一定的控制，通过

---

① 陆学艺. 当代中国社会阶层研究报告［M］. 北京：社会科学文献出版社，2002：6.

个人努力可以获得或个人行为可以起作用，这种地位叫作后致地位或获得地位（achieved or acquired status），如使自己成为大学生、律师、罪犯或宗教信徒等。

三、社会分化

社会分化特指社会系统的结构中原来承担多种功能的某一社会地位发展为承担单一功能的多种不同社会地位的过程。社会分化具有两个重要特征：功能专一化和地位多样化，后者直接反映了社会发展过程中社会地位差别的扩大趋势。社会学正是从社会分化的角度考察社会结构的特点。用马克思主义的观点看，虽然社会分化发生于社会生活的各个领域，但其中最重要的、起决定性作用的却是社会经济领域中的分化，体现为劳动分工的不断深化及经济关系的不断变化。在经济领域分化的推动下，政治、思想、文化以及其他一切社会生活领域相继出现了分化过程，整个社会结构呈现出从同质性向异质性的变化。

社会分化产生两方面的后果：其一，有助于提高社会的整体功效。社会正是通过内部结构的不断分化来适应环境，求得自身发展的，因此，社会分化程度可以作为社会发展水平的重要判定标准。其二，社会分化对整个社会系统的协调提出了更高要求，加大了社会整合的难度。并非任何形式的分化都必然伴随着各个结构要素的功能互补和耦合，都能促进社会的协调发展，有些社会分化会导致冲突、降低社会整合性、压抑社会成员的积极性。

社会分化分为：水平分化与垂直分化。水平分化指的是依据某种社会属性或特征，将社会成员分为不同类型的地位群体，这些群体从公认的社会价值序列看不存在高低差别，即他们的生活境况、互动影响力大体相等。处于水平分化中的各个地位群体在根本利益、基本态度、行为倾向、社会表现诸方面没有明显差别，具有较大一致性，易于相互协调和整合。

垂直分化指的是依据某种社会属性或特征，将社会成员分为不同层次的地位群体，这些地位群体从公认的社会价值序列看存在着高低差别，即他们的生活境况、互动影响力各不相同。处于垂直分化中的各个地位群体在根本利益、基本态度、行为倾向、社会表现等诸多方面差别较大，容易产生矛盾和冲突。由垂直分化产生的差别被称作社会不平等。

四、社会不平等

社会不平等是对垂直分化所产生的各阶级、各阶层之间关系的集中概括，指的是各阶级、阶层对相对稀缺的社会价值物在占有量、获取机会和满足需求的程度上存在着差异。

考察社会不平等的第一对范畴是法律上的不平等与事实上的不平等。法律上的不平等直接与地位相联系，指的是各个层次的社会地位享有不同的法定的权利和义务，这些相互区别的权利义务得到整个社会的公认。在这里，"法律上"不仅限于成文法律明文规定的，同时广泛包括那些虽未成文但得到社会公认的普遍规范。像封建社会中"刑不上大夫，礼不下庶人""男尊女卑""父慈子孝"等都是整个社会公认为合法的。法律上的不平等主要是通过社会地位差异体现的公开的制度化不平等。事实上的不平等则涉及具体人群间的关系，指的是尽管各个地位群体和个人在法律上享有同等权利和义务，但由于各自在行使自身权利的手段上存在着差别，而导致实际行使权利上的差别，比如，在资本占主导地位的生产关系中，劳资双方在法律上是平等契约关系，各方都有权随时解除这一关系，但资本家和无产者在能否行使这一权利的手段上显然存在着差别，从而形成事实上的不平等。事实上的不平等主要体现在人与人之间实际情况方面的差异，是一种较为隐蔽的不平等。

考察社会不平等的第二对范畴是稳定性不平等和暂时性不平等。稳定性不平等是指社会分层地位与处于这些地位上的社会成员具有长期固定的联系，即社会成员长时期（终身乃至世代）停留在同一个阶级、阶层之中。例如，性别就是一种终身难以更改的属性，在一个性别歧视的社会中，任何人都难以改变所处的性别地位；因而性别地位反映的是稳定性不平等。暂时性不平等指分层地位与社会成员间的联系是短暂的、临时性的，社会成员有可能或者通过自身努力改变地位层次，或者是自动跨越地位层次。像文化程度和代际差异所反映的就是暂时性不平等，前者可以通过学习而改变，后者则可以通过年龄自然增长而跨越。①

第二节　社会分层的有关理论

一、马克思的阶级分析观点及其在现代社会遇到的挑战

马克思在他的著作中主要论述了社会的阶级关系。他所说的阶级主要是指拥有共同的经济生产资料，并且控制这些生产资料的那部分人，这部分人是奴隶主、地主、企业主等，是特定社会的统治阶级。

阶级是一个具有特定含义的历史范畴，它不是自古就有的，也不是永世长存的。"阶级的存在仅仅同生产发展的一定历史阶段相联系。"②阶级的产生需要两个条件：①社会生产力发展，劳动生产率提高，出现了剩余产品；②出现了私有制。剩余产品的出现为阶级的产生提供了可能性，但只有私有制的出现才能使得对剩余产品的占有由可能变为现实，并使之制度化。因此私有制是阶级产生的基础，阶级随私有制的产生而产生，也会随着生产力水平的高度发展和私有制的消亡而消亡。

阶级划分根源于社会的经济结构。恩格斯指出："社会阶级在任何时候都是生产关系和交换关系的产物，一句话，都是自己时代的经济关系的产物。"③在经济关系中，最主要的是同生产资料的关系。列宁说："所谓阶级，就是这样一些集团，由于他们在历史上一定的生产体系中所处的地位不同，同生产资料的关系（这种关系大部分是在法律上明文规定了的）不同，在社会劳动组织中所起的作用不同，因而取得归自己支配的那份社会财富的方式和多寡也不同。所谓阶级，就是这样一些

①　郑杭生. 社会学概论新修［M］. 4版. 北京：中国人民大学出版社，2013：279-280.
②　马克思，恩格斯. 马克思恩格斯选集：第4卷［M］. 中共中央马克思恩格斯列宁斯大林著作编译局，译. 北京：人民出版社，1972：332.
③　马克思，恩格斯. 马克思恩格斯选集：第3卷［M］. 中共中央马克思恩格斯列宁斯大林著作编译局，译. 北京：人民出版社，1972：66.

集团，由于他们在一定社会经济结构中所处的地位不同，其中一个集团能够占有另一个集团的劳动。"①列宁的这一定义说明，由于人们在一定的生产关系中所处的地位不同，特别是同生产资料的关系不同，才使社会成员划分为各个阶级。换句话说，所谓阶级就是由那些对生产资料具有相同关系的人们所组成的社会集团。

在马克思主义者看来，在任何阶级社会里，各个阶级之间在根本利益上处于对立状态，存在着利害冲突，这种冲突和对立表现为阶级间的斗争。这种阶级斗争是阶级社会发展的动力。马克思和恩格斯在《共产党宣言》中分析资本主义社会的阶级结构时指出，资本主义消灭了封建等级制度，使阶级对立简单化了。整个社会日益分裂为两大敌对的阵营，分裂为两大相互直接对立的阶级：资产阶级和无产阶级。马克思预言，中间等级，即小工业家、小商人、手工业者、个体农民等，将随着资本主义工业的发展而发生分化，其上层将上升为资产阶级，下层将加入无产阶级。

从马克思的时代到现在，资本主义社会发生了一系列的重大变化，它从自由资本主义，经垄断资本主义，已发展到当今高度工业化的国家垄断资本主义阶段。与马克思看到的自由资本主义相比，当今的资本主义表现出许多新的特点：①资本主义大企业大多数采取了股份制的形式，这使得人们很难划分所有者或工人阶级了。相当部分的企业也实现了资本主义国有化。②大企业的经营由一批受雇用的高级经理承担，资本的所有权与管理职能分开了。③生产工人的数量相对减少，而专业技术人员、一般行政管理人员等所谓白领阶层的人数增加。④工人阶级的生活状况有明显的改善。⑤随着高等教育的普及，社会成员向上流动特别是由蓝领工人变成白领工人的机会增多，阶级之间已不再像过去那样壁垒森严了。

当代资本主义社会的上述变化，引起了许多西方学者的反思。一些西方学者认为，社会阶级结构并没有像马克思所预言的那样发生两极分化，中间等级不但没有消失，反而不断扩大，出现了在社会上颇具影响力的中产阶级；工人的阶级意识已经淡薄，阶级斗争日趋衰微，激烈的社会变革以后不会发生了。因而，马克思的阶级理论已经过时了。

我们认为，这种对马克思主义阶级理论的批评难以立足。因为，资本占有的股份制、一部分工人拥有股票的现象，并不能说明资本家与工人之间的阶级差别消失了，它并不能改变工人阶级创造出来的剩余价值被资本家占有的事实。工人阶级购买股票所得的"红利"，最多也只是自己创造的剩余价值中微小的一部分。资本所有权与经营管理职能的分离，是社会化大生产的必然结果，这种经营方式的变化不会改变资本主义所有制的本质。至于说工人阶级生活状况的改善，是相对于过去而言的。工人阶级工资的增长并没有赶上新创造的价值的增长速度；处在贫困线以下的人数占总人口的比重仍保持在较高的水平；居高不下的失业率也是与工人生活状况的改善不相协调的一个事实。另外，对生产资料的拥有和控制只是程度上的差

① 列宁. 列宁全集：第37卷 [M]. 中共中央马克思恩格斯列宁斯大林著作编译局，译. 2版. 北京：人民出版社，1986：13.

异。对马克思来说，二者的区分并不是一个难题，因为他并没有试图建立一个每个人都可以准确无误地划入的等级系列。他着重探讨的是商品和服务的生产过程以及人们在这一过程中所扮演的不同角色，更确切地说，是生产方式如何产生社会的不平等。总之，当代资本主义社会出现的一些新情况并没有改变资产阶级和工人阶级之间剥削和被剥削的关系，因而也不会改变两个阶级的性质。马克思主义关于阶级分析的理论、立场、观点和方法，仍然是分析资本主义社会阶级结构的重要指导。

二、韦伯的社会分层观点及其影响

1.韦伯三位一体的分层模式

对西方分层研究影响最大的理论源头之一当属德国社会学家马克斯·韦伯创立的三位一体分层模式。韦伯承认，在研究社会不平等时，把经济作为分层标准是必要的。但社会的分层结构是多个层面的统一体，除了经济地位之外，至少还有两种同样重要的分层属性，在造成社会不平等方面具有突出影响力，这就是声誉和权力。由此，韦伯主张从经济、声誉、权力3个角度综合考察一个社会的经济、文化和政治三大领域中的不平等。

韦伯也把根据经济因素划分的地位群体叫作阶级，认为阶级是指一批在经济状态和变化方面相同或相似的人群。他认为划分阶级的一个重要标准是"市场购买力"，或用马克思的话说是"钱袋的鼓瘪"，而不涉及在所有制中所处的地位，韦伯所说的阶级差别主要是货币量的差别，这与马克思的阶级概念显然不同。

声誉地位是由社会公认的评价体系确定的，社会的评价从肯定到否定构成了高低有序的阶梯，声誉地位即指人们在这一阶梯中所处的位置。影响人们声誉的因素很多，主要有出身门第（身份）、仪表风度、知识教养、生活样式。声誉地位与"同类意识"的产生有密切联系，它必须经由主观评判的方式来确定。

权力地位则是依据人们是否拥有权力以及拥有权力的大小确定的。所谓权力，在韦伯那里意味着为实现自身意志，无视他人意愿而支配他人的能力。权力分层反映了政治领域的不平等。韦伯认为，任何有组织的社会生活都存在权力分层现象。在现代社会中，合法的权力的主要源泉并非所有权，而是科层组织管理部门中的各种管理职位。

韦伯采用的上述3个指标，实质就是"名、利、权"。韦伯相信，任何社会中这3种东西都是既有价值又稀缺的，因此在各个社会活动领域中，人们总是要求名、逐利、争权的，社会分层结构就是用等级秩序将上述活动纳入制度化轨道。

财富、权力和声望三者之间往往是彼此相关、紧密联系的。这3个方面中的任何一方都可以转化为其他两个方面。对于财富来说尤其如此，它可以很容易地换取权力和声望。"有财者"往往"有权有势"，那些"当官的"有权者更容易通过"权钱交易"发家致富，有些人仅仅因为富甲一方或手中握有一定权柄就使得人们敬畏。这种现象在中国社会的历史和现实生活中已屡见不鲜。同样，在西方社会里，要竞选一个权势显赫、声望颇高的政治官员，需要花费相当数额的金钱；而那些竞选获胜者通常是在竞选活动中肯花大价钱的人。自1927年以来，社会学家们通过对工业社会的民意测验，找出了公众对不同职业给予的声望等级。这些等级在美国、加拿大和其他一些国家都很一致。研究结果表明，像高等法官、内科医生、原子能物理学家、州长之类的职业，其声望等级得分是最高的；而门房、洗衣房熨衣工、街道清洁工的声望等级得分是最低的。这些材料说明，声望和不同职业的收入紧密相关，政治地位高的职业倾向于赢得较高的收入。

转型中的当代中国，随着改革的逐步深入，这一现象逐渐趋于普遍化与显性化，中国似乎正以一种经验性的方式证明着韦伯的理论，也使得这一时期的韦伯研究成为热点。

2.三位一体分层模式的影响

三位一体的分层模式对西方分层研究产生了深远的影响，现代西方社会分层研究虽然理论名目繁多，分层标准五花八门，但一些基本特点都可以溯源于韦伯分层模式。这些基本特点主要是：①采用多元分层标准。后人常用的有收入、职业、教育、技术、种族、性别、宗教信仰等。②采用了具有连续性的定量标准。在韦伯分层模式中，经济地位依财富量而划分，声誉地位依社会评价高低而定，权力地位则取决于人们强行贯彻自己意志的程度或可能性。各分层地位之间的区别主要是量的区别，基本不涉及质的差别。当代西方分层研究大抵沿袭了这一特点。③引进了主观分层标准。声誉地位的划分和确定直接取决于人们的主观评价，尽管是具有普遍性或一致性的评价，但仍然是主观的。当代西方分层研究所运用的主观法、声誉法就是继承了韦伯的这一思路。

第三节　社会分层的研究方法

一、社区调查法

社区调查法是指社会学者深入到某一社区，住上较长一段时间，了解社区阶级结构。较著名的是林德夫妇的美国《中镇》调查。1924年，美国社会学家林德夫妇来到印第安纳州研究当时的一个典型社区"中镇"（研究用名）。为了获得便于比较的基本情况，林德夫妇重新勾画了1890年中镇的生活状况。1935年林德夫妇又重返"中镇"，写了第二部调查著作——《重返中镇》。这样人们可以从1890年、1924年和1935年3个不同的时代进行比较。林德夫妇第一次在中镇住了一年多，他们尽可能多地访问一些人，多和镇民交谈，他们走访了那里的所有显要人物和许多老百姓，阅读了大量的报纸、日记和地方志，参加了镇教堂的宗教集会、镇民的团体活动和俱乐部午餐聚会，他们偶尔也发问卷，收集诸如中学生的任意行为或任意态度一类问题的统计情况，但重在调查质量而不是数量。[①]这样，林德夫妇对"中镇社区的阶级结构作了清楚的分析"。

---

① 吉尔伯特，卡尔. 美国阶级结构［M］. 彭华民，齐善鸿，等，译. 北京：中国社会科学出版社，1992：61.

二、客观法

客观法是研究者运用某些客观的具体数量指标，对社会分层情况进行研究的方法。在这种方法中，人们根据一些客观标准，如收入水平、教育水平、工作性质等来划分某一阶级。这样社会学家通过确定"截止点"来决定界限。社会分层标准的多样化，也导致了社会分层指标的多种多样。

1.不平等指数

所谓不平等指数是用最高收入者占总人口的比例加上最低收入者占总人口的比例，即用两者的百分比之和来表现社会的不平等程度。当然，在使用这种方法时，必然遇到怎样定义和如何计算最高收入与最低收入的问题。一般将贫困线以下的人视为最低收入者，而将收入高于平均收入2倍及数倍以上的人视为最高收入者。只要定下一定的标准就可以计算出不平等指数，通过比较某一特定国家或地区的不平等指数就可以测算出不平等程度的变化情况。不平等指数反映的是社会两极人口与中等收入人口的比率关系。两极大则显示社会贫富分化程度高，中间层大则显示社会贫富分化程度低。这个指标的优点是同时反映社会两极以及社会中间层的不平等指数之变化。

2.库兹涅茨比率

这是著名经济学家S.库兹涅茨（S.Kuznets）提出来的，它是用一个综合值来反映社会各阶层收入差别的状况。其公式为：

$$R = \sum |Y_i - P_i| \ (i = 1, 2, 3, \cdots, n)$$

式中：R——库兹涅茨比率；

      Y_i——各阶层在总收入中所占比重；

      P_i——各阶层人口比重。

库兹涅茨比率的优点是易于计算，并且能反映社会总体的差距与不平等程度。

3.五等分法

五等分法最早是由F.W.佩什在一篇题为"真实的个人课税率"的论文中提出来的。此种方法是按人均收入的高低将人口分为五等，然后测量各1/5层的人口的收入在总收入中所占的比例。最平均的分配是，每1/5的人口占有1/5的总收入。

4.基尼系数

基尼系数本是经济学概念与测量方法。它是意大利经济学家基尼（C.Gini）根据洛伦茨曲线建立的测量分配不平等程度的指标。由于它能较全面、准确地反映财产、收入等分配的不平等程度，因而在社会分层研究中已被广泛应用。

基尼系数的理论公式是：

$$G = \frac{A}{A + B}$$

式中：G——基尼系数；

      A——实际收入分配曲线与绝对平均线（对角线）之间的面积；

      B——实际收入分配曲线与绝对不平均线（边线）之间的面积（见图13-1）。

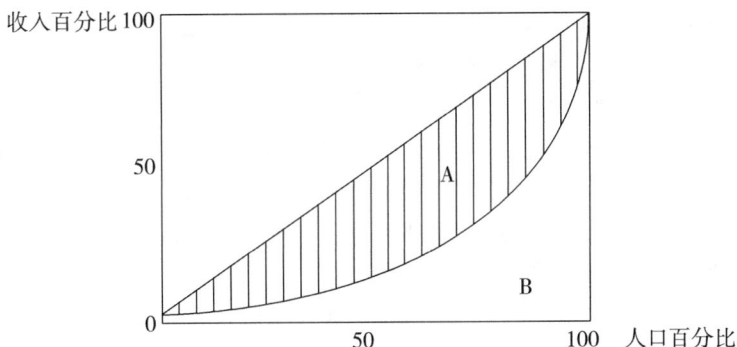

图 13-1　洛伦茨曲线

图 13-1 中的实际收入分配曲线又称作洛伦茨曲线。

基尼系数是 0 到 1 之间的数值。基尼系数为 0 表示绝对平等，即财产或收入等完全平均分配；基尼系数为 1 表示绝对不平等，即全部财产或收入等都集中在一人手中。实际上，这两种极端状态都是不可能的。任何一个国家或群体的基尼系数都会大于 0 而小于 1，数值越是接近于 1 则表明贫富差距越大。根据国际上多年测量的数据，基尼系数在 0.3~0.4 之间时，为中等不平等程度。

5.恩格尔系数

恩格尔系数指食物支出额与全部生活消费支出额的比率。它是德国统计学家恩格尔提出的测量方法。恩格尔是通过对德国工人生活状况研究后提出这一指数的。他发现在其他条件相同的情况下，工人家庭收入中的食物支出额可以用来作为衡量生活、福利水平的指数，即家庭的收入越低，食物支出的比重就越高。恩格尔系数不仅可用来测量总体的生活水平，也可在社会分层研究中用来测量和比较各分层群体的生活水平状况。在恩格尔系数的一般分类中，恩格尔系数达到 58% 以上视为赤贫，51%~58% 的视为温饱或勉强度日，41%~50% 视为小康，31%~40% 视为富裕，30% 以下的视为极富裕。

6.社会综合地位量表

对于社会地位的综合性测量，在西方比较流行的还有"社会经济地位量表"（social economic score/scale，SES）。它虽然名称上突出了经济地位，但并不是只测量经济地位。它通过测量收入地位、教育地位、职业地位，并计算其综合值，以此反映一个人的综合社会地位的高低。

客观法也适用于大城市甚至整个社会。另外，社会学者很容易从国家统计局或者通过邮送问卷来获得数据。

客观法也有一些缺点：第一缺点是划分阶级的标准的选择是任意的。如果一个社会学者选择教育作为标准，那么他会把学校教师的位置放在卡车司机之上；如果他选择收入作为标准，那么情况则相反。第二个缺点是阶级的指标是连续测量的，而不是离散的类型。当一个人称自己为中间阶级时，这是一个离散的类型，但他的收入和教育程度是一个连续系统。有了这些连续测量，我们还是能够明显地区分阶级阶梯中的最高和最低，但是很难区分临近中间阶级的这些人。所以，社会学者经常很武断地把收入和教育程度进行量化。

三、自我评价与他人评价

此处说的是对于经济地位的主观评价。对于同一个人或群体的生活水平、收入水平、财富地位等可以有两种角度的评价：一种角度是该人或该群体对于自己的生活水平的评价，另一种角度是他人的评价。这两种评价之间是会有差距的，因为他们参照的标准、心理感受会有差异。比如，我们到贫困地区做调查，从外来者的角度，我们会认为某家庭属于贫困户，但是，从该家庭成员自身的角度看，他们会认为他们非但不是贫困户，反而还属于中上等生活水平。为了展示两种评价的异同，我国社会学家李强列出了1997年7—8月在北京所做的城市居民入户问卷调查的数据。该调查采用随机抽样方式，抽中在北京8个区30个居委会的630户居民，共完成有效样本602个。问卷中有这样两个问题：一个是"您觉得您家庭的收入在北京市处于何种水平"。另一个是"请调查员根据自己的观察，判断被调查家庭的收入在北京市处于何种水平"。将对两个问题的回答做成列联表，见表13-1。

表13-1　　　**自我评价与他人评价的家庭收入水平**（北京，1997）

		调查员评价（样本个数）					合计
		上等	中上	中等	中下	下等	
自己评价	中上	4	12	4	1		21
	中等	6	74	131	32	5	1	249
	中下		14	114	96	10		234
	下等		4	14	30	50		98
合计		10	104	263	159	65	1	602

表13-1中的数字是自己评价和调查员评价填答的个数。总的来看，自己评价比调查员评价要偏低。自己评价没有认为是上等的，而调查员认为有10人是上等的。自己评价为中下的共234人，而调查员认为其中14人为中上，114人为中等，10人为下等。自己评价为下等的共98人，而调查员认为其中4人为中上，14人为中等，30人为中下。可见，自己评价与他人评价是不一致的。那么，区分自我评价与他人评价有什么意义呢？在我国目前的条件下，对于自我收入地位、财产地位的认定非常重要。因为，当社会上一部分人的生活还不足以达到温饱时，所谓贫富差距更主要地体现为客观生活条件的差异，它是生存与否的差异。而当社会上的人们普遍解决了温饱以后，在贫富差距问题上，主观的心态就显得异常重要，尤其重要的是人们对于自己财产地位的认定。如果社会上多数人认定自己是中等或中等以上生活水平，那么，这就会形成一种稳定的心态。如果社会上多数人认为自己处于下等生活水平，那么，这就是一种不稳定的心态，就会引发社会动荡。当然，主观

的自我评价常常是不稳定的，因为它反映的是一种心态，也常常是不准确的。因此，这就需要由他人的客观评价来纠偏，他人的评价常常可以起到旁观者清的作用。[1]

第四节 现代中国社会分层状况

我们主要针对新中国成立以后的中国社会分层状况进行分析，主要分为两个阶段：第一阶段是新中国成立后至改革开放前；第二阶段是改革开放之后。[2]

一、改革开放前我国社会分层结构

1.分层结构的制度背景

新中国成立以后，我国在长时期内实行高度集中的中央计划经济体制，这一体制具有如下特点：

（1）行政权力控制社会资源的再分配。国家中央机构全面控制着主要社会资源，从而在计划制定者、实施者和生产者之间形成了稳定的资源分配体系。这种通过国家行政手段在全社会进行多层次资源配置和收入再分配的体制被称为"再分配"体制。"再分配"体制使得行政权力取代财富和资产成为社会分层的重要机制。

（2）城乡的分割。新政权建立以后，工作重心从农村转入城市，并制定和实施以建立民族工业体系为核心的工业化目标。为了恢复城市秩序、解决城市失业问题、更好地控制城市规模和管理城市，政府采取了一系列经济和行政措施，对流入城市的农民进行劝阻、遣返和限制。1958年全国人大常委会通过了《中华人民共和国户口登记条例》，标志着城乡二元身份体制的定型，从而构建了中国城乡阶层分割的基本框架。城乡分割制强化并突出了地域和空间的分层。

（3）城市社会的"单位"化。"单位"是具有中国特色的特殊类型的组织，其原型是革命战争时期建立的各种政治、军事和文化机构。新中国成立以后，国家通过政权力量将城市社会中既存的各种组织改造成单位，包括行政单位、事业单位和企业单位。单位是中央计划经济体制中的基本组织细胞，处于社会生活的核心地位，成为国家与个人之间最重要的桥梁。单位以外的社会空间非常狭小，社会资源非常稀少。单位不同于一般社会组织的特点是：①隶属性。任何单位都有一个上级主管单位，必须执行上级指示。单位领导的任免、职务升降也取决于上级。②行政性。单位拥有国家政权赋予的行政权力和行政级别，并有权支配相应的社会资源。③多功能性。各类单位除了自身的专业功能外，还承担着社会功能和政治功能。④低流动性。社会成员一旦进入单位，便很难自由流动。由于单位在社会资源分配上的垄断性和重要性，有的学者认为，改革开放前城市社会阶层分化是以单位为边界的集团性分化。[3]

① 李强. 应用社会学 [M]. 北京：中国人民大学出版社，2004：392-393.
② 郑杭生. 社会学概论新修 [M]. 4版. 北京：中国人民大学出版社，2013：291-293.
③ 王汉生. 从城市分化的格局看中国社会的结构性变迁 [J]. 社会学研究.1991（2）.

　　如上所述，我国改革开放前社会体制的基本特征是行政权力控制着大部分社会资源的分配，城乡分割和单位壁垒设置极大地限制着人们的社会活动。公有制和以身份制、单位制、行政制为代表的次级制度化结构，构成了中国社会结构体系的基本框架。①

　　2.改革开放前我国社会分层状况

　　（1）分层结构。新中国成立初期，国家试图通过"土地改革"和"工商业改造"消灭旧中国的阶级体系，由此造成的财富和资产的均等化使得原有经济意义上的阶级不复存在了，人与人之间的经济差距大大缩小。然而这并不意味着我国社会分层就此终止了。经济差异的缩小使得以前不明显的其他形式地位差异凸显出来，围绕着行政权力和政治身份形成了新的社会分层结构。这套新的权力-身份分层结构，具有一套稳定的法律、法规及社会规范的维护体系。

　　在高度集中的中央计划经济体制下，计划的制订者和实施者位居社会权力中心，按照工业化目标和政治意识形态目标，决定社会稀缺资源的分配并确定劳动力价格，他们构成了社会的核心阶层即干部阶层。

　　随着社会主义改造时期的结束和经济建设时期的开始，专业技术人员的作用日益重要。他们一般受教育水平较高，在生产建设及各项社会事业中发挥着不可替代的作用。虽然在政治上他们经常处于被改造的境地，但经济收入和社会声望通常仍高于其他社会成员。专业技术人员和知识分子构成了另一个稳定的社会阶层。

　　工人，特别是产业工人具有较高的政治地位，被宪法确定为领导阶级、国家和企业的主人，并享有一系列法定的社会福利待遇。工人阶层文化程度较低，所从事的工作性质基本上属于体力劳动。工人阶级是当时社会的中坚阶层。

　　农民处于社会分层体系的最边缘地带。城乡分割的二元体制把他们排斥在中心社会之外，人民公社严密地组织农民的生产、生活，严格限制他们"盲目流动"，特别是向城市流动。农业产品和工业产品的交换按照国家规定的价格"统购统销"，从而在工农业资源交换中形成巨大的"剪刀差"，体现为城市对农村的"剥夺"。农民在各种资源（权力、社会声望、生存机会）的分配上处于全面的弱势地位。

　　（2）分层特点。改革开放前我国社会分层的结构具有如下鲜明特点：

　　①它属于一种政治性分层。改革开放前我国是一个高度政治化的社会，各个不同阶层均被赋予不同政治色彩。社会成员获得社会地位的方式通常也取决于政治性因素（政治出身、政治表现、政治面目等），与主流政治意识形态的距离决定着人们获得社会资源的机会和数量。人们之间的差异主要表现为政治性差异。政治运动和政治目标的变化是推动社会分层结构变动的主要动力。

　　②原有的分层是一种权力化分层。"再分配"体制下，行政权力决定着可供支配的社会资源的种类和数量。行政权力按照级别被层层赋予各个单位，虽然各个单

　　① 李路路，王奋宇. 当代中国现代化进程中的社会结构及其变革 [M]. 杭州：浙江人民出版社，1992：201.

位的性质、类别可能完全不同，但均能还原于行政级别，因而在权力维度上具有可比性。每个社会成员所属单位的级别大体确定了其在社会分层体系中的位置。

③原有社会分层是一种身份制分层。身份指的是依靠某种先赋方式或某种特权获得的地位，通常是不可更改的。判断一种社会地位是不是身份地位有两个标准：第一，身份与先赋因素相联系，具有世袭性。比如家庭出身在当时就是一个具有强烈政治色彩的身份，人们很难通过自身的后天努力而改变。第二，身份通常是一种被赋予了特殊权利的等级类别，是以非连续的异质性指标划分的，并得到法律、法规的认可和维护。不同身份的人在分配社会资源和生活机会方面存在着明显差距，而且这种差距是难以跨越的。比如工人和农民，不仅仅是不同的职业地位，而且是我国户籍制分割的难以更改的身份地位。身份制是一种刚性社会分割制度，其最大弊端是排斥公平竞争，束缚和压抑人的积极性。原有的分层结构就是建立在各种身份（户籍身份、政治身份、单位身份等）基础上的刚性地位分割制度。

二、改革开放以来我国社会分层结构的变化

我国自1979年实行改革开放政策以来，整个社会结构发生了深刻变化。中国社会结构的变迁包括两个重大的社会转变过程：一是从农业的、乡村的、封闭半封闭的传统型社会，向工业的、城镇的、开放的现代型社会的转变；二是从高度集中的计划经济体制向市场经济体制的转轨。社会转型和体制转轨同时并进，形成相互推动的趋势，是现阶段中国社会发展的重要特征。[①]现代化转型和经济体制的转轨构成考察我国社会分层结构变化的宏观背景和理论视角。

1.现代化转型对我国社会分层结构的影响

新中国成立以后，便开始了政府主导的工业化、现代化进程。改革开放以来，这一进程得到全面推进，中国加速地融入世界性现代化潮流中。

现代化这一历史进程，主要体现着技术和经济的合理化趋势，即基于计算的对经济效率的合理追求。它对社会阶层化的影响表现在以下方面：

（1）随着经济和科技的发展，劳动分工体系发生了巨大而深刻的变化，推动着原有职业结构的不断改变：劳动力从农业向工业转移，产品生产者向服务行业转移，增加了一批劳动强度较低而技术含量较高的新兴职业，非体力劳动者的比例不断上升。

（2）新兴职业更加要求个人的自获性成就，因而更加依赖于教育和训练。类似的职业将获得大体相同的报酬。教育、职业、声望及收入之间的联系日益紧密，社会经济地位构成社会分层的基本指标。

（3）职业结构的改变催生出一个庞大的中间阶层，使整个社会的贫富差距逐渐缩小，从而缓解了社会冲突，促进了社会稳定。

（4）职业体系日趋开放，社会自由流动空间扩大，从而能够依照经济发展的需要合理配置人力资源。

---

① 郑杭生. 关于21世纪中国社会发展的几点展望［J］. 社会学研究，1997（2）.

　　总体来看，由于现代化以科技和效率为导向，在现代化推动下，教育系统成为重要的职业分配机制，整个社会的职业一般会出现结构性向上流动趋势。

　　2.经济体制转轨对我国分层结构的影响

　　如果说现代化引起的社会分层变化是所有步入现代化社会面临的共同问题，那么，经济体制的转轨则是社会主义社会面临的特殊问题。20世纪80年代，几乎所有社会主义社会都发生了由中央计划经济体制向市场经济体制的转轨，这一变化是研究我国当前社会分层的重要背景。经济体制向市场化转轨的实质是变革原有的权力结构以及社会资源的占有、分配关系，因而是一场影响深远的社会利益结构的重大调整。

　　考察我国在市场化转轨中社会分层的变化必须充分关注下述特点：

　　（1）我国的经济转轨是由国家主导的、渐进的、和平的改良过程。国家逐步引入市场机制，不断提高市场化程度，从而形成一种多种经济成分并存的"混合体制"。"混合体制"意味着社会不同部分的转轨是不同步的、非均衡的。

　　（2）自上而下的市场化转轨意味着市场并不是由经济关系的发展而自发形成的，而是在政治权力的干预下创造出来的。在这种市场化转轨中，权力阶层可能具有双重身份——既是市场规则的制定者和维护者，又是具有自身特殊利益取向的行动者。"经济市场化"很可能伴生出"政治市场化"，即财富和权力有可能相互交易。

　　（3）"混合体制"不是纯粹的市场经济体制，原有的"再分配"体制中的主要成分如所有制形式、产权关系、户籍制等在很大程度上被保留下来，仍然是影响社会分层的制度性要素。

　　（4）市场化导致"体制外"经济成分逐渐扩大，市场机制的作用不断扩展，出现了"自由流动资源"和"自由活动空间"，在社会分层化过程中发挥着重要影响。

　　总之，我国当前正处于经济体制向市场化转轨的过程之中，这一过程尚未完结，社会主义市场经济体制尚不完善，因而社会分层结构也处于急剧变化之中，两种体制的并存是解释我国社会分层模式变革的基础。

　　三、当前我国社会阶层结构[①]

　　1.当前我国社会阶层的划分依据

　　我们以职业分类为基础，以组织资源、经济资源和文化资源的占有状况为标准来划分社会阶层。组织资源包括行政组织资源与政治组织资源，主要指依据国家政权组织和党组织系统而拥有的支配社会资源（包括人和物）的能力；经济资源主要是指对生产资料的所有权、使用权和经营权；文化（技术）资源是指社会（通过证书或资格认定）所认可的知识和技能。在当代中国社会中，这3种资源的拥有状况决定着各社会群体在阶层结构中的位置以及个人的综合社会经济地位。

　　根据这种分层原则，我们勾画了当代中国社会阶层结构的基本形态，它由10

---

① 陆学艺. 当代中国社会阶层研究报告［M］. 北京：社会科学文献出版社，2002：3-9.

个社会阶层和5种社会经济地位等级组成。这10个社会阶层是：国家与社会管理者阶层、经理人员阶层、私营企业主阶层、专业技术人员阶层、办事人员阶层、个体工商户阶层、商业服务业员工阶层、产业工人阶层、农业劳动者阶层和城乡无业失业半失业者阶层。

各社会阶层及地位等级群体的高低等级排列是依据其对3种资源的拥有量和其所拥有的资源的重要程度来决定的。在这3种资源中，组织资源是最具有决定性意义的资源，因为执政党和政府组织控制着整个社会中最重要的和最大量的资源；经济资源自20世纪80年代以来变得越来越重要，但它在当代中国社会中的作用并不像在资本主义社会中那么至关重要，相反，现有的社会制度和意识形态都在抑制其影响力的增长；文化（技术）资源的重要性则在近10年来上升很快，它在决定人们的社会阶层位置时的重要性不亚于经济资源。

2.10个社会阶层的界定

（1）国家与社会管理者阶层

国家与社会管理者阶层是指在党政、事业和社会团体机关单位中行使实际的行政管理职权的领导干部，具体包括：中央政府各部委和直辖市中具有实际行政管理职权的处级及以上行政级别的干部；各省、市、地区中具有实际行政管理职权的乡科级及以上行政级别的干部。目前，中国的社会政治体制决定了这一阶层在趋于等级分化的社会阶层结构中居于最高或较高的地位等级，是整个社会阶层结构中的主导性阶层，是当前社会经济发展及市场化改革的主要推动者和组织者。这一阶层的社会态度、利益、行动取向和品质特性，对于正在发生的经济社会结构的变迁和将要形成的社会阶层结构的主要特征具有决定性的影响力。

（2）经理人员阶层

经理人员阶层是指大中型企业中非业主身份的高中层管理人员。这一阶层同国家与社会管理者（干部）阶层和私营企业主阶层之间的区分界限还没有完全明晰化，其阶层内部的不同来源的成员，在社会政治态度和利益认同方面还有明显差异。这一阶层的社会来源主要是3部分人：第一部分是原来的国有和集体企业干部。随着现代企业制度的发展，这一部分企业干部逐渐从行政干部系列中脱离出来，成为职业经理人。第二部分来自较大规模的私营企业或高新科技产业领域中的民营企业，这些企业在20世纪90年代后期以来开始出现所有权与管理权分离的趋势，一些企业主聘用职业经理人来为他们经营管理企业；另一些业主则通过企业股份化而使自己从业主型的创业者转变为职业经理人。第三部分人是"三资"企业的中高层管理人员。

经理人员阶层是市场化改革的最积极推进者和制度创新者，他们代表着先进生产力和现代经济体制的发展方向。这一阶层的成员支配着大量的经济资源，他们都有较高的学历和专业知识水平，同时，他们的政治社会地位也较高，被称为"老总"。许多大中型企业处于国有或产权不清的状态，实际上是经理人员在支配这些企业的生产资料和经济资源。同时，这一阶层的主导成分与国家权力和海外资本有着紧密的联系。这种状况决定了经理人员阶层在当前的社会阶层结构中也是主导阶层之一，他们在社会经济政治生活领域中的影响力——特别是对政府经济决策的影响力，其至要大于私营企业主阶层的影响力，而且这种影响力还在继续扩大。

（3）私营企业主阶层

私营企业主阶层是指拥有一定数量的私人资本或固定资产并进行投资以获取利润的人，按照现行政策规定，即包括所有雇工在8人以上的私营企业的业主。私营企业主阶层是改革开放的产物，是在社会主义市场经济发育和发展的过程中产生和成长起来的。他们不仅是先进生产力的代表者之一，而且是社会主义市场经济的主要实践者，是社会主义市场经济的重要组织者，他们也是中国特色社会主义伟大事业的建设者，在中国经济的高速增长中发挥了重要的作用。

（4）专业技术人员阶层

专业技术人员阶层是指在各种经济成分的机构（包括国家机关、党群组织、全民企事业单位、集体企事业单位和各类非公有制经济企业）中专门从事各种专业性工作和科学技术工作的人员，他们大多经过中高等专业知识及专门职业技术培训，并具有适应现代化社会大生产的专业分工要求的专业知识及专门技术。专业技术人员是现代工业社会的中等阶层的主干群体，他们既是先进生产力的代表者之一，也是先进文化的代表者之一。而且，他们还是社会主导价值体系及意识形态的创新者和传播者，是维护社会稳定和激励社会进步的重要力量。在当代中国社会，专业技术人员阶层在推动科学技术发展和市场经济理念传播方面发挥了重要的作用。

（5）办事人员阶层

办事人员阶层是指协助部门负责人处理日常行政事务的专职办公人员，主要由党政机关中的中低层公务员、各种所有制企事业单位中的基层管理人员和非专业性办事人员等组成。这一阶层是社会阶层流动链中的重要一环，其成员是国家与社会管理者、经理人员和专业技术人员的后备军。同时，工人和农民也可以通过这一阶层实现上升流动。这一阶层也是现代社会中间层的重要组成部分。

（6）个体工商户阶层

个体工商户阶层是指拥有较少量私人资本（包括不动产）并投入生产、流通、服务业等经营活动或金融债券市场而且以此为生的人，如小业主或个体工商户（有足够资本雇用少数他人劳动但自己也直接参与劳动和生产经营的人）、自我雇佣者或个体劳动者（有足够资本可以自己开业经营但不雇用其他劳动者）、小股民、小股东、出租少量房屋者等。这一阶层也是经济改革的产物，其规模随着经济改革的推进而不断扩大。目前这一阶层是吸纳下岗工人、失待业人员和进城农民的一个重要渠道，也是社会主义市场经济的重要组成部分，是建设社会主义市场经济的一支很活跃的力量。

（7）商业服务业员工阶层

商业服务业员工阶层是指在商业和服务行业中从事非专业性的、非体力的和体力的工作人员。这一阶层的绝大多数成员的社会经济状况与产业工人阶层较为类似。但在一些大城市中，在与国际较为接轨的商业服务业部门中，商业服务业人员的社会经济状况较接近办事人员阶层。随着工业化和市场化的推进以及第三产业的发展，这一阶层的规模将会进一步扩大。

（8）产业工人阶层

产业工人阶层是指在第二产业中从事体力、半体力劳动的生产工人、建筑业工人及相关人员。产业工人阶层是推动先进生产力发展的基本力量，也是执政党建立政权所依赖的基础力量，是近代以来中国经济社会发展特别是社会化大生产的产物。

（9）农业劳动者阶层

该阶层是指承包集体所有的耕地，以农（林、牧、渔）业为唯一或主要的职业，并以农（林、牧、渔）业为唯一收入来源或主要收入来源的人员。这是目前中国规模最大的一个阶层。在改革开放的过程中，农业劳动者阶层曾经起过极为重要的作用：他们是传统计划经济体制的真正突破者，是农村经济体制的率先改革者，是市场经济的最早实践者和推动者。另外，这个阶层还是通过分化而产生个体工商户阶层、私营企业主阶层、产业工人阶层等的母体阶层。

（10）城乡无业、失业、半失业者阶层

城乡无业、失业、半失业者阶层是指无固定职业的劳动年龄人群（排除在校学生）。体制转轨和产业结构调整导致一批工人和商业服务业人员处于失业、半失业状态。就业机会不足使许多新进入劳动力市场的青年劳动力长期待业。城市大量征用农用地，则使大批农民无地可种，而这些农民在城镇一时还找不到合适的职业。另外，还有不少城乡居民因为残障或长期卧病的困扰而不能就业，他们多数也陷入贫困境地。无业、失业、半失业人群的这些特征使他们构成一个过渡性的特殊阶层。这一阶层的许多成员处于贫困状态。

3.现代社会合理的社会阶层结构

中国的现代社会阶层结构还仅仅是一个雏形，与现代社会阶层结构的理想形态及其运行机制相比较，还有很大的差距，其内部还存在诸多的不合理之处，明显具有过渡性、自发性和半封闭特点。相应地，这个结构雏形还有许多方面与整个社会主义现代化建设的进程还不相适应。正处在社会主义现代化建设过程中的中国，随着社会主义市场经济的继续发展与完善，其社会阶层结构的演变也将趋向合理。现代社会合理的社会阶层结构具有以下特征。

（1）现代社会阶层结构形态是中间大、两头小的橄榄形结构

橄榄形社会阶层结构的形态特征可以简单概括为两头小、中间大。所谓两头小是指，拥有较多组织资源、经济资源和文化资源，处于最高和较高社会等级的阶层规模较小；而拥有的各种资源最少甚至没有什么资源，处于较低和最低社会等级的阶层的规模也很小。所谓中间大则是指，就其所拥有的各种资源而言，社会的绝大部分成员处于社会的中间等级位置，属于社会中间层。

历史经验表明，如果一个社会的社会中间层规模小，并且占人口比例很小的上

层占据了绝大部分的社会资源，占人口多数的下层则处于贫困状态，出现严重的两极分化，那么这个社会就不会稳定，就有可能发生社会动荡甚至战争和革命。相反，在社会中间层规模大的社会，社会资源的配置一般都比较合理，经济社会分配差距比较小，大多数社会成员能在经济发展过程中从事体面的职业，获得比较丰足的经济收入，生活比较安定。这样的社会中间层成为社会的主体，他们对社会的主导价值观有较强的认同，他们与国家稳定和发展的利益一致，他们同时也是经济发展中的主导型消费群体，他们还是社会变迁中缓冲社会矛盾的稳定力量。无疑，在这样的社会阶层结构形态中，社会各阶层之间的利益矛盾和冲突一般都不会很大，或者不会那么尖锐，大多数社会成员很少对社会感到不满。这样的社会是最稳定、最可持续发展的。

（2）公平性、开放性和合理性是现代社会阶层结构的本质特征

①现代社会的阶层分化以成就为取向，一个人的社会经济地位的取得，不是依靠其先天的或与生俱来的条件，而主要取决于个人的能力和努力，也就是说，决定一个人的社会地位的主要因素是后致性因素，而不是先赋性因素。

②社会阶层的边界是开放的，而不是封闭的，既不一定是与生俱来，也绝对不是不可改变的。在这里，任何限定某人或某些人参与竞争的制度性障碍都是不合理的，也是不合法的。每个人只要有能力、肯努力，便有机会改变自己的社会阶层地位。

③现代社会的分工和专业化程度非常高，其结果是降低了传统社会所讲究的特殊品质（比如特殊的家庭身份、宗教、种族等）对个人的阶层地位形成的重要性，社会成员资格被标准化、普遍化。任何一个人，只要达到某种职位的最低标准要求，则不论其出身地位如何，都有机会在竞争中赢得这种职位。

④各精英群体，包括政治精英、经济精英和文化精英等，能够相互协商、合作、妥协和制衡。在现代社会，由于高度的专业化，在政治、经济和文化领域，总会有一些人拥有最多的资源，从而处于社会精英地位。他们之间既存在着利益的一致性，也存在着利益的差别。利益一致可能使他们走向结盟，利益差别则可能使他们走向对抗和冲突，这两种状态对任何一个国家和社会都是不利的，前者容易损害其他阶层的利益，后者则容易造成国家的动荡甚至分裂。而在现代化水平高的国家，既存在着各精英群体相互协商、谈判、妥协和合作的渠道和机制，又具有限制他们在协商过程中结成同盟的制衡机制。比如法律规定，企业家一旦参政，就必须离开企业界，脱离经济活动；参加这个政党的精英不能参加那个政党，等等。此外，各种各样的社会中间组织的存在，也是促使不同精英相互制衡的结构机制。

⑤贫困阶层享有满足基本生活需求和提升生存能力的制度性保障。逐步建立各种社会保障制度、培训体系以及慈善机构等，一方面满足贫困者的基本生活需求；另一方面帮助提升那些还有一定条件但暂时陷于贫困的人的就业能力和竞争能力。

⑥社会价值观念和意识形态认可合理的阶层分化机制和层级体系。在现代化水平高的社会，后致性的地位获得机制和竞争得到了社会的普遍认同，对竞争的舆

论、法律监控制度也相当健全，"能者上、不能者下"已经成为普遍的社会价值观念和意识形态的一部分。相反，在许多发展中国家，社会处于急剧的变迁之中，尚未建立公平的竞争机制，影响社会阶层分化的因素相当多而且复杂，使得多数社会成员不同程度地不认可现有的社会阶层分化和地位等级体系，甚至也采取不合理的手段和方式去获取社会资源，从而恶化了社会流动和分化机制，造成社会风气败坏、社会失序、社会认同混乱等问题。所以，价值观念和意识形态对社会地位等级和合理分化机制的认可，已经成为现代社会阶层结构的一个重要标志。

通过以上分析可以看出，现代社会的阶层分化机制以及由此形成的阶层结构之所以能够深入人心，成为一种广为接受的社会理念和文化价值，关键在于，通过这些机制和体制而形成的社会阶层结构具有公平性、开放性和合理性等本质特征，符合人类文明发展的方向。

应用社会学之窗

英国——一个阶级意识很强的社会

现代英国社会是一个多层次的阶级社会，其阶级的层次和阶级之间的界限一直是个有争议的问题。然而，大多数观察家认为，为数很小的上层阶级已经世袭了很多代，这个阶级由世代富翁所组成；为数较小的上中层阶级由从事脑力劳动的专业人员和新近发迹的人们组成；数量较大的下中层阶级由技术熟练的白领工人组成；最后是占人口一半以上的工人阶级。

与大多数其他欧洲国家不同的是，在从封建制度过渡到工业革命以后，英国仍然保留着它传统的封建制度的结构。君主制度一直没有取消，复杂的爵位制度基本上原封不动地保存下来。英国议会由两个立法院组成，一个是通过选举而产生的下议院，另一个是以世袭为主的上议院。虽然君主和上议院的权力已经小得微不足道，但是它们仍然影响着英国人生活的许多方面。有着相当长历史的爵位制仍然发挥着影响和作用，比如在姓名或名字前加上"爵士""夫人""勋爵"之类的称呼，这显然突出了上层阶级与普通大众之间的区别。

第二次世界大战以来，英国的几届左派政府作了很大的努力，用税收法减少收入差异，但财富分配的不平等仍然很突出，贫富差异仍然很大，因为大部分财富不是通过薪水，而是通过财产继承取得的。皇家社会科学院在1976年的一份报告中指出，占人口1%的最富的人占有全国25%的财富；5%的最富的人占有将近全国50%的财富；占人口10%的最富的人占有超过全国60%的财富。这种不平等正在通过极高的继承税得到解决，但是这个过程非常缓慢，因为必须等到富人们入土，这种税收才能生效。

除了财富继承以外，教育也是维持等级制度的主要途径。将近人口总数5%的上层社会家庭的孩子上所谓的"公立学校"，而实际上是收费很高、条件优越、设施完备的私立学校，其中大部分是寄宿学校。曾经在声望最好的私立伊顿公学上过学的18个学生后来成了英国首相；20世纪60年代，近一半的内阁成员来自于这所学校。上大学的比例也表明了私立学校的优越性。在牛津和剑桥这两所最有名的大学里，有一半的学生来自于私立学校。这两所大学的毕业生大多数被分配在英国的上层社会，控制着政治、法律、宗教、企业等重要部门。这些社会名流有专门的俱乐部。他们被称为"统治集团"或"神通广大的集团"。

在英国，阶级之间在生活方式和语言行为方面的差别要比美国更加明显。其中最重要、最可靠的表现形式是口音。上、中、下层阶级的口音有着明显的区别，英国任何一个居民都能够通过对方的言语判断出他们的阶级地位。留心的美国旅游者会发现，英国人倾向于根据不同的口音称呼对方。例如，一个推销员会在带有上层阶级口音的人的姓名前加上"爵士"或者"夫人"，而把带有下层阶级口音的人称为"亲爱的""老兄"或者"老乡"。

同美国等其他发达的工业社会相比，英国的社会流动要小，社会等级结构的封闭性相对要强一些。一些研究表明，一个美国的普通劳动者达到上层社会的可能性比英国中产阶级的成员上升到上层社会的可能性要大得多。不过，一些有利于开放式社会结构的形成、有利于社会流动的现象也在不断发生，比如英国皇室成员的婚庆礼仪不再那么奢侈铺张，国会拟废除上议院的世袭贵族制、不再让世袭贵族参加上议院、不再享有上议院的投票权等，这些改革对实现社会公平都有促进作用。

资料来源 张敦福. 现代社会学教程［M］. 北京：高等教育出版社，2001：214-215.

思考题

1.什么是社会分层？可以从哪几个方面理解社会分层？
2.如何正确对待西方社会学的社会分层研究？
3.韦伯三位一体的分层模式是什么？
4.改革开放前我国社会分层的结构具有哪些特点？
5.如何认识经济体制转轨过程中我国社会分层结构的变化？

推荐阅读书目

［1］李春玲，吕鹏. 社会分层理论［M］. 北京：中国社会科学出版社，2008.

［2］格伦斯基. 社会分层［M］. 王俊，等，译. 2版. 北京：华夏出版社，2005.

［3］边燕杰，吴晓刚，李路路. 社会分层与流动：国外学者对中国研究的新进展［M］. 北京：中国人民大学出版社，2008.

［4］李强. 社会分层十讲［M］. 2版. 北京：社会科学文献出版社，2011.

［5］李强.当代中国社会分层：测量与分析［M］. 北京：北京师范大学出版社，2010.

［6］朱光磊，等. 当代中国社会各阶层分析［M］. 天津：天津人民出版社，2007.

第十四章　社会流动

父亲的职业和教育水平同时影响儿子的教育和第一职业。

——布劳

第一节　社会流动概述

一、什么是社会流动

与社会分层密切相关的概念就是社会流动。社会流动通常是社会中的个人或群体在其社会地位上的变动，即他们从已有的地位向新的地位的转化过程。这是指个人社会位置的变化及个人社会属性的变化。

社会流动不同于一般的人口流动，如人口地理位置的迁移、各种原因引起的移民与人口在一定时间和空间范围内数量的增减等。一般的人口流动只构成社会流动的基础。由于社会关系的空间结构与地理空间关系是紧密联系的，如果地理空间的流动能引起人们社会地位的变化时，那么这种流动就具有社会流动的意义。而职业地位是个人社会地位结构中起主导作用的因素，因此，职业地位改变成为社会流动的标志。

社会学在研究社会流动时，既要从定量的角度去描述社会流动的程度和类型（如流动率和流动方式等），更要从定性的角度去分析社会流动的社会根源。对社会流动的研究之所以重要，是因为通过这种研究能更进一步地揭示一个社会中的社会分层状况和特征，并且有利于研究者们更好地把握与理解一定社会时期中的政治、经济和其他社会状况。

二、社会流动的类型

根据社会流动的方向、参数基点和原因，可以将社会流动相应地划分为如下3种类型：垂直流动和水平流动，代内流动和代际流动，结构性流动和非结构性流动。

1.垂直流动和水平流动

（1）垂直流动（vertical mobility）

垂直流动是指一个人从下层社会地位和职业向上层社会地位和职业的流动，或者从上层社会地位和职业向下层社会地位和职业的流动。因而垂直流动又可以分为上向流动（upward mobility）和下向流动（downward mobility）。上向流动表明了个人或群体社会地位的相对提高，是社会最为关心的流动形式。上向流动的机会受高层位置数与欲求者人数的比率的影响，也就是说，影响和制约上向流动的因素既有社会方面的又有个人方面的。垂直流动既可以是伴随地区间的流动，也可以是原地升降。

垂直流动无论对个人还是社会都极为重要。它影响社会的阶级和阶层、职业结构和产业结构。如果一个时期内向上流动的频率超过向下流动，说明社会在进步；反之，说明社会在倒退。每个人都希望向上流动而不想向下流动。但是，每个社会向上流动的机会分布是不均匀的，只有那些具备一定条件的人才有可能上升，这些条件包括知识、才干、机遇和环境等。对社会来说，关键是要有各种合理的流动通道，要有一整套选优的标准和实施办法。这些标准、渠道和方法，是在社会流动的实践过程中形成的。

随着我国改革的深入，社会流动的频率加快，社会需要建立这样一种健康流动的机制——完全依靠竞争机制筛选人才，保证社会流动的正常进行。

①教育筛选机制。系统的教育可以创造机会均等的条件，让各阶层的子女都能得到与他们的才能、智慧、志向相宜的训练，也就可以使他们在公平竞争的基础上获得更多的机会，承担某些重要的工作与获得相应的待遇。

②人事筛选机制。这是一种不以身份论英雄，而以能力选拔人才的机制。它打破了所有制界限、单位界限、户籍界限、社区界限，父母社会地位的高低在这里既起不到推动和帮助作用，也产生不了阻力作用。选拔人才是根据个人自身的品质、知识、技能和成就来进行的。

③市场筛选机制。这种机制使任何社会位置所提供的社会流动机会向所有符合条件的人开放，而不是只向其中的一部分人开放，使竞争规则变得公平合理。它按照人们固有的才能和付出的努力进行归类分层，把对社会贡献较多的人推向社会的上层，使之获得相应的报酬，包括权力、财富和声望等。

④政策筛选机制。这是一种宏观的调控机制，它可以调控竞争成功者的报酬和失败者的代价，以免两极过度分化。它可以抑制、惩罚越轨性社会流动，使之难以获得成功。它可以提倡、奖励符合社会规范前提下的合理流动，引导社会流动的趋向。例如，我国的"老、少、边、穷"地区需要大量的人才，有许多空缺的位置，政府通过政策鼓励，倡导理想、信念、奉献、牺牲等精神因素，激励社会优秀人才为实现自身价值向这里流动。

（2）水平流动（horizontal mobility）

相对于垂直流动，水平流动是在同一地位类型中的不同社会位置之间的横向的移动，是指一个人在同一社会职业阶层内的横向流动。它多半是地区间的流动，也包含在同一地区的不同工作群体或组织之间的流动。这种流动不会造成人们在社会分层体系中所处地位的改变。

水平流动对个人的社会地位变化的影响不大，而对社会分层的变化影响较大。大规模的水平流动的出现，往往与产业结构、职业结构的变化有关。水平流动可以使自然资源、物质财富及人才资源得到合理的分配和使用，影响着人口的地区分布和产业结构、职业结构的变化，有利于各地区和群体之间的文化交流，能够打破地区和人群的封闭状态，有利于社会的发展。

2.代内流动和代际流动

（1）代内流动（intragenerational mobility）

代内流动又称作个人一生中的流动，指个人一生中在职业和地位等方面的水平的或垂直的流动。一般以职业作为社会地位的特征，以个人最初的职业作为参照的起点，以最后的职业作为终点，比较处于两个时点上的职业发生了什么变化，从中考察引起变动或未引起变动的原因及变动的规律。代内流动的方向、比率、速度和规模，既反映社会经济变迁的程度，又反映分层结构分化的方向、速度和规模。在现代工业社会，尤其是在城市，由于就业机会和教育机会的增长，代内流动的速度加快，个人一生中多次变换职业、不断改变社会地位是非常普遍的现象。代内流动率的提高，也是社会现代化的一个指标。社会学对于个人一生中流动的研究，主要关注人一生中在哪个年龄段发生流动的次数多，哪种职业地位的人发生流动的次数多，他们向哪个方向流动等。其研究的目的是探索人生中的一条流动曲线，揭示个人一生社会流动的规律。

（2）代际流动（intergenerational mobility）

代际流动指两代人之间职业和社会地位等的流动，具体操作是通过测量子代的职业与父代职业的异同程度表示出来的，或以父母与子女在同一年龄时的职业，或以子女刚成年、初次就业时的职业与父母当时的职业或其他地位作为比较的基点，考察第二代人（子女）与第一代人（父母）相比，社会地位有无提高，并从中找出引起或未引起变动的原因及变动规律。代际流动的状况，反映了社会进步的程度和分层体系的变化发展状况。因此，发展经济，提高教育水平，强化流动机会的公平机制，是提高代际间上向流动几率的基本途径。

在代内流动和代际流动中，社会学尤其重视代际流动的调查研究，因为代际流动更能反映社会变迁的方向，更能改变社会和家庭的职业结构。在封闭的传统社会里，子承父业的情况非常普遍，一个人一出生就注定要在他父辈所属的阶级和阶层里终其一生，代际流动很少。在开放的现代社会，每个阶级和阶层的大门都是敞开的，代际流动成为历史必然。

与上向流动的总体情况类似，代际流动中上向流动的机会并非对所有的人都是一律平等的，它受到许多个人条件和环境因素的影响。在代际流动的研究中，研究者特别重视父母的教育程度和职业对子女社会地位的影响。美国社会学家研究发现，影响个人职业选择的模式是，父亲的职业和教育水平同时影响儿子的教育和第一职业，其中尤以父亲的职业对儿子的教育影响最为显著。儿子的第一个职业和他所受的教育同时影响他现在的职业，其中尤以第一个职业影响最大。从这个模式中看，家庭的代际流动是受到上一代人的职业和教育水平所限制的，即家庭内部条件对代际流动起到制约作用，这是不以他们个人的意志为转移的。如果把社会环境的变化因素考虑在内，尤其是在现代社会变迁速度加快的情况下，则有许多外力促进社会的代际流动。

在任何一个社会里，代际流动都是双向的，既有上升也有下降。考察一个家庭内的代际流动只具有个案意义，无法排除许多偶然因素。社会学着重从总体上考察上升与下降的比例，从中发现社会变迁的规律。

3.结构性流动和非结构性流动

（1）结构性流动

凡是由于自然环境和社会环境的突变，或由于社会结构某些层面发生变化而引起的流动称为结构性流动。例如，由于产业结构、所有制结构、城乡结构、职业结构、教育结构乃至人口结构变动所引起的人们在不同产业间、不同所有制单位间、不同行业和职业间的流动。这种流动一般具有规模大、速度快、变动急剧的特点，因而最能够给分层体系注入活力，促进分层结构的合理化配置。结构性流动能够在短期内影响社会结构和人口分布的变化。在结构性流动中，最引人注目的是由于科技和生产力的发展以及经济结构的变动而创造出的大批新职业和新职位。这些职业和职位的出现，使非技术性和强体力性的工作越来越少，而对专业人才的需求越来越多；使职业声望低的某些行业和职业逐渐被淘汰或工作条件得到改善；使农业人口逐渐减少并转向其他的行业和职业。结构性流动是有方向性的，从每一次结构性流动中都可以发现社会变迁的性质和规律。总之，科技和生产力的发展以及社会结构的不断进步，一般都会提供更多的向较高地位的社会位置流动的机会，因而具有积极的作用。

（2）非结构性流动

非结构性流动是相对于结构性流动而言的。非结构性社会流动又称作自由流动，是指在社会基本结构不变的情况下，或者说，不是由于社会结构的变化而是由于个人原因造成的地位、职业的变化。非结构性流动不强调结构变动的客观条件，而强调个人的条件、流动欲望和社会背景对社会流动的意义与作用。因此，非结构性流动主要受到社会空位的需要与个人补缺的条件、愿望和需要相吻合程度的影响。二者吻合的程度越高，流动的可能性越大；反之，流动的可能性越小。非结构性流动的意义在于，承认个人争取社会地位的权利，考虑个人志向、兴趣和内在动机对决定其社会地位的意义与作用。非结构性流动是随时随地都会发生的，它没有固定的方向，很难从个别的自由流动中发现社会变迁的性质与趋势。自由流动不会对社会结构和人口的分布产生重大的影响。

三、社会流动的功能

从现象上看，社会流动表现为社会成员社会位置的变动。但从本质上说，社会流动促成了社会的发展变化和结构变动，对社会发展具有积极的推动作用。社会流动的功能表现为如下几点：

1.形成新陈代谢的社会机制

合理的社会流动可以形成一种新陈代谢的社会机制，从而促进社会的良性运行。众所周知，生物的进化是建立在生物机体的新陈代谢基础之上的，而社会的发展特别是其社会转型也是建立在社会机体的新陈代谢基础之上的。社会机体的新陈代谢在一定意义上说是通过社会流动实现的。譬如，经常的、合理的流入与流出将保持并增加劳动职工队伍的生机与活力，经常的、合理的上向流动和下向流动将保持并增加干部队伍的生机与活力。可见，合理的社会流动将促进社会机体的新陈代谢，并不断给社会运行带来生机与活力。

2.形成缓解冲突的社会机制

对于一个社会来说，正常的社会流动更是必不可少。在一些传统社会（如在古代印度的种姓制度和以前南非的种族隔离制度）中，由于缺乏社会流动，使得各阶层之间的关系僵化、矛盾尖锐，严重时还可能爆发大规模的社会冲突。而社会流动是个人与社会位置之间联系的非固定化，打破了社会阶层之间的壁垒，使各个社会阶层的人员处于不断的更新变换之中，因而可以减弱社会分层的集团意识，增加改变社会地位的机会，缓和社会地位差别造成的冲突，释放由社会不公平的能量形成的社会张力。因此，社会流动重要的功能在于它能有效地缩小各阶层之间的距离，并因此缓和因社会分层而带来的各种社会矛盾。一些学者甚至指出，马克思当年所预料的社会主义革命之所以至今未能在主要的资本主义国家中发生，其原因之一就是在当代社会中社会流动机会增加了，因而阶级之间的矛盾就减小了。

3.形成促优汰劣的社会机制

合理的社会流动可以有效激发人的积极性和进取精神，形成一种促优汰劣的社会机制，从而促进和推动社会的运行与发展。对个人来说，社会中的大多数人都希望通过各种途径去改善自己的社会地位，而只有在具有较多流动机会的社会中，人们的这种愿望才可能正常实现，同时，只有存在正常流动的可能性时，个人的积极性才可能被充分地调动起来，个人的才能才会得以很好的发挥。从社会成员与其社会位置的关系看，二者的结合一般呈现出差、中、好三种状态。所谓差，就是不适者与其社会位置的结合；所谓中，就是较适者与其社会位置的结合；所谓好，就是最适者与其社会位置的结合。后一种结合才是社会成员与其社会位置的最佳结合，而这种结合只有在现代社会并通过经常的、合理的社会流动才能实现。反过来说，经常的、合理的社会流动可以形成一种促优汰劣的社会机制，即它会使逐渐失去优势的社会成员与其社会位置相分离，同时使逐渐获得优势的社会成员与其社会位置相结合，只要其"离合"与其"优劣"紧密结合，社会流动就可能成为个人和群体自我提高和自我发展的强大社会动力。

4.形成拾遗补缺的社会机制

合理的社会流动可以形成一种拾遗补缺的社会机制，从而促进社会的协调发展。在社会的发展过程中，特别是在社会的转型过程中，社会的不同层面、不同领域、不同地区及不同行业等不可能齐头并进，必然出现快慢之差和先后之别，即在发展过程中，必然出现其不平衡或不协调的现象。仅从劳动人事角度看，因经济政治发展的不平衡，有的地区、行业及单位可能人口稠密、劳动力多余或人才拥挤，而有的地区、行业及单位可能人口稀少、劳动力不足或人才奇缺。合理的社会流动就能形成一种拾遗补缺的社会机制，使人口从其稠密地区流向其稀少地区，使劳动力从其多余的行业流向其不足的行业，使人才从其拥挤的单位流向其奇缺的单位。由此可见，合理的社会流动不仅能使个人才能得到发挥，而且会使社会结构得到优化。

此外，社会流动还是评价一个社会分层体系良性程度的重要指标之一。社会学家将一个社会流动可能性较大的社会称为"开放性社会"，而将流动可能性较小的社会称为"封闭性社会"。一般说来，建立一个开放性社会应该是社会发展的主要目标之一。在我国的许多历史时期，各阶层之间都有一定的开放性程度。例如，在我国传统的小农经济中，一般农民可能通过财富的积累而上升为富农或地主，而地主破产后也会降为一般农民。再有，我国从隋代开始就实行了一套官方的科举制度，符合当时才能标准的人可以通过这套考试制度实现上向流动，统治集团对当时社会的统治也因此而得到加强。20世纪50年代以来，由于严格的户籍制度、劳动力计划安排制度和干部人事制度的作用，我国的社会流动曾经受到较大程度上的限制。实践证明，这种限制是不利于经济与社会发展的。改革开放以来，我国社会的阶层结构正朝着开放性的方向发展，社会流动越来越频繁，并且这种趋势已对我国经济与社会发展都起到了积极的作用。

第二节　影响社会流动的因素

影响社会流动的因素大体可归纳为自然、人口、社会等方面。

一、自然因素

自然环境的变化是引起社会流动的一个重要原因，由此引起的流动多半是在空间上的流动，它调节着人口和资源的重新分配。突发性的自然灾害，如地震、火山爆发、洪水、干旱等，都会使一定地域内的人口在短期内大量外流，进而造成他们职业和社会地位的变化。比较缓慢的自然生态的变化，也会引起一个地方的人口逐渐迁出或迁入，造成社会流动。例如，自汉唐以后，渭水流域的关中地区由于受到西北黄土高原水土流失和风沙侵袭的影响，最终失去了自然环境的优势，从而使人口逐渐向长江三角洲流动，并逐渐学习和适应了新的产业结构和职业活动。例如，2008年5月12日的四川汶川大地震将促使数十万甚至百万人口的社会流动，遭受了自然灾害的人们将在新的空间里，寻找新的职业，从事新的产业活动，并建构起新的社会关系。

二、人口因素

人口是生活在自然环境之中并依靠土地、动植物、水和矿物质等自然资源而生存的。人口自然变动是指由人口作为生物群体所必然发生的出生和死亡而引起的人口数量的增加或减少，以及人口性别年龄变化的过程。如果人口密度超过自然资源的承载力，势必会引起人口的向外流动。人口密度主要由人口的自然增长率造成，而人口的自然增长率并不是直接由资源的贫富所决定的。当一个地区的人口自然增长率过高或过低，就会产生人口的压力或吸引力，出现人口流动。如果这种流动伴随着职业和社会地位的变化，那么，与社会分层相对应的社会流动就发生了。

人口因素对社会流动的影响主要表现为两个基本方面：一方面人口的出生和增加在一定程度上决定着社会流动的存在与发展。由于社会流动的主体是人，因此，一定数量的人口是社会流动得以进行的自然前提。人尚未出生或已经死亡，就无所谓社会流动。而人口的不断增加又是社会流动得以发展的生物基础。另一方面，人口的性别特别是年龄在一定条件下决定着社会流动的流程与流向。在我国封建社会，由于男尊女卑等封建枷锁的束缚和男主外女主内生活格局的限制，在一个人的终生流动中，一个男子与一个女子的流动大多是有明显区别的，即男子社会流动特别是向上流动的机会一般多于女子。与人口性别相比，人口年龄对社会流动的制约作用则表现得更为普遍、更为明显。无论是在哪种社会，少年、青年和中年的社会流动一般是向上的且流速渐快，而老年的社会流动一般流速渐慢。

三、社会因素

从一定意义上说，引起社会流动最根本的原因来自社会。这是因为：

（1）社会价值观的变化是引起社会流动的重要原因。如果社会价值观肯定、崇尚某种东西，如知识、财富、权力、声望等，则会引起人们竞相追逐，就会改变人们社会流动的方向、频率、规模和速度。例如，中国曾一时流行的"知识无用""知识越多越反动"的价值观念，使得知识分子的社会经济地位大大下降，人们往往以出生于贫雇农家庭为荣，以出生在知识分子家庭为耻，也不愿意向知识分子阶层流动。

（2）由发明创造引起的社会进步和生产力的发展，是社会流动的根本原因。在传统社会里，社会流动之所以稀少，是由于生产力发展缓慢；到了工业社会，生产力迅速发展，产业结构分化加速，社会流动率才不断提高。一个生产力水平不断提高的社会，上向流动的比率也会提高；反之，就会出现众多的下向流动。一般认为，工业化是促进社会流动最直接的因素，因为大工业的本性决定了劳动的交换、职能的更替和工人的全面流动性。

（3）社会改革和社会革命是引起社会发生结构性流动的原因。作为一场深刻的社会变迁，社会改革调整了政治经济制度和产业结构，必然引起人们在社会经济地位方面的变化。中国自1979年以来发生的社会流动便是如此。社会革命从根本上改变了社会的阶级关系，在革命过程中和革命以后，阶级关系发生大调整，各阶级成员的社会经济地位必然会在调整中上升或下降。

（4）教育结构的变化也是引起社会发生结构性流动的重要原因。教育的增加，例如高等院校、专门学校的大量增加，大学入学率的提高，使更多的社会成员受到高等教育和专门的职业训练，提高了他们转换身份的机会与流动的能力，增加了社会流动的普遍性与均等性。

（5）战争、民族歧视和民族压迫，是社会流动的一个常见原因。哪里有战争和民族压迫，哪里就有难民逃出。难民问题已经成为当代世界的一大社会问题。难民问题的直接后果是，难民经济来源的减少和收入的降低，他们生活的众多方面都会受到影响。

（6）影响和制约社会流动的社会继替规则。所谓社会继替规则，是指在分层体系结构不变的条件下，社会位置的出缺和填补的原则与规范。在分层社会中，个人要获取或改变一定的社会地位、职业等，必须到既定的分层体系结构中去寻找相应的位置，而他能找到什么样的位置和怎样得到这个位置，则取决于社会的继替规则。有两种社会继替规则对社会学分析十分重要，即世袭规则和自致规则。世袭规则规定，社会地位的获得依据与生俱来的先赋性条件，如出身门第、身份等级、亲属关系、种族归属、继承权以及与此相关的其他生活条件。这种规则显然只把流动的权力限定在世袭的等级集团内部。自致规则承认个人的后天努力在上向流动中的重要作用和意义，认为个人可以依靠自身所受的教育和训练，凭借自己的才干，争取到某种社会地位，并且依据自身条件的变化转换到另外的社会位置上去。

第三节   社会流动的理论解释

对社会流动的研究始于19世纪末，它是与社会分层的研究同时进行的。在西方社会学界，社会流动已成为社会学的一个重要研究领域。社会流动会引起社会结构的变化，大多数人流动的方向和频率反映着社会变迁的方向。因此，社会流动被人们看作是社会变迁的指示器。具有代表性的社会流动理论有以下几种：

一、社会流动率理论

社会学界普遍认为，索罗金发表于1927年的《社会流动》是第一部用现代观点系统论述社会流动的著作。他使社会分层概念和社会流动概念相对应，而且对后者十分重视。索罗金强调对社会流动的定量研究。他侧重研究了流动的数量、方向和地区分布等问题。在社会学研究中经常使用社会流动率这个测量指标分析社会流动对社会发展的影响。这是一个描述社会流动量的指标，用来测量各个社会的流动水平。计算方法是：

$$社会流动率 = \frac{流动人数}{全部人口}$$

索罗金认为，社会流动与社会发展之间存在一种正相关关系，社会越发展，社会流动率就越高。高的社会流动率可以作为一种安全阀，释放较低阶级的不满。

李普塞特（S.M.Lipset）和本迪克斯（R.Bendix）发现，内在于所有社会结构中的几个不同过程对社会流动率具有直接影响：包括可得到的空间数；不同的出生率；职业等级的变化；可继承的地位——位置数的变化；关于潜在机会的法律限制方面的变化。

二、地位实现模型理论

除了对社会流动量大小的分析以外，布劳（P.M.Blau）与邓肯（O.D.Duncan）对个人地位实现过程（status attainment）的分析，在社会流动研究领域堪称一大贡献。布劳与邓肯于1967年出版了《美国的职业结构》一书，系统探讨了20世纪60年代美国的职业地位和职业流动，首先使用流出率、流入率、联系指数、社会距离流动比等一些参数，描述了职业流动模式，然后重点考察了影响这些模式和个人成功机会的因素。在"地位实现模型"中，布劳与邓肯选择了5个变量作为与个人地位实现有关的变量：父亲的教育、父亲的职业、本人的教育、本人的最初职业、本人的目前职业。

继布劳与邓肯之后不久，很多社会学者从各自不同的理论假设出发，或重复布劳与邓肯的模型，或引入一些新的变量对模型加以修正。地位实现模型在社会流动研究中得到了广泛的应用。

三、社会流动的结构分析理论

自20世纪70年代末起，许多学者开始注重社会流动的结构分析。他们强调社会流动过程中的个人特质以外的结构性因素，主要的理论有二元劳动力市场理论、二元经济理论、内部劳动力市场理论等。

1.二元劳动力市场理论

这一理论认为，劳动力市场分为两个部分：主要劳动力市场和次要劳动力市场。次要劳动力市场的工作，往往工资福利低，工作条件差，劳动力流动性大，晋升机会少，在职训练的机会很少或没有；主要劳动力市场的工作往往工资福利高，工作条件良好，就业稳定与晋升机会多，有广泛的在职训练。次要劳动力市场与主要劳动力市场之间，存在有限的工作流动性。

导致劳动力市场分割的因素主要有以下几个方面：技能、产业、地理因素。在转型期的中国，有两种劳动力市场的分割显得非常重要：一是由就业体制不同而造成的城市劳动力市场在国有部门和非国有部门之间的分割；二是由地区差异、技能差异、户籍制度和城市就业保护而造成的劳动力市场的城乡分割。

2.二元经济理论

以刘易斯（W.A.Lewis）的《无限劳动供给下的经济发展》为起点，由乔根森（D.W.Jorgenson）和费景汉（John C.H.Fei）与拉尼斯（G.Ranis）进一步修正发展，形成了二元经济理论。二元经济理论在劳动力无限供给的假设条件下，将农业剩余劳动向现代的非农业部门的转移看成是经济发展过程的一个必经阶段。

3.内部劳动力市场理论

所谓内部劳动力市场，是指根据企业的规章制度、惯例或企业与企业组织内雇员所达成的协议运行的，企业组织内雇员由录用、提升、调动、暂时解雇、解除或终止劳动合同等构成的运动系统。内部劳动力市场具有以下特点：

（1）该市场只限定在企业内部。雇员的录用、降职、调动、晋升、正式培训与非正式培训、暂时解雇等，表现为企业内部劳动要素的组织行为。这种行为以雇员与企业的从属关系、企业对雇员具有使用支配权为前提条件。这一点与外部劳动力市场的作用范围是全社会、进行相互选择的行为主体不存在支配对方的权力等方面有着本质的区别。

（2）内部劳动力市场形成的基础是企业和雇员持续的劳动关系。这种关系以制度安排、惯例为根据和基础。内部劳动力市场劳动力的配置转换和工资变动等现象是劳动力在企业内部流动的表现。这种流动反映了企业的生产过程。通过流动调整着劳动职能的变换。

（3）内部劳动力市场与劳动力的流动的影响。它可以使企业生产要素配置趋于最优化，并使这种配置调整在费用最小的情况下实现。内部劳动力市场的活动受到企业严密完整的计划约束，并受到企业发展战略的指导。外部劳动力市场的功能是工资和就业的决定，是通过社会范围内劳动力供求的矛盾运动实现劳动力的配置，其作用原理是市场机制。

上述3种理论的共同点在于，以"分割"的概念去分析劳动力市场或经济结构。所不同的是对劳动力市场分割的重心不一样，有的重视产业部门的分割，有的重视公司内部与外部的分割，有的重视职业分割等。这些理论都强调了社会结构与工作报酬之间的关系、社会结构与职业生涯以及社会流动之间的关系。

四、推拉理论

"推拉理论"（push and pull theory）是研究流动人口、移民的最重要的理论之一。在此方面有贡献的学者人数众多，比如埃弗雷特·李（Lee，1966）、巴格内（Bagne，1969）、缪尔达尔（Myrdal，1969）、特里瓦撒（Trewartha，1969）等。推拉理论认为，在市场经济、人口自由流动的情况下，人口之所以迁移、移民之所以搬迁，是因为人们通过搬迁可以改善生活条件。于是，在流入地的那些使移民改善生活条件的因素就成为流动人口的拉力，而流出地的那些不利的社会经济条件就成为流动人口的推力。人口迁移就是在流出地的推力和流入地的拉力两种力量共同作用下完成的。当然，以往的研究也已经提出，流入地和流出地各自都有推和拉两种因素，即流入地和流出地都同时具有吸引和排斥两方面的作用力，此外在流入地和流出地之间还有中间障碍因素，比如流入地与流出地两个地方的文化差异，也会对流动产生影响等。①

国际上对于推力与拉力的研究是以劳动力充分自由流动的市场经济为前提的。我国虽然也已经朝向市场经济迈进，但是，市场的发展还是很有限的，这种有限的最为突出的表现就是户籍制度。在户籍制度的作用下，推力与拉力都会出现变形。有些推力或拉力，会出现"功能失效"的问题。也就是说，此种因素虽然还存在，但是它却失去效用。例如，城市中的对于农民工的打击，显然是一种迫使农民工返乡的推力。但是年轻的农民工并不因此而退却，而是在奋勇地争斗。因为，他们正处在生命周期的外出阶段，再大的阻力也难以阻止他们的外

---

① 李强. 农民工与中国社会分层［M］. 北京：社会科学文献出版社，2004：42.

出。又由于生活目标的影响，农民工从来也没有想在城市定居，来城市的目的就是赚钱，只要还能赚到钱，他们就会与各种阻力相抗争。一般的推拉因素，特别是经济方面的推拉因素是促进农民工流动的，而户籍制度则是阻碍农民工流动的。

第四节　当代中国的社会流动

从总体上说，当代中国的社会流动都与社会转型紧密相关。中国社会转型是从1840年鸦片战争开始的。到目前为止，这一转型过程大致经历了1840—1949年的启动和慢速发展阶段，1949—1978年的中速发展阶段和1978年至今的快速或加速发展阶段。与社会分层一样，我们也是侧重于中华人民共和国成立以后的中国社会流动状况的分析。其主要分为两个阶段：第一阶段是中华人民共和国成立后至改革开放前，第二阶段是改革开放之后。

一、改革开放以前中国的社会流动状况

中华人民共和国成立以后，新的分层秩序是国家通过使用政治和行政手段建立起来的，对消除阶级的不平等、调动劳动人民积极性起了很大作用。在这种结构中，政治地位成为影响社会地位的决定性因素，限制了社会成员的资源获取与地位变动。这一时期，无论阶级身份还是其他身份都是封闭的，例如，政治身份被冻结了30年，并具有先赋性和难以改变性，子女必须承袭父辈的成分，它对就业、招生、入党、提干、参军、通婚等每一个人生的关键处都发挥着决定性影响。社区身份（农民或居民）、所有制身份（全民或集体或个体）、人事身份（工人或干部）、单位身份（事业或企业）、行政身份（处级或科级），被户籍制度、人事制度、福利制度等一系列国家的政治制度与行政管理手段所阻隔，个人的社会位置往往是国家直接分配的结果，而不是个人选择的结果，个人流动的难度很大。另外，由于部分优秀工人、农民参加了各种行政、事业管理，职业阶层出现了某些流动。同时，随着劳动人民子弟受教育的机会增多，向上流动也有了一定的增加。在20世纪60—70年代，曾一度出现过由政府动员组织的城市知识青年"上山下乡"运动，这是一次代际的向下流动。之所以出现限制社会流动并组织向下流动的情形，除了政策制定者认识上的偏差之外，主要是由于社会生产力发展缓慢甚至有时某些方面出现倒退造成的。

改革开放以前社会流动的政治性与封闭性特征所产生的负功能是明显的。具体表现在：

（1）价值导向扭曲。由于影响社会流动的其他因素的弱化，政治权力上升为决定性因素，客观上诱导人们把主要精力投向政治，将追求权力作为地位升迁的主要动力，刺激了有才华的社会成员纷纷投入政治活动，将"红路"作为改变社会地位的阳关大道，而从事经济、科学活动的积极性逐步降低。

（2）公平竞争受到压抑。在社会分层结构呈现刚性而无法改变的状况下，社会

差别往往是由许多先赋因素或非自身的因素造成的。例如，出生于农民阶层的青年人，既无法改变农民的身份，也无法改变家庭贫瘠的社会性资源状况，在还没有施展才华参与社会竞争之前就处于劣势地位。他们无法把握自己的命运，被先赋性因素与外在强制力量冻结住，最终窒息了许多社会成员向上的活力，社会也损失了许多优秀人才。

（3）社会压力加大。在社会阶层结构中，生存的机会具有"马太效应"，越是处于社会上层的成员，生活的选择机会越多，生活质量越高，生活得越舒适轻松；反之，处于社会底层的社会成员，不仅物质生活匮乏，生活发展机会也较少，而且还要承受来自社会的各种类型的压力，这就埋下了社会不稳定的因素。

二、改革开放以后中国的社会流动状况

当前中国的社会流动状况与中国的改革开放紧密相关。而改革开放的过程也是中国从传统型社会向现代型社会快速转型的过程，因此当前中国社会流动因社会转型的快速或加速推进而发生了明显的变化，带有转型或转轨的特点。具体分为以下两个阶段：

1. 20世纪80年代中国的社会改革与社会流动

1979年以后，中国实行政治经济体制改革，城市实行产业结构的调整，农村实行各种形式的承包制，政府部门的部分权力下放，一部分地区放宽了农村与城镇间的人口流动限制。于是，社会流动以前所未有的规模和速度展开。这个时期水平流动的主流是从全国各地向南方和东南沿海地区的流动，各个大城市和闽粤两省人口向海外的流动也重新活跃起来。这一时期的社会流动多半为垂直的向上流动，社会流动的标准和途径各异。这或许是社会改革时期不可避免的现象。然而从长期趋势看，教育水平和政策将成为向上流动的主要因素。

中国社会流动的闸门是依次被突破的。社会流动浪潮的第一波是从禁锢最深的农村开始的。20世纪80年代初期，实行土地承包之后的农民有了自主经营的权利和支配劳动时间的权利，在人多地少、农业成本上升、农业效益下降的压力下，面对城市较高的利益，纷纷离乡背井，涌入城市寻找生存的空间。流动的第二波是从处于社会底层的阶层产生的。20世纪80年代中期，没有职业的社会闲散人员出于谋生的需要，在商品经济大潮的冲击下，纷纷加入个体、私营经济活动，借政策的倾斜和市场的短缺迅速致富。流动的第三波是从公有制内部涌起的。一些人不愿吃"大锅饭"，不甘于平庸生活，又有一定能力和胆量的"公家人"，纷纷"孔雀东南飞"，跃入商品经济的海洋，通过经济致富改变社会地位。

20世纪80年代出现的"流动热"和"流动潮"，它一方面表明我国社会正以强劲有力的步伐走向开放。因为一个社会的流动程度与其开放程度成正比，而与其封闭程度成反比。因此，成批社会成员主动要求改行、易地和"跳槽"这种前所未有的社会现象表明，改革开放的启动和市场机制的引入正在给我国社会注入活力与生机，我国社会开放程度正在提高。另一方面，它又表明我国社会发展尤其是改革开放在行业、地区及单位间严重失衡。从流向看，当时我国的社会流动呈单向式，而不是双向式，即相对流出一方来说是有出无进或出多进少，而相对流入一方来说是有进无出或进多出少。如当时上海26所高校10年流失教师近3 000名，而广东1年流入高级工程师1万多名。这种流动的结果是使人才拥挤和人才奇缺两种截然不同的社会现象共存于同一社会的不同行业、地区和单位。从流量和流速看，当时我国的社会流动呈迅猛式，而不是平缓式，即单位时间内的流量过大、流速过快。其结果不仅流出一方因人才顿失而工作受损，而且流入一方因人才猛增而出现新的人才积压和浪费现象。造成上述状况的根本原因是我国社会经济、政治、文化及教育发展的不平衡。从社会运作的现实状况看，是改革开放在行业、地区及单位间严重失衡。因为社会流动的现实表明，流入一方往往是改革开放程度较高的行业、地区及单位，而流出一方往往是改革开放程度较低的行业、地区及单位。由此可见，当时我国的社会流动既因社会经济的发展和改革开放的启动而得到促进和加快，同时又因其经济发展和改革开放在不同行业、地区和单位间的发展程度不同而出现畸形状态。因此，加快我国改革开放和现代化建设步伐是推动和加快我国社会流动合理进行的根本途径。

2.20世纪90年代以后中国的社会改革与社会流动

20世纪90年代是我国社会转型进入整体推进的年代，是我国社会改革不断深化、社会开放继续扩大的年代。90年代以来，我国的社会流动不仅继续增加，而且日益与利益格局的解体与重组、社会结构的转型相联系。在计划经济时代，中国社会阶层因身份区别而划分为3个基本阶层或社会群体，即农民、工人和干部（包括知识分子）。80年代改革以来，这3个基本阶层或社会群体已经开始了内部流动和相互流动，促进了中国社会结构的分化。90年代以来这3个基本阶层或社会群体的流动进一步加强并体现出各自明显的特征。

社会流动主要是指社会成员的社会位置的变动。自90年代以来，我国农民的流动不仅仅表现为他们在社会空间中的位置的变动，而且愈来愈表现为他们在自然空间中和职业或产业体系中的位置的变化。换一句话说，农民的社会流动不再仅仅是在农村社会或农业社会内部的流动，而是愈来愈表现为跨地区、跨行业的流动。农民流动的方式一般被划分为本地农村型、外地农村型、本地乡镇型、本地城市型、外地乡镇型和外地城市型6种类型。以上6种农民流动方式中，除第1种外，后5种都属于跨地区或跨行业的流动。90年代以来，后5种类型的流动呈上升趋势。例如，1995年全国跨地区流动的劳动力6 500万人，其中90%是进入城镇的农民。又如，1995年全国乡镇企业职工有12 862.1万人，比1991年增长33.85%。由此可见，职业分化和地域变动构成了90年代以来我国农民流动的两大基本特征，而且职业分化和地域变动使当今的农民与改革前的农民已不是同一概念。改革前的农民不仅户籍在农村，而且居住在农村，工作在农业；而现今的农民，对于很多人来说，他们仅仅是户籍在农村，而生活在城市，工作在非农行业。我国农民的社会流动既是体制改革的结果，同时又给体制改革特别是户籍管理制度、劳动人事管理制度等项制度的改革提出了新的要求。

与农民的流动相比，90年代以来，我国工人的流动既没有地域的变动，也很少有职业的分化，而是表现为体制的变动和收入的分化。所谓体制的变动，是指工人从"体制内"单位（即全民和集体等）公有制经济单位向"体制外"单位（即个体、私营、外资等）非公有制经济单位的流动。这种流动即公有制单位就业人数减少，非公有制单位就业人数增多成为90年代以来我国城镇工人流动的一个重要特点。所谓收入的分化，是指工人阶层或群体中的一小部分素质好、年纪轻的工人通过岗位竞争或重新择业等途径而进入社会的较高收入层，而其余的大部分工人随着经济结构、分配结构的转变，其收入水平明显下降而进入社会较低收入层，有的甚至沦为社会的贫困者。社会学上称这种因某种社会经济原因而导致一部分社会成员整体生活或收入水平上升或下降的现象为结构性社会流动。90年代以来，我国城镇职工的结构性社会流动特别是下向流动突出表现为两个方面：一方面是失业、半失业（不充分就业）人数不断增多，如全国城镇登记失业率从1991年的2.3%上升为1995年的2.9%；另一方面是在业贫困者增势快、数量大、行业特征明显。这些现象是我国经济体制改革过程中必然出现的现象，而解决上述问题的唯一有效办法就是继续推进和深化经济体制改革。

与农民和工人的流动相比，90年代以来，我国干部队伍（包括知识分子）的流动趋于相对平稳。我国国家职工队伍大体上分为两种编制：一种是工人编制，一种是干部编制，而属于干部编制的社会成员又相当广泛，这一具有共同身份的社会阶层或群体大致上又可以分为如下类型：一是管理类，主要指国家机关工作人员和企事业单位的管理干部，即狭义的干部；二是科技类，主要指一些从事自然科学、人文科学、社会科学和技术科学研究的知识分子；三是教师类，主要指大中小学及党校、干校、技校等有关教育单位的以从事教学为主的知识分子；四是新闻出版图书类，主要指从事新闻出版和图书工作的知识分子；五是文艺类，主要指从事文艺工作的知识分子。上述五种不同类型的"干部"，因工作性质不同，其社会流动也有所区别。但从总体上看，在农村改革与企业改革使农民和工人的收入愈来愈不稳定的情况下，干部（包括上述各类知识分子）阶层或群体的收入显得相对稳定一些，这一阶层和群体的流动特别是流出因此显得越来越平缓，虽然有部分干部和知识分子进入了科研产品的市场开发与企业管理领域，实现了身份转变，但大部分干部仍留在干部阶层或群体内，仍然保留其干部身份，他们所追求的流动是在干部阶层或群体内的上向流动，而不是向外流动。此外，能上不能下仍然是我国管理干部队伍中存在的一个重要问题。

由此看来，90年代以来，我国社会流动的主体仍然是农民，其次才是工人，再次才是干部和知识分子。

拓展社会学的视野

"社会流动"与"机会平等"

我们常说真正的公平是机会的平等，但美国联邦储备局的费兰最近用严谨数学证明，"机会上的不公平"，以及"社会流动"，是导致社会有效资源分配的必要（但可能仍不足够）条件。为什么呢？因为父母爱子女，愿意投资在下一代（包括健康、教育、课外活动、为其储蓄等），因此，自然地便会出现"机会上的不公平"，也就是说，在其他因素相同下，较富有家庭的子弟，会在竞争上得到优势。倘若我们强行改革，造成"福利社会"，便会减少父母为子女储蓄及投资的诱因，变得过分倚赖"公共资源"。

但子女的能力可能与父母有异。因此，要确保珍贵资源被"最有能力的人"所运用，我们便需要"社会流动"，也就是说，贫穷人家的子女有机会变成"中产"，甚至进入"上流社会"；反之亦然。因此，"富不过三代"可能是一种"资源获得有效分配"的表现。

有人可能会问，贫穷家庭却有能力的子女，要怎样才能挤入"中产"呢？对于连个电脑都无法负担的家庭，"创业致富"恐怕跟"赌博致富"一样渺茫。剩下来就只有教育一途。事实上，哈佛大学的葛利斯及史莱弗教授认为，"教育"使人知道如何与其他人相处（和平地），因此有助于稳定"民主"。加州大学柏克莱分校的莫瑞蒂教授采用严格的统计程序，发现教育的确增加了公平及政治投票的参与性。由此看来，应给予较贫穷学生良好的教育机会，特别是"高等教育"机会，因为研究发现，在其他因素差不多情况下，"学位"对薪酬的影响有环球性上升趋势，这能促进"社会流动"。

资料来源　程民. "社会流动"与"机会平等" [N]. 新民晚报，2006-07-23.

高考与中国的社会流动

读到网络和报刊纪念恢复高考30周年的文字，有幸作为当年570万考生和27万大学新生中一员的笔者，才意识到那次具有历史意义的考试已经过去了30年，真可谓"弹指一挥间"。说30年前的那场高考具有重要的历史意义，是因为它纠正了"文化大革命"期间靠政治正确和"走后门"上大学的局面，使得通过公开、公正、公平的竞争选拔人才重新成为可能。而对30年来的考生来说，高考既是千军万马过独木桥式的激烈竞争，又可能是千载难逢的人生转折点。对于中国处于社会下层的学生来说，这几乎是唯一的机会。其实，恢复高考又何尝不是对始于科举制度的社会下层人士向上流动的制度的重新肯定？

在纪念高考恢复30周年之际，一些学者、考生及家长指出，高考制度不够尽善尽美，不乏改进甚至改革之处，但是，似乎并没有太多地讨论如何完善高考承担的社会流动的功能。

高考的基本原则是分数面前人人平等。但事实是，受益的大多是出生于社会、经济地位优越的家庭的考生，而这些家庭又大多生活在城市，特别是在经济发达的城市。

由于高等教育布局的不均衡,高等教育发达的地方,往往也是经济发达的城市和地区。高校建得多,地方投入也多,照顾本地生源、增加招生的指标无可厚非,从而导致那些地区的录取分数线下降。也就是说,发达地区的学生能以比贫困地区的学生更低的分数进入大学,这不仅使富裕、发达地区的学生获得了接受高等教育的优先权利,更使本已承受不公的贫困地区学生雪上加霜。

为了纠正大学招生向经济发达地区倾斜的情况,国家对老、少、边、穷地区的考生降低录取分数。但是,得到照顾的往往也是出生于社会、经济地位优越的家庭的考生。而来自其他地区的考生甚至利用各地因录取指标不同而出现的录取分数线差别,"移民"到经济不发达地区钻空子。也就是说,真正生活在社会下层的学生很少有机会通过高考向上流动。

行笔至此,笔者想起了美国的情况。20世纪70年代,美国通过了平权法案(affirmative action),试图用法律的形式保障少数族裔、女性等弱势群体接受高等教育、就业等机会,从而提高他们的社会地位和生活水准,使他们有机会向上流动。

但是,平权法案并不能保证美国的大学,尤其是像"常青藤盟校"的顶尖学校录取出生在社会、经济地位低下的家庭的学生。在20世纪70年代中期到90年代中期,11所美国顶尖大学中尚有大约10%的学生来自收入位居美国最下面1/4的家庭。而根据对150所顶尖大学的最新调查,这个比例已下降到仅3%。以举世闻名的哈佛大学为例,尽管它从2006年起为家庭年收入低于6万美元的学生提供全额资助,但这所大学的家庭中等收入的概念是年收入11万到20万美元。

任教于美国哥伦比亚大学的德尔班克(Andrew Delbanco)称,这种情况是美国高等教育的"丑闻";而美国伊利诺斯大学教授迈克尔斯(Walter Benn Michaels)则认为,对美国公平机会的最大障碍不再是种族和性别,而是"阶级"这个已被美国人淡忘的概念(当然,这已不是政治学意义上的"阶级")。为了打破这个障碍,排名居美国人文学院(liberal arts college)之首的阿姆赫斯特学院(Amherst College)加大了在贫穷地区录取学生的努力,并积极争取社区学院的优秀学生转学。

虽然"阶级"作为政治概念也早已从中国人的词汇中退出,使用更多的是经济意义上的"阶层"。但中国要真正建成和谐社会,保障社会阶层的有序流动,也许应从积极录取处于社会下层的学生上大学开始。这应该是中国高考制度改革的关键。

资料来源　曹聪. 高考与中国的社会流动[EB/OL]. (2007-06-22). http://www.JiaoYou8.com.

思考题

1.什么是社会流动?

2.社会流动的主要类型有哪些?

3.影响社会流动的社会因素是什么?

4.联系实际，谈谈改革开放以来农民工流动的特点。

推荐阅读书目

［1］欧阳恩良．近代中国社会流动与社会控制［M］．北京：社会科学文献出版社，2010.

［2］郝大海．流动的不平等——中国城市居民地位获得研究（1949—2003）［M］．北京：中国人民大学出版社，2010.

［3］陆学艺．当代中国社会结构［M］．北京：社会科学文献出版社，2010.

［4］许倬云．中国古代社会史论——春秋战国时期的社会流动［M］．桂林：广西师范大学出版社，2006.

第十五章　社会失范与社会控制

老的标准被打破新的标准又不能建立。

——迪尔凯姆

　　"不道德、恶行、罪恶、犯罪——所有社会学家称为越轨的东西——确实具有某种特殊的魅力。"[1]失范、越轨、解组与稳定、协调、整合作为社会存在的两种状态，两者此消彼长。要达到社会的稳定和谐，就要对失范、越轨等这些消极现象进行调查、分析、管理控制。

第一节　失　范

一、失范的含义

　　"失范"（anomie），亦称"脱序"，西方社会学术语。由于社会规范失调产生一种社会反常的状态，即在一个社会中缺乏人们可以共同遵守的行为准则之意。[2]"失范"（anomie 或 anomy）一词来自希腊文。在16世纪的神学中指不守法尤其是亵渎神。[3]法国社会学家迪尔凯姆首次将这一概念引入社会学。这一概念被帕森斯称为"少数几个真正的社会学概念之一"。

　　迪尔凯姆将失范注释为"一种社会规范缺乏、含混或者社会规范变化多端，以致不能为社会成员提供指导的社会情景"。他在《自杀论》中分析失范性自杀增多的原因时认为，一个规范只有当人们认为公正而甘受约束时才有真正的效力。"老的标准被打破了，新标准又不能建立。只要这种失控的社会动力没有达到新的平衡，这段时间各种价值观都无一定，规则标准也无从说起。可能与不可能之间的界限模糊不清，人们很难区分什么是公正的，什么是不公正的，什么是合情合理的，什么是非分之想。由此，人们的欲望便失去了约束，社会生活的剧烈变化也自然而然地使欲望迅速增长。就在传统约束失去权威的同时，渴望得到的报酬越厚，刺激就越大，欲望也变得越迫切，越不受控制。在这最需要限制激情的时刻，限制却偏偏更少了，脱缰野马般的激情更加剧了这种无规则的混乱状态。"[4]迪尔凯姆认为失范主要指一种对个人欲望和行为的调节缺少规范、制度化程度差，因而丧失整合的混乱无序的社会状态。而这种失范是由于从"机械团结"到"有机团结"的改变尚未完成而造成的结果。他认为，他当时所处的时代是从农业社会向工业社会的过渡时期，旧有的道德规范、价值观念和宗教信仰已经崩溃，工业社会所需要的道德规

①　道格拉斯，瓦克斯勒. 越轨社会学概论 [M]. 张宁，等，译. 石家庄：河北人民出版社，1987：1.
②　章人英. 社会学词典 [M]. 上海：上海辞书出版社，1992：188.
③　庞树奇，范明林.普通社会学理论 [M]. 3版. 上海：上海大学出版社，2000：157.
④　迪尔凯姆. 自杀论 [M]. 钟旭辉，等，译. 杭州：浙江人民出版社，1988：212.

范和价值体系尚未建立起来，这样，社会就出现了失范状态。

后来，美国社会学家默顿对此词进一步阐发，他认为失范的含义是社会目标与达到该目标的准则之间缺乏一致性，它是文化体系与社会结构脱节的必然产物。[①]默顿指出，在理解失范行为时，应该考虑到两个重要因素：一是以文化或规范的方式描述的目标，另一种是以结构的方式描述实现这些目标的手段。文化产生目标，社会结构决定达到这些目标的手段。当社会成员愿意追求这种目标却得不到制度化手段，或他们能得到制度化手段却对文化倡导的目标不感兴趣，或他们对文化目标和制度化手段都不重视时，目标和手段之间便处于不平衡状态。例如，美国社会文化规定的一个重要目标是成功，而成功的标准显然主要是金钱。美国社会不仅规定了这样的目标，也为人们达到这种目标提供手段，例如上学、工作、机会等。这是从社会角度看问题。如果改变一下视角，即从个人的角度看问题，那么就会发现：社会提供的目标与手段是外在的，各个人适应的情况并不一样。默顿研究了"文化所诱发的过高愿望同阻止这些愿望实现的社会结构性障碍之间"的断裂，"官方认可的关于成功的文化目标同达到这些目标的合法的制度化手段之间"的断裂。默顿指出，个人适应这种断裂采取了5种不同的方式（见表15-1）。

表15-1　　　　　　　　个人对文化上合法目标的五种适应模式

适应模式	文化上准许的目标	文化上准许的手段
1.遵从型	+	+
2."创新"型	+	-
3.仪式型	-	+
4.逃避型	-	-
5.反叛型	创设新的目标	创设新的手段

注：+表示认可，-表示否认。

资料来源　R.Merton.Social Theory and Social Structure.New York：Free Press，1957：140.

（1）遵从型，即接受社会倡导的目标，也采用制度化手段，这是最常见的方式。如果没有这种方式，任何社会都不能生存。默顿曾将服从分为"关于行动的服从"和"关于态度的服从"。当个人不管主观意向如何，总是按照社会规范去行动，这就是"关于行动的服从"。当个人承认制度性的价值与规范的合法性时，这就是"关于态度的服从"。

（2）"创新"型，即接受社会倡导的目标，而拒绝采用制度化手段。"创新"是美国社会中人们对因结构而引起的失范性紧张做出的最普遍的反应。美国的穷人受到社会化的教育，而去追求同中上层社会完全一样的东西，但穷人实际上很少能得到合法的机会去实现这一目标。他们在失范性压力下，被迫采用非法手段去减轻失范性紧张。例如，那些为了买一辆新赛车和购置华丽服装而贩卖毒品的下层青年，

----

① 章人英. 社会学词典［M］. 上海：上海辞书出版社，1992：188.

那些盗用公款的会计，那些为过上奢侈生活而从事应召女郎这样非法职业的女大学生，都是"创新"的例子。"创新"往往成为犯罪行为。

（3）仪式型（形式主义），即采用制度化的手段，但拒绝社会倡导的目标。在人们接受了正统手段但由于所受的社会化教育或由于缺少社会接触的机会从而没有接受正统目标的场合时，形式主义就会发生。没有达到某一目标比没有遵守正统手段所能引起的社会关注要小，如唯命是从的官僚。

（4）逃避型（隐退主义），即对社会倡导的目标与制度化手段一概加以拒绝。"隐退主义"是社会中真正的"异化者"，包括"精神病患者、长期孤独症者、无赖、流浪汉、游民、流氓、乞丐、老酒鬼和毒品嗜好者的某些活动"。

（5）反叛型（抗争），即接受某些目标与手段，但又拒绝某些目标与手段。例如，试图建立一个全新社会的革命者，或者由于未达到目标而对社会怨恨与不满者。"反叛"这种适应性变化涉及对目标和手段的一种既爱又恨的反应。它靠努力改变现在结构而不是在这一结构内从事和解活动，以一种既经更改又与原状相似的方式寻求既经更改又与原状相似的目标。①

在这里，社会失范以简单的话来表述即是"社会所倡导的文化目标与实现这些目标的合法的制度化手段之间的断裂或紧张状态"。社会失范使人们体验到失范性紧张。为缓解这种紧张，便可能以创新、仪式主义、隐退主义、反叛等方式表现出越轨行为。

二、失范的相关概念

迪尔凯姆对失范的研究主要是在社会结构这一层面上，默顿的失范研究主要是从社会结构的失范出发来研究个体行为上的失范，但是他们基本上都是从社会结构的角度来分析失范的。默顿之后的社会学家对失范的研究主要在个体行为层面上。他们提出的差异交往论、标签论、亚文化群理论等基本上都把失范看作一种行为的混乱。所以，在西方论述失范问题的有关论文中，我们看到的多数不是anomie概念本身，而是诸如deviance/deviant（越轨/越轨的）、crime（犯罪）、delinquency/delinquent（违法/违法的）、accidence/accident（意外事件/意外事件的）等概念。这一信息提示了我们两点：其一，anomie是一个类属概念，它包括了上述种种具体的行为；其二，既然它是一个类属概念，那么在谈到具体的行为时，用它就不够精确，所以学者们通常会绕开它，用更为具体的表述。所以，在很多西文中，anomie出现频率较高的位置要么是文章标题，要么是文章摘要，而在正文中出现的次数相对很少。因为"越轨行为"概念的外延较广，有时也把它看成是"失范行为"的同义语。所以，我们可以这么认为，当失范概念用于微观的个体行为层面时，它与"越轨行为""偏差行为""离轨行为""偏离行为""反常行为""异常行为"基本上是同义的。越轨社会学有时也被一些学者称为失范社会学，就是这个道理。而在宏观层面，与失范最接近的概念则是社会解组。②

---

① 默顿. 社会理论和社会结构［M］. 贾鹤鹏，译. 北京：译文出版社.2006.
② 朱力. 社会学原理［M］. 北京：社会科学文献出版社，2003：256-257.

　　社会解组（social disorganization）是指一个社会的行为规范和基本制度丧失正常的调节功能，导致社会失序，社会凝聚力明显减弱和社会结构发生分化的现象。该词最早由美国社会学家托马斯提出。其具体表现为社会控制失去效力，社会生活处于无序状态，社会中冲突、骚乱、犯罪、失业和越轨行为等社会问题剧增。①

　　社会解组观点流行于1918—1935年。第一次世界大战以后，工业化、城市化、移民以空前的速度在西方国家展开。违法、犯罪、贫穷、心理疾病、酒精中毒和吸毒等社会问题变得更加普遍。一些社会学者试图用新的概念来解释越轨问题，他们注重社会规则而不是个人的态度，跳出了从个人道德规范考虑问题的圈子，侧重于从社会结构的角度来分析社会越轨。其主要观点为：

　　（1）一个常态的社会是组织严密、结构有序的，各个组成部分之间的关系是协调的，而一个解组的社会则相反，它的组织结构发生了分裂，某些部分的功能丧失，表现为社会凝聚力衰退，传统习俗与舆论的控制作用丧失，旧的规范遭到破坏，新的规范又未建立。

　　（2）社会解组就是失去规则或乱了传统的规矩。解组有三种形式：一是无规范，即社会生活中没有一个现存的社会规则来指导人们应该如何行动；二是文化冲突，即社会生活中两种相互对立的价值规范同时并存，使人们无所适从；三是价值崩溃，即规范和原则完全紊乱。

　　（3）究其根本原因在于社会变迁。具体来说有两个方面：①外部因素。在社会变迁中，由于不同社会的接触日益频繁，外来文化输入日渐增多，影响了原有的文化模式和社会制度。②内部因素。社会变迁意味着大规模的结构性转变，由于一部分社会成员不愿遵循现存的社会规范和社会制度，或由于原有的社会规范和社会制度已失去作用，使人们无所适从而寻求变革，这使处于变迁之中的社会体系各部分要素缺乏必要的整合。例如，城市规模不断扩大，人口流动日益频繁，社区的异质性增加，破坏了社会的动态平衡，使传统的社会权威、习俗的约束、控制减弱。社会问题与社会解组有直接的关系，各种社会问题通常被视为社会解组的特征，而社会解组又必然引发更多的社会问题，如不及时采取对策，进一步发展，即可导致社会解体。

　　（4）对社会问题最有效的解决办法，就是尽快重建社会规范和秩序，重建社会的均衡体系。②

　　社会解组理论中，芝加哥学派具有代表性。其关键性观点是社会解组导致越轨行为，即人们与某一社会团体发生联系时越是采用非个人方式，他们就越有可能违反该团体的价值观念。人们同他人的交往越少，特别是他们在活动时越少被他人所目睹，那么他人控制其行为或阻止其越轨行为的可能性就越少。各种各样的不道德行为，诸如赌博、卖淫都是在大城市中繁荣一时。农业工人在人人都认识他们的家

　　①　章人英．社会学词典［M］．上海：上海辞书出版社，1992：284.
　　②　鲁宾顿，魏伯格．社会问题导论——五种理论观点［M］．陈慧娟，译．台北：巨流图书公司，1988：75-84.

乡城镇中也许不会从事这种"邪恶"的活动，但当业务旅行把他们带到一座没有一个熟人会目睹其行为的城市时，他们很可能会试一试。没有人看到的罪恶不会带来消极后果，所以他们一来到这种城市就像"脱缰野马"失去了控制。在芝加哥学派的社会学家看来，因为都市是由一大群彼此素昧平生的人和许多各不相同的群体组成的，与小城镇和农村地区相比，城市的解组现象自然而然要严重得多。人们在一个群体中越是默默无闻或隐姓埋名，他们就越易违反社会的准则。因为人们越是彼此缺乏联系，行为就越具有匿名性，社会解组的程度就越高，越轨行为就越多。这是因为在都市生活中人们彼此视若路人，摆脱了在小城镇和乡村社区构成首属群体生活情境的控制和监视，个人处于"自由的空间"和"自由的事件"中，自我约束力和道德约束力都大幅度下降了。

综上所述，我们对失范概念可以从微观和宏观两个层面理解。微观层面的失范主要指失范行为，指人们不认同规范、不遵守规范、破坏规范的行为。它与越轨行为是同义语，指社会群体或个体偏离或违反现行社会规范的行为。宏观层面的失范是社会解组，它是指规范本身的紊乱、不确定，它表达一种如迪尔凯姆所注释的"社会规范缺乏、含混或者社会规范变化多端，以致不能为社会成员提供指导的社会情景"。一个社会处于解组状态是失范行为产生的宏观社会背景，而失范行为的增多又是一个社会产生失范问题的明显表现。

第二节　越轨行为

大多数人在大部分时间里是与社会行为的规范保持一致的。然而，一幅完整的社会画面不仅包括了与社会规范相吻合的人和事，还必然显示那些与社会规范相背离的人和事，后者即构成了越轨现象。

一、越轨的含义

如前所述，所谓越轨（deviance），指的是社会群体或个体偏离或违反现行社会规范并因此受到许多人否定评价的行为。越轨行为亦称离轨行为或偏离行为。其主要类型有6种：①不适当行为。这是指违反特定场合的特定管理规则，但对社会并无重要损害的行为。此种行为虽会引起众人的不满，但通常不会受到正式惩罚。②异常行为。这多指精神疾病、心理变态导致的违反社会规范的行为。③自毁行为，即违反社会规范的自我毁坏或自我毁灭的行为，如吸毒、酗酒、自杀等。④不道德行为。这是指违反人们共同生活及行为准则的行为，此种行为通常会受到舆论的谴责。⑤反社会行为。这是指对他人和社会造成损害乃至严重破坏的行为。⑥犯罪行为。这是指违反刑事法规而应受刑事处罚的反社会行为。

以下几点将有助于更清楚地理解越轨这一概念：

（1）越轨行为的标准是由社会所制定的。如果没有社会所制定的这些规范，也就不会有越轨行为，更不会有越轨者。进一步说，统治集团的规范一旦成为道德或法律，每个公民都必须遵守，违背这些规范的行为便成为越轨。社会制定了规范，有了标准，如果没有专门的机构和专门的人员来负责监督执行这些标准或规范，也就不会发现越轨的存在。

（2）越轨行为具有相对性，在不同的文化背景下，规范本身有不同的要求。每个社会都会建立起一些行为规则或规范，而违反这些行为规范的人或行为就会受到惩罚。但是，不同社会对越轨的界定大不相同。也就是说，某些行为总是在特定的时间、地点和条件下才成为越轨行为。没有任何行为原本就被认为是不合常规的，只是在人们赋予了它这一定义时，它才成为越轨行为。即便是在同一社会内部，人们对越轨的看法也依当事人、具体情景和听众或观众而变化。

（3）当不同规则出现冲突时，社会承认遵守价值更大的规则的行为。在特定的环境下，某种程度的越轨是可以容忍的。如交通规则不允许人们闯红灯，但当抢救生命垂危的病人闯红灯时，警察一般是不会罚款的。这里遵循的是一种更高的原则，即生命的原则高于一般的交通原则。法律规定是不允许杀人的，但当一个人遭到强盗抢劫时，为了自卫而杀人，舆论和法律都是可以原谅的。

（4）越轨有不同的程度和不同的类型，对越轨要做出区分，以便采取不同的态度。越轨行为的确定不仅取决于是谁的规范遭到违反，而且还取决于是哪些规范受到威胁。当一个人挥拳斗殴，侮辱别人时，人们的反应是鄙视，认为他不道德；当一个人偷窃别人的财物时，人们的反应是憎恨，认为他犯法了，应受到惩罚；当一个人行凶杀人时，人们的反应是愤怒，认为他必须偿命。不同程度与不同类型的越轨，社会的反应是不同的。犯罪是越轨的一种最高级形式。

（5）越轨行为不完全等同于社会问题。只有当某种越轨行为频繁地发生且对社会造成危害，使相当数量的人受到威胁和伤害时，才会转化为社会问题。

二、越轨的功能

判断越轨的社会功能，首先要考虑到越轨的对象（规范）是什么，如果规范是符合当时社会发展的，越轨则更多地具有负功能。如果规范本身已经束缚了社会的发展，越轨则显示的是正功能。其次要考虑越轨的规模、程度、场合、时间。任何社会结构具有相当的弹性，能够在一定时期内承受一定规模与程度的越轨，但越轨的规模大，程度严重，持续时间长时，就会构成对社会结构的威胁与压力，导致社会功能的失调。

1.越轨的负功能

越轨行为可能降低社会效率和扰乱社会秩序。

（1）越轨的存在能毁掉他人遵从规范的信心。越轨具有坏榜样效应。如果一些刻苦学习的学生知道有人通过越轨手段，如作弊而获得了高分，他们就会产生不公平感，对自己勤奋学习的行为产生怀疑。当有些干部通过受贿而富裕起来但没有受到惩罚，会使人感到遵纪守法吃亏，从而动摇遵守规范的信心。

（2）越轨能毁坏人们预期的制度安排。只有当人们能期待别人会按照规范行事时，社会秩序才有可能维持。所有复杂的社会组织都需要扮演特殊角色的许多人的合作。如果一些人破坏了约束行为的规则，社会秩序得以存在的相互依赖的基础就不复存在，整个社会系统就会处在危险之中。人们能够做生意是人们相互信任对方会履行契约的条款。而越轨能传递对规范的轻视情绪，严重地破坏人们在正常秩序下的预期的制度安排，扰乱正常的人际关系，破坏整个社会秩序。

（3）越轨会伤害他人和社会的利益。越轨不仅仅破坏了组织与社会的秩序，还会直接伤害他人利益与整个社会的公共利益。越轨者之所以越轨，是为了自己的利益和兴趣的实现而不愿意遵守规范的约束。越轨本质上是违背社会公平原则，其行为的结果常常是自身利益的获得而伤害他人与社会的利益。

（4）长期的、广泛的越轨则会导致社会功能的失调。当越轨行为在一个社会日益严重，并无法得到制止时，社会就会出现解组，即社会结构的崩溃。一个高度组织的社会体系，能经得起大量的越轨，当越轨严重地毁坏了对基本社会结构的社会价值观的信任时，或出现了较多的越轨者时，或当它产生了控制不了的冲突时，这个社会就很难维持正常的活动和运行。例如，一个社会有较高的犯罪率时，这个社会的秩序必然是混乱的，会造成社会不稳定甚至解组。

2.越轨的正功能

尽管越轨的功能主要是负面的，但它有时直接或间接地引发出一些正功能，能帮助确定规范或有助于社会体系发挥作用。

（1）越轨行为有助于明确社会规范，增强群体团结，增强社会控制的效果。迪尔凯姆有力地论证到，为数有限的越轨行为的存在是确定社会所允许的行为界限所必需的，其作用远远超出惩罚本身。这一行为是对规范的重申和对其他人的警告，使人们看清楚了越轨行为的下场，并趋于约束其他人不再偏离社会规范，从而加强了规范的威慑力。同时，在对越轨的人实施制裁时，其他人也因此意识到，自己的行为是符合规范的，于是在"正常的""我们"反对"异常的""他们"时，感到了"我们"的团结一致。可以说，没有越轨者，就没有遵奉者；没有一个相对的"另类""异类""怪癖"，"正常人"也就不存在了。迪尔凯姆感到，越轨的这一功能如此重要以至于在没有越轨行为的社会里，人们还可能不得不制造出这样的人来。正是在这种意义上，有些社会学家把越轨作为一种亚文化来看待。

（2）越轨能带来某些规范与制度的变化。有些规范与制度已经落后于社会的发展，阻碍着人们的活动，这时候，越轨者希望通过越轨而改变僵死的、不合理的规范和制度，引起社会变化。这时候的越轨，从某种意义上讲就是改革的肇端，就是一种对原有规范与制度的挑战行为。

（3）越轨行为有时可以提高一个组织的效率。当科层制组织中规章制度过于烦琐、官僚主义盛行时，有时人们按正常的规则、程序办事，常常会拖拉，而违规绕过了正常的规范、破坏了程序，却节省了时间。这时，越轨被当作对付官僚主义的办法。当然，这种对个别组织或个人有利的越轨，并不一定对社会整体是有益的。

（4）越轨行为给社会提供一个缓冲的余地。个人在社会里总有些需求是无法满足的。如果社会管束得太严厉，则可能导致个人的精神崩溃或社会性的反抗甚至革命。容忍一定程度的越轨，使人们的心理压力减轻，有一定的释放空间，会起到社会缓冲的作用。例如，麻将等轻微的娱乐性赌博，某些略有色情的刊物、影像制品的存在，能给人们提供一条心理宣泄的途径。2005年1月我国公安部初步阐明赌博和娱乐区分标准时，这一因素就是考虑的内容之一。

三、关于越轨的有关理论

1.越轨的病理学观点①

这一观点在1890—1910年即社会学早期非常盛行。社会病理学观点源于有机体类比法，认为社会就像是一个有机体，这个庞大的有机体结构复杂，由许多相互依赖的分支结构组成，易于像有机体生病一样出故障，认为凡是妨害正常社会机能的人们或情况皆可视为社会问题。其主要观点有：①具有正常社会功能的社会是健康的，而妨害社会正常机能的个人或情况则被视为是有毛病的，这种毛病就是社会问题。②既然社会是由个人组成的，并且以社会关系加以联系，那么社会病态就是指社会关系中不协调的现象，而社会病理则是指社会像生物有机体害病一样，其生理功能处于失调状态。③造成社会问题的最大原因是社会化过程的失败。社会通过社会化将道德规范传递给下一代。有时社会化过程中缺乏效率，产生一些行为偏差者，如精神不健全者、依赖者或犯罪者。他们在社会中的存在引起了各种社会问题。早期的社会病理学家认为，有些人是天生有毛病的，如遗传、近亲联姻等，他们喜欢研究个人的不道德特征。后期的社会病理学家认为社会问题产生的原因是人们学习了错误的东西，社会不良环境才是造成社会病态的一个主要条件。④早期的社会学者认为所有麻烦都是那些在遗传上具有缺点的个人造成的。他们把优生学运动作为解决社会问题的办法。有的则提出用中产阶级的道德来教育这些制造麻烦的人。后期的社会学者认为，治疗"有毛病的"制度可以改变人的价值观念，唯一可以解决问题的办法是施以道德教育。②

与社会病理学观点接近的是从自然环境和生物有机体的角度解释越轨。自然环境论者主要是从地理气候方面来解释犯罪，如月球与人的出生、自杀、杀人、精神病等的关系；气候对人的自杀的影响；温度、空气、湿度、风力对犯罪的影响等。以生物有机体研究犯罪的理论主要有头型、人种、身躯类型等遗传学几个方面。意大利犯罪学家塞扎尔·龙布罗索（Cesare Lombroso）是把生物机体的特征同越轨行为联系起来的代表。他认为在天生的罪犯中，有33%的人显示出隔代遗传的身体特征。在天生的罪犯中随时可以发现野蛮种族所具有的诸多身体特征，例如，毛发系统发育不良；头骨容量低；前额后塌；高度发达的额窦；沃姆士骨出现率极高；头盖骨缝闭合早；骨缝单纯；颅骨坚厚；上颌骨和颧骨显著前凸；颚部前凸；眼眶倾斜；皮肤色素较为沉着；卷曲丛生的毛发；大耳朵；耳朵畸形；牙齿间隙大……③生物有机体论对越轨的解释是无力的，这种理论的缺点在于：①把犯罪的原因简单化，仅仅归之于某些生理特征。②否认人的主观作用，忽视人的价值观

① 朱力. 社会学原理［M］. 北京：社会科学文献出版社，2003：267-275.
② 鲁宾顿，魏伯格. 社会问题导论——五种理论观点［M］. 陈慧娟，译. 台北：巨流图书公司，1988：23-31.
③ 道格拉斯，瓦克斯勒. 越轨社会学概论［M］. 张宁，朱欣民，译. 石家庄：河北人民出版社，1987：45.

念、信仰、情感、理性的因素。③它不能解释妇女的犯罪。

2.文化冲突理论[1]

文化冲突理论将引起社会越轨的原因归结为不同文化之间的冲突，因而将注意力集中到民族、宗教、职业等方面的文化差异，认为不同的民族、阶层、地域的人的信仰、信念、价值观念、行为模式各不相同，当不同集团的利益和目标发生矛盾时，往往引起冲突，这种冲突往往导致越轨。

文化冲突理论的主要代表人物是美国社会学家塞林（T.Selin）。他在《文化冲突与犯罪》（1958）一书中，对文化冲突理论作了比较系统的论述，并对来自欧洲的移民和美国居民中的文化冲突问题进行了重点研究。塞林首先区分了两种文化冲突：纵向文化冲突和横向文化冲突。纵向文化冲突是指随着文明的发展而发展的，不同的文化互相冲突时产生的法律规范的冲突；横向文化冲突则是在同一时期内由两种文化准则对立而产生的法律规范的冲突。塞林认为，文化准则的冲突必然导致行为的冲突，而犯罪就是行为规范之间的冲突。塞林认为容易产生文化冲突的情形有这样4种：①当某个文化集团的文化法律规范被扩展至另一个文化集团的领域之时；②当某个文化集团的成员迁移到另一个不同文化的区域时；③在相邻两种文化领域的边界接合处；④当社会结构由简单趋于复杂化、文化价值由单一趋于多元化之时。塞林还着重研究了移民的犯罪问题。他举例说，一个原籍西西里的黑人在美国新泽西州居住的时候，把一个勾引他16岁女儿的男子杀死了，因而被警方逮捕，他对自己因此被捕感到迷惑不解，因为在西西里这是一种保护家庭名誉的行为，是正义的。塞林指出，这显然是两种不同文化规范之间的冲突。

塞林的文化冲突理论是极富启发性的。他从文化冲突的角度指出了社会越轨的相对性，并将社会越轨归结为文化冲突的产物，这一理论对于现代社会的社会越轨状况具有很强的解释力和预测力。

3.亚文化群理论

亚文化，亦称副文化，是与主文化相对应的一个概念。亚文化群是指某一个文化的分支，它是由阶级地位、种族背景、居住地区（城市或乡村）、宗教渊源这类社会情境因素的结合构成的，但是它们一经结合在一起就形成了某种具有一定功能的统一体，对有关个人产生一种综合的影响。

亚文化群理论认为，一个人可能在这样一个集团或群体内生活，这个群体有一种稳定的但与主文化的价值体系不同的价值体系，这样的群体称为亚文化群。个体如果长期生活在亚文化群体里，受其价值体系的影响，就可能产生犯罪。美国社会学家科恩（A.K.Cohen）是亚文化群理论的主要代表人物，他在《亚文化群体》（1955）一书中，提出了亚文化群犯罪理论。科恩认为，犯罪亚文化群产生和维护的价值观体系和行为倾向与主文化的价值观和行为准则相抵触、相背离，这是犯罪和非法行为的真正根源，而亚文化的产生是社会化过程的不完善、不适当引起的。

---

① 郑杭生. 社会学概论新修［M］. 4版. 北京：中国人民大学出版社，2013：415-416.

他认为，少年亚文化群通常是在社会下层阶级的居住区形成的，因而犯罪团伙基本上是由下层阶级青少年组成的。美国社会的民主性支持下层阶级青少年有权去追求与中产阶级青少年相同的目标，但事实上，社会并没有为每个人提供达到这种目标的相同手段。当下层阶级青少年最终感到失望时，就会发展出一种与社会主文化相背离的文化，这就是青少年犯罪亚文化。

克林纳德（M.B.Clinard）与科恩不同，他不认为青少年团伙的犯罪现象反映了对中产阶级价值体系的否定，而认为实现成功的目标，既有合法的手段，也有非法的手段。如果下层社会的青少年利用合法手段达到成功目标的机会受到限制，他们就会采用各种非法手段来达到目的。犯罪亚文化群的产生，就是不能通过合法途径实现这些欲望的结果。当非法手段也不能够达到目的时，他们就可能转向暴力行为以图宣泄或转而吸毒以求摆脱现实世界。

亚文化群的显著特征是其中的成员具有亚文化群意识，其成员把自己看作是其中的一员。肖和麦凯在《都市区域与青少年犯罪》中说，被带上少年法庭的孩子中，81%是作为团伙成员犯罪的。在盗窃案例中，与团伙活动有关的盗窃占89%。他们发现在少年犯罪率低的区域内，孩子们耳闻目睹的是或多或少相同的鄙弃犯罪的价值观念，而在城内高犯罪率的区域内，孩子们接触的有支持犯罪的人，甚至有飞黄腾达的罪犯。在每一个阶段，孩子们都从自己所属的少年犯罪团伙的承认和赞许中得到支持。[①]亚文化群理论也有其局限性。其一，它们不足以说明在一个特定的社区中（如存在暴力亚文化的贫民区）为什么有的孩子加入团伙，而另一些则没有加入。其二，亚文化群体的具体价值观是什么。它有哪些凝聚的机制，人们并不清楚。亚文化群理论是富有启发性的，它表明在一个社会内部存在不同的、有时可能是相互冲突的价值观，而与主文化相互对立的价值观，对于这一社会的越轨者群体无疑具有重大影响。

4.标签论

标签论产生于20世纪50年代以后，它源于符号互动主义，即认为人的意识是在互动的过程中产生的，是根据别人对自己的反应来识别自己的。标签论注重的是过程而不是结果，是问题的主观方面而不是偏差的起因和由来。标签论观点的中心概念是观察者眼里的越轨，它的主要研究对象是某一社会如何依据其价值体系对某人或某事"定名"或"标示"的过程。

在社会学家看来，越轨指的是那些背离了重要的社会规范和要求并因此受到许多人的否定评价的行为。那些被多数人看作是越轨的人们都有一个共同的特征，就是他们被社会打上了烙印——那种把"越轨者"和所谓"正常人"区别开来的社会耻辱标记。

一般来说，当一个人被贴上越轨者的标签之后，其他人便对他进行各种推断，可能会有人认为他品行不端而歧视他。在这种情况下，就会发生戈夫曼在《污记》

---

① 道格拉斯，瓦克斯勒. 越轨社会学概论 [M]. 张宁，朱欣民，译. 石家庄：河北人民出版社，1987：93—109.

中所说的那种情况:"在我们的头脑中,他从一个正常而完美的人降到了一个有污点而不可信赖的人。"这种另眼看待、歧视、谴责乃至大加挞伐,进而把他打入另册,成为与"正常人"不一样的人。对此,贝克尔作了如下描述:社会群体通过制定法律规则,用在那些与该法规发生摩擦或相背离的具体人身上并称其为"局外人"①。越轨者就是指那些被有效地贴上了某种标签的人;越轨行为是那种人们以"越轨"称呼的行为。这样,越轨不再被看作是某个行动自身的特性,也不是个人行为的特点,而被看作是他人执行法规、实行制裁的部分结果。

莱默特(Edwin M.Lemet)对于贴"标签"过程的独到见解富有启发意义。他指出,每个人实际上都会在某一时刻、某一地点以某种越轨方式行事。这类行为中大部分是暂时的、出于好奇的、微不足道的或者是易于掩饰的。这种大量存在而未被发现的越轨即所谓原初越轨或初发性越轨。原初越轨是未被当局任何人认出、因而也未受惩罚的越轨。这种越轨是人人具有的。一个歌星或工厂经理向税务局隐瞒真实收入,一个小孩偶尔受同伴怂恿在集市上偷了烧饼,某一中学生出于好奇看了一次"三级片",一个年轻女子为偶尔为之的一次性行为接受一笔钱,诸如此类的行为都是初发性越轨。这些似乎不该发生的行为所引起的问题,要么不经过任何专为处理越轨现象而设立的社会机构而私下解决,将这种越轨视为正常的偏离行为,看作是日常生活中的问题,要么以管理的名义,通过控制的办法加以处置。

按照这种观点,原初越轨与习惯性越轨的区分就显得至关重要。对于大多数违规行为而言,一般的反应是否定的、消极的、负面的,违规行为也是暂时的。但在少数情况下,反应却大不一样,有人会夸大甚至歪曲违规的程度和范围,进而在越轨者的历史上找出其"劣迹",以证明他本来就是一个越轨者。

换句话说,原初越轨可能不被人觉察,当事人不会认为自己越轨,也极少引起别人的看法。但是,假若这些行为被某些重要的人——比如父母、朋友、雇主、校长甚至警察和法庭——发现并公布于众,情况就会发生急剧的变化。犯有过失的人,更确切地说是那些不幸被发现的原初越轨者,就不得不面对证人,通过所谓的"贬黜仪式"而受到指责、训斥、责骂和惩罚。更重要的是,这个人被别人贴上了"越轨"这个标签,被斥之为"偷漏税者""小偷""妓女""流氓"等。结果,这一原初越轨者有意无意地接受了这一标签,从而产生新的自我概念,甚至对别人的看法表示认同,并且开始做出相应的举止,表现为复发性越轨。这一"标签"被进一步证实,结果越轨者向习惯性越轨发展。概括来说,一旦某个正常人被打上了"越轨者"的耻辱标记,他的个人经历就会产生意义重大的变化,他常常被迫使与其他越轨者为伍。结果,本来是要消除越轨行为的那些惩戒和制裁措施,却起到了强化越轨行为的消极作用。正如标签论的早期代表人物塔南鲍姆(Frank Tannenbaum)所说,决定一个严重的越轨发生的最终步骤不是当一个孩子违反法律的时候,而是当他或她陷入刑事司法程序网络之中的时候,官方的步骤使得一个本来无意义的问

---

① BECKER. The Outsiders〔M〕. New York: Free Press, 1963: 9.

题变成了一个重要问题。

　　从上述分析可以看出，关于越轨行为的社会标签论着重解析了越轨行为是如何在他人的责怪、斥责、惩罚中被有效地界定的，也说明了越轨行为本身的相对性，该理论提出了应该考虑执法者和越轨者的双向关系，这是一个新的视角。目前，有些法学界的学者已经开始用这种理论观点研究中国青少年的越轨问题，为预防青少年违法、犯罪现象提供某些有益的启示和借鉴。这一理论的局限性在于，越轨行为只是由于被贴标签而不在于越轨者本身的犯罪事实，而那些没有被发现的、秘密的越轨行为则被轻视了。该理论强调了认识越轨的过程，而忽视了越轨行为本身。

第三节　社会控制

一、什么是社会控制

　　与社会失范或越轨、社会解组密切相关的问题，就是如何应付、处理它的问题，这就自然涉及社会控制。"社会控制"（social control）作为一个重要的社会学概念，最早是由美国社会学家爱德华·A.罗斯提出的。1901年出版的《社会控制》一书，就是他的代表作。按照罗斯的解释，社会控制是一种有意识、有目的的社会统治，是社会对人的动物本性的控制，其目的是限制人们发生不利于社会的行为。他认为，在人的天性中存在一种"自然秩序"，包括同情心、互助性和正义感三个组成部分。人性中的这些"自然秩序"或成分，使人类社会能处于自然秩序的状态，人人互相同情、互相帮助、互相约束，自行调节个人的行为，避免出现因人与人之间的争夺、战争引起的社会混乱。

　　但是，罗斯为美国社会所设想的这种"自然状态"被19世纪末20世纪初高速发展的城市化和移民浪潮所否定。在现代美国社会，初级群体和社区迅速解体，人们不得不生活在完全陌生的社会环境中，社会交往的"匿名度"大为提高，人性中的"自然秩序"难以再对人的行为起约束作用，越轨、犯罪等社会问题大量出现。所以，罗斯认为必须用社会控制这种新的机制来维持社会秩序，即社会对个人或集团的行为进行约束。而在社会控制的具体方式上则包括了法律、道德、舆论、风俗习惯、宗教、信仰、教育、个人理想、礼仪、艺术、人格、启蒙、社会价值观、伦理法则等20种控制工具，这些都是达到社会和谐与稳定的必要措施。他认为社会控制就是由这许多控制工具而形成的控制体系，从而维持着社会秩序。

　　我国社会学界比较一致的看法认为，社会控制通常是指人们依靠社会的力量，以一定的方式（主要指社会组织体系通过社会规范以及与之相适应的方式和手段）对社会生活的各个方面进行约束，确立与维护社会秩序，使其符合社会稳定和发展需要的过程。社会控制有广义和狭义之分。广义的社会控制是泛指对一切社会行为的控制，狭义的社会控制特指对偏离行为或越轨行为的控制。如果从内容上讲，社会控制可区分为两个方面：一方面是规定、引导、促进、鼓励人们按照既存的社会规范从事社会活动；另一方面是防范、阻止、处罚一切有害社会稳定和社会发展的行为。社会控制是指对社会成员或群体行为进行指导和约束，从而协调社会关系的各个部分，维持社会秩序，推动社会发展的过程。

综合起来，对社会控制概念的理解，包括以下4个方面：

（1）社会控制的任务既包括对违反社会规范行为的制裁，又包括引导广大社会成员认同并自觉遵守社会规范，以协调个人、群体、组织、社会整体的关系。

（2）社会控制的目的不仅要使个人和团体的行为服从社会稳定的需要，还要服从社会发展的需要，使个人和团体的自由与社会秩序达到和谐的统一。

（3）社会控制必须依靠社会力量才能进行，同时社会控制又必须使社会规范被每个社会成员"内化"，从而达到积极控制的目的。因此，社会控制的实现途径必须是社会力量控制与社会成员自我控制的统一。

（4）社会控制是一个动态过程。它不仅包括对现有社会秩序的维持，还包括建立新的社会秩序。随着社会的变迁、控制过程的实现，社会规范也在不断发展和更新，并在此基础上形成新的社会秩序。

二、社会控制的构成要件

社会控制既是一个过程，又是一个系统。构成社会控制体系的主要因素有：控制主体、控制客体和控制手段。

（1）控制主体。这里的控制主体不仅指国家，还可以是社会群体、组织和个人。控制主体可以分为3个层次：①社会场的控制，即社会成员之间的相互影响和相互制约。只要有人群的地方，就会存在这种社会场。它能对社会成员造成无形的压力，迫使他们遵从社会规范，发挥社会控制功能。他人在场时的拘谨，对舆论指责的担心等都是社会场发挥社会控制功能的具体表现。②社会组织的控制。社会组织是最普遍的社会构成单位。任何社会组织，为了保证自身的存在和发展，都必须对其成员进行控制。国有国法，党有党纪，校有校规，军有军令，工厂、医院、家庭、工会、妇女等组织都有自身的控制机制。③全社会的控制。全社会的控制也是由一定的社会组织进行的。它与社会组织控制不同的是，社会组织控制是一种面向内部成员的控制，而全社会的控制则是某些社会组织以全社会的名义对全体社会成员的控制，这种控制对象不是其组织内部成员，而是组织外部的整个社会。例如，警察机关对社会治安的控制，执政党、国家行政机关对全社会的控制等。由于这种控制是以全社会的名义对全社会成员的一种控制，因而它在社会控制体系中居于主导地位，对社会的存在和发展发挥着极大的影响作用。

（2）控制客体。控制客体是社会行为，包括个人行为和组织行为。个人行为在社会控制系统中是最基本的控制对象。个人行为既反映了一个人的主观需要、动机和目标，又表现了与社会的规范、需要和目标的关系。社会控制正是从个人行为的结果所表现出来的与社会规范、需要和目标的一致性与否来评价这些行为的。社会控制的对象还包括组织的行为。组织的行为离不开作为组织代表的个人行为，但是它又具有单独的个人行为所不具有的性质，故成为社会控制的重要对象。无论是个人行为还是组织行为，都与其他个人或组织处在紧密的社会联系之中，都会产生一定的社会影响，故都属于社会行为。任何社会行为又都是人的有目的、有意识的活动。人们总是根据自身利益去选择自己的行为，只有通过社会控制，才能保证人们的行为符合社会的整体利益，形成社会赖以存在和发展的基础。

（3）控制手段。社会控制的基本手段是社会规范。没有社会规范，社会就缺乏约束人们行为的依据和标准，社会控制也就无从谈起。由于社会的复杂性，每一个社会都存在不同的价值观与社会规范，这里的社会规范主要是指在社会中占主导地位的价值观和规范。社会规范依次分为习俗、道德、宗教、纪律、法律、政权等不同的层次，处于最高层次的社会规范控制力最强，例如政权与法律。社会规范预先决定了社会行为的产生和定向，使社会行为符合社会稳定和发展的要求，从而达到社会控制的目的。

除上述3个因素以外，控制的保障也是值得关注的。社会控制的保障是明确且有力的奖惩措施。奖惩措施可以包括在规范之中，但它又具有其独特的意义与价值。人们之所以会遵守社会规范，除了有自觉遵守的一面以外，很大程度上有赖于奖惩措施的激励和威慑作用。我国社会生活中比较普遍存在的有令不行、有禁不止的现象在很大程度上是由于一些规章制度缺乏明确的奖惩措施或者奖惩措施执行不力所致。

三、社会控制的功能

社会控制伴随着人类社会的产生和发展，发挥着不可或缺的重要功能，主要包括以下几个方面的积极功能：

1.维持社会秩序和社会稳定

社会秩序是指社会整体的各组成部分在结构上相对稳定有序，在运行中相互协调、平衡的状态。秩序是社会存在和发展的基本前提，有了一定的社会秩序，社会成员和群体间的交往，就具有可期待性，社会生活也就处于某种程度的模式化状态，社会的运行也就相对平静，从而确保社会稳定，但由于种种原因，人们并不总是能自觉地遵守既定的行为规范，而是不断发生越轨行为，给社会秩序带来混乱，使社会充满矛盾和冲突，尤其在社会急剧变动的时期，原有的固定模式和僵化观念受到了冲击，使现有行为规范的权威性受到挑战，人们可能同时面临两个或两个以上相互矛盾的规范，从而导致个人和社会团体偏离社会规范的行为增多。为了不使社会在混乱中走向崩溃，统治阶级及其社会利益的代表者就要对各种偏离社会规范的行为加以制止、分化和引导，并在社会控制主体、控制手段上加以变革，以协调个人与社会、社会各部分之间的平衡，保持社会稳定。

在我国现阶段，还存在各种敌视和破坏社会主义现代化建设的敌对分子，他们总是企图破坏社会的稳定和正常秩序，对此必须进行有效的社会控制。如果丧失警惕或处理不当，就会对社会稳定构成威胁。当前，国内形形色色剥削阶级腐朽思想的侵蚀和影响，以及国际垄断资产阶级"和平演变"战略的渗透，是产生社会不稳定乃至动乱的重要原因。此外，社会分配不公、党风与社会风气不正、价值观念的混乱等也是影响社会稳定的原因。必须正视这些不稳定因素，实行有效的治理和控制。

2.维持社会正常生活

社会稳定从整体看表现为社会各部分协调发展、社会良性运行的状态。从社会成员个体的角度看，则应理解为个人生活具有起码的安定性，全体社会成员能有序地生活。但是，在现实生活中，这种正常生活状态并不完全符合所有社会成员的愿望和要求，甚至某些社会成员可能会自觉不自觉地违反既定规则以达到自己的目的，某些人为了实现自身的利益而不择手段。当这些行为影响了其他社会成员所享有的、由既定的社会关系规定的利益时，就可能引发冲突。为了维持正常的生活秩序，社会就要采取控制手段进行协调、约束甚至制裁。否则，人们的正常生活就会陷入混乱，继而影响社会稳定。

3.促进社会发展

社会控制不仅是为了维护社会秩序，而且要有利于促进社会发展。诚然，社会稳定与社会发展有着不可分割的联系和一致性。稳定是社会存在和发展的基本前提；社会的稳定有利于社会的发展，但稳定本身还不等于发展。稳定有不同的形态，有死气沉沉的稳定，也有充满生机与活力的稳定。我们所要的不是前者而是后者。因此，我们的社会控制应当既着眼于社会稳定又着眼于社会发展。应当在全社会形成一种既有集中又有民主，既有纪律又有自由，既有统一意志又有个人心情舒畅、生动活泼的局面，在规范与控制人们行为的同时，最大限度地激发人们建设社会主义现代化的积极性和创造性。

社会控制具有维持社会秩序、促进社会发展的积极功能，但在一定的条件下也具有负功能，对个人与社会的发展起阻碍作用。其具体表现为：

（1）僵化的社会控制模式不利于个人和社会的发展。社会控制所维护的社会规范体系是在一定条件下建立的，当社会条件发生了变化，人们对利益的追求有了发展，原有的社会控制体系就会对人们的创新行为和价值观念的更新起阻碍作用，进而会阻碍社会进步。

（2）不合理的社会控制会产生和扩大社会矛盾，影响社会的正常秩序。社会控制是统治阶级维护其阶级利益的手段。如果统治者社会控制的出发点只是为了维护少数人的既得利益，而不顾大多数人民群众的利益，就会引发社会矛盾，严重的可能酿成社会冲突，危及社会的稳定。

（3）片面的社会控制会妨碍社会的发展。如果将社会控制仅仅理解为对人们社会行为的严格约束，把社会稳定作为社会控制的唯一的和终极的目标，那么这样的社会控制就会不利于人的积极性和创造性的发挥，也就会不利于社会的发展。

第四节　社会控制的类型与手段

一、社会控制的类型

1.按照社会控制的对象划分[①]

（1）对社会成员意志的控制。这包括运用社会暗示、教育等直接的方法影响社会成员的意志；运用法律、宗教等赏罚手段影响社会成员的意志。例如，社会暗示运用"范例""期望"等手段造成的社会气氛促使个人意愿符合社会的要求，使人们自觉或不自觉地服从社会规范。

（2）对社会成员情感的控制。这包括运用个人的理想、礼仪、人格等方式来控制人的情感。这些方式必将导致和谐、服从和对他人权利的尊重。其基本形式是用一种情感平息另一种情感，辅以控制全部感情的制裁，从而达到社会控制的目的。例如，运用理想来控制狂热的个人目标，由于受强烈的羡慕和眷恋情绪所驱使，这些目标被个体认为是十分珍贵和有价值的东西。

（3）对社会成员判断能力的控制。这包括运用启发、社会评价等方式控制社会成员的判断力。如同意志和情感一样，判断力也是可以塑造而成的。通过启发、社会评价等方式影响人的判断力的形成，进而对行为方法进行检查，从而达到社会控制的目的。

2.按照社会控制的手段划分

（1）制度化社会控制（formal social control），有时也叫"硬控制"。制度化社会控制即按照一整套业已形成的条文规定，由某种组织体系加以推行的一种社会控制形式。制度化社会控制包括法律控制、宗教控制、规章制度控制等。这种控制形式有固定的和严密的行为规范，这些行为规范是由一定的团体或组织为维护其生存发展而建立的，任何触犯某种行为规范的行为，都有可能遭到惩处。制度化控制在整个社会控制方式中占有重要地位。由于制度的构成包括了一定的社会规范体系、组织体系以及保证其实施的物质条件，因此，在这层意义上讲，制度化控制是带有根本性的社会控制形式，它影响到社会生活的各个层面，规范制约着人们的行为模式和相互之间的关系。社会制度中的经济制度、政治制度、家庭制度、教育制度和宗教制度等，都是在社会生活的各个不同方面发挥它们的作用，来实现制度化控制的。

（2）非制度化社会控制（informal social control），有时也叫"软控制"。它是指社会控制的形式并不是以明文规定的条文来实现的，而是按照通常做法以及社会成员中的相互影响来实现的。非制度化社会控制虽然没有十分严格的行为规范，也不具有执行或监督这些规范的组织体系，但却能深入地影响行为者的心理活动，改变他们对生活的态度，从而起到约束和限制其行为的作用。非制度化社会控制包括习

[①]　罗斯. 社会控制［M］. 秦志勇，毛永政，译. 北京：华夏出版社，1986.

俗控制、道德控制、社会舆论控制等。

一般说来，越是现代化水平高的国家和地区，制度化社会控制在整个社会控制中的作用和意义就越大；而在那些前工业社会的传统社区，生产方式和生活方式比较原始、落后的农村社区，非制度化社会控制的影响力更为明显。制度化社会控制和非制度化社会控制要相辅相成，才能为促进社会稳定、推动社会发展做出贡献。

3.按照社会控制对被控制者的价值和意义划分

（1）积极的控制。这是指建立在积极的个人顺从的动机上，以物质的刺激和精神的鼓励进行。大多数的形式是通过社会化的内化作用形成的，人们相信这样做是对的，社区中大多数人也都认为这样做是对的。

（2）消极的控制。这是指建立在惩罚或对某些惩罚的畏惧心之上的。人们知道不守法就要被处以罚款、坐牢或死刑。人们也知道，如果不按风俗习惯办事，其行为就要遭到非难、嘲笑和拒绝。

其中，积极的社会控制包括记功、晋升、奖状、奖章、奖金、荣誉称号等，消极的社会控制包括判处死刑、监禁、流放、记过、开除、降级、点名批评等。

4.按照社会控制的动力来源及其发挥作用的主要阵地划分

（1）外在控制，是利用外部力量即各种形式的社会规范对社会成员实施社会控制。对被控制者来说，外在控制相对而言是一种不自觉地消极地接受控制的过程。社会成员在参与社会生活中，随时随地都会遇到来自外界的社会权威以及各方面行为规范的影响，这些外部约束是一种不得不服从的"命令"。外在控制的形式多种多样，既包括行政控制、法律控制，也包括道德控制和习俗控制。

（2）内在控制，是由个人将社会规范内化为自己的观念，并对自己的行为实施控制。相对于外在控制而言，它是一种自觉地、积极地控制行为的过程。在社会生活中，无论是行政控制、法律控制，还是习俗、道德控制，最终都要落实到对个人行为的控制上。绝大部分社会成员在绝大多数场合下都能够通过内在控制约束自己的社会行为，积极参与社会生活。内在控制是人们通过不断的社会化过程，积极地习得各种社会规范，并以此来修养自身，逐渐达到一种境地。这种境地就是社会控制的最终目的。中国传统文化中讲的"慎独"，指的就是独自一人时，仍能保守自己、把握自己，使自己的行为符合社会规范。一般来说，社会控制总是由外在控制转向内在控制的。

5.按照控制的社会结构层次划分

（1）宏观控制，就是社会利用政权的力量对整个社会在总体上加以控制，包括政治、经济、文化和意识形态等方面的控制。宏观控制对稳定社会、促进社会进步意义重大。它实现控制的主要方式是政府部门在宪法规定的范围内制定正确的政策和经济社会发展规划，从而建立社会发展的总体格局。在宏观控制中，经济控制是一种重要的手段和主要的内容。对经济活动的宏观控制主要是明确经济活动中的所有制关系、分配关系和劳动组织管理关系，利用经济规律来实现控制。意识形态的宏观控制也至关重要。社会是人的群体存在方式，人是有思想有智慧的高级动物，如果社会在思想意识上对这种群体的成员放任自流，实际上是一种社会失控。在这种意义上，任何社会都应当宣传、鼓动和促进某种社会精神、理想信念、人生信仰等，并力图用这种思想意识去影响更多的社会成员。一个社会占主流的精神和思想观念如何，人们的价值观念走向怎样，在金钱、权力、财富、美貌、娱乐和精神等方面，人们如何处理各种诱惑之间的矛盾冲突，这些都有赖于对社会意识形态的宏观控制。

（2）微观控制，是相对于宏观控制而言的、在社会生活的各种具体领域所实现的控制。这些生活领域涉及人们最基本的需要，比如衣、食、住、行、婚、丧、嫁、娶等。微观控制的实现有赖于宏观控制是否健全和完善。以经济生活为例，宏观经济控制合理与否，直接影响城乡居民的物质生活，在一定时期内还会影响民众的生活方式。但是微观控制能否实现还和社会成员个人以及他们所处的群体密切相关。个人的某种行为是否符合社会规范，往往取决于这些人的自身修养，也受到他们所处的群体的影响。例如，学校作为一个社会组织，构成了一个微观环境，学校教育实际上就是一种微观控制。良好的学校环境和学校教育能够培养出符合社会规范的行为方式；反之，不良的家庭教育和环境，往往导致学校教育和学生社会化的失败。近些年来，在美国的校园里不断发生的枪杀事件，在中国学校里出现的出走、打架、斗殴、偷盗等青少年违法犯罪现象，都在很大程度上证明了这一点。

微观控制和宏观控制的协调一致是一个重要的社会问题。现实生活中往往存在这样的问题：社会上所宣传的，在家庭中则是被批评的；国家所支持提倡的，在家庭中却常常遭到反对。例如，社会上宣传学习雷锋做好事，而有些家庭中往往讥讽这种雷锋式的人为傻子，不鼓励自己的孩子去学习。政府号召公务员全心全意为人民服务，培养政府公务人员后备力量的高等学校却从人性论的角度探讨乃至赞赏人的自私本能。某些理论、观点和口号，在报纸、电视、广播中听起来、看起来冠冕堂皇，具体落实到基层社区和组织的实际生活中，却大大走样。有些孩子在学校里受到的是一种价值观与人生观的教育，在家庭和社会中则受到的是另一种大相径庭的价值观与人生观熏陶。这实际上是宏观控制和微观控制之间的矛盾与冲突，是一种既不正常也不健康的社会病态现象。长此以往，就会造成重大的社会问题，乃至引发社会动乱。这些问题和现象应当引起社会学家、法学家和教育学家的重视。

二、社会控制的手段

社会控制的手段是多样化的，主要有以下几种：

1.习俗

习俗是指在社会生活中由习惯而来，经过人们相互模仿，逐渐形成并共同遵守的行为规则和行为模式。习俗在生活中的表现形式多种多样，主要有婚丧嫁娶、节日庆典、社交礼仪等。

习俗首先起源于人们满足生存需要的活动。它最初是人们适应自然环境、获取食物等基本生活资料的文化模式。我国的春节习俗，源于古代腊祭，每年年底祭保护庄稼和赏赐收获的各种自然物：堤防、水井、禽兽、土地等。春节燃放爆竹，是为了取其爆裂之声"去邪"，保证人们生产与生活顺利。习俗又是人类在其早期形成社会生活时逐渐产生的一些规定，渐渐成为习惯，代代相传。人们总是按自己固有的习俗对后代接生喂养，按自己的习俗教养子女。可以说人们总是接受固有的习俗，按已有的习俗开始生活的。习俗不但是个人行为的惯用方式，而且也是一定社会和群体认可的、自己同意的方式。习俗具有地区性和民族性，它往往是区分民族的重要标志。习俗还是人们社会生活条件的反映，一定的社会生活条件产生一定的风俗。我国南方与北方、东部与西部、山区与平原、沿海与内地，由于自然条件及社会经济条件的差异，分别形成了一些不同的习俗特点。

习俗是人类生活中最早产生的一种社会行为规范。原始社会，人类处在蒙昧状态，还没有判断是非善恶的道德观念，更没有法律。但原始社会生活也是有秩序的，这就是习俗在起作用。习俗是调整人们社会行为的规范体系，又是最普遍的社会控制形式。它在社会生活各个领域发挥作用，其作用范围没有任何一种社会意识形态和社会规范体系可以与之相比。法律和道德等调整不到的社会行为，习俗仍然可以发挥作用。无论什么人，在何时何地，一举一动都受到他们所处的特定环境中习俗的影响，从而自觉不自觉地遵从它。从这个意义上看，习俗可以加强一定地域内人们之间的亲近感与凝聚力，起整合作用。由于习俗是内化了的人们的习惯行为，因此，习俗的作用是在没有外来强制力量的情况下发生的。正因为如此，习俗的改变需要一个长期的过程。试图仅仅通过强制力量来改变习俗的做法往往收效甚微。

习俗有优劣之分，良好的习俗是民族的优秀文化传统，它有利于社会进步。陈规陋习则体现着落后的观念和行为方式，阻碍社会的进步。因此，习俗的社会控制作用有积极与消极之分。

2.道德

道德是社会用以调整个人与个人以及个人与社会之间关系的行为规范。道德自成体系，主要由道德原则、道德规范和道德后果三个部分构成。道德原则是关于如何处理个人与社会之间关系的原则，例如，坚持个人主义原则还是集体主义原则。道德规范是以道德原则为基础形成的一系列有关行为善恶的具体准则，例如，是非、善恶、尊卑、荣辱、诚实和虚伪、义务和责任等。道德后果包括道德评价和道德责任。道德评价和道德责任可以引起个人对自己的道德行为的正确认识，同时又能形成社会舆论，扬善惩恶。

在阶级对立的社会里，不同阶级有不同的善恶标准，有不同的道德观念。因此，道德具有明显的阶级性。道德标准又随着社会的发展在不断变化，因此，道德又有历史性。道德的标准与一个民族的传统习惯和人类共同的需要密不可分，因此，道德还有民族性和全人类性。

道德靠社会舆论、传统习惯和内心信念来控制人的思想、行为和关系，从而维持一定的社会秩序。与风俗相比，道德的社会控制作用比风俗要强。道德调整的是那些与社会生活关系更紧密的社会行为。因此对维护社会秩序来说，道德更为重要。历来统治阶级都把道德作为维护本阶级利益的重要工具。另外，习俗既可以遵守，也可以不遵守。不遵守习俗不会引起社会太大的关注，不一定要对这种行为做出评价，但违反道德就严重得多，社会舆论会干涉不道德的行为，对之进行谴责。道德借助社会舆论对一定的社会成员的关系和行为进行导向与制约，将道德准则灌输给社会成员，引导其内心产生某种道德信念，指导其今后的道德行为的选择。

3.宗教

宗教是一种与神或神圣物相连的信仰和规范体系，是社会控制的一种特殊手段。

目前世界上占人口相当大比例的人是信教的。其中以信奉基督教、犹太教、佛教和伊斯兰教的人数最多。有些国家和地区把某种宗教奉为国教，例如，印度教是印度的国教，伊斯兰教是伊斯兰国家的国教，梵蒂冈是典型的天主教国家。在这些国家和地区，宗教生活是人们社会生活的重要内容，许多重要的活动和宗教有直接的联系，人们的社会行为受宗教教规的制约，凡是教徒在社会生活的各个方面都要遵守教规。

宗教对社会生活的影响是很大的。宗教的教义能给社会的准则和价值观以神道的支持，维护现行的社会制度，控制社会越轨行为。通过礼拜仪式和奉行神圣的权力，宗教把整个社会结合在一起，它使处于不同社会地位、有着不同利益和愿望的个人或团体能够在一个社会中生活，起着社会整合的作用。此外，宗教规范及其组织对于加强社会交往与文化交流也具有一定的作用。如在农村地区，人与人之间的联系较少时，宗教以其信仰与规范的凝聚力，以及寺院对社会各阶层的吸引力，成为社会沟通和联系的重要渠道与场所。

我国也存在多种宗教。佛教、伊斯兰教、基督教、道教及其他宗教在我国一部分人的社会生活中发挥着作用。历代统治者也利用宗教统治人民。中华人民共和国成立后，实行尊重和保护宗教信仰自由的政策。正常的宗教活动在我国得到恢复和尊重。

4.纪律

纪律是国家机关或社会团体规定其所属成员共同遵守的行为准则。它是机关或团体用来指导和约束自己的成员，使其承担一定的责任和义务，以实现组织目标的手段。我们平常所说的党纪、政纪以及职业纪律和规章制度都是纪律性的行为准则。纪律大致可分成三类：一是政治纪律。比如，要坚持党的四项基本原则，执行党的路线、方针和政策等。二是组织纪律。比如，个人服从组织，少数服从多数，下级服从上级，全党服从中央，严守组织机密等。三是职业纪律。它是指根据各行各业的需要和特殊性而制定的既有共性又有各自特性的规章制度。从根本上说，纪律是由人的社会性所决定的，它体现了人们的社会关系，是介于道德和法律之间最常见的行为规范。

纪律作为一种行为规范，具有明显的强制性和约束力。与道德不同，纪律要求服从并通过一定的行政手段来推行。对少数违反纪律的行为会采取一定的制裁措施，如批评或者处分等。但纪律的社会控制作用并不仅仅是制裁，它更要求成员自觉遵守。遵守纪律不仅被看作是一种美德，而且被认为是产生力量的源泉和事业成功的保证。因此，任何组织或团体都十分重视纪律教育。另外，不同的组织和团体，因其性质、任务及所处的环境不同，其纪律的严明程度也不同。一般说来，组织任务越艰巨，环境越恶劣，组织对其成员的纪律约束也就越严格。

5.法律

法律是由国家立法机关制定或认可，由国家政权保证执行的行为规则，包括法令、法案、条例、决议和命令等具体形式。法律是最权威、最严厉和最有效的社会控制手段。它的主要特点是：第一，法律是由国家机关制定、以国家政权作后盾，有强有力的司法机构保证实施。第二，法律的规定是严明的，它对违法行为的度量界限明确。第三，国家的法律一经制定实行，就对其国民普遍适用。所以，现代国家都特别重视法律的作用，注重法制建设并极力将统治阶级的意志转变为法律。

法律的社会控制作用主要表现在三个方面：

（1）教育作用。法律的真正权威和效力并不仅仅在于强制服从，而首先在于教育。因为教育可以使全体公民无一例外地具有法律意识、遵守法律规范，以维护一定的社会秩序。

（2）威慑作用。法律的威慑作用主要体现在对少数处在违法犯罪边缘的不安定分子，或存有侥幸心理准备犯罪的人的威慑，从而触发每个人内在的自发性控制，打消犯罪的念头或停止犯罪活动，预防潜在的不稳定社会因素的出现和发展。

（3）惩罚作用。社会上总有少数成员无视法律规定，不顾后果，做出违法犯罪行为。国家就要追究其法律责任，对其进行制裁，强迫其遵守法律。

随着社会生活的日益复杂化，法律在社会生活中的作用在加强。现代国家越来越多地将社会生活纳入法律的轨道，并逐步走向法制化。

6.政权

政权是统治阶级实行阶级统治的权力，是国家一切权力的基础。政权的基本职能是：对外防止别国侵略，保卫领土完整；对内保护一定的物质生产资料的占有方式，维持现行政治制度和社会秩序。统治阶级通过建立行政体系，设置各级统治机构和官员来实现对内的管理任务。它运用宣传教育手段，通过向国民灌输统治阶级所认可的价值观念，使其自觉地按国家政权认定的规则行事。它凭借军队、警察、法庭、监狱等国家专政工具，对损害国家利益、严重危害社会秩序的行为进行制裁。总之，国家政权可以从政治、经济、文化、教育等各个方面来全面控制社会。因此，国家政权是一切控制手段的基础和最强有力的控制力量。

三、社会舆论

社会舆论是一种十分独特的社会控制手段。它作为一种软控制力量，渗透在风俗、道德、政权等一切控制手段之中，发挥着广泛的作用。因此我们有必要对它的特点和作用单独进行分析。

社会舆论是社会大众对某一事件、人物或问题的议论、意见和评价。这里的大众指参与议论、评价的人群。以此来划分，有的舆论是全国性的，有的是地方性的，有的是群体性的。参与议论的人群范围大小与议论的事件或问题的传播范围及人们对它感兴趣的程度有关。

社会舆论作为一种社会现象有如下一些基本特点：

（1）大众性。社会舆论是社会中具有相当数量的公众对某事物的意见。只有相当数量的人参与某一问题的议论，形成了一种或几种意见，包括赞同的、犹豫的、偏颇的、反对的等，并最终形成一种占主导地位的倾向性意见，为相当范围的人所赞同，才能形成社会舆论。个别或少数人的意见不能称为舆论。

（2）现实性。社会舆论是人们针对现实问题的议论或评价。通常，当某一社会现象关系到许多人的利益或引起他们的注意，才能引发他们的意见，发展成社会舆论；社会现象与人们的利益关系越直接，越容易引起人们的议论。因此，社会舆论是时势的晴雨表。

（3）大众传播。社会舆论是靠大众传播形成和扩散的。由于某一社会现象引起大家的兴趣，于是众人纷纷成为此社会现象的评论员、宣传员，社会舆论不胫而走。社会舆论总是要通过人们之间的互相交流，意见的互相碰撞才能形成。这里，大众传播工具起着十分重要的引导作用。它覆盖面广，信息传递速度快，影响力大，因而成为现代社会越来越重要的宣传舆论工具。

（4）软约束性。社会舆论对人们行为的约束力不具有明显的强制性。在舆论的指责面前，有的人可以我行我素。但是社会舆论的这种软约束力量是强大的，它可以使当事人产生巨大的心理压力，从而不得不约束或改变自己的行为。

社会舆论有自上而下、自下而上两种形成方式。自下而上的舆论首先产生于少数群众，然后通过众人传播被更大范围的人群、社会组织机构、大众传播媒介乃至政府所了解，并就此发表意见，逐渐形成地区性或全国性的舆论。自上而下的舆论是政府通过大众传播媒介等途径发出而在群众中传播的一种意见。政府为了推行某项政策，有组织、有计划、有步骤地通过报纸、广播、电视、文件加以宣传，形成地区性或全国性舆论，借以组织、发动群众。社会舆论的形成一般要经过一个复杂的交流、争论、选择、接受和扩散的过程。社会上发生了超乎常规的事情，引起人们的注意，出现众说纷纭的现象；在各种议论中，凡能够符合人民群众愿望的，立刻就会被社会上部分成员所采纳；与此同时，由于宣传，不久就会在更大范围内再次扩散，被社会上大多数人所接受，形成社会舆论。

社会舆论既然是社会上或者是一个组织团体内许多人共同形成的，其一般要经过一个复杂的交流、争论、选择、接受和扩散的过程。社会上发生了超乎常规的事情，引起人们的注意，出现众说纷纭的现象；在各种议论中，凡能够符合人民群众愿望的，立刻就会被社会上部分成员所采纳；与此同时，由于宣传，不久就会在更大范围内再次扩散，被社会上大多数人所接受，形成社会舆论。

社会舆论既然是社会上或者是一个组织团体内许多人的共同意见，因而对个人、集体和社会都会产生重要的作用。这种作用主要体现在以下几个方面：

（1）社会变革的先导作用。社会舆论是社会变革的先导，是推动社会前进的巨大精神力量。社会舆论是适应社会变革的需要而产生的，是社会变革在观念上的反映。它能够揭露落后制度的弊端，指明社会发展的方向和道路，从而为新制度的诞生鸣锣开道。20世纪70年代末，在我国开展的关于实践是检验真理的唯一标准的大讨论，为改革奠定了思想基础。

（2）社会行为的导向作用。社会舆论往往暗示出特定社会的价值规范和行为准则。对个人而言，当他来到一个陌生的环境不知所措时，往往因得到社会舆论的指导而能应付自如。对于一个集体，若能尊重众人的意见，便能增强内聚力和提高工作效率。

（3）社会行为的约束作用。社会舆论是一种公意，反映了大多数人的意见。因此，对少数人的与众不同的言行或越轨行为具有一定的压力。俗话说："千夫所指，无病而死"。少数人为了缓解这种压力，会改变甚至放弃自己原来的言行，表现出顺从的态度，与众人保持一定程度的一致。

社会舆论的上述社会作用有积极与消极之分。积极的社会舆论可以为人们提供正确的行为导向，遏制社会不良现象的发生和发展，增强群体的凝聚力。消极的社会舆论可以为人们提供错误的行为导向，抑制人们的积极性和创造性，阻碍新生事物的产生和发展，削弱群体的凝聚力。社会舆论的不同作用与后果主要取决于两个因素，即一定范围内的群体成员的素质及群体的氛围。

四、适度的社会控制及其原则

"度"，从哲学上讲是反映事物质的量的界限，用来表明事物大小、强弱、高低等特征的程度或限度。"适度"是指事物的活动在度的范围内进行。社会控制的度，则是指社会规范对社会行为限制的程度。适度的社会控制对社会的良性运行和协调发展有着十分重要的意义。

1.社会控制度的3个维度

社会控制度具体包括3个维度：控制力度、控制刚度和控制网络致密度。

（1）控制力度。控制力度用来表明社会成员的社会活动空间的大小，力度越大，表明社会活动空间越狭小；反之，表明社会活动空间越宽广。

（2）控制刚度。控制刚度用来表明越轨行为受到社会制裁的可能性大小以及制裁强度的高低。刚度越大，表明越轨行为受到制裁的可能性越大，受到的制裁越严厉；反之，表明越轨行为受到制裁的可能性越小，受到的制裁越轻微。

（3）控制网络致密度。社会活动空间犹如被渔网般的社会规范体系包围起来的空间，这就是社会控制网络。社会控制网络致密度用来表明社会规范的严密程度。致密度越大，表明受到控制的社会行为越多；反之，表明受到控制的社会行为越少。

力度、刚度、致密度既是社会控制度的3个维度，同时三者之间也应该有一个协调、耦合的关系。其中，力度和致密度是由社会预先规定好了的，即运用法律、纪律、风俗、道德等社会控制手段，对社会成员"可以做什么""禁止做什么"都予以事先规定，超出这一规定范围就成为越轨行为。刚度则是由社会控制实施过程的状况决定的，越是严格依据社会规范对越轨行为实施制裁，控制刚度就越高。[①]

2.适度社会控制所应遵循的原则

判断何种社会控制是适度的社会控制是一项复杂的社会工程，不同的领域或者同一领域不同的时间、地点、条件下指标都是不同的，也不可能相同。任何一种具体的社会控制都是历史的、具体的，但是并不意味着这个"度"无法把握。社会学可以为社会控制提供一般的理论原则。

（1）社会规律性原则。这是指社会控制必须符合和遵循社会的规律性。我们肯定和承认社会存在和发展有着自身内在的规律性；肯定和坚持人类任何创造世界和改造世界的社会实践，都必须遵循社会的客观规律性。那么，进行社会控制的社会实践活动就要以遵循社会规律为原则。规律是事物内在的属性，是事物之间固定的联系，它不是可观察、可感知的表面现象本身，而是隐藏在表面现象的背后，因此，把握和遵循社会规律，发现、认识社会现象内在或背后的联系，是进行适度的社会控制的必要前提。

（2）社会稳定原则。社会井然有序、人民安居乐业，是社会稳定的重要标志，也是适度社会控制的表现之一。在欠度控制之下，管理松懈、纲纪弛废、民心涣散、社会动荡不安，显然不利于社会的良性运行和协调发展。但我们要特别注意的是，过度控制即使有可能带来社会稳定的局面，但也只能是一种"万马齐喑究可哀"的局面，这种稳定局面只能是表面的、暂时的，稳定的背后必然蕴藏着深刻的社会危机。历史经验已经表明：过度控制并不能带来长久的社会稳定、繁荣发展的社会运行，反而会引起巨大的社会动荡，陷入社会恶性运行状态。

（3）社会公众性原则。社会控制必须有利于维护和谋求社会公众的利益。社会公众的利益，表现为国家利益、民族利益、社会大多数人的利益，要谋求社会公众的长远的、根本的利益及利益最大化。一般而言，社会失调，本质上就是社会区域之间、社会群体之间、社会集团之间、一部分人与另一部分人之间的利益冲突的表现。任何社会失调的解决对策、解决过程乃至社会问题的最终消除，都会涉及一定的社会利益，都会发生各区域、各群体、各集团、各部分人、各方面社会利益的变化和调整，从某种意义上说，都是一种社会利益的重新组合和分配。因此，社会控制过程中，必须慎重考虑和研究社会利益的调整，在社会利益的调整中必须坚持以公众利益为最高和最终原则。

（4）社会效益性原则。这是指社会控制必须谋求人们改造世界活动的最大或最高社会效益。人类改造客观世界的活动总是追求最大的社会效益与最高的社会效率。如果说社会失调对社会的根本影响之一，是破坏和消减了人们改造世界过程中的能量、效率和效益，那么解决社会失调的目的之一，就在于保护和加强人们改造世界的能量、效率和效益。坚持社会效益原则，第一是注重社会效率，即

① 郑杭生. 社会学概论新修［M］. 4版. 北京：中国人民大学出版社，2013：410.

谋求解决社会失调活动中所投入的一定能量的最大效果，或者说是社会投入与产出的最大比率，以最省、最小的社会资源、社会能量、社会活动，达到最快、最彻底地解决社会失调的目的。一切解决社会失调的社会控制活动，都必须谋求最高的社会效率。第二是注重整体社会效益，即谋求解决社会失调活动中促使社会各方面的平衡和发展，及公众利益的实现。这就是说解决社会失调的社会控制活动要考虑到社会各方面效益，如物质文明与精神文明、经济的与非经济的等。因此，社会控制活动不能单纯和片面谋求地方效益、经济效益等某方面、某部分的效益。

（5）社会成员自由的原则。从人类社会诞生的时候起，人类就从未放弃过对自由的追求，随着社会生产力的不断发展，人类逐渐挣脱了自然界的重重束缚。与此同时，随着生产关系的不断进步，人类也逐渐从自己所创造的社会关系中解放出来。总之，人类的地理活动空间在不断扩大，人类的社会活动空间也在不断扩大，这意味着人类获得了越来越多的自由。过度控制不适当地限制了人类社会活动空间，欠度控制则不适当地放纵人们的社会行为，这对社会的运行和发展都是不利的。对于一个具体社会来说，在符合具体历史条件并确保社会稳定的前提下，该社会里的社会成员的自由程度越高，该社会控制体系越与"适度社会控制"相吻合。换言之，适度社会控制就是能最大限度允许社会成员自由的社会控制形式。

（6）社会进步性原则。这是指社会控制必须以推动社会的发展和进步为根本目的。人类活动的根本目的在于推动社会的发展和进步，那么社会控制活动不仅为了解决某些特定的社会失调，也为了并且最终为了社会得以进步和发展，因此，有利于社会的进步和发展是进行社会控制必须遵循的原则，而不能以阻碍或延缓社会的进步来换取某些方面的暂时的平衡。

正确把握社会控制的度，实现适度社会控制，既是十分重要的，又是十分困难的。欠度控制不利于社会稳定，不利于社会秩序的维系，容易导致社会失序甚至社会动乱。过度控制也不好，它不利于社会成员发挥积极性和创造性，社会缺乏活力，犹如一潭死水，最终不利于社会的运行与发展。适度社会控制才能既发挥社会控制维系社会秩序的基本功能，又能充分调动社会成员的积极性和创造性。

应用社会学之窗

可卡因与公共政策

美国的可卡因问题可以作为显功能和隐功能的一个极好例证。从这里我们可以看到，最初带有值得赞赏的目标的善意行为，最后却产生了未曾预料到的严重的社会问题。

为服用可卡因打开大门在1914年哈里森毒品法案通过之后，对可卡因的使用有了明显下降，主要局限在一些爵士乐手和其他社会边缘群体之中。但从20世纪

60年代后期开始，两项联邦的政策决定却促使可卡因从地下回到了主流社会。第一，政府通过立法减少了安非他命类药品的合法生产，并对安眠酮和其他被滥用的镇静剂加以严格控制。这种强硬政策非但没有减少对神经性药物的需求，反而使可卡因再次成为一种"新"的首选药物。第二，世界银行投资建设了泛美高速公路，将南美偏僻的古柯产地与主要的大城市联系了起来，从而便利了大量精炼古柯制品的流入，并很快被分割包装成可卡因在黑市销售。这两个因素共同作用，将我们带进了可卡因时代。

量刑不一在20世纪80年代，"瘪啪"可卡因——比可卡因粉末便宜并能产生更大的"快感"——很快成为黑市中首选的毒品。随着它日益受到欢迎，毒贩之间的竞争也日益加剧，导致凶杀案件和街头暴力上升。这种毒品的危害使华盛顿的立法者们警觉起来。他们确信"瘪啪"可卡因要比可卡因粉末更加危险，因而先通过法律对贩卖"瘪啪"可卡因处以刑罚，不久之后又通过法律对拥有"瘪啪"可卡因进行惩罚。法律将可卡因粉末与"瘪啪"可卡因间的最轻强制量刑标准定为100∶1，即贩卖5克"瘪啪"可卡因——仅一茶匙——就要受到最少5年的监禁，而贩卖100倍重量的可卡因粉末——大部分白人选用这种更贵的毒品——才会受到同样的惩罚。在通过这条"瘪啪"可卡因的严厉法令的时候，并未从种族的观点深加讨论。事实上，国会的许多主要黑人议员都投了赞成票。

然而到了1990年，反"瘪啪"可卡因的法律对非洲裔美国人产生了极不成比例的影响，这点已变得日益明显。1995年，一家新闻杂志报道指出，根据这条新法律遭判刑的人中80%是黑人，而因可卡因粉末被判刑的黑人仅为30%。到1997年，长期与"瘪啪"可卡因交易相关的暴力行为不再上升，许多抗议者批评该法律充满种族歧视，要求政府官员缩小量刑中的差距。虽然美国刑罚委员会依然坚持要对"瘪啪"可卡因交易处以重刑，因为它仍与一些重大的暴力活动有关，特别是在街头的毒品贩子之间，但该委员会提议将"瘪啪"可卡因交易中5克的最低量刑限度，提高至25~75克，与此同时将可卡因粉末交易的最低量刑限度从500克降低至125~375克。

资料来源　帕里罗，等. 当代社会问题［M］. 周兵，等，译. 北京：华夏出版社，2002：69-70.

思考题

1.什么是失范？

2."标签论"是如何解释越轨行为产生的过程的？对我们预防和矫治青少年越轨有哪些启发？

3.试述默顿"手段-目标"说的主要思想。

4.什么是社会控制？联系实际，谈谈社会舆论控制的特点和作用。

推荐阅读书目

［1］高和荣. 越轨社会学［M］. 长春：吉林大学出版社，2007.

［2］因尼斯. 解读社会控制［M］. 陈天本，译. 北京：中国人民公安大学出版社，2009.

［3］朱力. 变迁之痛：转型期的社会失范研究［M］. 北京：社会科学文献出版社，2006.

［4］李巨澜. 失范与重构［M］. 北京：中国社会科学出版社，2009.

［5］梯尔. 越轨社会学［M］. 王海霞，等，译. 10 版. 北京：中国人民大学出版社，2011.

第十六章　社会问题及其调适

烦恼属于个人的私事。

——米尔斯

社会问题就是美国社会学家米尔斯所说的"公共麻烦"。可以说，对于社会问题我们既熟悉又陌生。所谓熟悉，是指生活在社会中的每一个人在日常生活中都会遇到形形色色的公共性问题：在经济领域，人们可能遇到下岗失业、碰到假冒伪劣商品；在政治领域，人们可能遇到官员腐败、社会不公平；在文化领域，人们可能遇到色情、暴力文化；在社会生活领域，人们可能遇到治安不好、各种犯罪活动猖獗等。这些问题就发生在我们的身边或我们的生活中，因此我们是熟悉的，但是对这些问题我们又是陌生的。所谓陌生，是指从理论上我们对社会问题产生的原因、特点、规律和解决的方法手段，可能并不了解，即对社会问题有一种说不清、道不明的感觉。在社会学范畴中，社会问题有它固有的含义，并且它一直是社会学研究中一个最重要的课题之一。

第一节　社会问题概述

一、社会问题的含义

目前，被中外学者和公众"定义"为社会问题的现象有近百种之多，例如，环境污染、生态破坏、人口爆炸、低素质人口增长、失业、"盲流"或民工潮、性比例失调、老龄化、民族矛盾、贫困、通货膨胀、国有资产流失、社会分配不公、假冒伪劣商品、权力腐败、官僚主义、应试教育、中小学生失学、教育结构不合理、交通拥挤、封建迷信、宗教矛盾、毒品、黄色瘟疫、黑社会、拐卖人口、赌博、伪科学、有偿新闻和不满的社会情绪等。

然而，关于社会问题的界定学者们并未达成统一的见解。早期的德国社会学家A.瓦格和W.桑巴特等把社会问题归结为劳资矛盾对立；中国台湾社会学家龙冠海认为社会问题是社会关系失调；美国社会学家R.K.默顿把社会问题区分为社会解组和社会越轨；美国社会学家W.F.奥格本则认为社会问题是"文化堕距"（即物质文化变化快，精神文化变化慢而引起的文化脱节）导致的社会生活失调。20世纪40年代中后期，我国社会学家孙本文在《现代中国社会问题》一书中，总结归纳了当时国内外社会学家对社会问题的种种理解，他认为这些理解可以归纳为四种：第一种观点是从社会变迁和文化失调的角度来解释社会问题的产生；第二种观点认为，社会问题并无特殊内容，无论什么社会情况，只要引起社会上多数人的注意，并且需要社会集体采取行动来调整和补救的，就是社会问题；第三种是社会学中的社会心理学派的观点，认为社会问题不仅仅是一种见得到的现象，而且主要是人们的一种心理状态，是一种价值判断；第四种是孙本文在总结他人观点的基础上提出的自己的见解，他认为，社会问题就是社会全体或一部分人的共同生活或社会进步发生障碍的问题。

综合以上各种定义，我们将社会问题界定为：在一定时期和一定范围中产生和客观存在的，影响（或妨碍）社会生活和社会机能，引起社会普遍关注并期望予以解决，且需要和只有以社会力量解决的社会失调现象。

正确理解这一定义，需要把握以下4个方面的含义：

（1）社会问题是一种"客观事实"，即不以人们的主观意志为转移的客观现象。就是说，社会问题客观存在于包括社会主义社会在内的一切社会，只有存在什么社会问题的区别，没有存在不存在社会问题的区别。同时，社会问题一定是一种现实存在的。因为社会问题有时表现为一定的潜在性和可预测性，所以要注意不能把人们假想的和臆测的第三部分社会的空间聚落和社会运行问题当作现实的社会问题，比如，有人预测克隆技术有取代人类两性繁衍的可能，成为大的社会问题，但我们不能因此就把它作为一个现实的社会问题来着力解决。

（2）社会问题是一种"公共问题"，即相当范围普遍的不平衡、不稳定、不和谐并影响社会机能、社会生活的现象。人们在社会生活中，总会遇到许多问题与烦恼，但如果它仅仅是个人或部分人的遭遇或感受，就只能属于私人问题。社会问题必然是在相当范围内具有一种普遍性，因而与公众生活密切相关，涉及相当多的人和较为广泛的社会关系，而且必然是违背了现存的社会规范和价值原则，直接或间接地危及相当一部分社会成员的正常社会生活及利益，大家共同感到一种威胁或不适。

（3）社会问题是一种"公众认定"，即引起社会普遍关注并期望予以消除或解决的现象。"客观事实"是社会问题得以成立的先决条件，但是，只有为相当多数的人所认识和确定，才能真正成为社会问题。也就是说，"公众认定"才是社会问题的本质条件。当然，具体的认定过程中，还有许多因素及环节。一般由专家、学者或有识之士先行觉察和认识，然后在社会上引起一定反响，逐渐形成社会舆论，从而引起政府或拥有权力的决策人物的注意，利用制度或政策的力量使这个问题明确化和具体化，使社会公众越来越感到它确实存在，越来越多的人关注它的现状、形成原因、社会危害及消除它的必要性和对策。到此时，这一问题就正式成为社会问题了。

（4）社会问题的解决需要"社会行动"，即需要并且只能以社会力量才能消除或解决的现象。社会问题的起因一般是社会性的，并非由个人或少数人负责；社会问题的后果也是社会性的，涉及相当一部分人共同的社会生活。因而它的解决或消除也绝不是个别人或少数人能办得到的，要通过社会力量的通力合作才有可能，需要动员相当多的人甚至全社会，采取"社会行动"来解决。

基于以上界定，社会问题的实质是社会相对的不平衡、不稳定、不和谐，即社会失调。它包括社会结构、社会制度、社会控制、社会功能、社会活动、社会关系、社会利益、社会心理、社会观念等诸方面的失调。

二、社会问题的一般特征

社会问题作为一类社会现象，具有区别于其他非社会问题现象的一般特征。

1.社会问题的普遍性与社会性

（1）普遍性。事物的普遍性与特殊性相对应，是指事物的非个别性。社会问题的普遍性具有两层含义：①社会问题现象普遍存在于各个国家，民族，地区（自然区、社区、行政区），即都产生和存在这样那样的社会问题，目前尚没有任何一个国家、民族、地区不存在社会问题现象或未出现过社会问题现象。②社会问题现象普遍存在于社会生活的各个领域和方面，即任何社会领域都存在和出现过社会问题现象，目前被社会学者们所指称和研究的各种社会问题，涉及社会的各个领域和方面。

（2）社会性。其主要表现为以下几方面：①任何社会问题的出现，都不是个别人或个体行为、观念或个别现象造成的，而是大多数人或其行为、观念或一定的社会结构导致的。例如，我国的人口过剩问题，是由我国大多数人传统的生育观念及普遍的生育行为导致的；如果只是个别人即使是少部分人的生育行为，是不可能造成社会生育率过高、人口增长过快现象的。②社会问题内容和表现形式的社会性。社会问题的本质是社会失调，即社会的某方面的不平衡、不稳定、不和谐的现象，这就肯定了社会问题并非个别的失调现象。这种失调表现在大多数人共同的观念、行为及其后果中，绝非是任何个别人的观念、行为及其后果的表现。③社会问题后果的社会性。社会问题对社会产生影响的普遍性，决定了其后果必然对社会整体产生影响，即影响社会结构、社会机能、社会生活、社会变迁等。我国的人口问题就在相当大的程度上影响了我国的社会发展。④社会问题责任的社会性。由于社会问题产生原因、表现的社会性，决定了任何社会问题出现及对社会影响的责任不可能和不应该由个别人来承担，虽然由于每个人承担的社会角色不同，每个人的人生责任及对每一具体事物的社会责任可能有大小之区别，每个社会主体对具体社会问题所承担责任的份额也有所不同，但无论如何社会问题的责任是社会生活中的大多数或部分人共同的。⑤社会问题解决的社会性。既然社会问题产生的原因、影响、责任都是社会性的，那么社会问题解决的条件和过程必然也是社会性的，即依赖社会力量来解决的。事实上，任何个人都无法解决任何社会问题，只有动员全社会的力量才能解决，从某种意义上说，社会问题解决的可能性程度，与动员和调动社会力量的可能性程度成正比。

社会问题的普遍性与社会性是相联系的，正因为社会问题现象表现、影响、关注具有普遍性，所以决定了社会问题产生原因、表现、后果、责任及解决的社会性质。社会问题的社会性也证明了社会问题是一个具有普遍性的现象。认识社会问题的普遍性和社会性特征，认识具体社会问题现象的普遍性和社会性的具体状态，既是认识社会问题现象本质的重要方面，也是解决社会问题的重要前提。

2.社会问题的复杂性与周期性

（1）复杂性。社会生活的繁杂丰富决定了社会问题具有明显的复杂性特征，所有社会问题几乎都具有形成的多因性、内容的多元性、表现的多态性和后果的多重性。其具体表现为：①社会问题产生的复杂性。社会问题的产生不仅原因多样，许多社会问题都不易认识其所有的原因，而且诸多原因交织在一起，不易认识每种原因因素所起的具体作用，特别是难以发现那些间接的、社会历史性的、隐性的原因，难以确定其主要的原因。例如，贫困问题一般至少与自然环境恶劣、人口素质低下、生产力水平不高、经济成分单一、信息闭塞、交通不发达、贫困文化困扰等种种因素有关，这些因素不仅交织在一起，都是引起贫困的原因，而且这些因素之间又相互联系、互为因果。②社会问题的本质即社会失调的内容和形式的复杂性。社会问题的本质是社会失调，但不同的社会问题其社会失调的具体内容是不同的、多种多样的，如社会结构失调、社会规范或社会制度失调、社会利益失调、社会文化失调、社会行为失调等。同时几种内容的失调也可能交织在一起，导致任何一个社会问题其社会失调的内容都呈现复杂状态。社会问题的本质即社会失调的表现形式也多种多样，并可能多种形式交织呈现复杂状态。例如，社会利益失调可表现为贫富悬殊，也可表现为不按劳付酬，还可表现为社会群体或社会集团的既得利益等。③社会问题的社会关注的复杂性。社会对任何社会问题的关注都会是一个复杂的现象。由于社会中人们所属的群体、集团不同，从事的职业不同，扮演的社会角色不同，自身的利益不同、对社会问题乃至对社会诸方面的认识能力也不同，因而不同的人对同一社会问题的关注是不一致的。例如，我国的住宅问题，住房困难户和缺房户，主要关注的是怎么得到需要的住房；有房户特别是住房宽裕户，主要关注的是如何保住自己住房的既得利益；政府主要关注的是住房解困政策和措施；科学工作者主要关注的是解决住宅问题的理论依据；房地产商则主要关注的是利润等。

（2）周期性。社会问题虽然很复杂，但也表现出比较有规律的周期性。性质较为单纯的社会问题，也必然有一个由孕育、发展到激化、解决的生长周期。而性质较为复杂的社会问题，持续时间长，其周期性就会表现为阶段性，以几个阶段性的周期循环构成社会问题发生发展的全过程。例如，我国的人口问题，在明朝以前，是土地广人口少的问题（公元1578年时人口总数仅为6 979万）。为此清朝康熙帝在位时，于1712年推行"滋生人丁，永不加税"的政策，使人口每年平均以25%的速度增长，很快就解决了人口少的问题。到19世纪中叶已达到4亿人，由此又潜在孕育了人口数量多的问题。当时，马克思已指出，中国人口急剧膨胀"将成为这个民族的沉重枷锁"。但中华人民共和国成立后我们仍未予以充分重视，很快便产生人口数量过大的问题。

3.社会问题的破坏性与联动性

（1）破坏性。社会问题一般会对社会运行与社会生活产生破坏性作用。不要说社会祸害问题直接就是社会病灶，即使社会发展矛盾问题，也是因为社会消极面的存在，导致社会矛盾激化与延缓的结果。虽然社会问题的解决能在一定程度上推动社会的进步，但已经不属于社会问题本身的性质特征了。正像为解决社会犯罪问题而使法制健全起来一样，并不能把法制健全的功劳记在社会犯罪问题上。

（2）联动性。社会问题的破坏性作用比较大。这一方面是因为较为普遍和严重的问题才能被称为社会问题，另一方面是因为它具有联动性特征。由于现代社会的社会联系日益密切，强化了社会生活的相关性，使社会问题也具有了强烈的相互关联性，往往一动百动、彼此呼应。这种联动性大体以3种方式表现出来：①因果循环效应，即社会问题内部的各因素之间、社会问题与社会问题之间相互影响，往往由这一因素的问题引发其他因素，由这一社会问题演化为另外的社会问题，互为因果，形成循环效应。②相互激发效应，即一旦几种社会因素都发生问题，就会因相互影响而加剧矛盾冲突，激发出新的问题能量。③集群衍生效应，即围绕一个或几个核心社会问题而衍生和带动出一连串的社会问题，从而增强了其破坏程度。

三、当代中国社会问题的特征

当代中国社会作为一个转型社会，既有与其他社会相类似的社会问题，又有与其他社会不尽相同的社会问题。中国1978年以后开始的社会转型加速期，既是1840年开始社会转型的延续与拓展，又具有许多新的特点：①社会转型的目标是从传统型社会向现代型社会转型；②社会转型的主要形式是改革开放；③社会转型的速率大大加快；④社会转型是包括社会结构、社会运行机制、社会价值观念的全方位转换。这一时期的社会问题是历史遗留问题与转型中产生的问题的叠加，我们既要背卜历史留给我们的重负，又不得不接受转型的伴生物，这使得中国社会转型的步履更加艰难。随着社会转型的深入进行，物价问题、社会保障问题、社会分配不公问题等这类社会转型的伴生物会逐渐消失，人口问题、贫困问题、住房问题等这类历史遗留问题会逐步得到解决，但中国的社会问题并不会从此绝迹，仍然会以其他形式表现出来，这是由社会问题的普遍性所决定的。

在社会转型的历史时期，我国的社会问题也就不可避免地具有这一时代的特征，主要可以归纳为以下几点：

（1）交织性。由于我国社会结构的全面转型，各种社会问题交织在一起，互相联系、互相影响、互相牵连，使得社会问题的解决变得十分困难和棘手，往往是要解决这个社会问题，必须以另一个社会问题的解决为前提，或者是互为解决的前提。例如，贫困问题的解决，就与社会保障问题的解决交织在一起，不解决社会保障问题（包括城市与农村），贫困问题就不可能得到根本彻底的解决。

（2）突发性。由于我国当前的社会转型速率很快，许多社会问题会在短时期内大量产生。而处在社会转型期的政府部门，其职能和行政方式、行政手段也在不断转变，有许多社会问题是新时期产生的新问题，是政府部门从未遇到和处理过的。因此，社会问题一旦产生，政府部门的应对措施不力或者应对迟缓，会使社会问题在短时期内迅速扩展并聚集破坏力量，对社会运行产生巨大影响，这就是社会问题的突发性。我国改革开放以来，经历了几次比较大的社会震荡，就是社会问题的突发造成的。

（3）多面性。在社会转型过程中，各种价值观念充斥社会，人们对同一社会现象的看法不一、评价不一，被一些人视为十分严重的社会问题，在另一些人看来可能是社会进步的表现；被一些人认为要动用社会力量来解决的社会现象，另一些人却可能认为无须社会干涉，应该由其自生自灭。这就是社会问题的多面性。社会舆论的不一致，社会观念的多样性，社会期待的差异性，使得在解决社会问题的过程中会遇到许多来自社会的阻力。

四、社会问题的类型

1.依社会问题发生、发展的趋势或可能性分类

一类是必发性的，指社会变迁或社会发展过程中合乎事物发展规律的、确定不移的，在一定条件下不可避免的社会失调。这类社会问题是在一定社会历史阶段或一定社会环境条件下必然要产生的。例如环境污染问题，现代工业的发展必然伴随着对自然界排放污染物质。现代工业先发展国家在其工业发展的早期，人们尚未认识工业排污对自然环境的破坏，不可能去关注发展工业与自然环境之间的关系，不可能去考虑减少工业的污染；现代工业后发展国家在其着力发展工业时，虽已有先发展国家工业对环境污染的教训，但这些国家为了赶超世界工业发展水平，不可能或不愿意将有限的资金同时投入发展工业和防治工业对环境的污染。这样，当世界现代工业化规模发展到一定的程度或阶段，必然造成对自然环境自身运动无法净化的全球性污染。

另一类是偶发性的，指社会变迁或社会发展过程中并非确定不移的、不可避免的，可能出现也可能不出现，可以这样出现也可以那样出现的社会失调，这类社会问题的产生没有必然规律，是或然性、可能性产生的。例如，人口问题，由于各个国家、各个民族和各个地区在不同的历史阶段或一定的历史阶段，其经济发展水平、社会冲突程度、人口的历史状况、自然资源状况、社会文化传统、社会观念等方面的不同，各个国家、各个民族、各个地区在自身发展的不同阶段或一定阶段，并非都会产生人口问题。

2.依社会问题的产生是否与社会结构有关分类

社会结构是社会体系诸要素之间比较持久、稳定的排列、组合及相互联系的模式，是社会存在的最主要形式，是许多社会现象产生的基础或环境，但是并非任何社会现象的产生都与社会结构有关或由社会结构所导致。考察社会问题的产生是否与一定的社会结构有关，社会问题呈现为两种类型：

一类是结构性的，社会失调的产生和存在由一定的社会结构导致，或与一定的社会结构本身直接相关，因此这类社会问题的解决，将须改变或涉及社会结构的某些方面。例如，我国的城乡关系失调，与长期以来我国城市与农村实际上的二元社会结构有关；我国普遍的工作效率乃至社会效率低下，与长期以来在各行业乃至社会各个方面的多元管理权威构成有关。那么，这样的社会问题属结构性的社会

问题。

另一类是非结构性的，社会失调的产生和存在并非由一定的社会结构所导致，或与一定的社会结构本身无直接联系，因此这类问题的解决一般不需社会结构的变动。例如，犯罪问题，不同历史时期，不同形态、结构的社会中都会存在；一定时期中产生的人口爆炸或人口负增长及由此引起的贫困、劳动力短缺等失调，大都与任何类型的社会结构没有直接关系。环境污染、交通紧张等现象也皆如此。

3.依社会问题产生与社会存在（运动）状态的关系分类

任何事物的存在或运动都表现为相对静止和绝对运动两种状态，人类社会也是如此。孔德最早从社会静态与社会动态两方面来研究社会，提出了社会静力学理论与社会动力学理论。任何一个社会现象的产生总是与社会的静态或动态有关，或者说总是社会的静态或动态的表现。社会问题现象也是如此，由此社会问题分为两类：

一类是稳定性的，指社会处于相对稳定时期或处于相对稳定状况下，特别是社会结构在超稳定状况下，产生的社会失调。一般而言，社会结构乃至社会各方面的稳定有利于社会的安定、和谐和发展，但社会结构的超稳定状态则极可能产生社会惰性，致使社会制度滞后、社会效率低下、社会意识封闭和僵化、阻碍生产力发展乃至社会各方面的发展，从而不可避免地导致一些社会失调问题。例如，几十年来我国超稳定的社会结构，特别是计划经济体制，导致了生产力与生产关系的失调，公平与效率的失调等。

另一类是过程性的，指社会处于相对变动时期或处于较广泛、较急剧的社会变革、社会变迁过程中，产生的社会失调。从事物存在（运动）的规律而言，社会总处于变动之中，但在社会发生较广泛、较急剧的社会变革、社会变迁时，特别是社会制度、社会结构发生变革时，由于社会各方面变革、变迁速度和程度的非同步性，社会变革、变迁过程和形式的波浪性，以及社会变革、变迁的具体动力、社会承受能力、社会某种超稳定性的制约等诸种原因，大都会出现一定的社会失调。例如，我国改革开放和社会转型过程中，出现国有企业职工下岗、短期行为、对策心理和行为、部分社会观念混乱、社会情绪的焦虑等，这些都是由改革开放的某些政策、过程的非同步性，由社会转型中新旧社会因素的矛盾和冲突引发的。

4.依社会问题的表现状态与主体人行为的关系分类

任何社会现象的主体皆是社会人的行为，即人们的社会行为。从行为主体的角度而言，社会行为要素分为两方面：主观方面是行为主体行为的目标、计划、方式、手段、工具、情境定义、角色和行为过程；客观方面是行为主体行为的环境，包括社会结构、社会规范、社会控制、社会关系和社会文化等的状态。人们的任何行为总是主客观两方面要素共同作用的结果。本质为社会失调的社会问题现象也是社会行为的表现状态。那么，依社会行为主、客观要素的具体作用而言，社会问题的表现状态分为两类：

一类是社会反常性的，造成社会失调现象是社会行为主体的主观选择性或主观要素起主导作用,是部分社会行为对社会环境——社会认可的社会关系、社会规范、社会控制、社会管理和主导社会文化等的反叛,社会失调表现为部分人行为的失调或偏差行为、越轨行为,如吸毒贩毒、自杀、卖淫和嫖娼等。

另一类是社会解组性的,造成社会失调现象是社会行为主体的客观环境或客观要素起主导作用,是社会环境——社会关系的矛盾、社会规范体系相互矛盾、社会失范或社会规范的约束力减弱、社会文化冲突、社会观念的混乱、社会凝聚力降低等对社会行为的影响,社会失调表现为倾向性的社会行为失调,或者说表现为社会整体的失调。

这两类社会问题,前一类社会行为的社会环境基本是和谐、稳定、平衡的,或者说是基本合理的,有利于引导人们的合理行为,由于部分人行为过程中主观对现存社会的反叛,选择反社会的行为目标和方式,从而造成了社会某些方面的失调。后一类社会行为的社会环境存在不和谐、不平衡、不稳定的因素,甚至某些方面就处于不和谐、不平衡、不稳定的状态,或者是基本不合理的,将对人们的行为产生误导或偏颇的影响和刺激,社会环境的不合理性导致人们行为的不合理性,从而造成社会某方面的失调。

5.依社会问题的表现程度分类

一类是显性的,即客观方面或原生社会事实的社会失调现象,其事实表现充分、清晰;主观方面或派生社会反应,人们普遍对失调现象有较明确、较集中的感受、认识及解决的期望,并公开表示(或表明、表现)出来,而且大都具有一定的科学研究和科学认识。被社会学者指称和研究的社会问题,大多是这类的社会问题,如我国存在的人口过剩、环境污染、假冒伪劣商品、毒品、卖淫、经济秩序混乱、腐败等。

另一类是隐性的,即客观方面或原生社会事实的社会失调现象,其事实表现尚欠充分、清晰或被掩盖;主观方面或派生社会反应,人们大都对失调现象尚未有较明确、较充分、较集中、较公开的认识、态度和期望,及缺少相当的科学研究。目前至少大多数社会学者尚未重视和研究这类社会问题,如我国普遍存在的集体越轨、对策心理和行为、畸形社会化、短期行为、内耗、怠工等。

6.依社会问题对社会影响的根本性质分类

一类是消极性的,这类社会问题不仅打破社会的某些平衡、稳定、和谐,在一定方面、程度上妨碍社会机能、社会生活,而且从根本上延缓、阻碍社会的前进。大多数社会问题属于这一类,如我国的人口问题,不仅造成保证就业、发展教育、提高人口质量、提高生活水平、推行社会福利和实行社会保障、促进生产方面的困难和失调,而且将在较长时期内延缓、阻碍我国经济、社会的发展。

另一类是积极性的,这类社会问题虽然也打破社会的某些平衡、稳定、和谐,也在一定方面、程度上妨碍社会机能、社会生活,但却孕育着或促进、推动社会的进步。例如,从第二次世界大战以来,由于社会变迁中社会化的环境、内容、速度、方式的不同,致使两代人之间在价值观、伦理观、人生观、生活态度、生活目标和生活方式等方面产生许多的差异，即代沟（或代差）。这一在各国普遍存在的现象，被许多社会学者认为是社会问题。这一现象虽然引起人们之间及社会生活诸方面的矛盾、冲突，但正是这种矛盾和冲突促使了社会观念、生活方式的更新，推动社会的进步，因而其对社会的影响从根本上是积极性的。

7.依解决社会问题的条件分类

一类是一定时期内有条件、有能力解决的。例如，我国的住宅短缺问题，目前已得到社会的普遍关注和广泛的科学研究，随着经济的发展和住宅建设的发展、改革的深入、各项政策的调整、住宅观念的变更、消费方式和消费观念的更新及生活水平的提高等，我国的住宅紧张状况可望在"十二五"期间或稍长一点时间内得以解决，并达到小康住宅水平。

另一类是一定时期内暂无条件和能力解决（当然完全有可能阻止其进一步发展或恶化）的。例如，我国的人口问题，由于人口生长的自然规律，社会经济增长的规律，以及我国教育、管理、社会政策、国民素质、传统观念等具体的国情，决定了我国不可能在三五年、七八年内完全有解决人口数量多、素质偏低、劳动力剩余状况及由此引起的各种失调（当然，通过加速经济发展、调整人口政策、实行人口立法、提高国民素质等，完全有可能阻止人口问题的恶化）。

第二节　社会问题的理论研究

由于社会问题本身的复杂性，决定了社会学家们关于社会问题的基本理论见解也多种多样，归纳起来大致有以下几类：

一、社会病态论

19世纪末，由于生物进化论的影响出现社会进化论学说，其有机体的类比分析产生了关于社会问题的社会病态论，这是解释社会问题最早的一种理论见解，其代表人物是查理斯·汉德森（Charles Henderson）和萨姆尔·史密斯（Samuel Smith）。社会病态论认为，社会问题是违背社会道德期望的现象，或者社会本身就是不道德的社会。换言之，社会问题指个人或群体不能保持健康状态，或者社会本身就是不健康的。早期的社会病态论认为社会是健康的，将社会问题归于不健康的个人或某些人。20世纪60年代重新复兴的现代社会病态论则认为社会机体本身不健康或有病的社会构成社会问题。不过新老社会病态论均主要以道德作为标准，把社会认可的、支持的现象和人看成是正常的、健康的，而把那些社会不认可、不支持的看成是非正常的、非健康的；社会问题即非正常、非健康或非道德的现象。此理论所体现的具体范式可概括为：对象选择——社会道德及社会道德期望；事实选择——违背社会道德标准的现象；概念选择——社会道德期望、非道德状态、非健康状态、社会病态等；方式选择——因果分析方法，假定前提为社会道德维持社会健康。

二、社会解组论

第一次世界大战后，社会病态论逐渐被社会解组论（也称社会失控论）所代替，它主要源于美国的查理士·库利（Charles H.Cooley）、汤姆斯（W.I.Thomas）、佛洛廉·兹南尼斯基（Florian Znaniecki）和威廉·奥格本（William F.Ogburn）的理论。这一理论见解认为，社会问题即由于社会变迁的影响而产生的失去规则的现象；或是由社会失控——缺少规则所引起的现象，并将失去规则或失控的现象分为3种不同的情况：①缺乏规范，即社会对于某种情况或某些方面没有确定的规范或控制规则；②文化冲突，即社会有多种规则可以遵循，但有些规则是互相矛盾甚至势不两立的；③制度失效，即按社会某种规则行为，其结果回报是赏罚不明，规则失去效用。此理论所体现的具体范式可概括为：对象选择——社会变迁中的社会规则；事实选择——社会变迁中的社会规则及功能变化的现象，某些社会规则缺乏或功能丧失的现象；概念选择——社会变迁、社会规则、制度失效、社会解组、社会失控等；方式选择——因果分析方法，假定前提为社会规则是控制社会的基础，或者说社会控制依赖于社会规则。

三、文化失调论

由社会解组论演化和发展产生了文化失调论（也称文化堕距论）。威廉·奥格本认为一个社会的文化的各个部分是相互依赖的，在社会变迁中当各个部分的文化以不同的速度改变时，其中的一部分可能脱离整体而造成混乱，由此提出"文化落后"概念。据他的观点，社会解组主要来源于速度不一致的社会文化变迁。以后有学者将他的这一观点加以发展，提出关于社会问题的文化失调论。此理论认为，社会问题即文化变迁中由于文化的各部分变化的速度不一致而产生的文化失调现象。此理论所体现的具体范式可概括为：对象选择——社会文化、文化变迁；事实选择——社会各部分文化变迁速度不一致的现象，某些部分文化变迁速度过慢的现象，文化不协调现象；概念选择——文化变迁、文化落后、文化堕距、文化失调等；方式选择——因果分析方法，假定前提为各部分文化同步发展形成文化协调。

四、价值冲突论

20世纪二三十年代，出现了运用价值冲突论对社会问题的研究，如1925年劳伦斯·法兰克（Lawrence K.Frank）曾把这个观点应用到住宅问题的研究上。到40年代这种观点逐渐盛行起来，依价值冲突论所整理出的第一本有关社会问题的教科书于1948年在美国问世。这种理论的代表人物是理查德·富勒（Richard C.Failer）和理查德·麦尔斯（Richard R.Myers），他们汇总了早期运用价值冲突观点的研究成果，第一本教科书就是依据他们二人及早期社会学者的论文写成的。价值冲突论认为，社会问题即某些群体之间的价值不能相容共存的社会状况，或是指不同群体的价值观发生矛盾致使社会思想准则混乱的社会状况。此理论所体现的具体范式可概括为：对象选择——社会价值观；事实选择——多元社会价值观现象，群体、集团之间价值观矛盾、冲突现象，社会思想准则混乱现象；概念选择——社会价值观、群体价值观、价值冲突、思想准则混乱；方式选择——因果分析方法，假定前提为社会价值观影响社会群体之间的关系。

五、群体冲突论

一些学者针对价值冲突论指出，群体之间的矛盾和冲突不仅仅在价值观方面；人们对同一社会现象的不同看法或社会思想准则混乱，也不仅仅由于甚至主要并不是由于价值观的矛盾和对立。据此他们认为群体之间的矛盾、冲突主要是利益矛盾、冲突，提出关于社会问题的群体冲突论。此理论认为，社会问题是各种社会群体之间的利益相异而发生的矛盾、冲突，或者说由于各种社会群体之间的利益相异而发生矛盾、冲突便造成社会问题。此理论所体现的具体范式可概括为：对象选择——社会群体利益；事实选择——不同社会群体利益相异现象，群体利益矛盾、冲突现象；概念选择——社会群体利益、利益冲突、群体冲突等；方式选择——因果分析方法，假定前提为社会利益影响社会群体之间的关系。

六、阶级冲突论

还有学者针对价值冲突论及群体冲突论指出，社会矛盾、冲突是多方面的，利益矛盾、冲突也是多方面的，根本的是阶级利益方面，据此提出了关于社会问题的阶级冲突论见解。持这一见解的学者不多，且被认为是一种较极端的观点，但仍可为一家之言。此理论认为，社会问题是各阶级之间利益矛盾、发生冲突的现象；或者说阶级之间因利益不同而引起的矛盾、冲突是社会问题的根本原因和主要表现。此理论所体现的具体范式可概括为：对象选择——阶级利益；事实选择——不同阶级集团利益相异现象、阶级利益矛盾、冲突现象；概念选择——阶级利益、利益冲突、阶级冲突等；方式选择——因果分析方法，假定前提为社会利益影响阶级集团之间的关系。

七、越轨论

20世纪50年代，西方社会出现相对稳定的局面，社会冲突现象有所减弱，对社会的解组、失控、冲突的解释理论暴露出越来越多的缺陷；社会学研究社会的角度也有所调整，有学者提出越轨行为（或偏差行为）理论来解释社会环境及人们行为，1957年出版了第一本关于越轨行为理论的教科书。[①]越轨理论一是源于哈佛大学一派的罗伯特·默顿（Robert K.Merton）的"迷乱论"或"反常论"；二是源于芝加哥大学一派的爱德文·苏德兰（Edwin H.Stherland）的"差异关联论"。一些学者将越轨理论运用于研究社会问题现象，便产生了关于社会问题的越轨论。该理论认为，社会问题是人们的行为偏离社会规范的现象；换言之是个人或群体的越轨行为造成危害普遍社会原则的现象。此理论所体现的具体范式可概括为：对象选择——社会行为；事实选择——社会规范普遍性现象、偏离规范行为现象、危害社会原则现象；概念选择——社会行为规范、偏离规范、越轨、犯罪等；方式选择——因果分析方法，假定前提为遵从规范的行为维护社会原则。

---

① CLINARD. Sociology of Deviant Behavior [M]. New York：Holt, Rinehart & Winston, 1963.

八、要素论

以上各种理论大都曾"时髦"一段时间，而且其中任何一种理论在解释某一形态的社会问题时，较之解释其他形态的社会问题更有说服力，也较其他理论对这一形态社会问题的解释更有说服力。但是，任何一种理论都不能对所有形态的社会问题都有解释能力，各种理论并不能都对某一些形态的社会问题具有解释能力。由于诸种理论的缺陷及学者们的批评，也由于第二次世界大战特别是20世纪五六十年代后成熟起来的综合社会学学派的影响加强，产生了关于社会问题的要素论理论。这一理论认为，社会问题现象具备几个方面的要素或条件：客观而非主观臆断的现象，表现为社会（可为诸方面的）失调（矛盾、相异、不和谐、不稳定），并影响社会机能和社会生活，其表现和影响相当普遍，引起社会关注，需要和只能用社会力量才能解决。此理论所体现的具体范式可概括为：对象选择——社会各领域、各方面；事实选择——社会非平衡、非和谐、非稳定现象，其对社会机能、社会生活的影响现象及对其他的社会反应现象；概念选择——社会平衡、社会和谐、社会稳定、社会失调、社会关注、社会力量；方式选择——结构分析方法，假定前提为社会共同体是一定要素有规律的排列组合。

第三节　几个主要的社会问题

人类社会的绵延流长和纷纭繁杂，曾经发生和正在发生着大大小小数不清的社会问题，尤其当人类历史跨入现代社会的门槛之后，社会生活节奏明显加快，人际相关性空前加强，社会资源日趋贫乏，社会矛盾频繁激烈，社会问题已成为一种国际性的普遍现象。我们的研究无法囊括国际所有的社会问题，仅就几个主要社会问题做简要分析。

一、生态环境问题

生态环境是指与人类共生共存并保证人类的生存与发展，组成人类物质环境的整个生态系统。生态系统概念是由英国植物群落学家A.G.坦斯莱最先提出的，指在一定的空间内，生物与非生物成分通过物质的循环和能量的流动，相互作用、相互依存而形成的一个生态功能单位。生态系统可大可小，大至整个地球，小至一个村庄，一个池塘，都是一个相对独立的生态系统。任何生态系统都由生物成分与非生物成分所组成，生物成分利用非生物成分中的无机物质（如C、N、O及二氧化碳和水等），有机物质（如蛋白质、糖类、脂类、腐殖质等），借助一定的气候、温度、湿度等物理因素，进行能量流动、物质交流和信息联系。最初由作为生产者的绿色植物将太阳辐射的光能转变为化学能，然后沿着一种食物链，使能量由一个营养级流向另一个营养级。承载这种能量流动的是物质交流，由作为消费者的草食动物将植物成分转化为动物营养，再扩大到包括人类在内的肉食和杂食类动物。当这些消费者死亡之后，由微生物等分解者将其还原为有机和无机物质，重新进入新的生物地球化学循环的过程。

在这种生态系统的循环中，任何生物都是以其他生物及非生物作为自己的生存环境的，尤其是人类，具有独特的智力活动和行动自主性，对自然环境适应、加工、改造而建造起人工生态系统，形成了一种人与生态环境相互作用的网络结构，建立了一种谁也离不开谁的亲密关系。这就要求人类在利用和改造生态环境以提高自我生存条件时，必须遵循大自然的规律，与整个生态系统的发展和谐一致。否则，因获取眼前利益而破坏了生态比例，最终将会在生态系统的大循环中遭受报复，从整个人类发展的角度看，等于自己损毁自己。

但是，由于许多人认识不到人与生态环境的关系和保护环境的重要性，也有的人为暂时的经济利益所驱动，做出了许多有损于生态环境的事情。当前国际国内比较突出的生态环境问题主要表现在以下几个方面：

（1）水土流失，沙漠化加速，人均耕地日益减少。当前，世界每年因盐碱化和旱涝灾害受到侵蚀和流失的土壤达254亿吨，沙漠化面积以每年600多万公顷的速度不断扩大，有2 100万公顷的耕地因沙化而减产或弃耕。中国有38%的土地受到水土流失的危害，每年流失土壤约50亿吨，荒漠化土地2 460平方千米。至1997年，全国荒漠化土地已达到262.2万平方千米，占国土面积的27.3%。人均耕地面积已从1980年的1.5市亩下降到2006年的1.39市亩，至2017年，人均耕地面积不足1.35亩，不足世界平均水平的40%。

（2）森林减少，草原退化，动植物资源迅速减少。因人为因素及自然灾害，世界森林面积年均递减2 000万公顷。中国在森林资源逐年递减的同时，草原也在不断退化，目前年退化面积为2 000多万亩。全世界当前已有2.5万种植物与1 000多种动物品种与亚种受到早期灭绝的威胁。

（3）臭氧层破坏，温室效应增强，酸雨危害加剧。1989年英国科学家探测到南极上空的臭氧层出现大洞，这是由人类发展工业排放的含氯气体造成的。这将会使太阳紫外线更多地照射地球，已见现象是皮肤病及眼病增多。由于化学燃料燃烧时释放出来的大量二氧化碳，使太阳热能无法从地球散发出去，造成温室效应，改变了地球的气候环境。有科学家预言，如因此现象继续而造成南北极冰雪融化，后果则不堪设想。另外，酸雨危害越来越重，仅我国每年因此而造成的经济损失就达140亿元人民币。

（4）淡水资源短缺。同20世纪初相比，全球淡水用量增加了10倍，而淡水供应却因污染、酸雨、生态变化等锐减，不但影响了工业生产，而且严重威胁到人民生活。专家预测，到2025年，全球近35亿人将面临水荒问题。中国500个城市中有300多个缺水，严重缺水的40多个。与此同时，水质污染恶化却在加重。

（5）各种污染日益加重。我国由于多年来片面追求产值增长而忽视环境保护，近年乡镇企业的迅猛发展更加剧了环境污染。由于"三废"（废气、废水、废渣）排放，全球空气污染最严重的20个城市中有10个在中国，其中太原、济南、北京空气中悬浮微粒含量各是世界卫生组织规定标准的8倍、7倍、6倍。全国七大水系和大淡水湖泊及近岸海水的污染几乎全部达到中度以上，淮河支流鱼死光，岸上养猪不下崽，喂鸭不长毛，种子不发芽。城市的垃圾处理成为大问题，特别是白色垃圾（塑料地膜、方便袋等），埋在地下200年不降解，会产生严重后果。另外，现在光污染、电磁污染、化学污染和噪音污染等各种污染也在威胁着人类生存。

总之，生态环境问题已成为一个世界性的大问题，许多国家已重视并致力于解决，我国也已做出了巨大努力。首先在政策上摈弃优先发展重工业的战略，调整资源利用和产品价格的宏观政策环境，逐步完善保护环境的制度。

由于对环境问题的重视，从20世纪60年代末起，在西方发达国家发生了所谓"第一次环境革命"。1972年在斯德哥尔摩召开了人类第一次世界环境大会，发表了"人类环境宣言"，人们开始改变习以为常的"世界是无限的"观念，认识到如果按目前的生产污染和资源浪费的速度发展下去，人类社会断然不能持续下去。随着环境问题由发达国家向全球的扩展，由污染和可耗竭资源枯竭转向可再生资源，80年代末发生了"第二次环境革命"。因此，1987年以挪威时任首相布伦特兰为首的高级专门委员会，受联合国委托发表了《我们共同的未来》的报告，把环境问题与社会发展联系起来，提出了"可持续发展"的概念。这是"一种既满足当代人的需要，又不损害子孙后代满足其需要能力的发展"，一种既实现经济发展的目标，又保持资源、环境、文化的协调，使社会永续地发展。1989年5月第15届联合国环境署理事会通过了《关于可持续发展的声明》，正式肯定了这一概念，认为"可持续发展是21世纪无论发达国家，还是发展中国家正确协调人口、资源、环境、经济之间相互关系的共同发展战略"，是"解决环境与发展问题的唯一出路"。这一战略的提出，引起了世界各国和国际社会的重视与关注。1992年6月，联合国在巴西的里约热内卢召开世界环境与发展大会，通过了《21世纪议程》，为人类改变传统的发展模式和生活方式，实现经济、社会、资源、环境的协调和持续发展树起一座崭新的丰碑。1995年3月在丹麦的哥本哈根召开了联合国第一次有关社会发展问题的世界首脑会议，100多个国家参加了会议。"可持续发展"得到了公认。许多人认为，提出可持续发展是人类发展思想史上的一场革命，它的影响已远远超过经济领域而渗透到社会生活的各个方面，蕴涵着一种新的文明形态。

二、人口问题

所谓人口问题，是指在一定区域内，人口的发展与自然资源状况和经济发展水平不相适应，从而影响社会的正常运行与发展。人口问题对社会运行与发展的影响，一般可从人口数量、人口质量和人口结构3个方面进行考察。

1. 人口数量问题

中国的人口数量问题，主要是指人口过快增长，人口规模迅速膨胀，从而对社会运行发展产生阻碍作用的社会问题。这是我国当前人口问题的核心问题。

中华人民共和国成立之初人口约5.4亿，到1995年2月15日突破了12亿大关。在不到50年的时间里猛增了6.6亿人口，称为"人口爆炸"是不为过的。更令人担忧的是，这种爆炸趋势仍在继续。虽然计划生育政策使人口自然增长率由1970年的2.56%急剧回落至1994年的1.12%，但每年出生的人口仍高达2 000万以上，净增人口也徘徊在 1 400 万人左右，这主要是因为人口基数太大，而出现"低增长率，高增长量"的现象。根据 2000 年第五次全国人口普查结果，全国总人口为 129 533 万人。内地 31 个省、自治区、直辖市和现役军人的人口，同第四次全国人口普查的 1990 年的 113 368 万人相比，十年间共增加了 13 215 万人，增长了 11.66%。平均每年增加 1 279 万人，年平均增长率为 1.07%。根据 2010 年第六次人口普查结果，全国总人口数为 137 053 万人。

2.人口质量问题

人口质量是指人口在质的方面的规定性，也称人口素质，即人口总体在德、智、体几方面的表现。当前我国人口质量问题在"德"的方面，即思想品德和修养操守上，表现出人生观和价值观的层次有所降低，许多人"是非不分，金钱至上"。在"智"的方面突出表现为文化素质不高。虽然中华人民共和国成立后我们在提高人民文化素质方面取得了令人瞩目的成就，以 1964 年第三次人口普查时与中华人民共和国成立初相比较，具有大学文化程度的人占总人口的比例由 0.41% 上升到 1.42%，高中程度的由 1.7% 上升到 8.04%，文盲半文盲则从 37.85% 下降到 15.88%。但是，当前我们仍有文盲半文盲近 2 亿人，稍一放松还能增加，这是我国人口素质提高的巨大障碍。在"体"的方面是指人口身心健康情况。我国人口的平均健康水平和寿命比解放初已大大提高，但现在大陆仍有各类残疾人共 5 164 万，每年出生的婴儿中，85 万存在先天性生理缺陷。而我们的医疗卫生事业的发展则远远不能满足需要，按每名护士和医师承担的人数计算，比发达国家差十几甚至几十倍。

3.人口结构问题

人口结构，也称人口构成，是反映一定地区、一定时期内人口总体内部各不同质的规定性的数量比例关系。人口结构问题则是这种比例关系的失调。我国当前的人口结构问题，主要反映在人口年龄结构、性别结构和地区结构 3 个方面。

人口年龄结构方面的突出问题是人口老龄化。联合国规定 65 岁以上的人口占总人口的 7% 以上，即为老年型社会。而中国据国家统计局 1997 年抽样调查已达到此标准。尤其引人注意的是，从 1982 年以来，中国总人口的递增速率与世界均值相当，而老龄人口增长速率却大大超过世界均值（世界均值年增 2.5%，中国则为 3.9%）。这就是说我们进入老年社会的准备时间比较短而且老龄比重会更大，负担也就必然更重。

人口性别结构方面的突出问题是男女性别比例失调。根据 1982 年、1990 年、2000 年和 2010 年全国人口普查的数据，我国出生人口的男女性别比分别为 108.5、111.3、116.9、118.08。这一比例还有进一步扩大的趋势，因为当前还存在出生婴儿性别比例失调的问题，男趋高，女趋低。这对社会运行势必造成十分不利的影响。

人口地区结构方面的突出问题是人口的地区分布不合理。东南沿海人口密集，西北部则人口稀疏。如果从黑龙江省的瑷珲到云南省的腾冲画一条线，该线的东南部占国土面积的 48%，居住着 95% 的人口，西北部占国土面积的 52%，人口却只有总人口的 5%。而两个地区各自内部的人口分布也有很大差别。这无疑会造成人才开发、资源利用和经济发展等方面的差别，影响社会的协调发展。

三、贫困问题

所谓贫困，是指人们缺乏满足基本生活需要而造成生活困难的状态。由于基本生活需要是一个动态变量，所以贫困实际上有绝对贫困和相对贫困两种含义。

绝对贫困是一种"生存贫穷"，即缺少维持生存的基本必需品；相对贫困则是相对于社会一般生活水平而言，即个人或家庭收入低于社会中等水平。这种区分是鉴于社会实践的发展和对"贫困线"的研究而产生的。1899 年美国早期研究贫穷的著名学者朗特利在纽约经过调查，绘制了一个以每周最低用款为基础的贫困线。他拟订了一个可以用来维持家庭最低营养的必需品名单，按当时物价折成货币量，就形成了"绝对贫困标准"，低于此就是"生存贫穷"。后来，许多国家的学者对此方法进行了修正使用，但基本上还是延续了朗特利的这种分析方法。

到 20 世纪 60 年代，"相对贫困"概念开始盛行，它认为个人的基本需要不仅是温饱，还应包括现代社会文明必不可少的内容，有的称为"基本文化需要"，如教育、安全、交通、卫生及一定的闲暇娱乐需要。这就使各国划定的"贫困线"之间的涨落差和可比度仅仅具有相对意义。在 80 年代初联合国规定的国际贫困线——人均年收入不足 50 美元的基础上，各国自行制定标准。美国的贫困线是以"足够营养所需数乘以 3"为标准（1981 年公布四口之家年收入不足 9 290 美元；1983 年为 10 178 美元）；法国是以法定的最低工资标准作为官方贫困线；瑞典则让各地方政府自行制定。在我国，1984 年由中央书记处农村政策研究室最先提出农村贫困线，当时为人均年收入 120 元以下，1985 年改定为 200 元。1990 年大部分农村居民人均年收入 300~350 元以下，城镇居民人均月收入 60 元以下为贫困标准。2008 年，中国绝对贫困线标准为人均纯收入为 785 元以下；2009 年，将贫困线提高至人均年收入 1 196 元；2011 年召开的中央扶贫开发工作会议决定，将农民人均年纯收入 2 300 元作为新的国家扶贫标准。

我国是一个历史上长期以来处于贫困落后状态的国家。中华人民共和国成立以后，人民生活水平有了很大提高，但是因生产力基础太差，也由于人们"以穷为荣、以富为耻"的观念束缚，以及地理环境及自然灾害等原因，一直未能消除贫困。到 1978 年，全国农业人口人均年收入仅 70 多元，有 2.5 亿人口处于贫困状态，但是这并不说明我们没有做出努力。相反，党和政府一直把解决贫困问题作为大事来对待。为了更好地实施扶贫政策，国家统计局专门研究确定贫困线的定义及计算方法。所谓贫困线是指在一定的时间、空间和社会发展阶段的条件下，维持人们的基本生存所必需消费的物品和服务的最低费用。其计算方法是：首先，根据营养部门专家的意见选择最低热量摄入量；其次，选择合理的食物消费项目和数量；再次，结合调查得来的相应价格水平，计算出最低食品支出；最后，用最低食品费用支出除以合理的食品支出占生活费用支出的比重，所得商即为贫困线。在具体工作上，先后采取了移民、建立救灾扶贫组织、试办救灾合作保险和创办救灾扶贫经济实体、政策优惠等方式，以及资金、科技、教育等支援，对于消除社会贫困和贫富差距起到了极大的作用，取得了巨大的成绩。

第四节　社会问题的调适

调适，顾名思义，就是人们调整自己的心理与行为以适应环境的要求。调适，从广义上说包括对自然环境的调适，如天气冷了穿上棉衣以御寒，这是调适人与自然环境的关系。我们在这里指的是人与人之间关系的调适，即社会调适。解决社会问题的过程是人们按一定的管理目标对社会问题产生的环境、条件进行改造的过程，也是我们通常所说的社会问题的调适过程。只有当人的主观活动是符合客观实际时，人们提出的解决社会问题的方案、措施才是行之有效的。而对有些解决社会问题的对策，尽管设计的方案可能十分完美，但它可能蕴含着片面性，无法解决现实中的社会问题。解决社会问题有赖于对社会问题的科学认识，包括对社会问题消除或解决过程规律的科学认识。社会学的研究将有助于人们认识社会问题解决过程的规律。

一、社会问题调适的一般原则

当我们面临众多错综复杂的社会问题时，指导社会问题解决的理念就成为我们行动方案制定的原则，只有在统一原则的指导下，对社会问题解决方案的选择才具有科学性。这些理念有一部分已深深植根于社会成员的价值观念体系之中，不断演变和发展。这里所讨论的理念，并不是对某一具体社会问题解决方案的原则，而是社会问题解决中所要遵循的最基本的原则。这些原则包括：

1.社会规律性原则

这是指社会问题的解决必须符合和遵循社会的规律性。我们肯定和承认社会存在、发展有着自身内在的规律性，肯定和坚持人类任何创造世界和改造世界的社会实践，都必须遵循社会的客观规律性。那么，解决社会问题的社会实践活动就要以遵循社会规律为原则。规律是事物内在的属性，是事物之间固定的联系，它不是可观察、可感知的表面现象本身，而是隐藏在表面现象的背后，因此把握和遵循社会规律，不是感知、观察社会问题本身，而是发现、认识社会问题内在或背后的联系。解决社会问题将会涉及社会问题自身的规律性，解决条件中的规律性及对策措施中的规律性，需要正确把握和运用这三个方面的规律性来确定对策。

2.社会公平性原则

在现有社会条件下，只要社会物质产品还没有极大丰富，只要各种类型的分配还面临着僧多粥少、供不应求的情况，在解决最基本的社会问题时，就应遵循保护公民的基本权利的社会公平准则：①承认人人生而平等，主张人们有平等地获得他们的需要物的权利，认为不平等的分配是与人类的天性相抵触的。②不平等是一切社会问题产生的根源之一。只有平等才能达到社会的和谐、和睦，保证作为整体的人类的幸福。例如，我们依据社会公平性原则制定了最低生活保障线，给贫困线以下的城市居民发放生活补贴，解决他们的基本生活问题。

3.社会效率性原则

社会效率性原则有两个特点：①它将各类分配都作为社会发展的杠杆，鼓励先进，以差等分配鼓励人们为社会多做贡献，形成带竞争色彩的人与人之间的关系。②它不是无差等地尊重每一个社会成员的个性价值，它的着眼点是整个社会有机体。它使个性价值从属于社会价值。尽管我们提倡给所有的人以平等机会，但由于个人条件和社会条件千差万别，人们最后捕捉到机会的可能性则是不等的。因此，采取社会效率准则来解决社会问题时其着眼点不是一个具体的人，而是整个社会。

4.社会规范性原则

这是指社会问题的解决必须确定和遵循一定的社会规范。社会规范是人们全部活动的准则，没有这个准则，就无法保证人们活动乃至生存的合理性和协调性。社会规范也是任何一个有序社会的重要基础，没有这个基础，社会必将陷入混乱之中。因此，社会规范也是人们解决社会问题这种特殊社会实践活动的准则，是消除不和谐现象，达到社会有秩序状态的基础。在任何社会中，只有各种内容、各类形式、各个方面的社会规范的协调，才能组成社会规范稳定的系统或体系。

5.社会进步性原则

这是指社会问题的解决必须以推动社会的发展和进步为根本目的。解决任何一个特定的社会问题，就是消除社会中的社会失调现象，进而达到社会有序运行的目的。人类活动的根本目的在于推动社会的发展和进步，那么解决社会问题的对策和活动不仅为了解决某些特定的社会失调，也为了并且最终为了社会得以进步和发展，因此有利于社会的发展和进步是解决社会问题必须遵循的原则，而不能以阻碍或延缓社会的进步来换取社会某些方面的平衡。

二、社会问题调适的指导方针

为了保证解决社会问题的科学性和有效性，需要确立解决社会问题遵循的指导方针。

（1）坚持国家、社会和群众力量相结合的方针。国家政权是解决社会问题的根本力量。国家通过社会管理的手段，为解决重大的社会问题提供物质保证和组织保证，动员全社会的力量，依靠政权的力量来解决面广量大的社会问题。例如贫困问题，没有政府的政策倾斜、资金注入、物质帮助、技术提供、移民措施、社会贫困线和保障线的保护等，要使成千上万的人脱贫是不可能的，但政府又不是解决贫困问题的唯一力量。发动社会力量，调动各个方面的积极性，才能更加有效地解决社会问题，动员机关、工厂、学校及各种社会组织，有钱出钱、有物出物、有力出力、有技术出技术就能将社会资源汇集起来，形成合力，使贫困地区和贫困群体获得资金、物质、技术和人才各个方面的帮助。广大人民群众也是解决社会问题的基本力量，社会主义社会建立起的新型的人际关系，为社会成员相互帮助建立了平等的社会关系的基础。可以依靠群众互助、群众监督、群众自治、群众自我教育和群众自我管理等多种形式，来预防和解决不同的社会问题。

（2）坚持物质帮助和精神鼓励相结合的方针。社会问题之所以产生，有的是由于物质条件不能满足人们的基本生活需要，有的则是人们的精神状态不能适应社会环境，而这两方面又是不能截然分开的。因此，在解决社会问题时，一部分社会问题主要依靠物质帮助，但也需要适当的精神支持和思想教育。物质帮助是基础，思想教育和精神支持是辅助手段，能使物质帮助发挥更多的功能。物质帮助和思想教育的作用、功能会融合在一起，相辅相成，相互促进。

（3）坚持整体协调，综合治理的方针。很多社会问题是由多种因素造成的，有些社会问题的起因虽然比较简单，但在其发展过程中，牵涉许多方面。社会问题的解决，需要从社会整体的发展目标、社会整体的利益、社会整体的功能考虑解决，即需要统一协调，调动全社会的力量。社会问题的复杂性，决定了对社会问题要采取综合治理的办法予以解决。

三、社会问题调适的实施方案

社会问题一般经过3个阶段，即群体警觉、寻求对策与政策制定、改革及解决问题阶段。在警觉阶段，群体开始意识到某种社会现象已威胁到他们所重视的价值。在寻求对策与政策制定阶段，价值对立的双方开始辩论解决问题或改进各种措施和政策，他们依据各自不同的价值判断，对社会问题做出判定并主张采取符合自己价值标准的行动或政策。价值冲突明显地存在于这一阶段，它常常导致群体的对立。在改革即解决问题阶段，行政机构开始介入，并将经冲突双方商定的或者对冲突双方来讲是一个折中的政策化为行动。

我们认为要解决存在的社会问题，必须从以下几个方面入手：

1. 推行三层次社会化体系

社会控制一方面是外来力量的强制控制，一方面是内在力量的自我控制。而自我控制是在社会化过程中形成的。这种类型的控制方式是最行之有效的方式。因此，解决社会问题，必须以社会化为基础。社会化并非按传统模式进行的教育，而是以讲求实效的三层次社会化体系的建立为主。这三层次的社会化体系主要包括的内容是：

（1）针对立法不执法、立法不知法、立法不用法的状况，推行以法制教育为基础的社会化。一些发达的国家在经济上实行不干预主义，但维护社会稳定却依赖法制。我们必须使每个公民有守法用法的意识，使法在社会生活中起到调节和制约的作用。

（2）针对伴随商品经济发达而产生的片面追求金钱利益的状况，推行以道德教育为核心的社会化。把时间观念、效益观念、信息观念、信誉观念、质量观念、尊重人的观念的强化与社会公德、职业道德的教育结合起来，尤其强调竞争原则和互助友爱道德的关系，按劳分配原则和为社会做贡献道德之间的关系。

（3）针对信仰危机的状况，把推行理想教育作为社会化的最高层次和最高目标。理想是激励人们守法律己的动力。但理想教育最难做，高了就空，低了又起不到激励的作用。因此，我们要把理想教育分成近期、中期和长期三层。近期的理想教育可结合实际不断充实新内容，中长期的理想教育相对稳定。

在这三个层次的社会化过程中，应将法制教育与社会问题解决、道德教育与社会风气良好、理想教育与社会发展联系起来，讲求实效。

2.确立合理的社会价值参照系

每一个社会成员都生活在社会体系中，他们对自身行为的评价是以他人为参照物的。我们称社会价值参照的出发点、方向、标准、尺度的总和为社会价值参照系。社会价值参照系是调节和引导社会成员行为取向的有力杠杆。社会价值参照系选择的不正确会导致社会问题的产生。为了消除不合理的参照系而建立合理的参照系，从而使人们在价值观念上有一个正确的评价标准，我们应做到以下几点：①完善社会分配制度，破除衡量社会贡献不合理的标准体系，以社会贡献为基点确定和评价人们的社会价值，使社会贡献和人们的实际付出保持同步增长关系。②及时调适人们的社会心理。崇洋心理、嫉妒心理和攀比心理等都是不合理的社会价值参照系存在的心理基础。要消除这种心理基础，可以通过比较中西方发展进程的差异和文化格局的差异来破除崇洋心理；通过建立新的观念（如竞争、时效观念等）来拓宽人们的心理承受面，使人们在外来文化冲击下不至于发生社会价值参照系的倾斜。如"社会主义核心价值体系"的构建就为当代中国社会公民确立了合理的社会价值参照系。

3.健全外在的社会控制网络

外在的社会控制，主要是通过社会组织和社会公众来施行的一种带有强制性的社会控制。这种外在性首先表现在它不是由某个人的愿望所决定的，是一种客观的社会制度形式；其次表现为一种具有稳定性和整体性的制度。外在的社会控制网络包括了社会群体、工作单位、社区、新闻媒体和法律规章等方面。我们之所以强调社会控制的网络，是因为社会问题的解决与预防不能从某一点或某一个层面去行动，必须综合治理才能形成稳定团结的局面。健全社会控制网络需要做到以下几点：

（1）形成公民的社会责任感和积极参与的意识。只有公民的积极参与，社会中的犯罪活动和不良倾向才能得到完全彻底的治理。而现在的事不关己、犯罪分子当众逃脱等事例从反面证明公民的参与程度和社会发展的要求不相吻合。要形成公民的社会责任感和积极参与社会生活的态度，首先要强化公民的参与意识并使其规范化；其次要开辟参与渠道并使其畅通化；最后要使参与的措施制度化。举报，打电话和写信反映情况，法律交涉，公共场合对不法行为的制止要成为每个公民义不容辞的责任，从而形成全社会的社会控制网络基础。

（2）加强基层组织的社会控制功能。中华人民共和国成立以来，我国逐步建立厂一套居民委员会组织，并在各单位建立了工会、妇联、保卫部门等组织。这些组织在调解民事纠纷、制止不法行为、宣传法制知识等方面曾起了不小的作用。但在改革开放的形势中，一套能适合新形势的工作方法尚在摸索之中，所以应对基层组织中的干部进行专门培训，提高他们应付各种问题的能力；对专门从事这方面工作的干部应提高他们的待遇。应从基层抓起，使基层管理空隙多、力度低的状况得到根本的改善。

（3）提高执法立法机构的地位，加强它们的作用。"有法必依、执法必严、违法必究"已成了人们所熟悉的口号，但普法跟不上立法、执法跟不上立法的问题仍然存在。在这方面应采取如下措施：首先，要加强对执法组织的经费支持，这个提高比例可参照国外的经验，其提高速度可比我国人均国民收入的提高幅度略快一点，以保证这些组织的正常运行。其次，要大力提高执法立法人员的素质。在我国执法立法机构中的大多数工作人员事业心强，但文化素质偏低，这往往影响到他们的工作效率。应对他们进行继续教育，提高他们处理问题的能力。再次，要大力宣传在执法立法中涌现出来的英雄模范，以英模效应去影响人民。最后，我们在执法立法中要提倡各方面力量共同配合，齐抓共管，解决社会问题，形成协调发展的新格局。

拓展社会学的视野

犯罪成本分析

犯罪成本理论，简称成本论，是以社会学的视角，并借助经济学中的成本理论对犯罪原因进行分析的一种犯罪社会学理论。成本论认为，犯罪人在犯罪行为和非犯罪行为这两类行为中之所以选择了犯罪行为，是因为犯罪人认为实施犯罪行为给自己带来的效益（犯罪效益），大于他从事非犯罪行为所能获得的效益（合法效益）。某项犯罪行为的犯罪率与犯罪效益成正比关系，即某项犯罪的犯罪效益越高，该项犯罪行为的犯罪率也就越高，而犯罪效益与犯罪成本和犯罪收益有关。由于在一定时期，某项犯罪行为的平均犯罪收益基本不变，因此犯罪效益与犯罪成本成反比关系，亦即犯罪率与犯罪成本成反比关系，犯罪成本越低，犯罪率越高。犯罪成本可分为现实成本（即实施犯罪行为时必须付出的代价）和预期成本（即实施犯罪行为后有可能付出的代价，如法律的惩罚、社会的谴责等）。对于犯罪人来说，现实成本与预期成本相比几乎可以忽略不计，而预期成本是否需要付出，与犯罪行为是否被发现并被定罪有关，即与定罪概率有关。所以，定罪概率的高低，对犯罪成本的高低起着决定性作用。成本论认为，从我国改革开放以来，犯罪的预期成本一直在下降，这与国际上的轻刑化趋势是一致的；同时，由于社会结构的变迁，单位制的解体，定罪概率也大大下降。正是因为定罪概率的下降，导致犯罪成本的下降，这才导致我国改革开放以来犯罪率的大幅上升。从这一角度分析，我国改革开放以来的犯罪率上升有其必然性。

成本论较好地运用了经济学的成本理论建立了一种新的犯罪社会学理论，对我国改革开放以来犯罪率上升的原因有较强的解释力。不过，成本论仍然偏重于对宏观社会的犯罪现象进行分析，缺乏更为细致的微观分析。对于为什么在同等条件下，有些人选择犯罪，有些人选择合法行为；为什么不同的人对犯罪成本的高低会有不同的感受等问题，成本论还是无法给我们更为明确的答案。

资料来源　郭星华．当代中国社会转型与犯罪研究［M］．北京：文物出版社，1999.

思考题

1.社会问题具有哪些含义、类型和特征？

2.当前国际国内存在哪些生态环境问题？为什么要强调社会可持续发展？

3.我国人口问题有何具体内容？其中的核心问题是什么？

4.试述我国是如何解决贫困问题的？

5.简要分析社会问题调适的一般原则。

6.试述社会问题调适的实施方案。

推荐阅读书目

［1］扎斯特罗．社会问题：事件与解决方案［M］．范燕宁，等，译．5版．北京：中国人民大学出版社，2010.

［2］迪尔凯姆．自杀论［M］．冯韵文，译．北京：商务印书馆，2008.

［3］朱力．当代中国社会问题［M］．北京：社会科学文献出版社，2008.

［4］汉尼根．环境社会学［M］．洪大用，等，译．2版．北京：中国人民大学出版社，2009.

［5］鸟越皓之．环境社会学——站在生活者的角度思考［M］．宋金文，译．北京：中国环境科学出版社，2009.

第五编　社会趋势论

第十七章　社会变迁与社会现代化

随着工业社会的退场，一切都在变。

——丹尼尔·贝尔

社会学一方面探索社会的均衡、和谐、共识、秩序与稳定等相对静态的方面，同时也关注社会变迁等动态的方面，任何一个社会只有在变迁中才能发展。社会变迁始终是社会学家关注的主题之一。

第一节　社会变迁

一、社会变迁的含义

什么是社会变迁（social change）？"社会变迁很难定义，因为它含有万事万物无时不变的意思。"（吉登斯，1976）哲学上的"变化"是指事物在形态上的转化过程或新状态。如果我们把"变迁"理解为变化，那么，社会变迁就是指"任何社会过程或社会形态的变更"[①]。在社会学中，"社会变迁"是一个表示一切社会现象，特别是社会结构发生变化的动态过程及其结果的范畴。[②]社会变迁具体包括社会结构、社会系统、社会关系以及生活方式、行为规范和价值观等的变化。

以下几个方面可以进一步理解这一定义：

（1）并不是所有的社会变化都是社会变迁，只有这种变化带来社会过程或社会形态上的变更时才是社会变迁，其突出的表现就是社会结构的转变。

（2）这种变化是发生在社会系统之中的，也就是说存在于一个时空之内。它既可以指一个社会系统，也可以指由几个社会系统组合成的总体的社会系统，如在中国这样各个地域情况极为复杂的情况下，不同的地域社会有不同的历史传统、方言和文化习惯，甚至有自己相对独立的政治和经济制度，这些不同的地域社会就各自构成了一种社会系统，它们同时又是中国这个大社会系统的构成部分。在这样复杂的体系中，社会变迁的发生可能并不是同步的，地域性的社会系统所发生的社会变迁不一定就是总体社会的社会变迁。

---

① 章人英. 社会学词典［M］. 上海：上海辞书出版社，1992：274.
② 郑杭生. 社会学概论新修［M］. 4版. 北京：中国人民大学出版社，2013：305-308.

（3）社会变迁的原因有两种，即来自外部的或来自内部的。这两种变迁因素的来源都是同等重要的，不能片面地强调一个方面，如过分强调社会变迁的动力存在于社会内部而忽视了外部的影响。实际上，在现代社会中，各种社会系统之间都是紧密联系甚至相互依存的，各个系统之间的外部影响是经常的，而且是非常强大的，如武力征服、殖民统治、国际贸易等。

（4）一般来说，社会变迁总是对于一个特定的时间段而言的，这个时间段可能很长，也可能很短，甚至是瞬时的。从严格的意义上讲，社会和社会结构无时无刻不在发生着变化，比较的时间段往往是根据特定的目的而选择的。

二、社会变迁的类型

（1）从方向上，社会变迁可分为进步的社会变迁和倒退的社会变迁，或者说社会进步与社会退化。进步的社会变迁符合人类社会发展的客观规律，带来社会物质财富的增长和社会生活各个方面的提高，使每一个社会成员逐步得到全面发展并能够自由地展现自己的才能。在这个意义上，社会变迁与"社会进步""社会发展"等概念较为接近；反之，则是倒退的社会变迁。

（2）从状态上，社会变迁可分为渐进的社会变迁和激进的社会变迁，或者说社会进化与社会革命。渐进的社会变迁是指社会结构的内部关系以及与外界环境的关系相对均衡。在这种状况下，社会发生有秩序的、缓慢而持续的变化和发展，或者由一种模式过渡到另一种模式。这时的社会变迁是局部变迁的积累，整个变迁过程表现为渐进的量的变化或部分质变的过程。20世纪80年代在中国所发生的体制改革属于一种渐进式的社会变迁。激进的社会变迁是指迅速飞跃式的社会变迁，常常表现为社会革命，它是社会结构的相对均衡遭到彻底破坏、社会系统和社会结构需要重组时，所发生的改造社会的重大社会变迁。在社会革命时期，社会的经济、政治、意识形态以及社会生活的各个方面，都会发生根本的变化。这是社会变迁渐进过程的中断，是社会的质变。激进的社会变迁往往是在对原有社会造成大规模破坏的基础上完成的。

（3）从规模上，社会变迁可分为整体变迁与局部变迁。整体变迁是指整个社会结构体系的变化。它是从社会结构体系各个构成要素相互联系的变迁合力中演化出来的。社会形态的更替就属于整体变迁。局部变迁是指社会各个构成要素自身以及它们之间部分关系的变化，如家庭模式、经济体制等方面发生的变化。局部变迁并不是整体变迁的简单外延，它的变迁不一定和整体变迁的方向、速度一致，有时既可能成为整体变迁的障碍，又可能超前于社会的整体变迁。美国社会学家威廉·奥格本曾经阐述过"文化滞后"的理论，认为人类非物质文化的变迁总是落后于物质文化的变迁。马克思主义中"社会意识与社会存在发展的非同步性"也阐述了观念形态的变迁相对于物质文化变迁的独立性的特征。

（4）从时间上，社会变迁可分为暂时的社会变迁和持久的社会变迁。社会变迁的时间与变迁的规模、状态，变迁主体的性质有一定的关系。如局部性变迁、激进式变迁、物质文化的变迁相对经历的时间要短，而社会整体的变迁、渐进变迁、非物质文化的变迁经历的时间则较长。当然，这里只是从相对的意义上而言的。

（5）从人的参与程度上，社会变迁可分为有计划的社会变迁和自发的社会变迁。社会变迁的主体是人，人类自己创造着自己的历史，但人类创造历史的活动不是任意的。人类以什么样的方式参与社会变迁以及在多大程度上控制社会变迁，取决于人类对社会发展规律的认识程度和掌握的工具。当人类社会发展程度较低，认识能力和认识工具水平也较低时，人类在很多方面以盲目的方式参与社会变迁。社会变迁对于人类来说在很大程度上是一个异己的过程。当人类对社会变迁过程和方向缺乏参与控制时，社会变迁往往在进步的同时伴随巨大的倒退。例如，大规模的工业化就给人类的生存环境带来破坏性的后果。特别是现代科学技术的飞速发展，使得对人类生存环境和自身造成破坏的危险性大大增强。例如"克隆技术"在社会道德伦理、政治意识形态等方面所隐含的巨大危险。因此，对社会变迁，特别是对技术发展进行控制和选择，有计划地进行社会变迁，成为摆在人类社会发展面前的重大问题。现代信息技术和预测技术的发展，为人类有意识地参与和控制社会变迁提供了条件。因此，有计划的社会变迁，即人类有意识、有目的地参与社会变迁和控制社会变迁，就成为现代社会变迁的主要形式。

三、影响社会变迁的因素

（1）自然因素。自然因素是社会存在的基础，是社会得以存在的必要条件。它既影响社会，同时又受到社会影响。自然因素对不同的社会类型以及不同社会类型的不同时段的影响也是不同的。对于简单社会，自然环境的影响是很大的，在某种程度上它决定着人们对生活方式的选择，人们正是力图改变他们的社会组织来适应这种自然环境的变化的。环境的影响作用主要是依其自身变化规律自然而然地发生的。随着人类与环境相互作用关系的不断扩大和深入，"人化自然环境"对社会的影响越来越大。可以说，现代社会所赖以生存的环境基本上是经过人类改造或受人类活动影响的环境，特别是人类活动对整个生态环境的破坏和污染，已经严重制约了社会的进步，给人类带来许多未曾有过的灾难。如何保证一个可使人类社会持续发展的生态环境，成为全球性发展的重大问题。

虽然说不同时段的人们所面对的自然是不一样的，但并不能说科技的进步使得物理因素在现代发达社会中不重要了，只是起作用的方式发生了变化。从长时间来看，自然界事物之间的内部规律并没有被取消，并一直在发挥着作用，例如，大规模的自然灾害或气候变化，有可能改变人们的居住地点和居住方式，而某一地区自然资源的发现与开发，会造成大规模的人口迁移和形成新的人口布局等。

（2）人口因素。人口是社会变迁的基本前提，一定的人口状况是社会生存和发展的必要基础。人口状况主要指人口数量、质量、构成、分布及流动等，人口状况与整个社会发展比例失调，会给社会的发展速度和水平带来直接影响。人口数量过多和增长过快，会降低经济发展水平和生活水平，给就业、保健、教育等造成很大负担；人口数量不足，会造成社会发展所必需的劳动力短缺；人口质量低，就无法适应现代化科学技术和现代化生产建设的要求，同时也影响精神文明建设的发展；

人口分布不合理，会造成某些地区，如大城市人口过度集中，使城市人口拥挤、污染严重、交通堵塞、住房短缺、犯罪增多、城市管理困难；人口老龄化，会产生社会保险、道德观念、医疗保健和经济负担等一系列社会问题。

（3）经济因素。社会为满足其生存需要就必须解决基本方面的需求，如吃穿住行方面。不管哪种社会，经济方面的因素对社会变迁的影响都是巨大的。马克思主义者将它视为社会变迁的决定性力量，或最终的决定性力量。经济方面的变化表现在经济活动的方式的变化、经济体制等方面，如计划经济向市场经济体制的转变，再如经济结构的大规模变化使不同产业的相对重要性发生了变化，出现了农业社会向工业社会，或服务业社会、信息社会、知识社会等的转变。在现时段，由经济因素引起的社会变迁主要是上面所讲的两种：一是经济体制；二是同一体制中的经济结构的变化，而后者的变化在很大程度上多是由于知识的积累和技术的进步所引起的。在一个以市场作为资源的主要分配渠道的社会中，经济因素的变化对于资源在社会成员之间的重新分配有重大影响，进而影响到与之相应的不同社会群体的相对地位的变化，因此这种因素引起的变化是根本性的。

（4）政治因素。政治因素是指与政治组织有关的权威因素。不同社会组织的复杂程度是不同的，因而权威关系也不同。如简单社会中，社会的分化不明显，所谓的首领在平时与其他的群体成员没有什么区别，这与现代社会很不一样。政治因素的变化有时是经济领域中所产生的变化的反应，但并不总是如此，它有其自身的轨迹。在中外历史上，存在不同的政治类型产生于同样的经济类型的例子。政治领域的变化主要有这样几个方面：政治的基本体制的变化、政府对待经济政策趋向的变化、政府对待处于经济领域中不同位置的社会群体的态度的变化、政治组织对于社会发展方向的选择等。随着整个人类社会的发展，政治组织对于社会发展的影响也越来越大，特别是在发展中国家，社会的变迁常常是由政治组织特别是政府发起或推动的。

（5）文化因素。文化因素是指人们在处理与自然的关系和在处理社会中人与人的关系中形成的一套观念、价值取向、知识、技术等。一个社会中的人们所享有的文化部分是来自于前辈的积累，并通过各种方式程度不同地被传递下来，部分是他们自身在成长过程中新经验的累积，这些也都是可以继续传递给后代的。文化领域中的变化也可能是独立发生的，并不仅仅是经济或政治的简单的表达，在它们之间存在极为复杂的关系。文化领域中的变化主要体现在观念的变化上，特别是社会或群体的意识形态的变化，认知模式的变化，不同社会观、世界观的合法性和领导地位以及作为承载体的社会群体的地位的变动。观念变化的发生既体现在一些领袖人物身上，更多地体现在普通群众身上。韦伯对新教伦理和资本主义精神的起源之间关系的研究是这方面研究的范例。

文化领域中的另一个变化主要体现在知识和技术的变化上，如知识的增长和技术的变革、传播等。人类历史上的两次经济革命，从采集社会到农业社会的革命，从农业社会到工业社会的革命，特别是后者，主要的变革因素是知识的积累与技术的变革和传播。知识的类型很多，其中包括纯自然的知识（如关于物理、化学、数学的知识），以及关于社会的知识。同样，技术也包括两个方面的内容：一是关于利用物质的技术；二是管理的技术。在现代社会中，知识和技术越来越成为社会变迁的主要推动力，而且由于世界上通信手段和交通工具的发达，知识和技术的传播速度也很快，对于社会变迁的影响也就很大。文化领域中的这两种变化又是紧密相连的，对于人们观念的改变起到了很大的作用，这点可以在电视下乡对农村社会变革的促进中充分地看到。

（6）制度因素。社会制度或设置作为社会行为规范体系，既是社会变迁的结果，又给予社会变迁以直接的影响。在各种社会制度中，除了经济制度之外，人们特别重视政治制度对社会变迁的作用。制度结构的性质及稳定与否，在很大程度上决定了社会变迁的方向和过程。例如，社会主义政治制度在中国的建立，就决定了当代中国的社会性质和当代中国社会的现代化道路；而原有的计划经济体制和社会调控体制，对此后中国渐进式改革的过程和方向产生了重要影响。

以上几方面对社会变迁的影响不是孤立的，而是通过相互联系、相互交叉、相互渗透而共同起作用。

四、有关社会变迁的理论

1.社会进化论

进化论的代表人物是孔德、斯宾塞、摩尔根、迪尔凯姆、滕尼斯等人。他们的思想尽管存在差异，但是也存在一些共同的核心假设：①他们假定人类历史的整体有一种独特的模式，这个模式是能够被发现的，进化理论的目标就是要重构它。②正在进行着的客观的变迁被当成一个单一整体的人类社会。③这个整体被用有机体的术语来构想，被看成一个由成分和子系统构成的一个紧密的整体。社会变迁的关注点就是这样的有机整体。④社会的变迁被看成一个独特的、自然的、必要的社会现实的不可逃避的品性。稳定或停滞被作为例外或被解释成阻碍。⑤社会的变迁被看成是有方向性的，从原始到发展的形式，从简单到复杂的状态，这个运动是连贯的并且是不可逆转的。进一步地，进化的变迁被构想成单线的，沿着单一的模式或轨迹进化。这个共同的进化轨迹被分成不同的阶段，任何一个阶段都不能跨越。而且，进化的变迁被想象成渐进的、连续的、积累的，整个过程是平滑的，没有急剧的断裂、中断或加速。⑥进化有一个普遍的和一致的机制，在所有的阶段都有同样的过程、同样的原因在推动着这个过程前进。推动变迁的固有的冲动位于人类社会的"本性"中，来源于它的自我实现和自我转化的基本需要。因此，进化被想象成社会内部的潜质的解放，进化过程被看成是自发的。⑦在大多数进化论者中，进化过程被等同于进步，认为它会导致社会的持续的改进和人类生活的改善。

进化论的这些基本的假定遭到了反对者的批判。反对者认为：①历史性结果很多是偶然的和随机的。虽然在特定的范围内，存在某种规则性或模式，但这并不能应用到所有的人类社会。②所有的人类社会作为一个整体经历进化性的变迁的假设，与人类学家所发现的人类群体的多元性、异质性不符。③社会的过分整合和有机体的图像也与大量观察到的冲突、紧张以及一些社会制度和模式的反功能与社会的一些方面或部分的相对的功能自主的现象相矛盾。④社会变迁的主要部分和特征是在同一种社会类型中，而不是在不同的社会类型之间。单一的独特的变迁过程只是一个抽象的概念，没有本体论的基础。真实的情况是许多过程可能是相平行、相交叉、相重叠、相矛盾的。⑤进化的方向也是有问题的，观察到的更多的是倒退、危机甚至是国家或文明的整个崩溃。单线的进化观念也受到了文化相对论的批判。逐渐增长的变迁观念也与人们遇到的断裂、分裂等历史事实不符。⑥这种变迁的观念忽视了社会变迁的外部原因，诸如征服、殖民、扩散、文化接触、环境变迁、自然灾害等。变迁的自发性的观念忽视了人的努力在型塑和重新型塑人类社会中的重要性。⑦这种进化的变迁观将进化等同于进步也是有问题的。进化并不一定会使人类生活变得完善，很可能是更大的灾难。

2.历史循环论

历史循环论与进化论不同，这种理论强调的是社会现象的重复出现，它不认为社会和历史是沿着一条线发展的，而是在一个循环始终的圆圈中运动。持有这种观点在中国较为有名的就是邹衍的"五德终始"说。战国时代的邹衍将五行说附会到社会历史变动和王朝兴替上，认为历史是按照"五行相胜"的循环顺序进行的。意大利的维科提出了历史三阶段说，认为历史是一个循环的过程，世界各个民族都要经过三个历史阶段，即神的统治（神灵时代）、贵族统治（英雄时代）、人民统治（凡人时代），社会在经过这三个阶段之后又回到起点，循环不已。

在社会学中持有循环论观点的人物是美国学者索罗金。他认为文化主要有两种类型：一种是感官的文化，另一种是理念的文化。中间类型的文化形态则代表了理念和感官因素平衡性的混合。索罗金承认他的划分是一种理想类型。他对西方文化的研究覆盖了2 500多年的历史，他用循环的观点来看待历史变迁，认为社会文化变迁的最主要的一般模式是不停息的变化的不同的再现过程，这些过程经常翻转它们的方向和重复它们自身。他依据文化精神和文化系统的更替把历史划分为不同的时期。在西方的历史上，这种更替实际上就是三种类型文化的循环，公元前8世纪到公元前6世纪的希腊是理念的文化，公元前5世纪的希腊是一种理想的文化，公元前4世纪到公元4世纪的罗马则是感官的文化，4—6世纪的欧洲是理想的文化，6—12世纪的欧洲则是理念的文化，12—14世纪的欧洲则又转变成理想的文化，而从14世纪至今则是感官的文化。

3.历史唯物主义

第三种试图解释社会变迁的宏大理论是历史唯物主义，其代表人物是马克思。在马克思的著作中，对于社会变迁理论的表述是很丰富的。他系统地阐述了生产力与生产关系之间，经济基础与上层建筑之间的矛盾变动关系，将社会经济形态的变动发展归结为生产力与生产关系的矛盾。在探讨社会变革中，他非常强调阶级斗争和社会革命的作用，强调人的实践的能动作用。

纵观马克思的论述，可以看出，他的社会历史变迁观是由3个层次构成的。这

3个层次分别是世界历史的层次、社会结构的层次和行动的个体的层次。对于这3个层次，马克思都分别有详细的论述，这3个局部相互连接的理论也就构成了历史唯物主义：最上面的是社会经济形态的理论，中间层次的是阶级斗争的理论，而最低层次的是人类个体的理论，三者共同构成了一个严密的等级性大厦。这3个层次的运动方向都是可以用进步这个术语来测量的，但是有各自的具体的运动过程和运动目标。在世界历史的层次上，运动是从共同所有和原始的自我管理的形式经过私人所有制和政治统治，到共产主义的经济和政治平等。在社会结构的层次上，从前阶级共同体经过阶级分化的社会到未来的无阶级社会。在个体的层次上，从原始的自发性经过异化到达解放和自由。在3个不同的层次上存在3种不同的因果决定的模型。在世界历史的层次上，整个历史过程被看成是不可逆转、不可避免地到达共产主义社会。这是一种很强的决定论，在社会结构的层次上，决定的色彩较弱，阶级采用集体行动来达到自己的目的，但情况很复杂，这种论述避开了经济决定论。在行动和个体的层次上，有很强的意志论的成分，强调自由选择、自发决定、偶然性和机会。人们是理性的，他们的经济计算提供了他们行动的意图、动机和目的的基本前提。但即使对个人来说，仍有一种集体性的经济决定论存在，在他们的行动中，不得不认识到他们置身于其间的结构性条件，他们最经常地将他们用结构性赋予的经济利益计算在内。经济利益的相同性将这些个体连接起来，形成一种社会阶级，反对其他阶级的成员。

在马克思的理论中，历史被看成是由人类行动和结构性条件（阶级划分和社会经济形态）构成的复杂的相互作用的产物。这种历史的不同层次的相互连接是用"实践"这个范畴来表达的，但是人类创造历史的实践是受到限制的。马克思有句名言：人类创造他们自己的历史，但他们不是随心所欲地那样做，而是在直接遭遇到的被给定的和从过去传下来的条件下进行的。而这些条件，也就是限制他们目前活动的结构自身，就是人类行动者的产物，是他们过去的行动或者是他们的前辈的行动的结果，是人类的创造。也就是说，过程的每一个阶段都重塑了起初的条件并改变了为历史创造的下一个阶段开放的可能性场域。实践是在早期的实践留下来的环境中运作的。推动这个运动的、复杂的、系列的、最终的因果力量是有着超越和自我超越特性的人类的能动者。

4.社会变迁的其他理论

以上介绍的3种社会理论，关注的都是人类社会长时段的、整体的、宏观的、历史的变迁，这些理论的一些重要的假设常常是一种信念，在西方社会里，往往很难进行验证，而且这样的理论趋向对于具体的实证研究来说过于空泛。因此，一些理论家试图在这些理论的影响下发展一些适宜实证研究的解释性理论，其中影响很大的是功能的解释理论和冲突的理论。出现了一些新的理论观点，如吉登斯的结构化理论、布迪厄的实践理论，很长时间内被埋没的埃利亚斯的型构理论在20世纪80年代后也得到了强调。这些理论有一种共同的倾向。以前社会学的研究往往顾此失彼，特别是在帕森斯的理论中和在20世纪60年代极为盛行的结构主义的理论中看不到人的创造性活动，而是将人看成了文化或结构的木偶。这些理论对此极为不满，它们倾向于认为社会结构是与社会行动者一起在不断变动发展着的，社会是在不断再生产的，社会体系的变迁是一种缓慢变动的过程。这样就将社会结构的变动、再生产与人们的日常实践活动结合起来了，社会的变迁不再被认为与普通人的行动无关。

五、有计划的社会变迁与社会协调发展

1.如何实现有计划的社会变迁

如前所述，有计划的社会变迁是现代社会变迁的主要形式。有计划的社会变迁的客观基础存在于两个方面：一是一般的历史条件，即社会发展的水平不但提出了有计划变迁的客观要求，而且提供了人们认识社会变迁规律的条件和可能；二是具体的历史条件，即某一特定的社会体系、社会制度为实现有计划的社会变迁所提供的条件和可能性。

具体来说，真正科学的有计划的社会变迁，只有在日益现代化的社会里才有可能逐渐做到。实现有计划的社会变迁，必须具备一定的理论指导，即必须首先明确社会变迁的目的、方向，认识和把握社会变迁的规律。同时，还必须掌握和利用现代科学技术，特别是现代科学方法论、现代管理与预测的理论、技术和工具，诸如系统论、控制论和信息论以及大数据科学等现代科学理论。它们的明显特征就是以综合性、普遍联系和整体性的观点去研究和分析事物的存在和发展，因而有助于我们从相互作用、相互制约的角度上计划社会变迁。

有计划的社会变迁是分层次实现的。社会发展和社会结构的复杂化，一方面要求从整体上计划社会的变迁，避免不协调的发展；另一方面又要求发挥每一社会结构构成要素直至每一个社会成员的主动性和积极性，保持社会发展的勃勃生机。

因此，社会有计划的变迁，主要体现在对整个经济和社会发展方向的引导、战略规则、计划方针和政策的制定，对地区、部门、经济、政治等结构要素之间关系的协调和计划，以及对关系到国计民生的重大问题的直接控制。除此之外，应尽可能充分调动全体社会成员的创造性和主动性，推动社会的更快发展。

2.有计划的社会变迁与社会发展计划

影响社会变迁的力量中，有两种力量应该引起充分的关注：一种是有大众参加的社会运动，有一个共同的目标但是其组织的形式却是松散的，这种变化可以看作自下而上的企图引起社会变革的努力，该运动在西方成为引导社会变迁的主要力量；另一种变迁的重要力量是政府。从历史来看，政府在社会变迁和发展中的地位越来越突出，在发展中国家，政府往往会制订一系列的计划和发展纲要，通过各种方式引导社会变迁的方向。即便在西方，政府也已经不再局限于守夜人的角色，在经济方面积极地进行干预，在社会方面也承担起了自己的责任，特别是在第二次世界大战之后，一些国家提出了福利国家的主张，国家承担了向社会全体成员提供基本福利和消灭贫困的任务。

第二次世界大战之后有计划的社会发展模式主要有两种：一种是社会主义型

的；另一种是资本主义型的。前者以苏联为代表，后者以法国为代表。法国是资本主义计划发展模式的发源地，计划是法国政府经济政策的核心，其计划带有非强制性，即指示性的特征。在开始时主要是经济方面，而后逐渐扩展到社会方面。西方国家实行计划的程度并不一样，这要受到该国政治传统和社会价值观影响，在美国就是因为存在极为强大的自由传统，对计划可能产生对个人权利与自由侵犯的危险一致持批评和警觉的态度，因而美国社会变迁的计划程度是较低的。

资本主义的发展计划是在以市场为主导的资源配置的基础上发展起来的，而在社会主义国家，则是在计划经济的基础上发展起来的，经济资源和社会资源主要由政府来控制和进行分配，因而为了实现这样的计划，政府就会动用大量的资源来进行，也正因为如此，计划一旦出现问题，其损失就会很大。在很长的时间内，我国的发展计划主要是仿效苏联，在之后40多年的时间中，经济建设上已取得很大的成就，逐步建立了独立的比较完整的工业体系和国民经济体系，但是也存在很多问题。例如，计划的实施体制过于僵化，是行政性的、指令性的，不利于地方和群众积极性的发挥，不利于人们的选择，不利于对人们创造活动的开展。因此，这种体制最终的竞争活力受到了很大的限制。经过探索，中国最终选择了以市场体制作为主要的资源配置机制，但是国家仍然没有放弃宏观调控的政策，没有放弃制定经济社会发展目标的做法。我们目前的改革就是一种典型的有计划的社会变迁模式。执政党和政府制定了长期目标、中期目标和近期目标，并制定了以五年为期的经济和社会发展纲要，而且每一年都有不同的政府任务和目标，制定并适时地调整改革的计划时间表。从世界上社会主义国家的改革来看，中国的这种渐进式的由政府主导的改革模式是较为成功的。

在非西方社会中，目前所发生的最重要的社会变迁就是现代化，而且这种现代化的实现方式与西方很不一样。在欧洲和美国，大多是通过自然的方式实行的，即国家并没有明确地制定现代化目标，虽然政府在推动这种变化的过程中发挥了重要的作用，非西方的国家所进行的现代化则主要是由政府来领导的。这样的社会变迁在很大程度上也是一种有计划的社会变迁。无论是西方的现代化过程还是非西方的现代化过程，一直都是社会学的关注点。

第二节　社会现代化

自近代以来，世界上社会变迁的重要潮流之一，是社会现代化的潮流。如果说社会变迁涉及的是历史发展长河中的最一般的社会变革，社会现代化则更集中体现为人类社会自近代以来所发生的重大变革，即我们所讲的从传统向现代的社会转型。

一、现代化的含义

在社会学中，"现代化"（modernization）是指一种特殊的社会转型过程，即社会在日益分化的基础上，进入一个能够自我维持增长和自我创新，以满足整个社会日益增长的需要的全面发展过程。这是现代化发展过程和非现代化发展过程的本质区别。英国著名社会学家吉登斯（A.Giddens）以"现代性"（modernity）的概念探讨了现代化的本质。在吉登斯看来，所谓现代性，是指自17世纪以来出现于欧洲，并且其影响随之向世界各地蔓延的社会生活方式和组织方式。现代性是历史发展的非延续性或断裂的结果，现代社会的基本制度是前现代社会没有或与之根本不同的。现代性的本质特征之一，是将时间和空间组织起来从而连接在场与缺场的条件完全不同于各种传统社会，时间和空间在这一过程中高度延伸，在现代性条件下社会关系脱离了具体的互动环境，在更为广阔的时间—空间范围内被重新建构。①

二、现代化的历史进程

社会现代化是一种具有世界意义的历史潮流。大约从16世纪起，首先在西欧，逐渐发生了一系列制度变革和政治、经济变革，使得现代化浪潮在18世纪左右席卷了整个西欧和北美，形成了世界现代化历史上的第一个高潮。19世纪末至20世纪中叶，社会现代化浪潮向世界其他地区扩散，形成了以日本和苏联为代表的第二次高潮。第二次世界大战结束之后，在20世纪五六十年代，亚洲、非洲、拉丁美洲大批国家摆脱了帝国主义的殖民统治，建立起独立的民族国家，掀起了社会现代化的第三次高潮，这些国家在政治上取得独立之后，都面临迅速发展本国经济，改变贫困落后面貌，缩短同发达国家在经济和物质生活方面的差距，巩固已经取得的独立地位的重大问题。

因此，从当今世界各国的发展过程来看，无论是先发展国家还是迟发展国家，也无论是发达国家还是不发达国家，"社会现代化"都是它们发展的主题和目标，各个国家都在以不同的模式和通过不同的道路，朝着这一目标迈进。这一世界性的社会变迁，不仅已经深刻改变了整个世界的面貌，而且将更深刻、更全面地改变整个世界。

社会学对它的研究大体上可分为3个阶段：

第一个阶段是社会学创立时期，如迪尔凯姆、韦伯、马克思等人的研究工作。比较著名的观点有迪尔凯姆的"机械团结"向"有机团结"的转变，以及韦伯的理性化的看法。按照韦伯的解释，理性主义至少要包含这样几个要点：①明确意识到行动的目的，把所追求的具体目标作价值上的排列，并根据价值的大小对它们进行比较；②预测并计算后果来权衡行动的必要性，考虑目的与效果之间的关系，对效果负责；③根据目的选择手段，并对各种手段进行比较和选择，以付出最小而收益最大为选择标准；④在行动过程中表现出严格的首尾一贯性。更具体地说，理性化应当考虑下列问题：行动的目的是什么？为什么要达到这一目的？达到目的的手段是什么？哪一种手段效率最高而成本最低？行动的后果是什么？这些问题会使一切行动合理而有秩序。在韦伯看来，现代工业文明的一切成果几乎都是理性化思维的产物。而非理性则是从传统和某种神秘观念出发，行动的主要目的和标准是他人的

评判或某种神圣的东西。

　　第二个阶段主要是社会学的发展时期，以帕森斯及其学生如斯美尔瑟、列维、艾森斯塔德为代表的对于现代化的研究。帕森斯认为对于现代社会与传统社会的特征可以用关于人的行为与人们之间相互关系的五个模式变项来表示。这五个模式变项分别是：①情感性与非情感性；②集体取向与个人取向；③特殊性与普遍性，即在对待他人的态度上是个别对待还是一视同仁；④先赋性与自致性；⑤扩散性与专一性，即人们结成的社会关系是全面的还是片面的。他认为随着社会现代化进程的推进，非情感性、个人取向、自致性、专一性和普遍性的原则将越来越起支配作用，而情感性、集体取向、先赋性、扩散性和特殊性将处于不断弱化的趋势。因此在帕森斯看来，社会现代化实质上是人类行为模式与社会关系的深刻变革。这两个阶段的研究还主要集中在西方社会，但已开始逐步扩大到对非西方社会的研究之中。

　　帕森斯的学生斯美尔瑟将现代化描写成一个复杂的包含了经济、政治、教育、宗教、家庭、社会分层等6个领域的多维度的转变。现代化在经济领域意味着技术植根于科学知识、从生计性农业向商业性农业转变、以人力和畜力为能源被机械力所取代、定居的城市方式的扩散和劳动力的空间集中。在政治领域，现代化标志着从部落权威向选举权分散、代表制、政党和民主统治的转变。在教育领域，它意味着消除文盲、日益强调知识、有训练的技能和能力。在宗教领域，它意味着世俗化。在家庭生活中，亲属的联系减少，家庭的功能专门化加强。在社会分层方面，现代化意味着对流动和个人的成就而不是先赋性的强调。也有些人是从人格的角度研究的，认为现代人格应具备如下特征：乐于接受新的经验；对创新和变迁持开放态度；对时间的态度是强调现在和未来，而不是过去；接受时间表，准时，强调效率；有计划性；对社会生活的规则和可预测性保持信任；具有分配正义的感觉；对于正式的教育和学校训练保持兴趣并赋予很高的价值；尊敬他人，包括地位和权力较低的人。

　　第三阶段的研究则主要集中在非西方国家，此时西方社会已经完成了以工业化为核心的现代化任务，进入到一个不同的发展阶段。西方学者对这个阶段的看法是不同的，由此产生了许多观点，如后工业社会理论、信息社会理论和后现代社会理论等，也有人将之称为现代性后期或高现代性时期。

　　三、现代化过程的基本特征

　　社会现代化的过程具有如下的基本特征：①强调个人主义的原则。个人从群体的束缚中解放出来，在社会集体中间自由流动，随意选择他的成员关系，自我决定并自我负责。②社会结构的日益分化和日益整合。由于劳动分工的发展，多重的社会角色日益分化成各种特定角色并由此构成人际互动的基础；承担多种功能的单一组织向承担单一功能的多种组织转化等。③整个社会的日益理性化，特别是"工具理性"占据了主导地位。强调行动的目的性，根据目的选择手段，并对各种手段进行比较和选择，以付出最小而收益最大为选择标准。在组织和制度中强调工作的计算和非个人化。④科学技术在经济和社会发展中具有越来越重要的作用。⑤经济持续而迅速的发展以及经济结构的持续变化；所有的社会生活为经济活动、经济目标和成功的经济准则所支配。⑥都市化。越来越多的人口由农村向城市集中的城市化过程。⑦社会成员的心理和价值观的现代性特征的增长。⑧全球化过程。物质产品、人口、符号、信息、交往以及权力实施在全球范围内的流动。⑨扩张的过程。这既是范围上的也是深度上的，在范围上就是全球化的过程；在深度上，它达到了日常生活中的私人的和亲密的领域。这些原则在经济领域、阶级结构和分层的等级制上，在政治领域、文化领域、日常生活中都有很好的体现。

现代化的一些基本主张在20世纪60年代末和70年代遭到了猛烈的批评。在经验的层次上，人们看到现代化的努力并没有产生所期望的结果，相反却带来了大量的、有害的副作用；在理论的层次上，它所隐含的进化论的假设也越来越不能被接受。人们开始讨论多线进化的可能，并且认为将传统与现代相对立的做法是有问题的。现代化的理论也忽视了外部的和来自全球的因素的影响，它所假设的理想目标是以西方为主的，有西方中心论的倾向。作为对于批评的回应，在80年代和90年代出现了新现代化的理论。这种理论的要点是：①现代化的动力不再仅仅被看成是政府或政治精英。大众的动员成了关注的焦点，自发的社会运动和有魅力的领导人被作为现代化的主要发动者。②现代化也不再被看成是由受到启蒙的精英所设计和接受的、强加在抵制的传统型的人群上的解决方案，而被看成是反映出人群共同的自发愿望。③外部的因素也被认识到，包括世界地缘政治的平衡、外部的经济和金融支持的可得性、国际市场的开放、鼓励现代化努力的政治的或社会的信条与理论。④考虑到了更加多样的图景，而不再是一个模式的现代化过程，其前景也更少乐观性。⑤更多的关注从以前的经济增长转移到以人的价值、态度、象征、意义和文化编码作为成功的现代化的前提，而不再仅限于经济增长。⑥现代性人格不再被作为现代性过程的期望和结果，而是作为经济起飞的必要的前提。⑦修正了反传统的理论偏见，认为本土的传统也可能有促成现代化的因素，应该进行开发，使之为目前的现代化服务。

从关于现代化过程的各种主张中我们可以发现，现代化作为一种过程不是某些指标的堆积，而是一种与前现代社会发展相比独具特色的动态的发展过程。在近代科学技术发展的带动下，以工业革命和信息革命为主要形式，社会现代化构成了一个连续不断的历史过程。社会现代化绝非意味着"西方化"。任何国家的现代化，都是将普遍的现代化特征同本国的历史条件与文化传统有机结合的产物，都必须根据本国具体的、历史的内外条件，进行现代化建设。社会现代化是对历史传统既批判又继承的过程。没有一个绝对继承传统的现代化进程，也没有一个绝对拒绝传统的现代化进程。离开了对传统的批判、改造、继承和发扬，任何民族的现代化都不可能顺利实现。社会现代化是社会结构体系协调发展的过程，强调一种整体性。社会现代化绝不等同于工业化和经济增长。工业化和经济增长仅是现代化和社会发展的一个方面。经济增长既不可能孤立地实现，也不能替代社会其他方面的发展。

四、后发展国家现代化的特征①

包括中国在内的广大发展中国家，由于种种历史条件的制约，它们迈向现代化的步伐大大晚于发达国家。在社会学有关现代化的研究中，人们使用了两个概念来表述这种区别，即"早发内生型"和"晚发外生型"现代化。前者是指在世界范围内，主要由于社会内部因素的作用，较早进入现代化过程的社会，例如英、法等国家。后者是指主要由于社会外部因素的作用，在世界范围内较晚开始现代化进程的社会，例如俄罗斯、日本、中国等国家。因此，发展中国家的现代化进程表现出许多不同于发达国家的特殊性。

1. "迟发展效果"

由于发展中国家社会历史传统和历史条件的制约，它们的现代化起步大大晚于那些先发展起来的工业化国家。正是由于起步较晚，又面临不同的制约条件，就形成了它们特殊的发展过程。美国著名经济学家格申克龙将这些特殊性称为"迟发展效果"。这些"迟发展效果"主要表现在以下几个方面：

（1）有目的、有计划、赶超型的现代化过程。发展中国家一般是在同发达国家的强烈对比中，特别是在与发达国家的种种不平等关系以及屈辱的殖民地历史经历中，感到了自己的落后与贫穷，因而激发了社会现代化的决心和目标，试图使自己的国家也强大和发达起来。这种有目的的社会现代化过程，一般表现为借鉴甚至模仿发达国家的历史经验和发展道路。借鉴是必然的，但单纯的模仿则不会促进本国的现代化。

对于发展中国家来说，由于存在借鉴和模仿的可能，因而它们都试图跨越发达国家所经历的某些阶段，在尽可能短的时间里，赶上甚至超过发达国家。"赶超"因而成为发展中国家现代化过程的一个突出特征。为了实现"赶超"的目标，发展中国家一般采用某种程度上的"计划化"，以促进社会现代化过程。因为只有通过某种计划，将国内的资源、有限的财力和生产要素，尽可能有效地组织起来，集中运用于国家的发展目标，才有可能在一个或几个领域中取得突破，启动国家的现代化过程。

（2）异质文化或外来模式的引入与接受。发展中国家的现代化过程与"早发"国家的现代化过程有一个重要区别，"早发"国家即19世纪形成高潮的西欧和北美国家的现代化过程，是这些国家长期历史发展累积的结果，而其他国家的现代化进程一般是由外部环境引发和带动的，或是受到外来的打击与刺激，或是由外来的殖民主义者引发的。因此，发展中国家在其现代化过程中，不可避免地要从外部输入种种现代化因素，包括经济模式、社会价值观念、发展战略、科学技术等。

异质文化和外来模式的引入与接受，会带来许多特殊的效应。①外来因素，包括现代化因素的输入，必然不可避免地要同本国社会原有的传统因素和社会结构产生对抗，引发多种社会矛盾和冲突，甚至民族矛盾和冲突。②这种基于外部因素引

---

① 郑杭生. 社会学概论新修 [M]. 4版. 北京：中国人民大学出版社，2013：328-332.

发的现代化过程，会造成社会的急剧变革和发展，使原有社会结构关系解体或重组。因此，这些国家的现代化过程比起发达国家的现代化过程，常常表现得更加不稳定，有的国家甚至出现"中断"的情况。造成不稳定的因素，一方面来自传统的社会力量，它们顽固地抵制和反抗现代化过程；另一方面来自急于实现社会现代化的社会力量，超出了整个社会所能接受的程度。③来自发达国家的"示范效应"，会形成巨大的社会压力，损害发展中国家的正常稳定发展。发达国家在物质生活、制度结构、价值观念和消费等方面所产生的示范效应，一方面使这些国家人民产生过高的期望，形成超越发展水平和承受能力的急迫心理；另一方面，迫使国家和政府被迫采取急功近利的策略。由此，激化各种社会矛盾，导致社会动荡，直至造成政治危机，使得这些国家的现代化进程受挫。

2."二元"社会结构的长期存在

所谓"二元"社会结构，是指在整个社会结构体系里面，明显地同时并存着比较现代化的和相对非现代化的两种社会。这种"二元"社会结构的形成，与"早发"国家和"后发"国家不同的现代化起点和过程有着直接的关系。

在发展中国家，"二元"社会结构存在于社会经济、社会政治、社会生活和思想文化等各个方面。美国经济学家刘易斯曾形象地描述了这一特点：我们发现诸如矿业和电力少数高度资本主义化的工业与最落后的原始技术并存，少数高级商店周围围绕着的是老式商贩，高度资本主义化的种植园被农民的汪洋大海所包围，少数受西方教育，会讲西方语言，崇尚贝多芬、马克思或爱因斯坦的人同属于极不相同社会的人共存。对于一个正在进行重大社会转变的发展中国家来讲，"二元"社会结构的存在是不可避免的。在可以控制社会冲突的范围内，"二元"社会结构也许是迅速推动现代化的一种选择，但值得重视的是，"二元"社会结构的长期存在以及发展差距的拉大，会导致严重的社会冲突。特别是处于相对落后的"一元"中的社会成员，不仅仅有可能对整个社会产生强烈的不满和对抗情绪，而且会形成与整个社会现代化目标完全不同的价值观念。因此，对于发展中国家来说，关键在于如何从本国的实际状况和发展战略出发，积极而慎重地协调"二元"社会结构的关系，使其与整个国家统一的社会现代化过程协调起来。"二元"社会结构只有在一个社会走上稳定的现代化道路之后，才能逐渐消除。

3.政府在现代化过程中发挥强有力的支配和指导作用

如果说在"早发"国家的现代化过程中，其主要推动力量来自于"市民社会"，在现代化水平达到一定阶段以后，国家（政府）才开始发挥越来越重要的作用的话，那么，"后发"国家现代化进程的起始时期，国家（政府）就发挥了重要和广泛的作用。这主要表现在：

（1）政府是国家政治、经济独立的捍卫者和维护者。由于发展中国家所处的对自己不利的国际经济和政治环境，政府往往通过控制外资、扶植本国工业等措施，保护本国的经济独立和国家主权，谋求符合本国利益的发展。

（2）推动并且控制社会现代化过程。由于是在一个前现代的社会中开始现代化进程，发展中国家必须有一个强有力的现代化推动者和领导者，才能克服种种落后状态对现代化进程的抑制和反抗，控制住由于整个国家迅速变化所带来的种种紧张局面，协调种种不协调的社会冲突，把整个国家实现社会现代化的目标与决心贯彻到社会生活的各个层次和各个方面，推进现代化的进程，并使之不被任何力量中断。所以，对于发展中国家来说，在其现代化的进程中，一个具有现代化取向的、强有力的、稳定的政府十分重要，国家政治稳定是经济和社会发展的先决条件。

（3）国家（政府）往往成为"后发"国家现代化的组织者和计划制订者。在这种有目的、有计划地"赶超型"现代化进程中，一般只能由政府发挥中心的指导作用。由政府在符合本国人民最大利益和长远利益的基础上，制订长远的发展目标、发展计划与规划，动员和组织全社会的资源，有重点、有步骤地去实现。

（4）直接参与经济活动。由于发展中国家经济发展水平较低、人口素质较差，为了尽快促进本国经济的发展，往往由政府直接参与某些经济活动。一是由政府投资建立发展经济所必需的基础设施，如公路、铁路、港口等。二是建立一定的公营企业，特别是一些大型的资金密集型企业，以带动其他企业和部门的发展。三是国家直接控制重要的经济杠杆，如银行、信贷部门，以直接引导整个国家经济活动的方向。

第三节　全球化

"全球化"（globalization）也许是当前最为流行的名词之一。一方面，"全球化"概念的流行反映了世纪之交人类社会的重大转变和趋势，涉及全球几乎所有国家的政治、经济、社会和文化等各个方面；另一方面，反全球化的社会运动和思潮也高潮迭起。全球化是我们在21世纪必须面对的一个课题。

一、全球化的概念

什么是"全球化"？吉登斯认为，全球化"是随着社会和经济联系延伸到世界各地，世界上不同的人群、地区和国家之间不断增长的相互依赖性"[①]。美国学者巴里·阿克斯福德认为："全球化是一个复杂的、充满矛盾的和多维度的历史过程……它也是一个在意识中引起巨大变革的过程——这个过程随着个体行动者和集体行动者拥护、反对或者在某种程度上'因受制约而认同'全球环境而发生。"[②]英国学者戴维·赫尔德等给全球化下了一个更为精确的定义："（全球化能够被看作）一个（或者一组）体现了社会关系和交易的空间组织变革的过程——可以根据它的广度、强度、速度以及影响来加以衡量——产生了跨大陆或者区域间的流动以及活动、交往以及权力实施的网络。"[③]在这里，流动是指物质产品、人口、标志、符号以及信息的跨空间和时间的运动，网络是指独立能动者之间有规则的或者模式

[①]　吉登斯. 社会学［M］. 赵旭东，等，译. 5版. 北京：北京大学出版社，2009：883-884.
[②]　阿克斯福德. 全球化［J］. 国外社会学. 2002（6）.
[③]　赫尔德，等. 全球大变革：全球化时代的政治、经济与文化［M］. 杨雪冬，译. 北京：社会科学文献出版社，2001：22.

化的交往、活动的接点。各种观点众说纷纭。

我国学者杨雪冬总结了7种有代表性的界定：①从信息通信角度，全球化被认为是地球上的人类可以利用先进的通信技术，克服自然地理因素的限制而进行信息的自由传递。②从经济角度，全球化被视为经济活动在世界范围内的相互依赖，特别是形成世界性的市场。③从危及人类共同命运的全球性问题角度，全球化被视为人类在环境恶化、核威胁等共同问题下达成的共同认识。④从体制角度，全球化被看作是资本主义的全球化或全球资本主义的扩张。⑤从制度角度，全球化被看作是现代性的各种制度向全球的扩展。⑥从文化和文明角度，全球化被看作是人类各种文化、文明发展要达到的目标，是未来文明存在的状态。⑦从社会过程的角度来界定全球化。①

从上述对于全球化的界定中可以发现，全球化是一个涉及人类社会各个方面、涉及多种学科、具有多种维度的历史过程。

二、全球化的特点

赫尔德等人在详尽分析当代全球化过程之后，从以下几个方面描绘了其根本特点：①时空方面。全球流动、交往和网络的广度、强度、速度以及影响是史无前例的，而且涉及所有的社会领域。②组织方面。世界范围内的社会、政治以及经济权力关系实现了前所未有的制度化和组织化。③汇合角度。在从政治到生态的社会生活所有方面，全球化的影响实现了独有的交汇。④多样化形式。19世纪晚期处于主导地位的军事、经济和政治全球化形势依然存在，但是移民、文化以及生态全球化的不同模式的重要性不断增强。⑤反思性。世界范围内的精英和大众对全球相互联系的意识不断发展，成为国家精英和跨国社会力量自觉追求的各种政治和经济工程。⑥对抗性。随着国家、公民以及社会运动努力抵制或控制全球化的影响，不断增强的全球化意识已经在从文化到军事所有领域中引发了多种形式的对抗。⑦区域化。当代全球政治经济中的区域化和全球化进程已经在很大程度上变成了相互强化的趋势。⑧西方化。当代全球化的模式依然存在高度不对称，但与20世纪初相比，已经变得更少欧洲中心化或者大西洋中心化。⑨领土性。全球化一直不断推动着国界和政治管辖范围的划分与重新划分，因而全球化的当代模式对领土原则作为组织政治统治、实行政治权威的唯一或首要基础提出了挑战。⑩国家形态。在全球化的冲击面前，各个国家在进行内部调整并且控制或调节全球化冲击的方式，与19世纪晚期相比出现了重大区别。今天的全球化产生了一组全新的政治和民主困境，即如何把一个以领土为基础的民主治理体系与社会和经济生活的跨国组织以及全球组织结合在一起。

总之，全球化是一个多维度的历史进程，它几乎涉及人类生活的所有方面，其本身是社会、政治、经济、文化以及技术力量共同作用的独特结果。赫尔德等人指出，最好将全球化理解为一个或一组进程，具有空间广度和密度的全球与跨国的相

---

① 杨雪冬. 全球化：西方理论前沿［M］. 北京：社会科学文献出版社，2002：9-13.

互联系把共同体、国家、国际制度、非政府组织以及多国公司之间的关系编织成一个复合的网络，从而形成了全球秩序，社会生活的几乎所有领域都无法摆脱全球化进程的影响。①

三、全球化的矛盾

全球化作为历史发展的一个全新时代，给人类社会带来了巨大的影响。人们在欢呼全球化时代到来的同时，也对全球化可能带来的影响进行了深入的探讨，甚至进行了强烈的对抗。全球化引发的矛盾体现为以下几方面：

1.全球化下的不平等与不平衡

在一个相互联系、不断扩大的全球体系中，由于网络和权力实施空间范围的扩大，使得权力问题成为全球化诸多问题中的一个核心问题。对于世界上众多的国家和民族来说，全球化过程是一个参与的过程还是一个垄断的过程？是一个被动接受的过程还是一个积极应对的过程？是一个中心化下的多样化过程还是一个多样化共存的过程？②这些问题都是需要深入思考和认真对待的重大问题。

在全球化过程中，发达国家和发展中国家之间在经济发展和生活水平上的差距不但没有缩小的趋势，反而还在继续扩大。发达国家依靠自己在现代化进程中的先发优势，凭借它们在经济、科学技术和军事上的强大实力，在世界范围内建立了以它们为核心的全球秩序，已经建立起来的全球性经济或其他组织，发达国家在其中占据了主导地位。资本和信息在全球范围内相对自由的流动，造成了更大范围内的贫富分化，新的科学技术革命使得发达国家所占有的优势更加强化。在目前全球政治、经济和技术的现有格局中，那些发展中国家依然处于附属或者依附的地位。正如过去常说的一句话所表述的，全球化对于发展中国家来说，也许是一个机会，但更是一个挑战。

全球化过程中的不平等和不平衡，不仅发生在国家和民族之间，而且发生在国家内部，不仅发生在发展中国家内部，而且发生在发达国家内部。资本和信息在全球范围内寻求最大利润的流动，使得发达国家传统的劳动力市场、福利体制、就业体制等同样受到相当的威胁，那些在这些社会中不占有优势的群体，有可能因为全球化的发展而丧失原有的地位。这也是为什么有那么多发达国家的非政府组织，特别是劳工组织参与反全球化运动的原因之一。

2.全球化下的民族国家

在全球化过程中，人员、资本、信息在全球范围内流动，大量全球问题的出现，例如国家间的战争、跨国界的环境污染、核威胁、恐怖主义等，都需要在全球框架下治理。因此，随着全球化的发展，一些极端全球主义者或新自由主义者提出，全球化过程是一种"毁坏疆界"的力量，特别是对于传统的以主权疆域为特征的民族国家冲击更大。民族国家不再是权力和文化的主要承载者，跨国民族空间的

---

①　赫尔德，等.全球大变革：全球化时代的政治、经济与文化［M］.杨雪冬，等，译.北京：社会科学文献出版社，2001：36-37.
②　杨雪冬.全球化：西方理论前沿［M］.北京：社会科学文献出版社，2002：11.

形成使得传统的民族国家无法再清楚地代表某一个民族。[1]在这个时代，传统的民族国家已经成了全球经济中不和谐的，甚至不可能继续存在的活动单位。他们认为，经济全球化通过跨国网络实现着经济的"解国家化"（denationalization），在这种没有疆界的经济中，国家政府不过是全球经济的传动带，或者沦落为夹在不断强大的本土、地区以及全球治理机制之间的中介制度。[2]全球化正在重组民族国家的权力、功能和权威。但是，面对全球化的挑战，国家主权或民族国家也一直在调整自己，以适应不断变化的历史现实。[3]一方面，国家在全球化过程中并没有完全陷入被动，反而是全球化过程的积极推动者。另一方面，在全球化进程中，还没有产生一个可以完全替代国家职能的共同体或组织。[4]在不断变化的全球秩序下，民族国家可以采取合理的战略和政策选择，对国家的功能和形式进行调整，积极地应对全球化对民族国家的挑战。

3.全球化下的文明和文化

全球化不仅是一个政治、经济的过程，而且还是一个社会和文化的过程。随着全球化的扩展，大众传播媒介、全球营销体系以及大规模的人口流动，一种文明和文化能够迅速传播到世界上的任何一个角落，成为具有全球性特征的文化和文明，文化全球化下的世界是一个同质性的世界。传统现代化理论中的"趋同论"在新的历史过程中重新成为一个重大问题。

全球化下的文明和文化问题，实质上是一个"地方"文明和文化如何在全球化进程中生存和发展的问题。因为在带有全球特点的文明和文化的传播、扩散过程中，往往是那些在政治、经济和权力上占据优势地位的文明和文化，对地方性文明和文化造成极大的冲击，甚至威胁到它们的生存。因此，全球化过程不仅挑战国家的权威，而且地方性文明和文化因而也受到严峻挑战。

但是，一种文明或文化的产生与成长，是历史长期发展的产物，构成了一个民族或社会基本的生存价值和道德规范，并作为一种传统世世代代延传下来。文明和文化的多样性，构成了人类世界的基本结构，不同文明之间的交流、传播乃至冲突，构成了人类社会发展的基本动力之一。因此，当全球化对独特文明或文化形成冲击或挑战时，文化全球化与文化多样性之间的矛盾，就成为当代全球化过程中的一个基本矛盾。面对全球化的挑战，一方面人们看到了文化趋同的现象；另一方面，更多地看到了独特文明对全球化的反抗，以及文明之间的冲突。可以说，当代文明之间的冲突，在很大程度上是全球化内在矛盾的反映。

全球化是一个方兴未艾的过程，对于全球化的未来趋势、影响以及它所内含的矛盾冲突，现在人们还无法完全认识清楚。但是，不管人们是否喜欢它，全球化是一个客观的、正在发生的历史过程，它承接了从16世纪开始的现代化进程，正在

① 孙治本. 全球化与民族国家：挑战与回应 [M]. 台北：巨流图书公司，2001：1.
② 赫尔德，等. 全球大变革：全球化时代的政治、经济与文化 [M]. 杨雪冬，等，译. 北京：社会科学文献出版社，2001：4-5.
③ 赫尔德，等. 全球大变革：全球化时代的政治、经济与文化 [M]. 杨雪冬，等，译. 北京：社会科学文献出版社，2001：11.
④ 杨雪冬. 全球化：西方理论前沿 [M]. 北京：社会科学文献出版社，2002：164.

将人类社会带入一个新的历史发展阶段。

拓展社会学的视野

世界是平的

　　我曾经像哥伦布探险一样来到印度的"硅谷"——班加罗尔。为了寻找到达印度的捷径，哥伦布没有像当时的葡萄牙探险者那样朝东南方向绕过非洲，而是率领着他的尼娜（Nina）号、平塔（Pinta）号和圣玛丽亚（Santa Maria）号一直向西穿过大西洋，穿越一片未知的海域，最终到达他认为的东印度群岛。当时，印度和香料群岛一直以盛产黄金、珍珠、宝石和丝绸著称，那里有着让人无法相信的财富。当时的伊斯兰国家隔断了从东方到达印度的陆上交通，如果能找到到达印度的海上捷径，无疑将会让哥伦布和支持他的西班牙君主迅速积累起财富和权力。哥伦布在起程的时候显然已经相信地球是圆形的，因此他确信向西航行可以到达印度。不过，他算错了距离，他以为地球要小得多。他也没有料到在他到达东印度群岛之前会遇到一大片陆地。他把在新世界里遇到的土著人称为"印第安人"。不过，即便他没有到达真正的印度，他也可以对支持他的西班牙国王斐迪南和王后伊莎贝拉说，他已经证实"地球确实是圆的"。

　　为了到达印度，我从美国出发，经由法兰克福一直向东飞行。乘坐在汉莎航空公司的公务舱中，从座位扶手弹出来的屏幕上通过GPS定位地图让我清楚地知道飞机前进的方向。哥伦布发现了印第安人，我在准时且平稳着陆后也看到了很多印度人。哥伦布远航是为了寻找印度的财富，他寻找的是他那个时代的财富：贵重金属、丝绸和香料。我到印度同样是为了寻找财富，我寻找的是我们这个时代的财富：软件、智慧、复合算法、高级技术、呼叫中心、传输协议、光学技术的突破。哥伦布在发现新大陆后热衷于将印第安人变为他的奴隶，从而获得了大量的免费劳动力。我只是想要知道为什么我遇到的这些印度人会夺去我们的就业机会，为何印度会成为美国和其他工业化国家服务和信息科技的外包地。

　　哥伦布的舰队有3艘船，100多个船员，而我只有来自探索时报频道的一个报道小组，只够坐得下两辆敞篷车。我们请来的印度司机们正赤着脚开车。可以这么说，在我起程时，我认为地球是圆形的，但我在印度的所闻所见动摇了我的信念。哥伦布以为自己找到了印度，其实意外地到了美洲大陆。我虽然到了真正的印度，但却发现在这里遇到的很多人都更像美国人。

　　在印度，很多人都取了美国名字，我在印度的呼叫中心听到的都是美国口音，在印度的软件实验室看到的都是美国的技术。

　　哥伦布归国后向国王和王后汇报说，地球是圆的。他也因这一发现而名垂史册。而我回到美国时，只是悄悄地和我的太太分享了我的发现。

　　我悄悄地在她耳边说："亲爱的，我发现这个世界是平的。"

　　我为我的发现既感到激动，又感到恐惧。作为一名记者，我很激动地发现自己找到了一个能够更好地解读头条新闻和世界变化的角度。人类历史上从来未有这样的时刻：越来越多的人会发现他们能够找到越来越多的合作对象和竞争对手，人们将和世界各地越来越多的人互相竞争和合作，人们将会在越来越多的工作岗位上互相竞争和合作，人们的机会将越来越平等。将他们联系在一起的是电脑、电子邮件、网络、远程会议和各种新软件……当你相信世界是平坦的之后，你会发现很多事情都不再难以理解。我个人还非常激动的是，世界在变平这一事实意味着，我们将地球上的各个知识中心统一到了一个单一的全球网络中。如果政治动荡和恐怖主义不从中作梗，这将带来一个繁荣而充满创新的时代。

认识到世界是平的，也让我充满了恐惧，无论是从个人的角度还是从职业的角度。从个人的角度来讲，我认识到，这个平坦的世界不仅仅是让程序员和计算机高手获得了合作的机会，基地组织和其他恐怖组织同样会感到如鱼得水。平坦的竞争平台不会仅仅吸引各行各业的创新人才，给他们激情和力量；同样，愤怒、失意的人们甚至是人类的败类同样会更容易集结起来。

资料来源　弗里德曼. 世界是平的［M］. 何帆，等，译. 长沙：湖南科学技术出版社，2006：4-7.

思考题

1.什么是社会变迁？社会变迁有哪些类型？
2.联系实际，谈谈现代化的基本特征。
3.如何理解"迟发展效果"？
4.联系实际，谈谈全球化过程对我国现代化的意义。

推荐阅读书目

［1］瓦戈. 社会变迁［M］. 王晓黎，等，译. 5版. 北京：北京大学出版社，2007.

［2］童星. 发展社会学与中国现代化［M］. 北京：社会科学文献出版社，2005.

［3］罗荣渠. 现代化新论：世界与中国的现代化进程［M］. 北京：商务印书馆，2009.

［4］上官子木. 网络交往与社会变迁［M］. 北京：社会科学文献出版社，2010.

［5］李强. 中国社会变迁30年（1978—2008）［M］. 北京：社会科学文献出版社，2008.

附录　基本概念

第一章　什么是社会学

社会学（sociology）从变动的社会系统的整体出发，研究人与人之间的相互关系及其发展规律，是通过人们的社会关系和社会行为来研究社会的结构和功能、发生和发展规律的一门综合性的具体社会科学。

社会学本土化（sociology localization）对中国而言，就是社会学中国化，也就是建立以马克思主义、毛泽东思想为指导的，为社会主义事业服务的，具有中国特色的社会学。

社会学的想象力（sociological imagination）社会学的想象力是一种心智的品质，这种品质可以帮助人们增进理性，从而使他们看清世事，它是分析我们作为个体与塑造我们生活的更大的社会的和历史力量之间关系的意愿和能力。

第二章　社会学研究方法

社会研究（sociological research）是依据社会学的理论，运用社会学所特有的研究方法对现实存在的社会行动和社会关系进行研究，以达到对一定的社会现象进行了解、说明、解释或预测的目的的科学的认知活动。

问卷调查（questionnaire）就是指利用设计好的问卷对大量样本进行调查，以收集数据资料，并对所收集的资料进行统计分析的一种社会调查研究方式。它是社会学统计调查的一种。

田野工作（field work）也称"田野调查工作"，是对一个社区、群体及其生活方式亲身从事长期性的调查工作，也就是调查者亲自进入要研究的这个社区或群体里，学习做一个当地人，从日常生活往来的经验里逐渐收集资料，积累对该社区或群体的文化的了解。

参与观察（participant observation）是指研究者在一个社区中作研究时不仅作为旁观者观察所要研究对象的一切，同时也相当程度地参加到他们的活动之中，以求得更密切地、更接近地观察。

深度访谈（depth interview）是指研究者与研究的对象作无拘束、较深入的访问谈话，也就是在事先未规定访谈的问题，更未限定回答的方式，而是就某一范围的问题作广泛的交谈，或对某一特定问题作详细的说明。

第三章　社　会

社会唯名论（social nominalism）来源于中世纪欧洲经验哲学的非正统流派唯名论。唯名论否认一般的客观实在性，否认概念的客观内容，认为只有个别事物（特殊、殊相）才是真实存在的，而一般（概念、共相）不过是人们用来表示个别的东西的名称；个别才是科学的对象，一般则是逻辑的对象。以唯名论的哲学思想看待社会，就形成了社会唯名论。

社会唯实论（social realism）是唯实论观点在社会理论中的贯彻或表现。它认为，社会是一个由各种制度和规范构成的有机整体，社会外在于个人，并对个人具有强制性。

社会（society）由人群组成，它是人们相互交往、相互作用的产物，它是以共同的物质生产活动为基础而相互联系的人们的有机总体。

社会结构（social structure）是指社会关系的各组成部分之间或社会体系中诸要素之间相对稳定的有序的体系或关系模式。它反映了社会系统的本质特征及各系统之间的相互关系。在这个意义上，社会结构就是一种超于个人之上的关系，它作为一种宏观的模式制约着每一个人的行为。

礼俗社会（gemeinschaft）亦称"共同体"，指传统的社会。其特征是：规模小，分工与角色分化较少，家庭为社会核心单元，占统治地位的是个人的或具有感情色彩的初级关系，人的行为主要受习俗、传统的约束，社会具有很强的同质性。

法理社会（gesellschaft）亦称"交往社会"，指现代工业社会。其特征是：规模较大，有复杂的分工与角色分化，经济的、政治的、职业的等社会组织取代了家庭的核心地位，非个人的、不具感情色彩的次级关系居统治地位。人们的行为主要受正式的规章、法律等约束，社会具有很强的异质性。

有机团结（organic solidarity）依靠社会成员担任相同的角色和遵循共同的价值观念来维持社会团结。

机械团结（mechanical solidarity）依靠社会成员担任高度专业化的角色，因而互为依存来维持社会团结。

第四章　文　化

文化（culture）是与自然现象不同的人类社会活动的全部成果，它包括人类所创造的一切物质的与非物质的东西。也可以说，自然界本无文化，自从有了人类，凡经人类"耕耘"的一切均为文化。

文化特质（cultural trait）是组成文化的最小单位或基本元素。

文化区（cultural District）是同一社会经济体系和文化中生活方式较为一致的地区。

文化圈（cultural Circle）是指在地域上比文化区域更为广大，并在文化上（主要包括生活、艺术、道德、经济、政治和宗教等）有着联系的一个空间范围。

主文化（Main culture）是在社会上占主导地位的，为社会上多数人所接受的文化。

亚文化（subculture）是为社会上一部分成员所接受的或为某一社会群体特有的文化。

反文化（counterculture）是与现存主文化抵制和对抗的文化。

文化中心主义（culture ethnocentrism）亦称民族中心主义，指各个国家、各个民族都常有一种倾向，常易于将自己的生活方式、信仰、价值观、行为规范看成是最好的，是优于其他人的。文化中心主义将本民族、本群体的文化模式当作中心和标准，以此衡量和评价其他文化，常常敌视和怀疑为自己所不熟悉的文化模式。

文化相对主义（culture relativism）认为各种不同的文化模式是不能评价和比较的，因为，如果从各种不同的文化模式所赖以生存的环境来看，每一种文化模式都有其存在的合理性，它们之间没有优劣之分。

文化融合（cultural integration）由于传播使两种或两种以上的文化元素和文化集丛互相接触，其中一种文化吸收或采纳了另一种文化元素和集丛，并且使之与主体文化协调起来，最终成为主体文化中的一部分。

文化整合（cultural Integration）是使新文化之间，或新文化与原有文化之间相互适应、调和而趋于一体化的过程。

第五章　人的社会化

社会化（socialization）是一个内化社会价值标准、学习角色技能、适应社会生活的过程。

初始社会化（primary socialization）是发生在生命早期的社会化。其主要任务是向儿童传授语言和其他认知本领，使其内化社会文化规范和价值标准，能够正确理解社会关于各种角色的期望和要求。

预期社会化（anticipatory socialization）是这样一种社会化形式：人们在此过程中学习的不是现在要扮演的角色，而是将来要扮演的角色。

发展社会化（developmental socialization）是相对初始社会化而言的，是在初始社会化的基础上进行的。它指的是成年人为了适应新形势提出的角色要求而进行的学习过程。

逆向社会化（reversal socialization）是晚辈传授文化规范和知识给长辈。

再社会化（resocialization）是指全面放弃原已习得的价值标准和行为规范，重新确立新的价值标准和行为规范。

人格（personality）指的是特殊的思想、感觉和自我观照的模式，它们构成了特殊个体的一系列鲜明的品质特征。

人格体系（personality System）是指个人需求意向与使之满足的能力和方法体系，也就是决定个人行为方式的独特生理、心理和精神特征，它是将气质、性格、能力、社会态度和个人的意识形态等尽含其中的概念，有时我们将其称为"人品"。

第六章　社会角色

社会角色（social role）指与人们的某种社会地位，身份相一致的一整套权利、义务的规范与行为模式，是人们对具有特定身份的人的行为期望。

先赋角色（ascribed role）亦称归属角色，是指个人与生俱来或在成长过程中自然获得的角色，它通常建立在遗传、血缘等先天的或生物的基础之上。

自致角色（achieved role）亦称自获角色或成就角色，主要是指通过个人的活动与努力而获得的社会角色。自致角色体现了个人的自主选择性。

自觉角色（conscious role）是指角色承担者明确意识到个人所做的角色表演，因而尽力用行动去感染周围的观众，如讲演者等。

不自觉角色（unconsciously role）是指角色承担者并未意识到角色表演，而只是照习惯方式去做。

功利型角色（utilitarian role）是指以追求经济效益和实际利益为目的的角色。

表现型角色（performance role）是指不以获得经济效益为目的，而以表现社会制度与秩序、某种社会价值观念、思想信仰或道德情操等为目的的角色。

角色领悟（role comprehend）是指个体在特定的社会关系中对自己所扮演的角色的认识、态度和情感的总和。个体对角色的认识和理解往往是按照他人的期望和反应来不断进行调整和完善，最终形成自己的角色观念。

角色距离（role distance）是指个人与他所承担的角色之间存在差距，即一个人自身的素质、能力、水平与他所要扮演的角色之间的差异现象。

角色冲突（role conflict）即在角色之间或内部发生矛盾、对立，妨碍角色扮演的顺利进行，是指占有一定地位的个体与不相符的角色期望发生冲突的情境，也就是个体不能执行角色提出的要求而引起冲突的情境。或者说，角色冲突是角色扮演者在角色扮演中出现的心理上、行为上的不适应、不协调的状态。

第七章　社会互动

社会互动（social interaction）是社会上个人与个人、个人与群体、群体与群体之间通过信息的传播而发生的相互依赖性的社会交往活动。

集体行为（collective behavior）是指人们在行为方式上的一致性，它是一种人数众多的自发的无组织行为。

情景定义 (definitions of the situation) 如果人们认为某种情景是真的，这些情景就会变成真的。

本土方法论 (ethnomethodology) 认为社会互动是由形成人们正常交往基础的规则所决定的，这些规则通常是理所当然、心照不宣的，但是如果违背了这些规则，互动就不能顺利进行。

网络互动 (social interaction network) 一种以信息、网络技术为基础，以符号为中介的交往活动。

第八章 社会群体

社会群体 (social group) 泛指一切通过持续的社会互动或社会关系结合起来进行共同活动，并有着共同利益的人类集合体。

初级群体 (primary group) 又称基本群体或首属群体，是指其成员相互熟悉、了解，而以情感为基础结成亲密关系的社会群体。

次级群体 (secondary group) 是用来表示与初级群体相对应的各种群体，它是人们为了达到一定的社会目的而建立起来的，如学校、军队、政党等。

内群体 (in-groups) 是指一个人经常参与其中，或在其间工作，或在其间生活，或在其间进行其他活动，并且对该群体产生了一种感情上的认同的群体。内群体又称我群。

外群体 (out-groups) 泛指内群体以外的社会群体，又称他群。

正式群体 (formal group) 也就是社会组织，是社会成员为了达到某一目的而组成的，群体成员之间有明确的职能分工，他们按照特定的规范和正式的规章制度行动。

非正式群体 (informal groups) 是自发形成的，群体成员之间的分工也不严格，虽然有群体规范，但是往往并没有明文规定。

所属群体 (affiliated groups) 是指成员身份所属的群体。它规定着成员的身份及其日常活动。

参照群体 (reference group) 是被某一（些）成员用做其所属群体的参照对象的群体，一般与所属群体同类。

准群体 (quasi group) 是指人与人之间已有某种联系，有一定程度的共同关心点，有可能在某些时候形成集团，但目前没有组织起来的人群。

群体凝聚力 (group cohesion) 也称群体内聚力，是指群体吸引其成员，把成员聚集于群体中并整合为一体的力量。

第九章 家庭与婚姻

核心家庭 (nuclear family) 也叫原子家庭。由一对夫妇及其未婚子女组成的家庭称为核心家庭。

扩展家庭（extended family）是指由两对或两对以上的夫妇及未婚子女组成的家庭。

主干家庭（stem family）是由两对或两对以上均异代的夫妇及其未婚子女组成的家庭。

联合家庭（joint Family）是核心家庭同代、横向扩大的结果，是由至少两对或两对以上的同代夫妇及其未婚子女组成的家庭。

第十章　社会组织

社会组织（social organization）是指为了达到一定的社会目标，执行一定的社会功能而有意识地组织起来，以一个相对独立单位存在的社会群体。

社会团体（social groups）是指在公民广泛享有集会、结社等自由的情况下，通过合法程序而组织起来的社会团体。

家长制（patriarchy）是指社会权利集中于最高管理者手中，以人为管理主体的组织管理方式。

科层制（bureaucracy）是指一种以正式管理为主体的管理方式，它建立在有系统地划分组织权利以提高工作效率基础之上，要求组织内部职位分层、权利分等、分科设层、各司其职。

志愿者（volunteers）是一个没有国界的名称，指的是在不为任何物质报酬的情况下，为改进社会而提供服务、贡献个人的时间及精力的人。

志愿者协会（voluntary associations）或称自愿结合组织，是指组织、协调志愿者活动的民间组织。参加这类组织的人通常是自发的、自愿性的，而且其活动总是在工作之余的闲暇时间里进行。这类组织有慈善组织、义工组织、青年会等。

第十一章　社会制度

社会制度（social institution）是指在一定的历史条件下形成的人们的社会关系和社会行为的相对稳定的规范体系。

制度化（institutionalization）是指制度对人类现实的社会行动产生影响并使之模式化的过程。制度化包括两层含义：一是指人类社会行为的定型化与模式化，是被公认的标准化从而成为稳定的形式。二是指人类的社会行为普遍被制度所制约。

制度化逃避（institutionalized escape）是指实际生活中存在的大量违背制度要求，但在现实中又行得通的行为与现象。

魅力型权威（charismatic authority）是由一位领袖所具有的与其追随者建立特

殊关系的能力而导致的权威，亦称为"感召的权威"。

传统型权威（traditional authority）是由习俗和已接受行为所授予的。传统型统治的基础——相信源远流长传统的神圣不可侵犯性，以及拥有权威的人按照传统实施统治的合法性。

法理型权威（legal-rational authority）其基础是基于理性建立的规则，这些规则反映了组织依据制度来达到目标的系统性尝试。

第十二章　社　区

社区（community）是指人们的集体，这些人占有一个地理区域，共同从事经济活动和政治活动，基本上形成一个具有某些共同价值标准和相互从属的心情的自治的社会单位。

城市化（urbanization）又称都市化，是指社会经济关系、人口、生活方式等由农村型向都市型转化的过程。

郊区化（suburbanization）即城市人口向郊区流动的现象。

逆城市化（counter-urbanization）即城市居民迁往乡村、城市人口的增长少于非城市人口的现象。

第十三章　社会分层

社会分层（social stratification）指的是依据一定具有社会意义的属性，一个社会的成员被区分为高低有序的不同等级、层次的过程与现象。

社会地位（social status）是指社会关系空间中的相对位置以及围绕这一位置所形成的权利义务关系。

社会分化（social differentiation）是指社会系统的结构中原来承担多种功能的某一社会地位发展为承担单一功能的多种不同社会地位的过程。

第十四章　社会流动

社会流动（social mobility）是社会中的个人或群体在其社会地位上的变动，即他们从已有的地位向新的地位的转化过程。

垂直流动（vertical mobility）是指一个人从下层社会地位和职业向上层社会地位和职业的流动，或者从上层社会地位和职业向下层社会地位和职业的流动。它是人们社会地位的升降变化，垂直流动包括上向流动和下向流动。

水平流动（horizontal mobility）是在同一地位类型中的不同社会位置之间的横向的移动，是指一个人在同一社会职业阶层内的横向流动。它是人们在相同等级的社会地位间的流动。

代内流动（intergenerational mobility）又称作个人一生中的流动，指个人一生中在职业和地位等方面的水平的或垂直的流动。

代际流动（intergenerational mobility）是指两代人之间职业和社会地位等的流动，具体操作是通过测量子代的职业与父代职业的异同程度表示出来的。

结构性流动（structural mobility）是指凡是由于自然环境和社会环境的突变，或由于社会结构某些层面发生变化而引起的流动称为结构性流动。

非结构性流动（non-structural mobility）又称作自由流动，是指在社会基本结构不变的情况下，或者说，不是由于社会结构的变化而是由于个人原因造成的地位、职业的变化。

第十五章　社会失范与社会控制

失范（anomie）亦称"脱序"，西方社会学术语。由于社会规范失调产生一种社会反常的状态，即在一个社会中缺乏人们可以共同遵守的行为准则之意。

社会解组（social disorganization）是指一个社会的行为规范和基本制度丧失正常的调节功能，导致社会失序，社会凝聚力明显减弱和社会结构发生分化的现象。

越轨（deviance）指社会群体或个体偏离或违反现行社会规范并因此受到许多人否定评价的行为。

社会控制（social control）指人们依靠社会的力量，以一定的方式对社会生活的各个方面进行约束，确立与维护社会秩序，使其符合社会稳定和发展需要的过程。

第十六章　社会问题及其调适

社会问题（social problem）是指在一定时期和一定范围中产生和客观存在的，影响（或妨碍）社会生活和社会机能，引起社会普遍关注并期望予以解决，且需要和只有以社会力量解决的社会失调现象。

贫困（poverty）是指由于低收入造成的基本物质、基本服务相对缺乏或者觉得缺乏以及缺少发展机会和手段的一种状况。

绝对贫困（absolute poverty）是一种"生存贫穷"，即缺少维持生存的基本必需品。

相对贫困（relative poverty）则是相对于社会一般生活水平而言，即个人或家庭收入低于社会中等水平。这种区分是鉴于社会实践的发展和对"贫困线"的研究而产生的。

第十七章　社会变迁与社会现代化

社会变迁（social change）是一个表示一切社会现象，特别是社会结构发生变化的动态过程及其结果的范畴。

社会现代化（modernization）是指一种特殊的社会转型过程，即社会在日益分化的基础上，进入一个能够自我维持增长和自我创新，以满足整个社会日益增长的需要的全面发展过程。